Schoeps/Schlör

**Antisemitismus**

*Julius H. Schoeps,*
geboren 1942 in Djursholm/Schweden, Professor für Neuere Geschichte und Leiter des Moses-Mendelssohn-Zentrums für europäisch-jüdische Studien an der Universität Potsdam. Bei Piper erschienen: »Leiden an Deutschland« (SP 1220), ferner ist er Herausgeber von »Menora – Jahrbuch für deutsch-jüdische Geschichte« sowie Mitherausgeber der deutschen Ausgabe der »Enzyklopädie des Holocaust« (SP 2121–2124)

*Joachim Schlör,*
geboren 1960 in Heilbronn. Dr. rer. soc., Studium der Empirischen Kulturwissenschaft und Politikwissenschaft. Zur Zeit Habilitation am Moses-Mendelssohn-Zentrum für europäisch-jüdische Studien an der Universität Potsdam. Veröffentlichungen u. a. »Nachts in der großen Stadt. Paris, Berlin, London 1840–1930«

# ANTISEMITISMUS
## Vorurteile und Mythen

Herausgegeben von
Julius H. Schoeps und Joachim Schlör

Zweitausendeins

Lizenzausgabe mit freundlicher Genehmigung
des Piper Verlags, München
für Zweitausendeins, Postfach, D-60381 Frankfurt am Main.



Printed in Germany.

Dieses Buch gibt es nur bei Zweitausendeins im Versand (Postfach, D-60381 Frankfurt am Main) oder in den Zweitausendeins-Läden in Berlin, Düsseldorf, Essen, Frankfurt, Freiburg, Hamburg, Köln, München, Nürnberg, Saarbrücken, Stuttgart.

In der Schweiz über buch 2000, Postfach 89, CH-8910 Affoltern a. A.

ISBN 3-86150-210-0

# Inhalt

# Einleitung

> Im übrigen ist der Kampf gegen den Antisemitismus Eure Angelegenheit. Bedroht uns dieser Haß manchmal aufs gefährlichste, so ist er doch Eure Krankheit, er ist das Übel, das Euch verfolgt.« (Manès Sperber)

## I

Berlin, im Winter 1994. Ein türkischer Taxifahrer, auf dem Weg zum Kreuzberger Fraenkel-Ufer, erzählt von seiner Absicht, in zwei Jahren dieses Land zu verlassen. Er ist hier aufgewachsen, zur Schule gegangen, zur Arbeit. Jetzt hat er genug von der Kälte, genug von den abfälligen Bemerkungen, genug von den Nachrichten, die von Überfällen auf »Ausländer« berichten. Dann, an der Brücke über den Landwehrkanal, fragt er nach dem kleinen Gebäude hinter dem hohen Zaun und nach dem Grund für den ständigen Polizeischutz, unter dem es steht. Die Mitteilung, es sei eine Synagoge, und damit: ein bedrohter Ort, erschüttert ihn. »Warum lassen sie die Juden nicht in Ruhe?«

Viele in Deutschland haben Angst in diesen Monaten; viele gehören zu denen, die sich ausgegrenzt, an den Rand gedrängt und bedroht fühlen: Asylbewerber, Arbeitsimmigranten, entlassene Vertragsarbeiter aus Vietnam oder Mozambik, Schwule und Lesben, Behinderte, Bettler und Obdachlose – alle leben mit der Furcht. Das ist, unter anderem, eine Furcht davor, nicht (mehr) als Person wahrgenommen zu werden, sondern nur stellvertretend für ein Bild, das »sie« sich ausgedacht haben: Asylbewerber sind Schmarotzer. Ausländer nehmen uns die Arbeitsplätze weg. Schwule sind pervers. Obdachlose sind faul. Jahrzehntelange Erziehungsmühen – zum sozialistischen Menschen hier, der für Völkerfreundschaft und Solidarität mit den Schwachen einsteht, zum Anhänger der freiheitlichen Ordnung da, der Menschenrechte und Toleranz unterstützt – haben nicht verhindern können, daß mit Bildern wieder Stimmungen erzeugt werden, in den Schlagzeilen der Boulevardpresse, zwischen den Zeilen einer Politikerrede, auf den Schulhöfen, im geheimen Einverständnis der Benutzer von U-Bahn oder S-Bahn, die wegsehen wie auf Befehl, wenn Zivilcourage gefordert wäre.

Stimmungen sind undeutlich. Sie nisten sich ein, wo sie können. Bilder von anderen Menschen sind, zwangsläufig und notwendig, ungenau. Sie stellen sich vor die wirkliche Erfahrung, verstellen sie oft. Die Zahl der brutalen Übergriffe von Neonazis und rechtsradikalen Skinheads auf Menschen, die ihrem Feind-Bild entsprechen, ist, seit Polizei und (endlich) Justiz einigermaßen ihren Aufgaben nachkommen, zurückgegangen; das Gefühl der Bedrohung ist geblieben. Es kommt nicht (und kam nie) allein von den tatsächlichen, gewalttätigen Übergriffen her, vielmehr vom Wissen darum und von der Angst davor, daß sie jederzeit stattfinden könnten, womöglich

**Angst vor der schweigenden Mehrheit**

unter dem Einverständnis oder der stillen Duldung einer schweigenden, wegsehenden Mehrheit. Diese Mehrheit der Dulder und Feigen ist wohl mitgemeint, wenn einer, der Angst hat, »sie« sagt: »Sie«, von denen dumpfe Bedrohung ausgeht in leichtfertig hingeworfenen Bemerkungen, in Witzen, in der Verweigerung menschlicher Kontakte – und nicht erst im körperlichen Angriff.

»Die«, von denen da die Rede ist, sind nicht unmittelbar zu identifizieren, und möglicherweise ist uns nicht wohl bei dem Gedanken, wir selbst könnten auch gemeint sein. Es ist keine besonders große Kunst, sich von einem randalierenden Nazi oder von einem schon äußerlich auffällig gekennzeichneten Skinhead zu unterscheiden. Aber in den Augen derer, die – mit gutem Grund – fürchten müssen, sie könnten einem Bild, einem Urteil, einem Vorurteil zum Opfer fallen, aufgrund ihres Aussehens, aufgrund ihrer Herkunft, aufgrund ihrer Sprache oder irgend einer anderen Eigenschaft, die ihnen eignet oder die ihnen von außen zugewiesen wird, in ihren Augen zählen wir alle mit zum Kreis der Bedrohung, der sich um sie schließt, vor dem sie fliehen möchten. Diese beunruhigende Vermutung bildet einen Ausgangspunkt für das Zustandekommen des vorliegenden Buchs; er hat mit der nur scheinbar naiven Frage des eingangs zitierten Taxifahrers zu tun: »Warum lassen sie die Juden nicht in Ruhe?«

## II

Angesichts der Drohungen, die Einrichtungen der jüdischen Gemeinden und die Menschen treffen, die in diesen Einrichtungen arbeiten und leben, angesichts der Sicherungsmaßnahmen, die inzwischen nötig sind, um Veranstaltungen in diesen Räumen überhaupt noch zu ermöglichen, angesichts vor allem des Attentats auf die Lübecker Synagoge vom Sommer 1994 müssen sich alle, die als Pädagogen, als Publizisten, als Wissenschaftler mit der jüdischen, der deutsch-jüdischen und der europäisch-jüdischen Geschichte

**Hat die Aufklärung versagt?**

befaßt sind, fragen, ob ihre Bemühungen zur Aufklärung über antisemitische Vorurteile und ihre Bemühungen, Informationen über die jüdische Kultur einem größeren Publikum zur Verfügung zu stellen, vergeblich waren. Das Interesse, zugegeben, ist gewachsen. Bücher und Ausstellungen über jüdische Geschichte und Kultur finden große Aufmerksamkeit, die Zahl der Museen und Gedenkstätten und nicht nur ihre Zahl, sondern auch ihre Bedeutung, wie sie sich in Besucherstatistiken und in den inhaltlichen Programmen niederschlägt, hat zugenommen.

Dennoch ist der Bodensatz antijüdischer, antisemitischer Einstellungen nach wie vor präsent, die Gefahr von Ausschreitungen akut. Dennoch leben die Juden in Deutschland, noch und wieder, mit der Frage, ob die Demokratie stabil genug ist, ob die rechtlichen Mechanismen zum Schutz vor Übergriffen wirklich greifen. Dennoch liefert auch das antisemitische Stereotyp, überliefert, eingeübt, eingelernt wie kein anderes, Munition und Stoff für alle anderen Vorurteile, gegen wen sie sich auch immer richten mögen. Vieles von dem, was den Juden *nachgesagt* wurde, trifft heute andere Minderheiten; die Mechanismen der Verbreitung von Stereotypen, der Zuschreibung negativer Eigenschaften auf eine Gruppe von Ausgegrenzten, sind wiedererkennbar. Erkenntnisse über das Wesen des Antisemitismus und Strategien, ihn zu bekämpfen, können nutzbar gemacht werden, wenn es darum geht, Rassismus und Ausländerfeindlichkeit zu bekämpfen. Die Frage ist, ob unsere Kenntnisse über den Antisemitismus ausreichen.

**Vorurteile werden nachgesagt**

Mit diesem Band wollen wir versuchen, eine wichtige Entwicklung innerhalb der wissenschaftlichen Forschungen zum Thema aufzugreifen und weiterzuführen. Viele unterschiedliche Forschungsansätze – wie sie in den hier versammelten Beiträgen dargestellt werden – sind zu integrieren, ob sie den Schwerpunkt nun auf das Problem des Umgangs von (in ihrer Struktur genau zu analysierenden) Gesellschaften mit ihren Minderheiten legen, ob sie eher historisch vorgehen und sich bemühen, die Unterschiede zwischen einem religiösen Antijudaismus und dem auf die 1880er Jahre datierten Beginn des »modernen Antisemitismus« herauszuarbeiten, ob sie Erkenntnisse der Soziologie und der Sozialpsychologie aufgreifen und den Antisemitismus innerhalb der Vorurteils- und Stereotypenforschung behandeln, oder ob sie vor dem Hintergrund der ja tatsächlich sehr unterschiedlich verlaufenen Entwicklung in einzelnen Ländern nationale Differenzierungen vornehmen. Gemeinsam ist all diesen Beiträgen der Versuch, sich mit den – sozialen, politischen, ökonomischen, psychologischen – Mechanismen der Gesellschaften auseinanderzusetzen, in denen Antisemitismus existiert. Daran wollen wir weiterarbeiten. Im Gegensatz – oder doch in Ergänzung – zu Überlegungen aus dem Bereich der Sozialpädagogik, die mit der Hoffnung verbunden waren, persönliche Begegnungen mit Juden und Informationen über die jüdische Kultur könnten Menschen, die Vorurteile haben, davon überzeugen, daß Juden »nicht so« sind, schlagen wir vor, zunächst mehr Kenntnisse über das »Eigene«, über die eigenen Weltbilder und Menschenbilder (und über die oft unbemerkte Durchsetzung des eigenen mit feindlichen Bildern von »den anderen«) zusammenzutragen.

**Keine billige Distanz**

Manès Sperbers Mahnung, »im übrigen ist der Antisemitismus Eure Angelegenheit«, soll hier ernstgenommen werden. »Eure Krankheit«: Das ist eben nicht die Krankheit von ein paar – wenigen – Verirrten, Verrückten, leicht Identifizierbaren. Der Antisemitismus ist kein Problem der Juden, keine Einstellung, die sich aus der jüdischen Geschichte, aus der jüdischen Religion erklären ließe; der Antisemitismus ist ein Problem der Antisemiten. Aber auch das sagt sich noch zu leicht. Der Antisemitismus ist ein Übel, das auch die ergreifen kann, die sich sicher und überlegen fühlen; in Situationen der Krise, in der Provokation kann der antijüdische Apparat aktiviert werden. Ein Übel, das in der Lage ist, Stimmungen zu erzeugen, Bilder zu verbreiten, schleichend, nachhaltig, und giftig.

Das Vorurteil enthält Spuren von Realität. Es unterhält mit seinem Gegenstand keine wirkliche Beziehung, aber es knüpft an Erscheinungen, an Eindrücke, an Elemente an, die der Realität entnommen und in einen anderen – feindlichen – Zusammenhang gestellt werden. Das Konglomerat von Einstellungen und Denkweisen, Wunsch- und Schreckbildern, die vollkommen unabhängig von aller Realität jüdischen Lebens, jüdischer Geschichte und Kultur existieren und weitervermittelt werden, verfügt – auf der Ebene der Projektion, der Einbildung, der Phantasie – eine innere Systematik, die bloßzulegen unsere Aufgabe ist. »Unser Kerbholz« wird da verhandelt, wie Hans Magnus Enzensberger über deutsche Familienalben einmal sagte. Die »gefährliche Nähe« (Utz Jeggle), die riskieren muß, wer ohne Sicherheitsabstand – des guten Gewissens, der »richtigen Überzeugung« – Texte bearbeitet, in denen antijüdische Vorurteile dargestellt werden, ist unangenehm. Aber nur in dieser gefährlichen Nähe, die uns auf unsere eigene Anfälligkeit aufmerksam macht, kann das Gespür dafür entstehen, was diese Texte einem Publikum, zu dem wir uns nicht zählen mögen, so attraktiv gemacht hat.

Der Versuch, antisemitische Stereotype darzustellen und zu analysieren, erfordert zunächst einmal die Bereitschaft, die »innere Logik« der antisemitischen Denkungsart nachzuvollziehen, ja, sie, falls möglich: zu verstehen. Das hat mit Einverständnis nichts zu tun. Es geht darum, den »Sinn« zu finden, die Funktion auszumachen, die das an der Realität nicht interessierte, sie bald so, bald anders verfälschende Ensemble von Vorurteilen, Feindbildern, Schutzbehauptungen und Erfindungen anbietet. Die wahnsinnige Logik, der wir nach-denken wollen, ohne sie damit zu rechtfertigen, gibt offenbar Orientierung, sie strukturiert die Welt derjenigen, die in Stereotypen denken. Die Vorurteilsforschung hat uns längst darüber aufgeklärt, daß wir alle unsere Umwelt mit der Hilfe von Unterscheidungen, von Stereotypen konstruieren; zu fragen ist, wie es geschieht, daß die Unterschiedlichkeit negativ bewertet wird, daß aus Bildern Feindbilder werden.

Das war der Wunsch an die Autorinnen und Autoren unseres Bandes: daß sie sich der Mühe unterziehen, den Vorstellungen, wie sie in antisemitischen Bildern und Texten zum Vorschein kommen, nach-zudenken; schon in diesem »Nach-denken« kann, und muß, der analytische Verstand regieren, der die kleinsten Widersprüche zwischen dem so entworfenen Bild und der Realität (der Vernunft, der Menschlichkeit) registriert und benennt.

## III

Die sozialen Figuren, die »Typen«, die hier analysiert werden sollen, sind Produkte antisemitischer Phantasie. Sie haben allerdings Eingang in viele Darstellungen gefunden, die wir nicht leicht, nicht im ersten Moment als antisemitisch erkennen. Eben damit es gelingt, sie als Phantasiegestalten *auszuweisen* (zu kennzeichnen *und* aus unserem Denken auszuschließen), ist es nötig, sich ihnen zu nähern. Ein grundlegendes Motiv ist bei jedem einzelnen Bild, bei jedem Stereotyp festzustellen; auch die Autoren der hier vorgelegten Beiträge stoßen uns immer wieder darauf: Da wird eine ideale Welt, eine »reine« Welt konstruiert – und vor dem Hintergrund dieser idealen, irrealen Welt erscheint »der Jude«, erscheint das Judentum als fremd, als krank, als andersartig.

**Christlicher Antijudaismus**

Das christliche Erbe bildet wohl den Grundstock, die Ausgangsbasis solcher Gegenüberstellung. Da ist doch der »wahre« Glaube endlich gefunden, aber die Juden existieren weiter als Zeichen des Zweifels an dieser Endgültigkeit. Mit dem Bild des »Gottesmordes« ist die Vorgabe gemacht, an der sich andere Bilder, andere Vorstellungen orientieren. Aber es wäre verkürzt, alle auch zeitgenössischen Erscheinungen des Antisemitismus auf einen religiösen Kontext zu begrenzen. Auch in säkularen »Religionen« wie dem Kommunismus wurde ein Bild der perfekten Gesellschaftsordnung erschaffen, und auch hier fielen die heraus, die als anders zu kennzeichnen waren. Und so kannten, vom Mittelalter bis in die Gegenwart, alle Konzeptionen davon, wie eine Gesellschaft beschaffen sein sollte, in unterschiedlicher Intensität und mit vielfältigen Ausprägungen, ihr jeweiliges Bild von »dem« Juden und von »den« Juden, als Gegenbild zum Konstrukt, zum Modell des Guten, des Wahren, des Eigentlichen, des Eigenen. Es geht, in jedem einzelnen Fall, bei jedem einzelnen hier vorgestellten Stereotyp, um die Konstruktion eines Bildes vom Anderen. Das Bild des ewigen, des wandernden Juden wird erschaffen, das Bild der »Judenschule« wird erschaffen, Bilder des jüdischen Körpers, des Mädchenhändlers, des Revolutionärs, des Zersetzers oder des Kapitalisten werden erschaffen und mit Eigenschaften versehen, die mit den Juden als Gruppe und als Einzelnen, mit ihrer Religion, ihrer Geschichte und ihrem Lebensalltag nur weit vermittelt zu tun haben. Antisemitische Vorurteile geben keine Auskunft über die jüdische Kultur und Geschichte. Sie erlauben aber, kritisch analysiert, durchaus Rückschlüsse auf das Welt- und Menschenbild der Träger des Vorurteils.

**Vorurteile geben Auskunft über ihre Träger**

Und diesem Zweck will unser »Handbuch«, unser »Wegweiser in das verwirrte Denken« – der am Ende, so wäre zu hoffen, wieder herausführt, aber eben nicht daran vorbei! – vor allem dienen. Da ist der Vorwurf des »Psychologisierens«, gar der »Einfühlung« schon hörbar – aber wie soll Rationalität erreicht werden, wenn sich Wissenschaft schon in ihrem Herangehen an ein Problem vor dessen Gefährlichkeit drückt, wenn sie nicht wahrnehmen will, daß sie selbst gefährdet ist? Stereotypen konstruieren *einfache* Wahrheiten, legen einfache Lösungen nahe – und die Sehnsucht nach der einfachen Formel, mit der ein komplizierter Sachverhalt erklärt werden könnte, ist uns nicht fremd.

**Die »anderen«**

Die Hoffnung auf die Existenz einer einen, einfachen, sauberen, klaren, geordneten Welt stellt wohl das Grundübel dar. Wer es nicht ertragen kann, daß es »andere Leute« gibt, andere Sitten, andere Verhaltensweisen, andere Formen, anderes Aussehen, andere Sprachen, die sich nicht einfügen, nicht anpassen, die sich nicht »auf Linie« bringen lassen mit dem, was einmal als »zugehörig« definiert wurde, der findet leicht zum Vorurteil; es wartet schon auf ihn. Die Sehnsucht nach Klarheit, nach Überschaubarkeit und nach geordneten Verhältnissen hat den Haß auf das Leben in den großen Städten ebenso befördert wie den Haß auf das »Unterwegssein«, die Verachtung der »fremden« Sprache ebenso wie die Herablassung gegenüber dem anders strukturierten Alltag; »Dasein und Erscheinung des Juden kompromittiert die bestehende Allgemeinheit durch mangelnde Anpassung«, heißt es bündig bei Horkheimer und Adorno, und auch fünfzig Jahre nach Erscheinen der *Dialektik der Aufklärung* ist dieser Einsicht wenig hinzuzufügen.

## IV

**Das Weiterleben der Bilder**

»Was der Antisemit wünscht und vorbereitet, ist der Tod des Juden«, sagte Jean-Paul Sartre. Die Frage, warum es, nach Auschwitz, nach dem millionenfachen industriell organisierten Mord, möglich sein kann, daß antisemitische Bilder und Vorstellungen weiterhin verbreitet und nachgeredet und geglaubt werden, ist unbeantwortet. »Warum lassen sie die Juden nicht in Ruhe?«, sie müßten doch bei jedem Satz, bei jedem Witz, bei jedem Klischee, erschrecken und spüren, wohin ihre Gedanken am Ende führen.

Ingeborg Day hat vor einigen Jahren ein seltsames Buch geschrieben, »Geisterwalzer«, es handelt von einer jungen Frau, deren Vater, ein österreichischer SS-Mann, unbeirrbar an seinem »Führer« festhielt bis zum Ende. Die Tochter mochte nun den Vater nicht zum Schuldigen stempeln, sondern empfand »Distanz, Mißtrauen und Abneigung gegenüber jenen, deren Existenz – deren vernichtete Existenz – den Vater für immer zum Schuldigen stempelte: den Juden.« Das ist verkehrt und verquer, aber es ist wohl nicht so ungewöhnlich, wie wir hoffen. Peter Hamm kommentierte allerdings: »Kein wirklicher Antisemit hätte die geringste Freude an ihr; schließlich pflegen Antisemiten nicht darunter zu leiden, daß sie Antisemiten sind.«

Sondern sie verfügen über ein Weltbild, das ihnen selbst als in sich geschlossen, als logisch erscheint. Hier soll deshalb – für jedes einzelne der vielen Bilder, die in den Köpfen (nicht nur) ausgewiesener Antisemiten herumspuken – eine Herkunftsanalyse, eine Hintergrundausleuchtung, eine Komponentenprüfung unternommen werden. Es geht auch darum herauszufinden, wer und was noch gemeint ist, wenn die Juden angegriffen werden. Welche gesellschaftlichen Umstände, welche Haltungen und Einstellungen, welche politischen, wirtschaftlichen Entwicklungen, auch: welche »Anteile« im Leben der Einzelnen werden angegriffen, wenn die Juden angegriffen werden? »Warum lassen sie die Juden nicht in Ruhe?« Doch wohl auch deshalb, weil mit dem altvertrauten antisemitischen Stereotyp überhaupt Breschen geschlagen werden können in die Übereinkünfte einer zivilen Gesellschaft, die immer eine Gesellschaft der Unterschiede, eine Gesellschaft des Respekts vor den Unterschieden bleiben soll.

**Verknüpfung mit anderen Stereotypen**

Manche Kämpfer gegen den Antisemitismus tun sich übrigens selbst schwer mit den Anforderungen an eine zivile Gesellschaft. Der bloße Vorwurf des Antisemitismus ist zum Instrument in einer tagespolitischen Auseinandersetzung geworden; das ist ärgerlich, weil solche »Debatte« über Sätze und ihre angebliche Bedeutung gerade unpolitisch ist, weil sie keine wirkliche Auseinandersetzung ist, sondern benutzt, was ihr – vielmehr ihren Protagonisten – gerade vor die Flinte kommt. Wer Detektiv spielt, wer die »Jagd« aufnimmt und andere erledigen will, weil sie den von ihm selbst aufgestellten Kriterien zuwiderhandeln, -sprechen oder -schreiben: der stellt sich selbst, unangreifbar, unbetroffen, außerhalb; der gibt vor zu wissen, was Antisemitismus sei, der gibt vor entscheiden zu können, wer ein Antisemit sei, der etabliert vor allem zuerst seinen eigenen Standpunkt, seine eigene Position: außerhalb. Allzuständig und entscheidungsbefugt, weil nicht betroffen. Wenn diese aktuellen Debatten vorbei sind, und wie schnell gehen sie immer vorbei, wird sich nichts geändert haben. Dann kommt ein neues Thema, ein neues Ziel der vehementen Angriffe. Wir möchten, daß unsere Leser sich schwer tun, wir möchten, daß sie sich in einen Dialog mit ihren eigenen Vorstellungen begeben, aber auch in einen Dialog mit anderen, die selbst ahnen, daß sie nicht frei sind von Vorurteilen und vorschnellen Festlegungen: die aber wissen möchten, wie solche Bilder entstehen und sich festsetzen in unseren Köpfen – und wie die Köpfe davon zu befreien sind.

**Zivile Gesellschaft**

## V

**Die Themen**

Die Autoren des vorliegenden Bandes sind in verschiedenen Wissenschaften tätig; sie sollten vom aktuellen Stand der wissenschaftlichen Forschung auf ihrem jeweiligen Gebiet – der Sprachwissenschaft und Linguistik, der Geschichte, der Kunstgeschichte, der Soziologie, der Politik- und Literaturwissenschaft, der Religionswissenschaft – berichten. Zwei einführende Texte stehen am Anfang: Nicoline Hortzitz berichtet über die »Sprache der Judenfeindschaft«, Peter Dittmar über deren »Bilder« im konkreten Sinne, also über die Darstellung von Juden in Zeichnungen und Karikaturen. Die folgende Rubrik beschäftigt sich mit Stereotypen, die aus dem religiösen Umfeld kommen; es geht um den Vorwurf des »Gottesmords« (Karl-Erich Grözinger), um das antisemitische – oder zunächst auch nur: das ignorante – Bild von der »Judenschule« (darüber berichtet der Stuttgarter Landesrabbiner Joel Berger), um den Vorwurf des »Ritualmords« (Rainer Erb), um Bilder von »Blutschändern und Brunnenvergiftern« (Christina von Braun); das sind besonders im Mittelalter virulente Vorstellungen und Zuschreibungen von »den« Juden und an »die« Juden; Bilder, die sich im Lauf der Jahrhunderte verfestigen, aus denen Sozialfiguren, Typen, herausgebildet werden wie der »ewige Jude« (Artikel von Avram A. Băleanu), der »Wucherer« (von dem Straßburger Soziologen Freddy Raphael). Bilder des Häßlichen, des Verachtenswerten beziehen sich auf die körperliche Gestalt (Sander L. Gilman: »Der

***Abb. 1** Ein Blick in das Magazin des Wiener Jüdischen Museums: Figuren und Typen, wie sie die judenfeindliche Phantasie über die Jahrhunderte entworfen hat. Sammlung Schlaff, Jüdisches Museum der Stadt Wien.*

jüdische Körper«), auf die Sprache (Christoph Daxelmüller: »Mauscheln«) und auf die Namen der Juden (Dietz Bering); aber auch geschlechtsspezifische Vorstellungen (Jeanette Jakubowski: »Die schöne Jüdin«) werden referiert, Vorstellungen, die bis in neue soziale Bewegungen hineinreichen (Eva-Maria Ziege: »Göttinnenmörder«). Einzelne, literarisch vermittelte Bilder wie die von den »Dunkelmännern«, über die Knut Kiesant berichtet, oder von der Figur des »Shylock« (Anat Feinberg-Jütte), verdichten sich in der antisemitischen Denkwelt zur Vorstellung von der »jüdischen Weltverschwörung« (Artikel von Ernst Piper). Diese Bilder wandeln sich, sie *modernisieren* sich und erhalten neue Gestalt: Über die Bilder von »Feiglingen und Drückebergern« berichtet Volker Ullrich, über »Verräter« Erhard Stölting, über den »Urbantyp«, das Bild des jüdischen Stadtbewohners, Joachim Schlör. Die innere Widersprüchlichkeit antisemitischer Vorstellungen wird deutlich, wenn die sich gegenseitig ausschließenden Bilder vom »Kapitalisten« (Avraham Barkai) und vom »Kommunisten« (Peter Niedermüller) gegeneinander gehalten werden, oder die Bilder vom armseligen »Ostjuden« (Ludger Heid) und vom »Intellektuellen« (Ingeborg Nordmann) oder »Zersetzer« (Richard Faber). Die abschließenden Beiträge von Nachum Orland und von Heiner Lichtenstein zeigen, wie stark die traditionellen Vorstellungen in die Gegenwart hineinreichen und sowohl unser Verhältnis zu Israel wie unseren Umgang mit der nationalsozialistischen Vergangenheit belasten.

Wer das Literaturverzeichnis studiert, wird sehen, welch große Bedeutung alle Autoren (wie die Herausgeber) der verdienstvollen Arbeit des Zentrums für Antisemitismusforschung an der Technischen Universität Berlin zumessen. Die Arbeit am Moses Mendelssohn Zentrum für europäisch-jüdische Studien an der Universität Potsdam setzt sonst andere Schwerpunkte: Wir erforschen die deutsch-jüdische, die europäisch-jüdische Geschichte als *Beziehungsgeschichte,* wir bemühen uns darum, authentische Quellen zu veröffentlichen und damit mehr Wissen und Verständnis für die jüdische Geschichte und für ihren Anteil an der deutschen und der europäischen Geschichte zu vermitteln. Aber der Blick auf die jüdischen Kulturen und Lebenswelten ist oft verstellt, beeinträchtigt, überlagert von Bildern, von Vorurteilen aus antijüdischen, antisemitischen Zusammenhängen. Diese Bilder müssen erst beiseite geräumt – oder doch zumindest als Bilder erkannt – werden, bevor wir uns den weiteren Aufgaben zuwenden können. Deshalb dieses Buch, das keine Konkurrenz aufbauen, sondern vielmehr als Ergänzung und als Angebot zur Zusammenarbeit verstanden sein will. All denen, die sich bereits jetzt an der Kooperation beteiligen, auch für die Erarbeitung der Ausstellung »Die Macht der Bilder. Antijüdische Vorurteile und Mythen«, konzipiert vom Jüdischen Museum der Stadt Wien, die dieses Buch begleiten soll, gilt unser herzlicher Dank.

**Bilder verstellen den Blick auf die jüdische Kultur**

Potsdam, im März 1995

Julius H. Schoeps
Joachim Schlör

# Vorüberlegungen

*Nicoline Hortzitz*

# Die Sprache der Judenfeindschaft

> Der Spruch: Wenn Worte töten könnten, ist längst aus dem Irrealis in den Indikativ geholt worden: Worte können töten, und es ist einzig und allein eine Gewissensfrage, ob man die Sprache in Bereiche entgleiten läßt, wo sie mörderisch wird. *Heinrich Böll*

Das aufzudecken und zu benennen, was die »Sprache der Judenfeindschaft« eigentlich ausmacht, ist ebenso wichtig wie schwierig. Wichtig ist es deshalb, weil nur der, der die Sprachstrategien von Demagogen »durchschaut« und begreift, auf welche explizite wie implizite Weise Vorurteile mit Hilfe des Zeicheninventars der Sprache vermittelt werden, gegen diese Art der »Bewußtseinsveränderung« gefeit ist. Schwierig ist es deshalb, weil die »Sprache des Antijudaismus/Antisemitismus« nicht einfach zu erkennen ist. Sie ist ja keine »Sondersprache« mit den auffälligen, leicht zu identifizierenden Merkmalen, wie sie die »Fachsprache« der Verwaltung oder die »Gruppensprache« Jugendlicher aufweist. Die Sprache, mit der die Juden zu allen Zeiten beschimpft und verleumdet, beleidigt und diskriminiert wurden, mittels derer man ihnen »Gewalt« angetan hat, sie war, auf allen linguistischen Ebenen betrachtet, stets die auf funktionsspezifische Weise verwendete Gemeinsprache der jeweiligen Zeit.

**Funktionen**

Fragt man nun nach den spezifischen Funktionen, die antijüdischen Sprachgebrauch durch die Jahrhunderte hin kennzeichnen, so sind an erster Stelle Polarisierung (»Fremd-Eigen-/Schwarz-Weiß-Zeichnung«) und Abwertung zu nennen. Diese wiederum stellen Strategien im Dienst der primären kommunikativen Verfasserintention, der Persuasion (lat. »persuadere« ›überzeugen, überreden‹), dar. D.h.: Antijudaisten/Antisemiten wollen – im doppelten Sinne des Wortes – »überzeugen«, indem sie durch – vorgebliche – »Sachinformationen« den »Wissensstand« ihrer Leser/Hörer verbessern, und sie wollen »überreden«, indem sie starke Emotionen auslösen. Durch Appelle an Verstand und Gefühle versuchen sie Einfluß auf Einstellungen und Meinungen zu nehmen. Dabei sind die Faktoren »Gefühl« und »Stimmung«, wie Individual- und Sozialpsychologie nachgewiesen haben, besonders geeignet, eine Veränderung (bzw. Verfestigung) von Einstellungen, Werturteilen und Verhaltensweisen zu bewirken. Unabhängig davon, ob antijüdische Texte und Textzusammenhänge durch die Darstellungsart »Argumentieren« (wie pseudowissenschaftliche Abhandlungen), »Erzählen« (wie die sog. Ritualmordlegenden) oder »Beschreiben« (wie abwertende Brauchtumsschilderungen) dominiert werden, ob es sich um

**Gefühle und Stimmungen**

schriftliche oder mündliche Rede handelt, ob in den Texten »die Juden« primär thematisiert sind oder ob Passagen (z. B. in Predigten oder in Romanen) historische »Judenbilder« nur »nebenbei« vermitteln – alle sind sie insofern persuasiv orientiert, als sie die Adressaten in bestimmter Weise beeinflussen wollen und auf Konsens zwischen Schreiber/Sprecher und Leser/Hörer zielen.

Wenn ich im folgenden die »Sprache der Judenfeindschaft« unter historischem Aspekt auf ihre spezifischen Funktionen hin betrachte und Konstanten antijüdischer Sprachverwendung aufzeige, dann geschieht das nicht auf der »Makro«-Inhaltsebene der expliziten Argumente (»Beweisgründe«) und Propositionen (»Aussagen«) oder der direkten Appelle (»Handlungsaufforderungen«). Gegenstand der Darstellung sind also nicht die gegen die Juden vorgebrachten Behauptungen und Begründungen bzw. die Vorschläge zur »Lösung der Judenfrage«, wie sie sich seit dem 15. Jahrhundert in deutschsprachigen Quellenschriften dokumentieren. Die antijüdischen Inhalte und »Argumente«, besser gesagt: Vor-Urteile und Pseudoargumente, die bekanntermaßen entweder von vornherein jeglicher realen Grundlage entbehrten (z. B. Beschuldigungen wie Ritualmord und Genuß von Menschenblut) oder auf Fehlurteilen bzw. historischen Mißinterpretationen beruhten (z. B. der Gottesmordvorwurf oder das Wucherstereotyp), konnten von Menschen guten Willens bei einigem Nachdenken und Nachfragen im Grunde zu jeder Zeit entlarvt werden.

Aufzeigen möchte ich vielmehr, mit welchen sprachlich-formalen, funktionalstilistischen »Mikro«-Elementen das »Gemeinte« und »Beabsichtigte« realisiert wird. Dabei gehe ich von der Annahme aus, daß die stilistische Form sozusagen die »Fortsetzung des Inhalts mit anderen Mitteln« ist, umgekehrt auch die formale Struktur das »ideologische« Denken, die Weltsicht von Judenfeinden erschließt.

**Stilmittel**

Konsens zu erzielen und »Meinung zu bilden« sind expressive (= »ausdrucksstarke«) und affektive (= »gemütsbewegende«) Stilmittel in besonderem Maße geeignet, insofern sie sowohl Gefühle ansprechen als auch erzeugen. Die ganze Palette stilistischer Ausdrucksmöglichkeiten von der Wort- über die Satz- bis zur Textebene haben auch judenfeindliche Autoren stets genutzt, um vorurteilshafte Inhalte zu vermitteln. Bei nachfolgender Beschreibung sprachstilistischer Diskriminierungsmuster beschränke ich mich auf die Ebene der Wörter (Einzelwörter und Wortverbindungen). Denn

**Die Wörter**

in erster Linie sind die »Wörter« mit ihren Konnotationen (= Nebenbedeutungen) und Gefühlswerten, ihren impliziten Appellen, den Assoziationsfeldern, die sie mitunter eröffnen, für die Sprachanalyse aufschlußreich. Sie besitzen nämlich besondere suggestive Kraft: »Wertende Wörter« beeinflussen die Leser/Hörer durch ihre verdeckten Signale – oft ohne daß es diesen bewußt wird.

Anhand einiger texttypischer, seit der Frühen Neuzeit bis in die NS-Periode nachweisbarer Sprach- und Stilmittel der Lexik (= des Wortschatzes), Stilfiguren und Tropen, nämlich Metaphern und Vergleichen, Figurationen der Ironie, Hyperbeln, Antonymen, Epitheta ornantia (texttypischen Attribuierungen von *Jude*), affektiven Wortzusammensetzungen (Komposita mit *Jude*) und Synekdochen, werde ich nun exemplarisch vorführen, was die »Sprache der Judenfeindschaft« kennzeichnet.[1]

**Metaphern und Vergleiche**

In der Stilistik zählen diese Figuren zu den wichtigsten Sprachbildern. Allgemein gesprochen, dienen sie dazu, etwas Abstraktes, wenig Anschauliches konkret, anschaulich, »sichtbar« zu machen. Metaphern und bildliche Vergleiche gehören zu den Stilmitteln, die Judenfeinde in ihren Schriften bevorzugt verwenden.

Griech. »metaphora« heißt ›Übertragung‹. Die Metapher ist eine »Wortübertragung«, sozusagen eine Ortsveränderung eines Wortes, das von einem sprachlichen Ort auf einen anderen übertragen wird, zu dem es »eigentlich« nicht gehört, z. B.: »Abend des Lebens« als Metapher für »Alter«. Die »richtigen«, »eigentlichen« Wörter werden hier also durch fremde, »uneigentliche« ersetzt. Vergleiche, die zur Erzeugung von »Bildhaftigkeit« ebenfalls sehr geeignet sind, weisen gegenüber Metaphern unterschiedliche grammatische Kennzeichen auf, insbesondere die Partikel »wie«, z. B.: etwas ist schwer »wie Blei«.

Gemeinsam haben beide Arten sprachlicher Bilder, daß in ihnen zwei Größen, nämlich ein Bildspender und ein Bildempfänger, aufgrund einer tatsächlichen oder vermeintlichen Ähnlichkeit bzw. Analogie aufeinander bezogen werden. Im Prozeß der »Verbildlichung« werden also ein oder mehrere gemeinsame Bedeutungsmerkmale zweier Wörter (bzw. übereinstimmende Gefühlselemente bzw. sich entsprechende freie Assoziationen) hervorgehoben, unterscheidende Merkmale hingegen vernachlässigt. Über das jeweilige gemeinsame Merkmal, das sogenannte »tertium comparationis« (= das »Dritte des Vergleichs«), findet eine Zusammenschau zweier grundsätzlich voneinander unterschiedener Objekte oder Sachverhalte statt.

Daß Judenfeinde gern sprachliche Bilder gebrauchen, wird verständlich, wenn man sich vergegenwärtigt, daß Metaphern und Vergleiche nicht nur abstrakte Inhalte sozusagen »wertneutral« veranschaulichen. Vielmehr können sie auch »Gemeintes« präzisieren, argumentieren und sogar werten. Darüber hinaus vermögen sie Assoziationsketten auszulösen und so das Handeln oder Verhalten zu beeinflussen.

Vor dem Hintergrund des Wissens um die stilistische Leistung von Metapher und Vergleich gewinnt die Frage nach der Bildlichkeit historischer antijüdischer Texte an Bedeutung. Wie Untersuchungen zur Metaphorik vom 15. bis 20. Jahrhundert gezeigt haben, zählen Tier-, Pflanzen- und Krankheitsmetaphern/-vergleiche zu den am häufigsten verwendeten Sprachbildern. Die Wahl des jeweiligen Bildspenders hängt nun davon ab, welches Merkmal die Judenfeinde hervorheben wollen. Tertium comparationis kann eine Eigenschaft oder eine Verhaltensweise sein. Um die »Blindheit« der Juden gegenüber der Messianität Christi und der »Wahrheit« des Christentums zu veranschaulichen, wählt beispielsweise Samuel Friedrich Brentz in seiner Schrift von 1614 *»Judischer abgestreiffter Schlangenbalg«* die Tier-

**Tiermetaphern**

metapher *Blindschleiche* (Titelbl.). Religiöse Ignoranz, aber auch allgemein intellektuelle Minderwertigkeit, »Dummheit«, werden u. a. durch *Esel-* (z. B. Martini 1636, S. 89), *Affen-* (z. B. Hundt-Radowsky 1819, S. 107) oder *Papagei*vergleiche ausgedrückt: Die Juden *können, wie der* Papagei, *eine Menge von Sachen und Wörtern auswendig lernen; allein Begriffe können sie nicht fassen.* (Hundt-Radowsky 1819, S. 104f.). Den behaupteten »naturgegebenen« unangenehmen Geruch der Juden suchen Verfasser antijüdischer Pasquillen seit dem 16. Jahrhundert in bildhaften Topoi wie dem vom *stinkenden Bock* (Martini 1636, S. 74) oder vom *übelduftenden Wiedehopf* (Hundt-Radowsky 1822, S. 24) sinnlich-anschaulich darzustellen.

Eine Charaktereigenschaft, die Antijudaismus/Antisemitismus den Juden traditionell zugeschrieben haben und die, wie die (wohl ohne große Abstriche auf deutsche Verhältnisse zu übertragenden) Befunde von R. Wodak, P. Nowak u. a.[2] zum antisemitischen Diskurs im Österreich der Nachkriegszeit zeigen, sogar noch in der Gegenwart unterstellt wird, ist »Falschheit«. Die Wesensmerkmale »Verschlagenheit«, »Listigkeit« werden aufgrund kultureller Konventionen auch bestimmten Tieren wie Fuchs, Krokodil, Wolf, Schlange oder Spinne zugeordnet. Von daher verwundert es nicht, daß sie in Schriften judenfeindlichen Inhalts seit dem 15. Jahrhundert häufig als Bildspender dienen. Am Beispiel des Bildes von der lauernden Spinne, die den unbedarften Christen wie eine Fliege in ihrem Netz fängt, wird die

***Abb. 2*** *Die »Judensau« war vor allem im 15. und 16. Jahrhundert eine weit verbreitete Form der antijüdischen Darstellung — »Ausdruck und Beweis einer wirklich grenzenlosen Verachtung der Juden« (Eduard Fuchs).*

Der Vampyr

Vom Teufel in die Welt gesetzt er stets die Völker quält und hetzt

Schlangenbrut

Der Jud führt nicht umsonst den Wurm als Zeichen
Was er erreichen will, das sucht er zu erschleichen

*Abb. 3* *Besonders das nationalsozialistische Hetzblatt »Der Stürmer« verwendete Tiermetaphern, auch in seinen bildlichen Darstellungen. Der »Vampyr« sollte Blutgier assoziieren und damit zugleich an die Legenden vom Ritualmord erinnern ... »Der Stürmer« 1934.*

*Abb. 4* *... die Schlange sollte Bilder des Unkontrollierbaren, des »Allumfassenden«, aber auch den Wunsch nach »Unschädlichmachen« und »Vertilgen« hervorrufen. »Der Stürmer« 1934.*

Überlegenheit expressiv-metaphorischen Sprechens im persuasiv intendierten Text gegenüber dem rein nominativen (= benennenden) deutlich. Ohne die Verbildlichung würden – das zeigen nachfolgende Beispiele – die Leser die behaupteten Merkmale im interpretativen Kontext nicht in dieser Präzision erkennen:

> Die Spinnen pflegen die Fliegen mit ihren Weben zu fangen/ beherbergen sie/ umbspinnen sie/ aber den armen Fliegen zum grossen schaden/ denn sie saugen sie aus/ daß sie todt in solchen Weben hangen bleiben/ und der Herberge nicht gebessert sein: solche Spinnen sind die Jüden/ sie geben zwar etwas geld/ lassen sich mercken/ als ob sie dem gemeinen Nutz zum besten sich schicken/ und also den Christen hiemit dienen/ aber sie saugen die Christen aus mit ihrem Wucher. (Müller 1644, S. 1471)
>
> [Zwei Sorten von Juden] trachten mit allen den ihnen zu Gebot stehenden Mitteln dahin, ... die Verehrung und Herrschaft des Mamons, ihre deistischen Irrthümer, ihren herzlosen spinozistischen Gott, an die Stelle des Christenthums zu setzen, sich selbst aber im Hertzen Europas, in Deutschland, festzusetzen, um von da aus, wie eine Spinne, die ihr Netz um Alles schlingt, dasselbe auszusaugen, und sich so zum Herrn über Deutschland, über die ganze Welt zu machen. (Scharff-Scharffenstein 1851, S. 9)

**Blutbeschuldigung**

Zu den ältesten antijüdischen Klischees zählt das Stereotyp vom »Ritualmörder«, der das Blut gemarterter Christenkinder trinke. Auf diese noch in der Hetzpropaganda der Nazis wiederholte Beschuldigung mittelalterlichen Ursprungs rekurrieren in frühneuzeitlichen Pasquillen bedrohliche Bilder von parasitären Blut saugenden (Blutegel, Laus, Wurm, Spinne) sowie gefährlichen Blut fressenden Tieren wie Bluthund, Wolf, Hecht, auch Schlangen, die der »zoologischen« Kenntnis des frühneuzeitlichen Menschen nach ihre Opfer »stechen«, um deren Blut zu trinken. Das »Dritte des Vergleichs« ist hier der »Blutgenuß« bzw. die spezielle Tätigkeit des »Tötens durch Blutentnahme«. Die Zusammenschau von Bildspender und Bildempfänger findet aber, wie die interpretativen Textzusammenhänge erweisen, auch über die unspezifischen Merkmale »grausames Töten«, »Mordgier« statt: *Hieraus sihestu nu wol ..., das sie* [= die Juden] *dürstige blut Hunde und Mörder sind der gantzen Christenheit ... Wie sie denn ... beschüldigt gewest, als hetten sie Wasser und Brün vergiftet, Kinder gestolen, zepfrimet* [›mit Pfriemen (Ahlen) durchstochen‹] *und zu hechelt* [›mit Hecheln (Flachskämmen) zerfleischt‹], *damit sie an der Christen blut ir mütlin heimlich kületen.* (Luther 1543, S. 520)

Darüber hinaus zielen im 16. und 17. Jahrundert Blutsauger-/Blutfressermetaphern – sozusagen in zweifacher Übertragung – auch auf die Veranschaulichung der wirtschaftlichen Schädigung, der »Ausbeutung«, die die Juden an den Christen betrieben: *Wiltu je Liebe und Barmhertzigkeit erzeigen/ so erzeige sie den Armen Leuten/ welche die Jüden ergern/ verfüren/ schinden/ beschweren/ außsaugen/ und in grund verderben. Der armen Christen sage ich/ solt man sich erbarmen/ und sie von solchen Blutegeln erlösen.* (Nigrinus 1570, S. CLXXVI) Im 19. und 20. Jahrhundert werden Blutsaugerbilder dann fast ausschließlich nur mehr in diesem Sinne gebraucht, verlieren aber niemals ihren Bezug zum Ausgangsmotiv.

**Strategien der Entmenschlichung**

Unter den Bildern aus Zoologie und Botanik, Medizin und Hygiene haben, historisch betrachtet, Ungeziefer-, Unkraut- und Seuchenmetaphern/ -vergleiche besondere stilistische Relevanz, insofern ihnen ein entscheidender Anteil am (gedanklichen und sprachlichen) »Entmenschlichungs- und Abwertungsprozeß« zugeschrieben werden muß, der seinen Höhepunkt zur Zeit des Nationalsozialismus in der identifizierenden Gleich-Setzung von Juden mit tierischen und pflanzlichen Schädlingen sowie tödlichen Krankheiten hatte und die Dispositionen zum entsprechenden »angemessenen« (»Abwehr«-)Handeln vorgegeben hat. Konkrete Metaphern und Vergleiche, die bereits in deutschsprachigen Quellenschriften der Frühen Neuzeit zur Charakterisierung der Juden herangezogen werden, sind u. a. *Blutegel*, *Laus*, *Wurm* und *Distel*; daneben findet man auch die abstrakten Überbegriffe *Ungeziefer*, *Blutsauger*, *Unkraut*. Des weiteren werden die Juden mit der Pest, der schlimmsten Krankheit der Zeit, und dem (wie eine Seuche verbreiteten) Krebs verglichen, um äußerste existentielle Gefährdung zu assoziieren:

> Denn sie uns ein schwere last, wie eine Plage, Pestilentz und eitel unglück in unserm Lande sind. (Luther 1543, S. 520)
> Dann wie der Krebs allgemach einwurtzelt/ ehe daß man es recht gewahr würdet/ biß daß er auff das Gebein und Marck kommet/ und den Menschen erstlich umb seine Gesundheit und Leibs Kräfften/ folgends gar umb das Leben bringet: Also auch ist es mit den Jüden bewandt. (Rechtanus 1606, S. 91)

Die zentralen biologischen und medizinischen Metaphern, die bereits in frühneuzeitlichen antijüdischen Texten dazu tendieren, »fortgesponnen« zu werden (z. B. *Disteln* → vermehren sich wuchernd → gefährden die Nutzpflanzen → müssen *ausgerottet* werden; Nigrinus 1570, S. CLXIX), entfalten dann seit dem ausgehenden 18. Jahrhundert im Zusammenhang der Herausbildung einer organologischen Volks- und Staats- (auch Rechts- und sogar Kunst-)auffassung allmählich ihre volle Suggestivkraft. In dem Maße, in dem der Staat als »lebendiger Organismus«, als »Körper« aufgefaßt wird, der »natürlichen« Prozessen und »biologischen« Gesetzmäßigkeiten unterliege, werden Faktoren wie »Gesundheit« und »Krankheit«, »Tod« und »Verwesung«, aber auch »Heilung« plausibel. Insofern geht mit der biologischen Metaphorisierung des Staatsbegriffs – geradezu folgerichtig – der Anschluß anderer »Metaphernsysteme« (D. Bering) – wie eben der von »Krankheit«, »Heilung« oder »Tod« – einher. Im antijüdischen Text- und Argumentationszusammenhang bedeutete dieses, daß die Juden, traditionell als »Feinde« der Christenheit/des Abendlands und als »nicht zugehörig« empfunden, zu (tierischen, pflanzlichen, bakteriellen, viralen) »Schädlingen« und »Fremdkörpern« stilisiert wurden, die zu »eliminieren« wären, wollte man nicht Gesundheit und Leben des »Volksorganismus« gefährden:

> Das aber bildet eben den Grundcharakter dieser Nation, daß sie ... wie Parasiten an alle Völker sich anklammern, ohne diesen anders zu lohnen, als indem sie dieselben zu Grunde richten. (Scharff-Scharffenstein 1851, S. 6)
> Das jüdische Volk führt seit Babylon ein Schmarotzerdasein auf anderen Volkstümern und saugt sie aus; deshalb ist es unter allen Umständen zu entfernen oder doch unschädlich zu machen. (Bartels 1921, S. 31)

**Vernichtung wird möglich gemacht**

An vielen Tierarten (wie Blutegel, Heuschrecke, Raubbiene, Raupe, Spinne, Wurm), gefährlichen Krankheiten (wie Pest, Cholera, Krebs) und in – zumeist unspezifischen – Pflanzenbildern (Riesenschmarotzergewächs, Schmarotzerpflanze, Wucherpflanze) werden im 19. Jahrhundert bis zur Nazi-Zeit Motive des Anklammerns, Einbohrens, Festsetzens, Einnistens, Festrankens, des Aussaugens, Zerfressens, Zersetzens, Erstickens, Überwucherns, der raschen Vermehrung, unkontrollierbaren Ausbreitung, des wuchernden Wachstums, aber auch die zu ergreifenden »Gegenmaßnahmen« des Unschädlichmachens, Entfernens, Ausscheidens, Vertilgens in drastischer Anschaulichkeit entfaltet. Als entscheidende Entwicklung der Bildlichkeit seit Beginn der Emanzipationszeit ist dabei weniger die qualitative Ausdifferenzierung der traditionellen spätmittelalterlichen und frühneuzeitlichen Ungeziefer-, Unkraut- und Krankheitsmetaphern in Einzelmotiven bzw. umfangreichen »Metaphernfeldern« oder ihre quantitative Zunahme anzusehen als vielmehr ihre »logische« Fortführung in der Verknüpfung mit anderen Metaphernfeldern wie »Sterben« und »Verwesung« bzw. »Heilung« oder »Säuberung«. Diese hat begünstigt, daß das »metaphorische ›als ob‹ ... in eine Identifizierung«[3] übergehen konnte. An dieser Stelle sei erinnert, daß massiver Ungezieferbefall von »Kammerjägern« u. a. durch »Vergasen« bekämpft wird, daß »Gärtner« wucherndes Unkraut »mit Stumpf und Stiel« ausreißen und »Ärzte« mit seuchenhygienischen Maßnahmen (»Isolierung«) bei ansteckenden, mit unterschiedlichen chirurgischen Eingriffen (»Amputation«, »Herausschneiden«) bei Tumorkrankheiten reagieren. Die Geschichte zeigt, daß die Aberkennung der Menschenwürde mit impliziten Tötungsappellen verbunden ist: Im Dritten Reich sollte der »zersetzende jüdische Krebs« aus dem »Fleisch des deutschen Volkskörpers« herausgeschnitten[4], die »jüdischen Schädlinge« und »Krankheitserreger«[5] wie parasitäres Ungeziefer vergast werden.

Hier ist auf ein Phänomen hinzuweisen, das psychologisch weitgehend ungeklärt ist. Metaphern und bildliche Vergleiche scheinen nämlich den Charakter des »uneigentlichen« Sprechens verlieren zu können. D.h., im Zuge usuellen Sprachgebrauchs beginnen sie irgendwann für sich selbst zu stehen, während die Wirklichkeit des Bildempfängers verlorengeht. Inwiefern »die Sprache« (bzw. Sprachverwendung) an diesem Prozeß beteiligt ist, kann nur schwer beurteilt werden. Historisch betrachtet, mag die sprachliche Tradition, Juden – bildhaft – als »Ungeziefer« zu bezeichnen, einen Gewöhnungsprozeß bewirkt haben, der es schließlich schwierig oder sogar unmöglich gemacht hat, Sprachbilder, d.h. Vergleiche, als solche zu erkennen. Unter spezifischen historischen Gegebenheiten wurde in Deutschland die Metapher »Ungezieferbefall«, die die Lösungsmöglichkeit »vertilgen (durch Vergasung)« impliziert, »wörtlich« genommen, »vertilgen« als konkrete Handlungsanweisung interpretiert.

**Figurationen der Ironie**

Ganz allgemein, ist die Ironie eine indirekte sprachliche Handlung, bei der »mit den benützten Ausdrücken das Gegenteil von dem gemeint wird, was man mit den benützten Ausdrücken normalerweise meint«[6]. Hinter ironischem Sprachgebrauch verbirgt sich eine distanzierende oder ablehnende Haltung des Schreibenden/Sprechenden gegenüber dem Dargestellten. Als markantes Stilmittel ist die Ironie bereits in ganz frühen antijüdischen Pasquillen nachzuweisen. Sie bleibt es bis zu den Schmähschriften der Nazis.

Bevor ich auf die stilistische Leistung dieser Stilfigur eingehe, möchte ich zunächst einige Beispiele für ironische Figurationen in historischen antijüdischen Texten anführen: Ein Judenfeind des 16. Jahrhunderts namens Jobst Meller behauptet im Titel seiner Schrift, *der Juden Tugend und Wohltaten gegen den Christen* beschreiben zu wollen. Die ironische Wirkung resultiert hier aus einem »Normverstoß«, besteht doch das von christlicher Tradition geprägte »kollektive Vorwissen« der zeitgenössischen Leser darin, daß der Juden Tugenden wie der Juden Wohltaten an den Christen keine sind. 1819 gibt der Judenhasser Hartwig Hundt-Radowsky im Rahmen seines *»Schand- und Sittengemäldes«* (so der Untertitel des *»Judenspiegels«*) vor, die *schönen Geister* (S. 112) unter den Juden beschreiben zu wollen. Alfred Rosenberg, der spätere »Chefideologe« Hitlers, »lobt« 1919 die *sehr schöne Rede* des Rabbiners Cäsar Seligmann über die Qualitäten des Judentums und dessen *Redeblüten* (S. 17), Adolf Bartels macht in seiner Schrift *»Die Berechtigung des Antisemitismus«* von 1921 das *famose Buch über die deutsch=jüdische Verwandtschaft* (S. 41) des jüdischen Kantforschers Hermann Cohen durch ebendiese Wendung lächerlich. Der Mitarbeiter an Theodor Fritschs *»Handbuch der Judenfrage«* (33. Aufl. 1933), Albert Kunkel, führt ein *sehr niedliches Beispiel für die ganz besondere Denkart jüdischer Verbrecher* (S. 38) an.

»Das Gegenteil dessen sagen, was man eigentlich meint« ist eine Funktion der Ironie, »Abwerten durch (vermeintliches) Aufwerten« eine andere. Diese wird besonders deutlich bei den häufig verwendeten ironischen Vergleichen. Luther verhöhnt 1543 die Juden als *edle Fürsten der Welt* (S. 514) und *heilige und kühne Helden und Ritter* (S. 544). Der christliche Arzt Jakob Martini bezeichnet anno 1636 die jüdischen Mediziner als *gelehrte Heilige* (S. 75) und gibt sie dadurch der Lächerlichkeit preis. Denn der Tenor seiner Schrift besteht gerade im Versuch des argumentativen Nachweises der »Ungelehrtheit« und Inkompetenz der jüdischen Heilkundigen.

In der attributiven Verbindung *heiliges, auserwähltes, edles und hochgelobtes Volk* (S. 440) greift Luther eine jüdische Eigenbezeichnung (»auserwähltes Volk«) ironisch auf, um sie als »nicht ernst gemeint« in Frage zu stellen. Damit knüpft er an die ursprüngliche rhetorische Verwendungsweise der Ironie an. In der antiken Gerichtsrede bestand nämlich die »ironia« darin, Zitate des Gegners aufzunehmen, um sie in gegensätzlichem Sinn zu wiederholen und dadurch den Gegner unglaubwürdig bzw. lächerlich zu machen. Im ironisch-abwertenden Gebrauch religiöser Zentralbegriffe der Juden (besonders »auserwähltes Volk«) besteht eine sprachliche Tradition bis ins »säkulare« 19. und 20. Jahrhundert. 1881 beispielsweise charakterisiert Eugen Dühring die Juden so: *auserwählte Eitelkeit und eine Art Größenwahn des Völkchens* (S. 60).

Die den Juden zugeteilten im Höchstmaß positiven Wertattribute *edel, kühn, heilig* usw., die im augenfällig krassen Gegensatz zur Wahl der sonstigen (nominativen), in antijüdischen Texten »üblichen« Adjektivattribute stehen, weisen auf ein Phänomen hin, das jede ironisch gemeinte (schriftliche wie mündliche) Äußerung begleitet: die sogenannten »Ironiesignale«. Diese gewährleisten, daß der Leser/Hörer das Gesagte im Sinne der Schreiber/Sprecher auch »richtig« versteht, d. h. die Ironie erkennt. Die »Produzenten« ironischer Figurationen verlassen sich also nicht allein auf das kollektive Vorwissen (bzw. »Vorurteil«). In schriftlicher Rede wird Ironie, wie vorliegende Beispiele zeigen, insbesondere durch Übertreibungen ins Unglaubwürdige erkennbar, die die Leser veranlassen, die Wertungen mit ihrer (hier: vorurteilsgeprägten) Realität zu konfrontieren (»Jeder weiß doch, daß die Juden …«). Andere »verstärkende Kontrastsignale«[7] sind die Kombination von Begriffen entgegengesetzter Wertsphären wie des Sakralen/Numinosen und des Lächerlichen, des Gewichtigen und des Harmlosen/Banalen (*Verbrecher* ↔ *niedlich*) oder negativ wertende Explikationen, die die vorhergehende positive Aussage aufheben (z. B. der Untertitel von Mellers Schrift »*Ware Beschreibung der Juden Tugent und wolthaten gegen den Christen*«, der lautet: »*So ein guter Freund dem andern zur warnung von inen zuschreibet*«; oder Hundt-Radowskys unmittelbar folgende Definition zu *schöne Geister: Diese sind die widerlichsten, zudringlichsten, geschwätzigsten und hochmüthigsten Ichlinge, die nur zu finden sind.)*

Um die stilistische Leistung und die daraus resultierende Wirkung im judenfeindlichen Text beurteilen zu können, ist es notwendig, sich zu vergegenwärtigen, was beim »ironischen Sprechhandeln« vor sich geht: Bei ironischem Sprachgebrauch bezieht sich »auf der Oberflächenebene der direkten Äußerung ein Sprecher (1. Person) [hier: der antijüdische Autor] in bestätigender, affirmativer Weise auf einen Adressaten (2. Person) [hier: die Juden] einschließlich dessen Einstellungen, Bewertungen etc.; implizit aber dementiert der Sprecher (durch eine offene Verletzung der Aufrichtigkeitsbedingungen ...) diese Affirmation, um damit die thematisierte 2. Person gegenüber einem zuhörenden Publikum (der 3. Person) [hier: die Christen/Deutschen] bloßzustellen, sie lächerlich zu machen etc. Die zentrale Intention ist dabei, die 3. Person als den eigentlichen Adressaten zu einer Identifizierung mit den Einstellungen und Bewertungen des Sprechers gegen die 2. Person zu bewegen«[8]. Diese Identifizierung kommt über das Lachen, das »Auslachen« »der 2. Person« zustande, das – auf der Basis eines kollektiven »Vorwissens« (bzw. hier: »Vorurteils«) – einen Solidarisierungseffekt bewirkt. Figurationen der Ironie transportieren also Affekte. Sie heben Wertungen hervor und erhöhen auf diese Weise die Aufmerksamkeit der Leser/Hörer, die wiederum eine wesentliche Voraussetzung für die erstrebte Meinungsveränderung bzw. -verfestigung (im Sinne der Textverfasser) ist. In bezug auf die 2. Person übermitteln sie negative/diffamierende Bewertungssignale, in bezug auf die positv bewertete 3. Person, mit der sich die 1. Person, der Textverfasser, identifiziert, wirken sie »gemeinschaftsstiftend«. So stellen Figurationen der Ironie zugleich ein indirektes Mittel zur Konstituierung einer Wir-Gruppe gegenüber einer Fremdgruppe dar.

**Hyperbeln**

Die Hyperbel ist die »Stilfigur der Übertreibung«. Hier handelt es sich eigentlich um einen Überbegriff. Denn die Hyperbel kommt in vielen unterschiedlichen sprachlichen Erscheinungsformen vor. Als Mittel der Ausdruckssteigerung ist sie in besonderem Maße geeignet, Emotionen und Spannung seitens der Leser/Hörer hervorzurufen, die, wie ja bereits festgestellt, die Dispositionen zu affirmativem Verhalten schaffen. Der kommunikative Zweck der Hyperbel besteht, allgemein gesprochen, darin, den Adressaten die Wichtigkeit einer Sache (z.B. eines angesprochenen Problems) eindringlich aufzuzeigen. Insofern kann sie auch der »persuasiven Intention« judenfeindlicher Schreiber/Sprecher dienen, deren Ziel es ja ist, den Lesern/Hörern das behauptete »Judenproblem« vor Augen zu führen.

Der Hang zur sprachlichen Übertreibung, die »superlativische Diktion« ist wohl das Phänomen, das nicht nur Linguisten und Sprachkritikern – als sekundären Rezipienten – an antijüdischen Schmähschriften oder Reden zunächst auffällt, sondern auch den »ersten« Lesern bzw. Hörern. Zum Eindruck von Übertreibung tragen viele Arten sprachstilistischer Figuren bei. So wirken auch die bereits erwähnten Metaphern und bildlichen Vergleiche oft hyperbolisch. Aus der großen Anzahl möchte ich nachfolgend noch einige wenige, aber besonders prägnante texttypische Hyperbeln anführen, und zwar:

a) Wort(neu)bildungen:

»Übersteigernd« wirken die in antijüdischen Schriften häufig anzutreffenden Adjektive und Substantive, die mittels augmentativer (= »vergrößernd« wirkender) Wortbildungselemente wie *aller-* (*allerschrecklichst-*), *erz-* (*erzböse, Erzlügner*), *grund-* (*grundfalsch*), *hoch-* (*hochschädlich*), *über-* (*übertöricht*) u. a. gebildet sind. Die Bedeutung dieser Augmentativbildungen ist gegenüber der des negativ markierten Grundworts (böse, falsch etc.) in pejorativer Weise noch übersteigert. Verwendet werden sie zur Charakterisierung und Bewertung der Juden bzw. ihrer (religiösen, kulturellen etc.) Einrichtungen. Demselben Zweck dienen auch

b) Superlative und Elative (= Superlative ohne Vergleichsverhältnis):
Die Juden wären die *ärgsten Betrüger* (Schmidt 1682, S. 299), der *verbrecherischste Volksstamm der Erde* (Dühring 1882, S. 494), die *gefährlichste Abart des Menschentums* (Fritsch 1933, S. 9): *Dem ekelhaften Judengeschlechte sind die unnatürlichsten und schändlichsten Laster und Verbrechen immer die liebsten.* (Hundt-Radowsky 1819, S. 94). »Superlativcharakter« besitzen auch bestimmte

c) gradative Adjektive:
wie in den Wendungen *unersättlicher Geiz* ›Habgier‹ (Martini 1636, S. 56), *gänzliche Entsittlichung* (Hundt-Radowsky 1822/II, S. 26), *kolossale Unmenschlichkeit* (Dühring 1892, S. 113). Besonders aufschlußreich sind

d) Steigerungen nicht steigerungsfähiger Wertattribute:
Mittels gradativer Adverbien gesteigerte Adjektive – wie *äußerst verdammt* (Schmidt 1682, S. 237) – oder Superlativformen – wie *nichtswürdigst-* – (Paalzow 1799, S. 30) – sind insofern bedeutsam, als sie höchste (negative) Emotionalität ausdrücken und gleichzeitig extreme (negative) Affekte beim Adressaten hervorrufen. Das läßt sich an folgendem Beispiel besonders gut veranschaulichen: Der protestantische Theologe Johann Schmidt charakterisiert 1682 das Tun der Juden als *überteuflisch* (S. 11) und ignoriert dabei, daß christlichem Verständnis nach der Teufel als Inbegriff alles Bösen nicht zu übertreffen ist, die Taten der Juden also höchstfalls »teuflisch« sein könnten. Die besondere Wirkung derartiger (sprach)logisch nicht steigerungsfähiger Attribute gründet gerade in ihrer Widersinnigkeit. Die Juden sind in einer das Denken überschreitenden, nicht mit »normalen« Maßstäben zu messenden Weise schlecht, böse etc. und in ebendiesem Maße verachtenswert, lautet die implizite Botschaft. Ähnliche Funktion und Wirkung haben

e) Pleonasmen:
Das sind Kombinationen sinnverwandter Wörter im Verhältnis von Über- und Unterordnung, bei denen die Bedeutung des übergeordneten Wortes die Bedeutung des untergeordneten voll enthält (»weißer Schimmel«). In Texten judenfeindlichen Inhalts vom 15. bis 20. Jahrhundert sind affektiv übersteigernde Figurationen dieser Art nachzuweisen: Die Juden wären *müßige Faulenzer* (Saltzmann 1661, S. 13), *unsinnige Narren* (Schmidt 1682, S. 239). *Böse Tücke* (Martine 1636, S. 150), *verstockte Halsstarrigkeit* (Schmidt 1682, S. 17), *heimtückische, lauernde Arglist* (Hundt-Radowsky 1819, S. 51) würde sie auszeichnen. Ihr Tun bestünde in *arglistigem Betrug* (Eisenmenger 1711/II, S. 114), in der Anwendung *listiger Kunstgriffe* (Oer-

tel 1823, S. 6), in der Produktion *schlechter Machwerke* (Scharff-Scharffenstein 1851, S. 13). Ein häufiges Mittel zur Bezeichnung von Extremwerten ist die

f) Zahlenhyperbel:

Hier handelt es sich um eine ins Unvorstellbare bzw. Unglaubwürdige übertriebene Zahlenangabe. Für diese »gemütsbewegende« Stilfigur steht ein Beispiel aus einer Rede des »für den Superlativ so anfälligen«[9] Adolf Hitler von 1923:

> Tausende von alten Rentnern, Mittelstandspersonen, Gelehrte, Kriegswitwen verkaufen ihre letzten Goldwerte für Papierwische, für die sie nicht ein Hundertstel wieder kaufen können. Der letzte Nationalreichtum des gesamten Volkes geht so ›spielend‹ in die Hände des alles an sich reißenden Judentums über! Die Frucht dieses unerhörten Schwindels sind die Tränen von Millionen Menschen. Millionen von Existenzen, die sich in einem Menschenalter durch ihre Sparsamkeit fundiert haben, werden durch diesen Betrug um alles gebracht![10]

Vorgestellt sei abschließend noch eine expressiv wirkende Form der Kombination von Einzelwörtern, die für persuasives Sprechhandeln im allgemeinen, für antijüdischen Sprachgebrauch im besonderen stilprägend ist, nämlich

g) affektive Wortreihen:

Bei diesen Stilmitteln zur »Steigerung des Ausdrucks« ist zunächst grundsätzlich zu unterscheiden zwischen Reihen bedeutungsähnlicher, im Kontext sogar bedeutungsgleicher (= synonymer) Wörter/Wortverbindungen und Reihen von Wörtern/Wortverbindungen mit unterschiedlichen Bedeutungen.

Zunächst zwei Beispiele für markante Reihungen von (kontextuellen) Synonymen: Jakob Martini behauptet in seiner Schmähschrift von 1636, daß die Juden den Christen alles *Unglück*, *Verderben und Plagen* (S. 105) wünschten. H. von Scharff-Scharffenstein nennt als Ziel seiner Kampfschrift von 1851, die *Schliche und Ränke*, die *Listen und Kniffe* der Juden (S. 3) beleuchten zu wollen.

Als Beispiele für affektive Wortreihen des zweiten Typs, deren Elemente prinzipiell austauschbar sind, mögen folgende Ketten attributiver Adjektive aus historischen antijüdischen Schmähschriften gelten, die vermeintliche Eigenschaften und Verhaltensweisen der Juden summarisch bezeichnen: die *gottlosen, lästerhaftigen, diebischen, räuberischen und mörderischen* Juden (Nigrinus 1570, S. CLXXVII).

> Leichtgläubigkeit, Hartnäckigkeit, Anhänglichkeit an Ceremonien und Kleinigkeitskrämerei ist immer der Charakter der Juden gewesen. (Paalzow 1799, S. 31f.)
> … wir begnügen uns, indem wir noch bemerken, daß die neuere Geschichte sie als ›habsüchtig, anmaßend, feig und grausam‹ bezeichnet. (Scharff-Scharffenstein 1851, S. 5)

Wie die synonymischen dienen auch diese Reihen der Hervorhebung, des weiteren der Intensivierung und Steigerung. Dazu verfolgen sie den Zweck, einen »Sachverhalt« kurz und knapp, aber vollständig zu erfassen und für den potentiellen Leser/Hörer gut überschaubar zu gliedern.

Eine besondere Form der Reihung ist die Klimax, die inhaltliche Steigerung vom graduell weniger Gewichtigen zum graduell Gewichtigen. Hier sind die die Reihen bildenden Elemente nicht austauschbar. Nachgenannte Beispiele zeigen, daß die Bestandteile gradativer Reihen Spannungsbögen aufbauen. In einer Fügung wie beispielsweise *weiln aber dieses alles thöricht/ ungereimbt und unerhört ding ist/ dazu Jüdische Gedanken sind* (Martini 1636, S. 76) wird durch ein schrittweises Mehr an affektiver Aufladung (töricht → ungereimt → unerhört → jüdisch) diese Spannung erzeugt. Zur Veranschaulichung noch zwei weitere Belege für die Stilfigur »Klimax« aus antijüdischen Pasquillen des 17. und 19. Jahrhunderts: Die Juden hätten *keinen Beruff* [keine ›Berufung zu etw.‹]/ *keinen Ampt=Stul* [kein ›Amt‹]/ *ja auch Politisch keinen Ehrenstul* [›ehrenvollen Stand‹]/ *viel weniger eine Verheissung GOttes,* behauptet Johannes Müller 1644 (S. 1439). Und Hartwig von Hundt-Radowsky charakterisiert die Juden anno 1822 durch einen *unbezwingbaren Hang zum Wucher, zum Betrug, Diebstahl, Müßiggang, zur Sodomiterei* (II, S. 26).

Bedenkt man, daß affektive Sprachmittel hinsichtlich Qualität wie Intensität die gleichen Gefühle, die sie vermitteln, beim Adressaten auch auslösen, so verwundern die Folgen des Gebrauchs derartiger Ausdrucksformen »negativer Gesinnung« (A. Pfänder) nicht: verbale Schmähungen, tätliche Angriffe, pogromartige Verfolgungen, wie sie mitunter als unmittelbare Reaktion auf Hetzpredigten oder öffentlich verlesene Kampfschriften historisch bezeugt sind.

**Antonyme**

Daß der antijüdischen Argumentation und Sprachverwendung ein Denken in polaren Gegensätzen, ein »Schwarz-Weiß-Weltbild« zugrunde liegt, ist vielfach aufgezeigt worden. »Polarisierung« erscheint dabei nicht allein als Strategie der Argumentation auf der Textebene, sondern geradezu als sprachliches »Strukturprinzip«, das bis zur Wortbildungsebene nachzuweisen ist.

Bevorzugt drückt sich die dichotomische Einteilung der Welt in der Wahl von Antonymen (= Wort-Gegenwort-Paaren) aus, die geeignet sind, komplexe Sachverhalte, auf Schlag(»gegen«)wörter reduziert, beurteilend darzustellen. So suchen Judenfeinde des 16./17. Jahrhunderts die Opposition »jüdisch: christlich/deutsch« in folgenden lexikalischen (= hier: im Sprachsystem angelegten, textunabhängigen) Antonymen zu verdeutlichen: Georg Nigrinus behauptet 1570, die Juden würden stets *Gutes* mit *Bösem*, *Liebe* mit *Haß* (S. LXXVI) vergelten, Philipp von Allendorf stellt in seiner gereimten Schmähschrift »*Der Jüden Badstub*« zentrale Christen bzw. Juden zugeschriebene Verhaltenseigentümlichkeiten einander gegenüber: *Leugt* [›lügt‹] *schon der Jüd/ der Christ redt war ...* (1606, S. 130).

Sehr aufschlußreich sind folgende Beispiele kontextueller (= hier: textabhängiger) Antonyme. 1843 definiert Heinrich E. Marcard die »Germanen« gegenüber »den Juden« so: *Dem jugendlich frischen, graden, jeder Begeisterung und der allgemeinsten Menschlichkeit offnen germanischen Stamm konnte das verlebte, verschlossene, kalt berechnende und doch unruhige ... Wesen der Juden nicht zusagen.* (S. 40) In der Ausgabe Nr. 2 von 1937 des »Stürmers«, des berüchtigten Kampf- und Hetzblatts der Nazis, ist diese in fünfzehn antonymische Paare gegliederte Übersicht abgedruckt, die unter dem Aspekt *»Zweierlei Rassen – zweierlei Eigenschaften«* die behaupteten Charaktereigentümlichkeiten, Denkweisen, Verhaltensformen etc. von Deutschen/Ariern und Juden/Nichtariern in einem Paradigma sich ausschließender Gegensätze verdichtet:

Wo nichtjüdische Eigenschaften durch jüdische ersetzt werden, da ergibt sich an Stelle von:

| | | |
|---|---|---|
| Genügsamkeit | – | Profitgier |
| Sparsamkeit | – | Protzentum |
| Ehrlichkeit | – | Betrügerei |
| Unbestechlichkeit | – | Vorteilssucht |
| Fleiß | – | Raffsucht |
| anständiger Gesinnung | – | jüdische Unverschämtheit |
| Schamgefühl | – | jüdische Unverfrorenheit |
| Religion | – | jüdischer Freigeist |
| Gehorsam | – | jüdisches Besserwissen |
| Treue | – | jüdische Selbstsucht und Verrat |
| Wahrheit | – | jüdischer Dreh |
| Vaterlandsliebe | – | Landesverrat |
| Friedensliebe | – | Völkermord |
| Zivilisation | – | Kommunismus |
| Recht und Gesetz | – | Talmudgeist. |

Antonymische Paare werden im judenfeindlichen Text auch durch Metaphern gebildet. So setzt Georg Nigrinus in einem der Bildsprache der Bibel entlehnten Vergleich das *Unkraut* (= die Juden) in bezug zum *guten Samen* (= die Christen) (1570, S. CLVIII), Samuel Friedrich Brentz verwendet die Opposition *Licht:Finsternis* (1614, S. G8ᵛ), um christliche Erkenntnis des wahren Gottes versus jüdisches Nichterkennen der göttlichen Wahrheit zu veranschaulichen. Hermann von Scharff-Scharffenstein sucht 1851 die vermeintlichen Machtverhältnisse in Polen und Deutschland im Bild von *Herren* (= die Juden) und *Sklaven* (= die Polen/Deutschen) zu verdeutlichen (S. 7).

Eine weitere Form der Antonymenbildung ist die Bildung polarer Gegensätze mittels der Morphologie (= hier: Wortbildung). In manchen Fällen hat das Wortbildungselement *Jude* quasi die Funktion eines Negationsmorphems: Bei der Komposition mit dem Bestimmungswort *Jude* entstehen z.T. kontextuelle Antonyme: *Arzt:Judenarzt*, *Gehirn:Judengehirn* (s. dazu u.).

Aufschlußreich für die Beurteilung der Verfahrensweisen sprachlicher Diskriminierung in antijüdischen Schriften unter funktionalstilistischen Aspekten sind die sehr zahlreich vorkommenden Adjektive und Substantive, die mittels des Negationsmorphems *un-/Un-* gebildet sind: u. a. *unbarmherzig, -bescheiden, -ehrlich, -gehorsam, -gerecht, -gläubig, -moralisch, -natürlich, -redlich, -rein, -sinnig, -züchtig; Unsauberkeit, -treue*. Zwar handelt es sich hierbei um eine im System der deutschen Sprache vorgegebene (zunächst nicht stilprägende) Möglichkeit zur reihenhaften Bildung von Antonymen. Unter dem Aspekt aber, daß (in der Regel) »die Negation eine Erwartung verwirft«[11], d.h. Gegenwörter die Funktion haben, Abweichungen von (positiven) Erwartungsnormen anzugeben, und auch die mit *un-* gebildeten Antonyme »Gegenwörter zu Normwörtern«[12] darstellen, muß diesen Prägungen in von judenfeindlicher Ideologie bestimmten Texten Aufmerksamkeit zukommen. Repräsentieren doch »die« Christen/Deutschen/Arier im antijüdischen Text die positive Norm, das, was richtig und wahr ist. Von daher werden vor der Folie »normaler« christlicher/deutscher/arischer Eigenschaften und Verhaltensweisen die den Juden unterstellten Eigenschaften und Verhaltensweisen als negative Abweichung aufgefaßt. Sprachlich kommt das z.T. eben in den signifikant häufigen adjektivischen Bildungen mit dem Morphem *un-* zum Ausdruck, das »zum Werten neigt«[13].

Bedeutsam sind in diesem Zusammenhang die Bildungen *Unchrist, undeutsch* und *Unmensch* in Schriften des 16. und 17. Jahrhunderts. Dort werden die Juden nicht nur unter dem Aspekt des Religionsunterschieds als *Unchristen* den Christen gegenübergestellt. Auch unter dem vagen Begriff einer »teutschen Nation« wird eine Opposition zwischen *undeutsch* (= jüdisch; z.B. Martini 1636, S. 40) und *deutsch* gesetzt: *...alle ire gütter haben sie* [= die Juden] *erlangt bei uns teutschen/ durch wucher...* (Teuschlein 1520, S. Ciiij$^v$). Zum dritten schaffen manche Antijudaisten einen sprachlichen Dualismus zwischen den Juden als *Unmenschen* und »den Menschen«, die repräsentiert sind durch die Christen bzw. Deutschen. Während die Bildungen *Unchrist* und *undeutsch*, wie die Kontexte erweisen, weitgehend wertneutral die Nicht-Zugehörigkeit zu einer bestimmten Religions- bzw. »Volks«-Gemeinschaft bezeichnen, hat *Unmensch* im übertragenen Sinne von ›grausam, barbarisch, inhuman‹ negative Bedeutung. Gemeinsam ist allen drei Bezeichnungen für »Gegengruppen«, daß durch sie sprachlich eine Abgrenzung von den »Normgruppen« Christen/Deutsche/Menschen manifestiert wird. Mit einem anderen Antonymenpaar, das von Judenfeinden als »Anwendungsfall des Begriffspaares ... ›Mensch und Unmensch‹«[14] aufgefaßt wurde, nämlich *Arier:Nichtarier*, sollte in späterer Zeit sprachlich eine Eingruppierung von Menschen in zwei Klassen vorgenommen werden, die für »Leben(dürfen):Sterben(müssen)« standen.

**Epitheta ornantia**

Ein Hauptaugenmerk der Stilistik gilt dem »Epitheton ornans«, dem »schmückenden Beiwort« (zumeist ein adjektivisches Attribut), das schon in antiken und mittelalterlichen Epen zur »typisierenden und symbolisierenden Hervorhebung charakteristischer Merkmale«[15] verwendet wurde. Epitheta bezeichnen gemeinhin (tatsächliche oder vermeintliche) Eigenschaften von Personen, Dingen, Sachverhalten und charakterisieren bzw. bewerten diese dadurch. Sie neigen dazu, usuelle, quasi »idiomatische« Verbindungen mit den Basiswörtern einzugehen. D. h.: In formelhaft verfestigten Wortgruppen wie »der starke Achill«, »der listenreiche Odysseus« werden den betreffenden Personen – kontextunabhängig – Eigenschaften stereotyp zugeordnet.

Vor dem Hintergrund dieses Wissens um die stilistische Leistung des Epitheton ornans sowie der psychologischen Erkenntnis, daß in stereotypen Kontextbeziehungen vorkommende Begriffe bzw. Namen mit bestimmten Gefühlswerten aufgeladen werden, die allmählich sogar zu einer Änderung der Gefühls- und Wertassoziationen im allgemeinen (aktiven) Sprachgebrauch wie (passiven) Sprachverständnis führen können, stellt sich die Frage, welche »Eigenschaftswörter« in Verbindung mit *Jude* auftreten. Exemplarisch sei der Gebrauch von Adjektiv-Attributen anhand frühneuzeitlicher antijüdischer Schriften aufgezeigt, die ich daraufhin genauer untersucht habe.

Bei den dort verwendeten Adjektiven handelt es sich, der semantischen Gliederung von F. Hundsnurscher/J. Splett[16] folgend, im wesentlichen um »verhaltensbezogene« (Charakter-/Verhaltens)Adjektive (u. a. *aufrührerisch*, *blutdürstig*, *christlästerlich*, *diebisch/räuberisch*, *durchtrieben/falsch*, *geizig* ›habgierig‹, *gotteslästerlich/gottesschändig*, *grausam*, *halsstarrig/verstockt/ verblendet/blind*, *mörderisch*, *ruhmsüchtig* ›eitel‹, *treulos/untreu*, *übeltätig*, *undankbar*, *wucherisch*), »geistbezogene« Adjektive (*blind/verblendet* ›nicht einsichtsfähig‹, *närrisch*, *rasend* ›verrückt‹, *unsinnig*), »gesellschaftsbezogene« Religionsadjektive (*gottlos/ungläubig*) und »übergreifende« Bewertungsadjektive (*böse/schlimm*, *elend*; *heillos/unselig*, *(von Gott) verflucht/ verdammt/verworfen*).

Manche der Attributionen neigen zur idiomatischen Erstarrung, d. h., sie gehen »feste« (stereotype) Verbindungen mit dem übergeordneten Begriff ein. Wie an der hohen Gebrauchsfrequenz abzulesen, ist das in frühneuzeitlichen Texten der Fall bei den Attributen *verstockt/blind/verblendet/halsstarrig* (die sich auf das Festhalten der Juden an ihrem Glauben beziehen). Die Präferenz dieser Adjektive kann als Indikator für die Dominanz der religiösen Motivation und theologischen Argumentation der Judenfeinde dieser Zeit gelten.

In expressiven Reihungen adjektivischer Attribute werden den Juden dann auch Bündel von Merkmalen zugeordnet. Dadurch entstehen einprägsame Quasi-Definitionen knappster Form: die *gottlosen, lästerhaften, diebischen, räuberischen und mörderischen* Juden (Nigrinus 1570, S. CLXXVII).

Die Adjektive, die dem Begriff »Jude« in den untersuchten Schriften beigeordnet werden, haben im negativen/abwertenden Sinne typisierende Funktion. Nicht nur die »satzförmigen« Definitionen, wie sie im Text gegeben werden, auch die Adjektivattribuierungen tragen so zur negativen semantischen Aufladung des Wortes *Jude* bei. Hier ist zu bemerken, daß bereits im 17. Jahrhundert der Begriff »Jude« im gemeinsprachlichen Gebrauch so negativ markiert war, daß er in der Funktion eines Schimpfwortes für Nicht-Juden verwendet werden konnte.

**affektive Wortzusammensetzungen**

Stilistisch markante Wortzusammensetzungen in antijüdischen Schriften sind Komposita mit dem Bestimmungs- bzw. Grundwort *Jude*. Bei manchen dieser Zusammensetzungen zeigt sich, wie die Wortbildung in den Dienst der Polarisierung und Diskriminierung gestellt werden kann. Wort(neu)bildungen sind deshalb besonders aufschlußreich, weil sie u. a. indirekte Mittel der Argumentation und Persuasion sein können, indem sie »ideologische« Wertungen enthalten. Wie in anderem Zusammenhang bereits erwähnt, ist ja die Darstellungs- und Argumentationsstruktur judenfeindlicher Schmäh- und Kampfschriften antithetisch. D. h.: Die Textverfasser zielen darauf ab, einen Gegensatz zwischen einer positiv markierten (Eigen)Gruppe und einer negativ markierten (Fremd)Gruppe zu konstituieren. Als formale sprachliche Mittel können nun auch Wortbildungen mit *Jude* den Zielen der Polarisierung (und Verunglimpfung) dienen.

Untersuchungen zum Wortschatz in historischen antijüdischen Schriften haben in signifikanter Menge Belege für Zusammensetzungen (vielfach nicht-lexikalisierte, also nicht in Wörterbüchern zu findende, textgebundene Neuschöpfungen), erbracht, die nach dem Wortbildungstyp *Jude* + Grundwort gebildet sind, z. B. *Judenberuf*, *-charakter*, *-einfluß*, *-emanzipation*, *-dichter*, *-duft*, *-familie*, *-gehirn*, *-geld*, *-gemeinde*, *-gesicht*, *-gesindel*, *-gott*, *-hände*, *-haus*, *-herz*, *-kind*, *-meinung*, *-moral*, *-musik*, *-nase*, *-natur*, *-reim*, *-verfolgung*, *-vermögen*, *-verschwörung*. Das ist zunächst nicht ungewöhnlich, denn dieses Wortbildungsmuster ist im System der deutschen Sprache vorgesehen. Komposita mit *Jude* als Bestimmungswort wären auch stilistisch nicht relevant, würde sich nicht erweisen, daß im antijüdischen Text dem Kompositionsglied *Jude* neben der »normalen« Wortbildungsfunktion, die darin besteht, das Grundwort näher zu bestimmen (wie noch in Judenemanzipation, -gemeinde, -kind oder -verfolgung), weitere Aufgaben zukommen: In vielen Fällen erhalten bedeutungsneutrale bzw. positiv markierte Grundwörter durch die Komposition mit dem Bestimmungswort *Jude* negative Bedeutungsmerkmale. Diese erzeugen im Einzelfall zwischen dem einfachen Grundwort und dem Kompositum geradezu eine negierende Oppositionsbeziehung: So implizieren *Judengehirn* oder *Judengeist* »Unverstand«, wird *Judenart* durch den Kontext als »Unart« definiert, ist ein *Judengeschenk* per se das Gegenteil einer selbstlosen, zweckfreien Gabe (dient es doch angeblich stets der Bestechung). Der Eindruck einer »Bedeutungsverschlechterung« ist dabei im wesentlichen gestützt auf folgende Beobachtungen:

1. die diskriminierenden Kontexte, in denen der Begriff »Jude« auftritt. Sie bewirken, daß *Jude* selbst negativ aufgeladen wird und bei der Wortbildung negative Wertassoziationen übertragen werden;

2. die diskriminierenden Kontexte, in denen die Wortbildungen (im Gegensatz zum Grundwort) auftreten;

3. die Existenz analoger Bildungen mit negativ besetzten Bestimmungswörtern, die mit *Jude* assoziativ in Verbindung gebracht werden (z. B. *Lumpen-*, *Kälber-*, *Sauarzt* zu *Judenarzt*; *Kasten-*, *Mauschel-*, *Schacher-*, *Tier-*, *Wuchergeist* zu *Judengeist*).

Die stilistische Leistung dieser Wortbildungen scheint des weiteren darin zu bestehen, durch semantisch überflüssige Wiederholungen des Wortes *Jude*, durch die »Verjudung« des Textes sozusagen, das Argument der »Verjudung« Deutschlands sinnlich wahrnehmbar umzusetzen, wohl zu dem Zweck, Überdruß gegenüber dem Bezeichneten hervorzurufen.

Daß Judenfeinde sich der Wirkung dieser Komposita z. T. durchaus bewußt gewesen sind, das Wortbildungsmuster folglich als »Stilprinzip« gezielt zur Diskriminierung eingesetzt haben dürften, darauf lassen »sprachtheoretische« Überlegungen zum *»Zusatz ›Juden-‹ zu den politischen Schlagwörtern«* des dezidierten Antisemiten Eugen Dühring von 1910 schließen: Der Zusatz sei *ziemlich gleichbedeutend mit den Charakteristiken durch Voran-Wörter wie Pseudo-, Trug-, Lügen- und anderen Schönheiten der zusammensetzenden Sprache. Judenliberalismus, Lügen- oder Lugliberalismus – das ist so ziemlich Einerlei, und die Juden-Vorsetzung ist daher ganz hübsch geeignet, ein Synonym für die Wörter ›unwahr‹ und ›schlecht‹ abzugeben.*[17]

Neben dem Wortbildungstyp *Jude* + Grundwort kommt in antijüdischen Schriften auch der Typ Bestimmungswort + *Jude* vor. Im 19. und 20. Jahrhundert treten derartige Komposita reihenhaft auf. Sie enthalten zu dieser Zeit in erster Linie Berufsangaben, z. B. *Bücherjude* ›jüdischer Buchhändler‹, *Musikjude* ›jüdischer Musiker‹, *Press-/Zeitungsjude* ›im Zeitungswesen tätiger Jude‹, *Parlamentsjude* ›jüdischer Parlamentarier‹: *Gefährlicher* [als die *Handelsjuden*] *sind die Vers= und Broschürejuden, welche in Flugschriften aller Art, in Prosa und Poesie, in Ernst und Spott, das Christenthum in jeder Gestalt unterwühlen, alles Edle und Hohe herabziehen und durch die Richtung, welche sie der vaterländischen Literatur zu geben gewußt haben, den Geschmack und das sittliche Gefühl des Publikums gänzlich verderben.* (Scharff-Scharffenstein 1851, S. 12)

Bei diesen Bildungen bezeichnen die Grundwörter nicht mehr, wie im allgemeinen Sprachgebrauch üblich, wertungsfrei die Angehörigen eines Volkes bzw. einer Religionsgemeinschaft. Das Kompositionsglied *Jude* hat hier vielmehr die Funktion, die Bedeutungsmerkmale »fremd«, »nichtdeutsch/nichtchristlich« in die Wortbildung einzubringen. So wird mit einem formalen Mittel der Wortbildung eine Ausgliederung der Juden (jüdischen Buchhändler, Musiker, Parlamentarier usw.) aus der Gemeinschaft der Christen/Deutschen bewirkt. Die Bildungen sind völlig überflüssig, da aus dem Kontext stets zu entnehmen ist, daß nur ein Jude gemeint sein kann. Daß hier ein diskriminierendes Wortbildungsmuster vorliegt, wird auch daraus ersichtlich, daß Komposita wie »Bücherdeutscher« oder »Musikchrist« nie vorkommen. Soll ausdrücklich auf die Religion bzw. Volks-/Staatszugehörigkeit verwiesen werden, so sind anstatt dessen attributive Fügungen wie »christlicher Arzt«, »deutscher Buchhändler« oder Umschreibungen üblich.

**Synekdochen**

Die Synekdoche ist eine Stilfigur, bei der etwas Allgemeines durch etwas Spezielles/Besonderes ersetzt wird (»Synekdoche vom Engeren«) oder auch umgekehrt, etwas Spezielles/Besonderes durch etwas Allgemeines (»Synekdoche vom Weiteren«). Die Synekdoche vom Weiteren erscheint sprachlich als Setzung einer weiteren Bezeichnung für eine engere, z. B. in den Ersatzreihen Gattung für Art, Ganzes für Teil, Plural für Singular, die Synekdoche vom Engeren als Setzung einer engeren Bezeichnung für eine weitere, z. B. in den Substitutionsreihen Art für Gattung, Teil für Ganzes, Singular für Plural.

Eine texttypische Synekdoche »vom Engeren« mit abwertender Funktion ist in antijüdischen Schriften der Ersatz des Plurals »die Juden« durch den Singular *der Jude* bzw. *ein Jude*[18].

Dafür einige Beispiele:

> Der Jud stellt sein sinne nacht und tag Wie er den cristen verderben mag [›kann‹]« (Titel eines anonymen Flugblatts des 15. Jh.s)
> Das ists, das ich droben gesagt habe, das ein Christ, nehest dem Teufel, keinen gifftigern, bittern feind habe, denn einen Jüden. (Luther 1543, S. 530)
> Mangel des Ehrgefühls ist es, warum der Jude kein Mittel verschmäht, seine Absicht zu erreichen. (Paalzow 1799, S. 43)
> Zu andern, todten Nationen mag der Jude mitgerechnet werden; aber zu den Deutschen ... gehört der Jude nicht. (Sauerwein 1831, S. 10)
> Entweder Sieg der arischen Seite oder ihre Vernichtung und Sieg des Juden. (Hitler 1922)[19]
> Die Tatsache, daß der Jude noch unter uns lebt, ist kein Beweis dafür, daß er auch zu uns gehört, genau so wie der Floh ja auch nicht dadurch zum Haustier wird, daß er sich im Hause aufhält. (Goebbels 1941, S. 89)

Die allgemeine, wertneutrale Funktion der Synekdoche in der Ersatzreihe »Singular für Plural« besteht darin zu generalisieren. Auch in den obigen Beispielen hat der Singular die Aufgabe der Verallgemeinerung. In diesem Fall werden die jüdischen Einzelpersonen unterschiedlichen Aussehens, Charakters, Temperaments, Verhaltens, sozialer Herkunft, weltanschaulicher Gesinnung, politischer Überzeugung usw. sprachlich-formal zu einer »Über-« oder »Kollektivperson« verschmolzen. Das Auftreten dieser Stilfigur ist zunächst einmal formales Indiz für das simple und simplifizierende Weltbild der Judenfeinde. Bis in die Nazizeit haben antijüdisch und rassistisch gesinnte Zeitgenossen die Komplexität des Lebens stets negiert und Menschen in den Kategorien *der* Jude, *der* Christ, *der* Deutsche, *der Neger, der Eskimo, der Indianer, der Chinese, der Germane* (Fritsch 1933, S. 17) usw. beschrieben. So stellt diese Synekdoche zunächst einmal ein ebenso einfaches wie »griffiges« Sprachmittel dar, um den Typus »Jude« zu behaupten. Auf indirekte Weise wird das wiedergegeben, was Joseph Goebbels 1941 in der satzförmigen Proposition direkt ausdrückt: *Es gibt keinen Unterschied zwischen Juden und Juden.* (S. 90)

Über die Pauschalisierung hinaus ist im antijüdischen Text mit dem Gebrauch der Stilfigur *der Jude* stets eine Diskriminierung beabsichtigt. Denn der Begriff »Jude« ist dort ja mit höchsten negativen Konnotationen versehen, was wiederum Spiegel und sprachliches Pendant des (außersprachlichen) antijüdischen Schwarz-Weiß-Entwurfs der Welt ist, in dem ein behauptetes »Fremdes«, »Anderes«, hier: der Typus »Jude« – gegenüber einem positiv bewerteten »Eigenen«, hier: dem Typus »Christ«/»Deutscher«/»Arier« – pauschal als das Negative (Böse, Unredliche, Minderwertige etc.) gesetzt wird.

So ist diese texttypische Synekdoche ein stilistisches Mittel im argumentativen Verfahren der Entindividualisierung/Anonymisierung und Diskriminierung. Bei der Bewertung der – dem ersten Anschein nach so harmlosen – Stilfigur darf nicht vergessen werden, wofür sie steht. Hat doch die Absprechung menschlicher Individualität und Einmaligkeit mit die psychologischen Voraussetzungen für die Durchführbarkeit des Massenmords der Nazis geschaffen, dafür, daß Menschen andere Menschen wie »anonyme« Insekten vernichtet haben.

*Der Spruch: Wenn Worte töten könnten ...* Die suggestive (!) Sentenz Heinrich Bölls über die Sprache als Waffe habe ich – zugegeben – ein wenig zur Provokation und auch ein wenig zur Irreführung an den Anfang dieses Beitrags gesetzt. Denn selbstverständlich »lügen Wörter nicht«[20], und Worte töten nicht. Lügen und töten – das tun Menschen, die neben anderen »Werkzeugen« auch Sprache »gebrauchen«. Sprache ist nämlich nichts anderes als Ausdrucksform eines bestimmten Denkens, Spiegel einer Weltsicht und Lebensweise und Vermittlerin dieser Gedanken, dieses Weltbilds, ein Medium, das eben auch Lügen und »unmenschliche« Inhalte transportieren kann. Es wäre sicher falsch, die »suggestive Kraft der Sprache« zu unterschätzen. Ebenso falsch wäre es aber, die »bannende« Macht des Wortes als Entschuldigung für Nicht-Denken gelten zu lassen. Denn gehörte oder gelesene »Worte« und Aussagen können stets hinterfragt, auf ihre Wahrheit untersucht, auf ihre Barmherzigkeit überprüft werden.

**Sprache kann überprüft werden**

Die Leistung der Sprachwissenschaft und -kritik kann nur darin bestehen, diskriminierende Sprach- und Stilmittel aufzudecken und zu erhöhter Wachsamkeit aufzurufen, wenn ebendiese sprachstilistischen »Indikatoren« auf antisemitisches, rassistisches, »unmenschliches« Denken hinweisen. Das Wissen um die »Macht des Wortes« verpflichtet, auch im privaten, mehr noch aber im öffentlichen Diskurs, zu äußerster Sorgfalt. Wenn führende Politiker Menschen, die um Asyl nachsuchen, als »Schmarotzer« werten, sollten sie bedenken, daß Ungeziefermetaphern implizite Tötungssignale enthalten. Wenn sie verbal die »durchrasste« Gesellschaft verhindern wollen, sollten sie bedenken, daß Hörer/Leser die latenten Appelle womöglich (falsch) verstehen könnten.

## Anmerkungen

1 Die Beispiele (Objektwörter) und Zitate sind den im Literaturverzeichnis aufgeführten Quellenschriften bzw. Darstellungen entnommen.

2 Vgl. R. Wodak/R. Nowak u. a.: »Wir sind alle unschuldige Täter!«. Diskurshistorische Studien zum Nachkriegsantisemitismus. Frankfurt/M. 1990.

3 G. Kurz: Metapher, Allegorie, Symbol. Göttingen 2. Aufl. 1988. S. 25.

4 Vgl. den Sprachgebrauch in Hitlers *»Mein Kampf«* nach C. Zentner: Adolf Hitlers Mein Kampf.

Eine kommentierte Auswahl. München 1974. Bes. S. 150f., 156ff., 161f.
5 Vgl. den Sprachgebrauch im *»Stürmer«* nach S. G. Stobbe: Die Bildersprache des »Deutschen Volkstums«. Eine Studie zur national-völkischen Metaphorik. Marburg/L. 1988 (Diss.). S. 285/ Anm. 2.
6 G. Kurz (wie Anm. 3). S. 35f.
7 B. Sowinski: Stilistik. Stiltheorien und Stilanalysen. Stuttgart 1991. S. 138.
8 N. Gröben: Ironie als spielerischer Kommunikationstyp? Situationsbedingungen und Wirkungen ironischer Sprechakte. In: Kallmeyer, W. (Hrsg.): Kommunikationstypologie. Handlungsmuster, Textsorten, Situationstypen. Düsseldorf 1986. S. 174.
9 H. von Kotze/H. Krausnick u.a. (Hrsg.): »Es spricht der Führer«. 7 exemplarische Hitler-Reden. 1966. S. 65.
10 Zitiert nach H. von Kotze, H. Krausnick u.a. (Hrsg.) (wie Anm. 9). S. 54.
11 H. Weinrich: Über Negationen in der Syntax und Semantik; in: Weinrich, H. (Hrsg.): Positionen der Negativität. München 1975. S. 54.
12 H. Weinrich (wie Anm. 11). S. 59.
13 I. Kühnhold/O. Putzer/H. Wellmann u.a.: Deutsche Wortbildung. Dritter Hauptteil: Das Adjektiv. Düsseldorf 1978. S. 179.
14 R. Koselleck: Zur historisch-politischen Semantik asymmetrischer Gegenbegriffe; in: Weinrich, H. (Hrsg.) (wie Anm. 11). S. 103.
15 W. Fleischer/G. Michel u.a.: Stilistik der deutschen Gegenwartssprache. Leipzig 1975. S 176.
16 F. Hundsnurscher/J. Splett: Semantik der Adjektive des Deutschen. Analyse der semantischen Relationen. Opladen 1982. S. 35ff.
17 Zitiert nach B. Mogge: Rhetorik des Hasses. Eugen Dühring und die Genese seines antisemitischen Wortschatzes. Neuss 1977. S. 96.
18 Das gilt auch für andere Gattungsbezeichnungen wie z.B. *Israeliten* oder *Hebräer*.
19 Zitiert nach H. von Kotze/H. Krausnick u.a. (Hrsg.) (wie Anm. 9). S. 57.
20 Mit dieser Frage hat sich H. Weinrich in seiner preisgekrönten Studie »Linguistik der Lüge« (Kann Sprache die Gedanken verbergen? Antwort auf die Preisfrage der Deutschen Akademie für Sprache und Dichtung vom Jahre 1964) auseinandergesetzt (Heidelberg 1966).

## Literatur


*a) Die zitierten Quellen (in chronologischer Reihenfolge)*

Anonym (15. Jh.): Der Jud stellt sein sinne nacht und tag Wie er den cristen verderben mag. – o.O.
[Teuschlein, J.] (1520): Auflosung ettlicher Fragen zu lob und ere christi Jesu/ auch seiner lieben muotter Marie/ wider die verstockten plinte Juden ... Nürnberg
Luther, M. (1543): Von den Jüden und iren Lügen. – Wittenberg; in: D. Martin Luthers Werke. Kritische Gesamtausgabe. Bd. 53. Weimar 1966. S. 417ff.
Nigrinus, G. (1570): Jüden Feind ... o.O.
Meller, J. (1580?): Ware Beschreibung der Juden Tugent und wolthaten gegen den Christen/ So ein guter Freund dem andern zur warnung von inen/ zuschreibet. o.O.
Rechtanus, V. (1606): Jüden Spiegel ... Ursel
Allendorf, P. von: Der Jüden Badstub; in: Rechtanus, Vespasianus (1606). S. 118ff.
Brentz, S. F. (1614): Judischer abgestreifffter Schlangenbalg ... Nürnberg
Martini, J. (1636): APELLA Medicaster Bullatus Oder JudenArtzt ... Hamburg
Müller, J. (1644): JUDAISMUS oder Jüdenthumb ... Hamburg
Saltzmann, B. F. (1661): Jüdische Brüderschafft ... Straßburg
Schmidt, J. (1682): ... Feuriger Drachen Gifft und Wütiger Ottern Gall ... Coburg
Eisenmenger, J. A. (1711): Entdecktes Judenthum ... Königsberg
Paalzow, C. L. (1799): Die Juden ... Berlin
Hundt-Radowskiy, H. (1819): Judenspiegel ... Würzburg
ders. (1822): Die Judenschule ... [Aarau]
Oertel, T. (1823): Was glauben die Juden? ... Bamberg
Sauerwein, W. (1831): Beleuchtung der Judenemancipation ... Offenbach
Marcard, H. E. (1843): Ueber die Möglichkeit der Juden=Emancipation im christlich=germanischen Staat. Minden/Leipzig
[Scharff-Scharffenstein, H. von] (1851): Ein Blick in das gefährliche Treiben der Judensippschaft ... Augsburg
Dühring, E. (1881): Die Judenfrage als Racen-, Sitten- und Culturfrage. Karlsruhe
ders. (1882): Sache, Leben und Feinde. Karlsruhe

ders. (1892): Die Judenfrage als Frage der Racenschädlichkeit für Existenz, Sitte und Cultur der Völker. Berlin

Rosenberg, A. (1919): Jüdische Zeitfragen; in: Alfred Rosenberg. Blut und Ehre. Ein Kampf für deutsche Wiedergeburt. Reden und Aufsätze von 1919–1933. Hg. von T. von Trotha. München 3. Aufl. 1934. S. 15 ff.

Bartels, A. (1921): Die Berechtigung des Antisemitismus ... Leipzig/Berlin

Fritsch, T. (33. Aufl. 1933): Handbuch der Judenfrage ... Leipzig

Goebbels, J. (1941): Die Juden sind schuld!; in: Joseph Goebbels. Das eherne Herz. Reden und Aufsätze aus den Jahren 1941/42. München 1943. S. 85 ff.

*b) Darstellungen, Wortsammlungen (Auswahl)*

Bein, A.: »Der jüdische Parasit«. Bemerkungen zur Semantik der Judenfrage; in: Vierteljahrshefte für Zeitgeschichte 13 (1965). S. 121 ff.

Bering, D.: Sprache und Antisemitismus im 19. Jahrhundert; in: Wimmer, R. (Hrsg.): Das 19. Jahrhundert. Sprachgeschichtliche Wurzeln des heutigen Deutsch. Berlin/New York 1991. S. 345 ff.

Berning, C.: Vom »Abstammungsnachweis« zum »Zuchtwart«. Vokabular des Nationalsozialismus. Berlin 1964

dies.: Die Sprache des Nationalsozialismus. Bonn 1958 (Diss.)

Brackmann, K.-H./Birkenhauer, R.: NS-Deutsch. »Selbstverständliche« Begriffe und Schlagwörter aus der Zeit des Nationalsozialismus. Straelen/Niederrhein 1988

Cobet, C.: Der Wortschatz des Antisemitismus in der Bismarckzeit. München 1973

Hortzitz, N.: »Früh-Antisemitismus« in Deutschland (1789–1871/72). Strukturelle Untersuchungen zu Wortschaftz, Text und Argumentation. Tübingen 1988

dies.: Der »Judenarzt«. Historische und sprachliche Untersuchungen zur Diskriminierung eines Berufsstands in der frühen Neuzeit. Heidelberg 1994

dies.: Verfahrensweisen sprachlicher Diskriminierung in antijüdischen Texten der Frühen Neuzeit. Aufgezeigt am Beispiel der Metaphorik; in: Kießling, R. (Hrsg.): Judengemeinden in Schwaben im Kontext des Alten Reiches. Berlin 1995

dies.: Die Sprache des Antijudaismus in der frühen Neuzeit. Untersuchungen zu Wortschatz, Text und Argumentation (im Erscheinen)

Klemperer, V.: »LTI«. Die unbewältigte Sprache. Aus dem Notizbuch eines Philologen. München 1969

Mogge, B.: Rhetorik des Hasses. Eugen Dühring und die Genese seines antisemitischen Wortschatzes. Neuss 1977

Schnauber, C.: Wie Hitler sprach und schrieb. Zur Psychologie und Prosodik der faschistischen Rhetorik. Frankfurt/M. 1972

Seidel, E./Seidel-Slotty, I.: Sprachwandel im Dritten Reich. Eine kritische Untersuchung faschistischer Einflüsse. Halle/S. 1961

Seidel, I.: Eugen Dühring als Vorläufer der Nationalsozialisten. Eine sprachliche Untersuchung; in: Im Dienste der Sprache. Festschrift für Victor Klemperer. Halle/S. 1958. S. 383 ff.

Sternberger, D./Storz, G./Süskind, W. E.: Aus dem Wörterbuch des Unmenschen. Hamburg/Düsseldorf 3. Aufl. 1968

Volmert, J.: Politische Rhetorik des Nationalsozialismus; in: Ehlich, K. (Hrsg.): Sprache im Faschismus. Frankfurt/M. 1989. S. 137 ff.

Wodak, R./Nowak, P. u. a.: »Wir sind alle unschuldige Täter!«. Diskurshistorische Studien zum Nachkriegsantisemitismus. Frankfurt/M. 1990

Wulf, J.: Aus dem Lexikon der Mörder. ›Sonderbehandlung‹ und verwandte Worte in nationalsozialistischen Dokumenten. Gütersloh 1963

*Peter Dittmar*

# Die antijüdische Darstellung

Zur antisemitischen Strategie gehörte die negative, verzeichnende Darstellung von Juden, allgemein wie, seltener, von einzelnen Personen. Diese denunzierende Wiedergabe formte nachhaltig die Vorstellung vom »häßlichen Juden«, im konkreten wie im übertragenen Sinne. In vielem geht dieses Bild dem eigentlichen Antisemitismus voraus. Das antisemitische Bild wie die Verwertung des Bildes durch den Antisemitismus beeinflußten das Bewußtsein weit über die Zeit der Entstehung dieser Bilder hinaus. Die Frage nach ihrer Herkunft, nach der Wahrnehmung von Juden in der Vergangenheit darf nicht unter dem Eindruck dieser Erfahrung zu einem uniformen Gesamtbild führen und einer Einebnung des Wandels, der sich mit dem modernen Antisemitismus vollzog.

**Synagoge als Symbol**

Juden und Judentum symbolisierte im Hochmittelalter die Synagoge, die die Heilsvollmachten an die Kirche verliert (meistens unter dem Kreuz dargestellt). Wird zuerst der Concordia-Idee noch Raum gegeben, so gewinnt zum Spätmittelalter hin der unversöhnliche Standpunkt Oberhand. Dem Hochmittelalter war der Gedanke, daß sich im Neuen Testament das Alte erfüllt, vertraut gewesen. In der Kunst drückte er sich aus in der Zusammenschau der Propheten und Apostel, den Jessebaum-Darstellungen, in den typologischen Zyklen der Bibelfenster und derjenigen der Handschriften, wobei die Armenbibel den alttestamentlichen Szenen besonderes Gewicht einräumte. Die Typologien hatten auch auf die innerkirchliche Auseinandersetzung im 12. und frühen 13. Jahrhundert reagiert: Durch die Autorität des Alten Testaments sollte die kirchliche Heilslehre abgestützt werden. Die Kreuzzüge waren dieser Sicht förderlich. Den schweren Ausschreitungen gegen die Juden, ihrer von nun an immer wieder bedrohten Existenz stand die wachsende Hochschätzung des Alten Bundes gegenüber, wobei zumindest indirekt mit dem Judentum des Alten Testaments auch die zeitgenössischen Juden angesprochen waren. Das wurde zusätzlich unterstrichen, wenn Jesse, Moses, die Propheten den Judenhut tragen (zum Teil noch vor der Verordnung von Innozenz III. von 1215 über die jüdische Tracht), der sich dann durchgehend in den typologischen Handschriften findet.

**Der Judenhut**

Der Judenhut diente zudem häufig zur Kennzeichnung in den Darstellungen des Lebens und Leidens Christi, vorrangig in der Buchmalerei. Das geschah prinzipiell in jedem Kontext. In der Passion begleiten die Juden aktiv den Leidensweg Christi wie sie um ihn in der Beweinung und der Grablegung trauern. Der heilsgeschichtliche Zusammenhang bleibt gewahrt. Das zeigt sich (wie die Ambivalenz) auch, wenn Longinus und Stephaton unter dem Kreuz den Judenhut tragen – ein verbreitetes Bildmotiv –, wobei das traditionelle Verständnis, nachdem der Speerhalter Longinus durch das Blut Christi sehend wurde, hier noch Betonung erfährt, indem die Gestalt mit dem Finger auf ihr Auge weist. Der Judenhut ist außerdem geläufig in den Weltchroniken, den Rechtsbüchern, in hebräischen Handschriften. Er ist also nichts weniger als ein durchgehendes Zeichen der Verunglimpfung. Es macht sich aber nun, im Laufe des 13. Jahrhunderts, ein schärferer Zug bemerkbar. Die Passionsszenen gewinnen an Leben, die Schergen Christi werden aggressiv, mit verzerrten Mienen wiedergegeben und als Juden kenntlich gemacht. Ihre Rolle in den besonders affektiv aufgenommenen Leidensszenen lenkte sicherlich mehr Aufmerksamkeit auf sich als in positiv besetzten. Die Buchmalerei war immer nur einem kleinen Kreis zugänglich gewesen, anders die Monumentalkunst, in der sich die beschriebene Situation in geringerem Umfang wiederfand (ihre Rekonstruktion ist durch die großen Verluste schwierig). Mitunter zeigt sich schon ein physiognomisches Interesse in karikierender und denunzierender Absicht. Einige Beispiele liegen noch weiter zurück, wobei eine betonte Hakennase die primäre Karikaturform darstellt. Das galt aber auch in nichtjüdischem Kontext. Die Hakennase hatte für sich überhaupt keine negative Bedeutung, eher wäre, worüber die Physiognomik bis zum 18. Jahrhundert aufklärt, das Gegenteil zu sagen.[1] In überzeichneter Form dagegen war die Nase als markantes physiognomisches Merkmal ein beliebtes Mittel der Bildsatire durch alle Jahrhunderte.

**Passion** Die Passionsthematik schlug sich vor allem in der Tafelmalerei des Spätmittelalters nieder. Die stärkere Betonung des Leidens Christi war von der Passionsmystik des 13. Jahrhunderts vorbereitet worden. Die darauf aufbauende deutsche Mystik und die Devotio moderna wirkten auf die Passionstraktate ein, die seit dem 14. Jahrhundert in großer Zahl erschienen und nachhaltig die spätgotische Malerei beeinflußten. Diese Bewegung, die in die Imitatio Christi mündete, hatte sich insbesondere gegen die Kirche und ein veräußerlichtes Leben gewandt. Das Passionsbild wollte die Duldergröße des Erlösers im Kontrast zu der Gewalttätigkeit und Bösartigkeit seiner Peiniger veranschaulichen. Ihrer Häßlichkeit als Ausdruck des Bösen stand die Erbarmungswürdigkeit Christi gegenüber. Das waren die Voraussetzungen, auf denen diese Malerei basierte. Auf der vordergründigen Ebene des Anekdotischen (angeregt vom Theater oder allgemein aus der Zeitstimmung heraus) konnten Reflexe gegen soziale Gruppen, wie Bauern oder Juden, einfließen.

Auf zwei Tafeln des Meisters der Karlsruher Passion (Köln und Karlsruhe) ist jeweils ein Scherge mit einer unschönen, den Typus verzerrenden Physiognomie ausgestattet. Das gilt ebenfalls, weniger eindeutig, in zwei, drei anderen Fällen. Als indirekter Hinweis kann die hebräisierende Schrift auf den Gewändern mancher Schergen gelesen werden.[2] Judas trägt zuweilen jüdische Züge, so auf den Tafeln der Gefangennahme von Gaspar Isenmann und Martin Schongauer (beide Colmar) und Johann Koerbecke (Münster) oder auf den Abendmahlbildern von Schongauer (Colmar) und

Jörg Ratgeb (Rotterdam). Es sind kaum verzeichnete, eher interessante Köpfe, etwas ins Zwielichtige changierend, was – im Kontrast zum Konfrontationsmoment zwischen Jesus und den Schergen – dem Spannungsmoment zwischen Jesus und Judas gerecht wird. Wenn man will, kann man ihnen einen Anflug von diabolischer Schönheit attestieren – Parallelen hierzu bietet die dramatische Literatur für die Figur Luzifers oder des Verräters.

Die Wiedergabe jüdischer Erscheinung war nicht an das Passionsbild gebunden, die Spannweite zeigt sich auch sonst. Sie reicht von den Charakterköpfen der Schriftgelehrten des Hausbuchmeisters (Mainz) über die differenzierte und humorvolle physiognomische Pointierung des Meisters der Pollinger Tafeln (München) bis zu der bösen antijüdischen Satire Jörg Ratgebs auf seiner Beschneidung Christi vom Herrenberger Altar (Stuttgart). Selbst Propheten gab man schöne jüdische Physiognomien. Die spätgotische Kunst geht somit über die früheren karikaturhaften Ansätze, vornehmlich der Buchmalerei, hinaus. Neben Typisierungen finden sich individuelle Lösungen, ausdrucksvollen Köpfen stehen satirisch intendierte gegenüber. Das verunglimpfende Bild markiert das negative Ende der Skala. Man spürt öfters die unbefangene Neugierde für die Erscheinung an sich, den jüdischen Typus, gefördert durch die neu erworbenen Mittel der malerischen Aneignung der Wirklichkeit.[3]

Die Entwicklung der druckgraphischen Medien im 15. Jahrhundert eröffnete dem Bild über die Vervielfältigung neue Möglichkeiten. Unter anderem wurden jetzt in Holzschnitten Einzelszenen der Passion verbreitet, die die Juden als Peiniger Christi vorführen. Diese Popularisierung widerfuhr auch dem besonders verunglimpfenden Motiv der sogenannten Judensau, das die Plastik seit dem späten 13. Jahrhundert kannte. Nach der Ermordung von Simon von Trient 1475 wurde es mit einem Hinweis auf diese Geschichte bildlich verknüpft und in dieser Form häufiger variiert.[4] Was die bildliche Verwertung der angeblichen Ritualmorde betrifft, so stammen die Ausschmückungen an Stätten der mittelalterlichen Legenden in aller Regel aus deutlich späterer Zeit als diese selbst. Schriftliche Zeugnisse jüngeren Datums[5] sagen nichts über die Entstehungszeit aus. Dem modernen Antisemitismus war besonders daran gelegen, auch bildlich Traditionsstränge zurück bis in das Mittelalter zu ziehen.[6] Eingang in die Bildpolemik fand schließlich in Einzelfällen die Legende der Hostienschändung. So reagiert ein Holzschnitt in zwölf Episoden auf eine angebliche Sakramentschändung durch Juden Ende des 15. Jahrhunderts in Passau. Zwischen antijüdischem Erzählbild und Legendenton wechseln Ausgestaltungen im kirchlichen Rahmen.

**Die »Judensau«**

In einige Flugblätter wird das Bild des jüdischen Wucherers aufgenommen. Überblickt man die gesamte Flugblattproduktion, geschieht das nicht allzu häufig. Neben das manifeste Bild vom jüdischen Wucherer trat im Spätmittelalter mehr und mehr das des profitsüchtigen, wucherischen Christen. Zeugnisse davon gibt es in großer Zahl. Im Flugblatt des 17. Jahrhunderts gewinnt die Kritik aus der Bedrängnis der Zeit an Intensität. Die

**Der »Wucherer«**

verderbte, von Betrug und Geldmißbrauch heimgesuchte Welt symbolisieren gräßliche Ungeheuer und Geldsiechgestalten, in wenigen Fällen auch umständliche Allegorien auf Juden. Besonders aber war die Zeit, seit Beginn des 16. Jahrhunderts, von den Glaubenskämpfen absorbiert. In einer unübersehbaren Flut von Flugblättern begleitete die Bildpropaganda diese von tiefem Ressentiment getragene Auseinandersetzung. Es wimmelte von unheimlichen Teufels- und Antichristgestalten, vor keiner Verunglimpfung und Satanisierung schreckte man zurück. In einigen Fällen, in den Motivzusammenhängen der Wucherer oder obiger Themen, werden Juden mit Teufelsattributen wie Hörnern ausgestattet.[7] Solche direkten Assoziierungen fanden sich selten, für die Bildpolemik der Zeit waren sie ohnehin peripher. Die Juden standen außerhalb des großen Konflikts.

Seit dem 15. Jahrhundert werden also die Juden öfter zum Gegenstand bewußter bildlicher Präsentation wie der Bildpolemik. Das physische

***Abb. 5*** *Die Juden fallen aus dem Weltentwurf der Bilderbogen heraus; sie werden als »anders«, als »fremd« gezeichnet, sie werden bildlich außerhalb der bestehenden und gültigen Ordnung gestellt. »Die Begegnung (Unser Verkehr)«, 1819/20.*

Erscheinungsbild erfährt vermehrt Beachtung, vorrangig in der Malerei. Es gibt schon die deutliche Verzeichnung, daneben immer wieder das Interesse des Künstlers für die Persönlichkeit. Die agitatorischen Holzschnitte und Flugblätter, die jetzt auftauchen, verbleiben bei der attributivischen und allegorischen Kennzeichnung. Bedurfte zwar das Kritisierte, Verwerfliche zu seiner Benennung nicht der Verzerrung des Objekts, so war das Verfahren doch in Hinsicht der bildpropagandistischen Zielsetzung eingeschränkt wirksam. Die Kritik verlief weniger unmittelbar über das Visuelle als über die Bedeutungsebene. Das ändert sich erst entscheidend mit der modernen Satire. Die negativen Blätter von Juden sind zu sporadisch, verstreut, von ganz anderen Interessenkonstellationen überlagert, als daß schon von einer Bildpropaganda als systematischem Vorgehen und durchschlagendem Instrumentarium gesprochen werden könnte. Allmählich eroberte sich die Graphik andere Bereiche. Im 18. Jahrhundert finden sich verstärkt – nachdem es auch zuvor schon genügend Beispiele gegeben hatte – Darstellungen von Juden aus dem Bereich des Genres, der jüdischen Lebenswelt und des Kaufrufbildes. Daneben besteht die örtliche Tradierung alter Legenden durch volksreligiöses Bildgut fort.

Auf die Ankündigung der neuen Zeit reagierte auch das Bild. In allegorischen Einzelblättern, Taschenbüchern, populären Holzschnitten sind die Juden in den Aufklärungs- und Revolutionsprozeß einbezogen in der Sichtweise des liberalen Bürgertums (Daniel Chodowiecki) oder projüdischer Vertreter der Revolution. Die Beeinträchtigung dieses Prozesses durch die Restauration offenbarte sich zum ersten Mal offen im zweiten Jahrzehnt des neuen Jahrhunderts. Der große Erfolg des antijüdischen Theaterstücks »Unser Verkehr« von Karl Borromäus Alexander Sessa von 1813 einige Jahre später, um 1819, fällt mit dieser Entwicklung zusammen und folgerichtig auch seine bildliche Verwertung im Bilderbogen. Dadurch angeregt wie unabhängig davon entstanden weitere Bilderbögen, die sich Juden zum Gegenstand nahmen. Diese Produktion ist in vielem symptomatisch für die weitere Entwicklung.

**»Unser Verkehr«**

Der Bilderbogen, als kolorierter Kupferstich in einer Auflage von etwa 1000 Stück vertrieben, war das einzige bildliche Medium, das in der ersten Hälfte des 19. Jahrhunderts größere Schichten erreichte, vornehmlich das städtische Bürger- und Kleinbürgertum. Er vermittelte ein statisches, harmonisiertes, von Ordnungsvorstellungen geleitetes Bild der Wirklichkeit. Die Realität – auch Aktualitäten, wie Katastrophenschilderungen – fand nur als bunte, abziehbildähnliche Scheinwelt Eingang. Ein didaktischer, erzieherischer Ton gehörte dazu; der führende Bilderbogenverleger Friedrich Campe aus Nürnberg blieb vernunftgläubiger Aufklärer.

**Juden werden aus dem Weltentwurf ausgeschlossen**

Betrachtet man die Darstellungen von Juden vor diesem Hintergrund, fallen sie deutlich aus diesem Weltentwurf heraus. Ihr Geld- und Profitdenken ist das beherrschende Thema. Gezeigt werden Trödler und Hausierer oder Kleinhändler und Arrivierte in ihrem den neuen Umständen nicht adäquaten Aufstiegsverhalten. Die physische, oft schon denunzierende Charakteri-

*Abb. 6 Auch der Bilderbogen zeichnet: Typen, Figuren, Festlegungen also, die den einzelnen mit dem von seiner Gruppe insgesamt gezeichneten Bild identifizieren sollen. »Unser Verkehr nach der neuesten Darstellung« (Johann Michael Voltz, 1816/18).*

sierung gehört stets dazu. Damit vollzieht der Bilderbogen einen Konventionsbruch. Andere Gruppen, Landstreicher oder Zigeuner, bleiben als pittoreske Randerscheinung Teil der Ordnung. Die Juden dagegen werden im Gebaren und in der physischen Erscheinung wie in der Sprache der Legenden »anders«, negativ wertend gezeigt. Die Aufführungen von Sessas Stück lieferten den Zeichnern sicherlich gutes Anschauungsmaterial für die Wiedergabe »jüdischer« Erscheinung. Im Kontext des Bilderbogens wird ihre Existenz außerhalb der als gültig erachteten Sozialordnung besonders augenscheinlich. So unterlagen sie nicht dem Tabu der Infragestellung wie alle anderen Personen und Gruppen dieses Mediums, so daß hier die Inkongruenz im Vorgehen nicht gesehen oder als störend empfunden wurde.

Die Emanzipation führte zu einem allmählichen Abbau der sozialen Schranken, die religiösen Voraussetzungen hierfür verloren fast gänzlich ihre Grundlage. Der Prozeß der Verbürgerlichung erfaßte auch die Juden; in Sprache, Sitten, Gewohnheiten glichen sie sich der Umwelt an, mochte auch ein gewisser Sondercharakter erkenntlich bleiben und von den Juden selbst, besonders auf dem Lande, so empfunden und gepflegt werden. Die neue soziale Nähe provozierte um so mehr dazu, ein Anderssein aus der veränderten Erfahrung heraus zu formulieren. Als die Gesellschaft die Bedingungen der Ausschließung aufhob, die Juden als einzelne in Erscheinung traten und in den Integrationsprozeß einbezogen wurden, galt es, sie aufs neue kenntlich zu machen. Die Diskriminierung der Juden seit den siebziger Jahren des 19. Jahrhunderts, nach der rechtlichen Gleichstellung, scheint hier in einem frühen Stadium keimhaft vorgebildet, man könnte auch sagen: in ihrem prozeßhaften Verlauf sich anzukündigen. In ihrer Nähe geraten die Juden zu Fremden, und der Geist und die Gesinnung, die sie offenbaren, werden über das physische Erscheinungsbild als wesensmäßig bedingt erklärt. Die konfliktenthobene, befriedete Welt des Bilderbogens war auch aus einem Gefühl der schwindenden Sicherheit, einer sich anbahnenden Auflösung des Vertrauten und Festgefügten beschworen worden. Es klingt hier das für die Folgezeit so charakteristische Moment an, *daß die Juden dem Überlieferten und Geborgenen entgegenstehen* [vgl. dazu den Beitrag von J. Schlör]. Viele dieser Bilderbogen fanden durch die seit den dreißiger Jahren erschienenen und bis in die fünfziger Jahre wiederaufgelegten antijüdischen Schriften von Johann Friedrich Holzschuher (Itzig Feitel Stern) zusätzlich Verbreitung.

Einen konkreten Hinweis auf die Zeitumstände und den Fortgang der Emanzipation geben die Flugblätter zur Revolution von 1848, die in lithographischen Massenblättern vertrieben wurden. Die bürgerliche Gleichstellung der Juden gehörte zu den Zielen der Revolution, entsprechend häufig sind sie Gegenstand der Satire. Beliebt war das Thema, das die Reaktion der Juden auf die Emanzipation zeigt, ihr Taktieren, Sichanpassen, das die Natur nur unzulänglich kaschierende Mimikrygebaren. Die Umsetzung dieses Gedankens muß nicht in bösartiger Weise geschehen, und manchmal besitzt die Beschreibung, wie die Juden ihre neu gewonnenen Rechte zu handhaben wissen, durchaus Humor und Situationskomik. Der Fortschritt der Entwicklung wird deutlich, wenn sich die Juden mit den demokratischen bürgerlichen Kräften solidarisieren und sich des emanzipatorischen Status' als würdig erweisen. Eine neutrale oder projüdische Sicht spiegeln auch einige der Flugblätter, die sich mit dem Frankfurter Parlament und einzelnen Abgeordneten befassen.

Viele Klischees sind aber manifest und treten aus den Umständen und wegen der Kritik aus den unterschiedlichsten Lagern an den Juden – von seiten der durch die Umwälzungen Betroffenen wie der radikaldemokratischen Theoretiker – modellartig zu Tage. Die Juden erscheinen als Wucherer, als Geldaristokraten, als Umstürzler, als mächtig oder tückisch, als eine dem sozialen Konsens sich entziehende oder sich diesem nur zur eigenen Gewinnmaximierung einfügende Größe. Der Genus des Schacherjuden mutiert zu dem des finanzmächtigen Weltherrschers. Es offenbart sich die beginnende Beliebigkeit der Verwendung und der Grund der besonderen Funktionsfähigkeit des Feindbildes »Jude« oder eines solchen in Ansätzen sich formierenden Bildes. Bei einem derart perspektivenreichen Zerrbild bedurfte es nur einer Blickverschiebung, um dieses fiktive Bild im gegebenen Fall wieder in den Dienst zu nehmen. Teil dieses Vorgangs ist die Verzeichnung der äußeren Erscheinung. Sie findet sich ausgeprägt auf Blättern, die sich als humorvolles Genre gerierten. Es sind jene, die die angebliche Feigheit der Juden schildern, exemplifiziert an ihrer Unfähigkeit zu jeder Form militärischen Dienstes [vgl. dazu den Beitrag von V. Ullrich]. Schon Wiener Holzschnitte der Aufklärungszeit hatten sich dieses Themas angenommen, damals noch zeichnerisch ganz zurückhaltend. Die genremäßige Ausgestaltung diente nun der physischen Verunglimpfung.

**Verzeichnung der äußeren Erscheinung**

In die Zeit des Flugblatts fällt der Beginn der illustrierten Zeitschrift. Den Anfang machten die *Fliegenden Blätter,* die ab 1844/45 erschienen und Karikaturen von Juden in großer Zahl brachten. Der *Kladderadatsch* (ab 1848), der als politisches Witzblatt ein höheres Niveau beanspruchte, ist in unserem Zusammenhang weniger ergiebig. In den *Düsseldorfer Monatsheften* (ab 1847/48) gehörten Satiren auf Juden zur regelmäßigen Ausstattung. Neben den Klischees stehen Illustrationen, in denen ein milder Humor vorwaltet. Kein Karikaturblatt war die berühmteste Zeitschrift der Epoche, die 1853 gegründete *Gartenlaube.* Idyllische Genrebilder unterstützten das projüdische Engagement, das für zwei Jahrzehnte ein Kennzeichen der *Gartenlaube* blieb.[8] Auf die Bewußtseinsbildung hatten sie keinen Einfluß, ganz im Gegensatz zu den Bildern der Karikaturzeitschriften.

**Karikaturen**

Die *Fliegenden Blätter* nahmen unter diesen unangefochten die Führungsposition ein; ihre Auflage lag in den siebziger Jahren bei annähernd 80 000 Exemplaren. Das Generalthema der Karikaturen auf Juden ist auch hier

***Abb.*** *7 Auch der »milde Humor« der Düsseldorfer Monatshefte zeichnet jüdische Figuren klischeehaft, will auf die eingebürgerten Attribute der Kennzeichnung nicht verzichten. »Sommerabend« von Ferdinand Schröder, 1852.*

Profitdenken und Händlergeist. Im Rahmen dieser begrenzten Thematik bewiesen die Zeichner eine gewisse Phantasie. Das Spektrum umfaßte den Trödler, Hausierer und Kleinhändler wie den Großkaufmann und den Bankier. Auf den sozialen Wandel reagierte die Zeitschrift mit der entsprechenden Verlagerung der Schwerpunkte. Nicht alle Karikaturen in den *Fliegenden Blättern,* die Geld und Profit zum Thema hatten, bezogen sich auf Juden, aber doch der weitaus größte Teil. Die kontinuierliche, über Jahrzehnte anhaltende Pflege eines bestimmten Bild- und Themenkanons führte zu der Verfestigung der inhaltlichen und visuellen Stereotypen. Die *Fliegenden Blätter* waren nicht antisemitisch ausgerichtet; auch jüdische Zeitgenossen nahmen kaum Anstoß an den Karikaturen.[9] Man legte sich damals noch keine Rechenschaft ab über die Tragweite, die diesen bildlichen Prozessen innewohnte. Welche graduellen Unterschiede die Karikaturen auch aufwiesen, letztlich handelte es sich um den konstanten Entwurf eines Negativbildes. Die Identifizierung erfolgte über die Definition einer Gruppe; die Juden erscheinen physisch, im Gebaren, in ihrer Denkungsart als Kontrast zum Normalbürgerlichen und zum erklärten oder mitgedachten Ideal. Sie unterlagen so dem schon beschriebenen Mechanismus der Ausschließung. In diesem Vorgang fielen die wenigen humorvollen Karikaturen quasi aus der Bewertung heraus. Die durchdringende Präsentation, das unerfreuliche Erscheinungsbild legten sich über die Bilder. Der Witz gewann in diesem Rahmen keine eigene Geltung, war oft auch nur Vehikel und Vorwand für jene Präsentation.

**Vom Kontrast zur Ausschließung**

Die hier zu machenden Beobachtungen gelten über die *Fliegenden Blätter* hinaus. Im Grunde handelte es sich bei der Mehrzahl dieser Arbeiten nicht um Karikaturen im eigentlichen Sinn. Die Karikatur arbeitet, etwas idealtypisch formuliert, mit abstrakten, autonomen Formmitteln. Sie tendiert zu einer eigenen Wirksphäre, der des Komischen, zu einer ironischen Distanzhaltung und reflektierenden Befragung. Die Darstellung der Juden verblieb unter Verwendung karikaturaler Mittel im Rahmen der Genrezeichnung. Natürlich war gerade mit den Mitteln des Genres eine positive Annäherung an den Gegenstand möglich; auch Bilder von Juden bezeugen das. In der Entstellung dagegen war das Genrebild für die Strategie der Verunglimpfung besonders geeignet. Auf der Basis einer zeichnerisch reicheren Ausgestaltung stachen Verzerrungen, Verhäßlichung auffallend ab. Nicht die Loslösung vom Naturvorbild, wie bei der Karikatur, sondern die stete Suggestion der Nähe zu diesem, die dezidiert nicht-artistische Gestaltungsweise war für die antijüdische Satire Bedingung. Sie wollte eine Illustration der Realität sein. In einem solchen Zusammenhang war ein befreiender Humor nicht möglich; daraus resultiert der lähmende, unerfreuliche Charakter dieser Arbeiten. *Erst die pervertierte Genrezeichnung schuf den häßlichen Menschen.*

Um die Wirkung nachzuvollziehen, ist die bürgerliche Geschmacksbildung zu berücksichtigen. Die positive moralische Bewertung des Schönen blieb für die ästhetische Erziehung – über die Trivialsphäre kanonisiert –

**Physiognomik**

absolute Norm. Das Häßliche dagegen war grundsätzlich den negativen Eigenschaften zugeordnet. Durch die ganzen »Physiognomischen Fragmente« Lavaters zieht sich dieser Gedanke. Nicht umsonst hatte auch die Physiognomik als ihre eigene Sprache das naturalistisch ausgestaltete Bild erkannt. Auf Grund der Tatsache, daß die Darstellungen von Juden in ihrer genremäßigen Ausführung eine Illusion der Wirklichkeitsentsprechung lieferten, war das konventionelle, nichtpervertierte Bild, die dem Abbildlichen und zugleich der Stilisierung der Wirklichkeit verpflichtete Darstellung, immer mitgegeben. So dokumentierte sich in den Bildern von Juden eine als besonders störend empfundene Art von »Wirklichkeit«. Das heißt auch, daß diese Satiren weitgehend kontextungebunden waren; nur noch die äußere Erscheinung, speziell die Physiognomie, transportierte die Aussage. War hier das Rassenargument Bild geworden, so trat das solcherart gegebene Bild vom Juden dann an dessen Stelle: Ein chimärisches Konstrukt erzeugte Wirklichkeit und setzte sich tief gegen alle mögliche Erfahrung fest. Es entstand ein Vorstellungs- und Erwartungshorizont jüdischer Erscheinung, den die Bilder, die diesen Horizont erst hervorgebracht hatten, stets aufs neue bestätigten.

*Abb. 8 »Profitdenken und Händlergeist«: Was in zeitgenössischen Romanen als literarisches Bild entworfen wird, findet eine populäre Form der Verbreitung in den Fliegenden Blättern. »Börsenspekulanten«, 1852.*

Börsenspekulanten.

„Herr Baron, der Bub' stiehlt Ihnen Ihr Sacktuch!"
„Lassen sen geihn, mer hab'n aach klein angefangen."

In vielen Fällen wird zusätzlich der Eindruck des Intrigant-Verschwörerischen vermittelt, des Undurchdringlichen und Sinistren, von geheimen und geheimbündischen Machenschaften. Düsteres Aussehen und Ambiente gehören als negative Qualität der Schwärze dazu. Die Gestalten sind nicht allein Teil der Gegenwart, sondern ragen in die Vergangenheit hinein. Die Wucherer und feilschenden Händler scheinen uralten Praktiken nachzugehen. Diese Vorstellung wird nicht geweckt auf dem Wege einer historischen Darstellung, sondern von aktuellen Negativbildern, die mit historischen Reminiszenzen spielen und sich eines gewissen historischen Dekorums bedienen. Es liegt hier eine Art von Historismus vor, indem man dieses Bild vom Juden als der Vergangenheit, einem alten Strang der Überlieferung zugehörig ausgibt, das in der Gegenwart fortwirkt. Zeugnisse für diese Sichtweise aus der Literatur und dem politischen Schrifttum gibt es seit Anfang des Jahrhunderts in großer Zahl (wobei ursprünglich manche romantizistische Evozierung des Geheimnisvollen und Fremdartigen nicht negativ intendiert gewesen sein muß). Auf diesem Boden gedieh dann gut die Wiederbelebung mittelalterlicher antijüdischer Legenden. Und mit der Beschwörung des historischen Wucherers, als geradezu unheimliche Macht, ließ sich wirkungsvoll der moderne Jude und jüdische »Kapitalist« [vgl. dazu den Beitrag von A. Barkai] treffen. Die auf der Grundlage der historischen Vorurteile und Verfolgungen entwickelten neuen Mythen (vom jüdischen Wucherer, vom sogenannten teuflischen, dämonischen Juden) wurden zu solchen der Vergangenheit, um als so geschaffene Bilder dem modernen Antisemitismus Nahrung zu geben. Je mehr die Bezirke des Verschwörerischen und Bedrohlichen von den Juden besetzt waren, um so leichter ließen sie sich in einer säkularisierten Zeit einer irrationalen Gegnerschaft einpassen.

**Wiederbelebung von Legenden**

Dieser Befund und die Tragweite dieses Bildes machen die Einordnung im Einzelfall schwierig. Denn die (oft nicht antijüdische) Intention und auch die mehr oder minder zurückhaltende Zeichnung sind als Beurteilungskriterium nicht hinreichend. Die Gefahr des Mißbrauchs bestand immer, je nach Kontext, der Einstellungsweise, den Zeitumständen. Wen interessierte schon, daß, zum Beispiel, Wilhelm Busch in »Plüsch und Plum« mit den gängigen Klischees spielte, wie distanziert-ironisch hier das nichtjüdische Gegenbild behandelt wird, wie sehr, wie sonst selten bei Busch, der Jude Schiefelbeiner im Laufe der Geschichte Sympathie erfährt – was blieb und was verwendbar blieb, das war die bildliche und sprachliche Stereotypisierung. Aber ein »distasteful Jew«[10] ist deshalb Schmulchen Schiefelbeiner nicht, den machten erst die Antisemiten aus ihm.

Die *Fliegenden Blätter* reagierten auf den zunehmenden Antisemitismus gegen Ende des Jahrhunderts mit der Reduzierung der Anzahl der Karikaturen auf Juden. Die antisemitische Unterhaltungspresse hatte immer mehr an Boden gewonnen; vorangegangen war seit den sechziger Jahren der Wiener *Kikeriki*. Seit der Jahrhundertwende zeigt sich diese Entwicklung unabhängig vom politischen Standort; selbst der *Wahre Jakob* brachte sehr unschöne Karikaturen. Diese verstanden sich aber immer noch als solche, obwohl das rassistische Element deutlich genug durchschimmerte. Es tritt jedoch ein Funktionswandel ein, wenn das Bild in Form bunter Illustrationen allein der offenen Propagierung der Ausgrenzung dient, wie auf den nun verbreiteten antisemitischen Bildpostkarten.[11]

Der »Stürmer«

Der *Stürmer,* der ab 1923 erschien, legte dann jede Verkleidung ab. Es handelte sich hier um kein Karikaturblatt, auch nicht nach eigenem Verständnis, sondern um ein Organ, das das Bild für die systematische Diffamierungskampagne benutzte. Nach 1933 betrug die Auflage 500 000 Exemplare. Die Tragweite für die Bewußtseinsbildung ist nicht zu ermessen. Die Juden als Verursacher allen Übels und als pure Negation zur eigenen Wertewelt hörten als Individuen auf zu existieren. Das Arsenal der Judengegner ging auf in vager, suggestiver Schuldzuweisung, die ein rassistischer Mystizismus grundierte. Die Juden werden eine anonyme, allgegenwärtige und nun wirklich teuflische, dämonische Macht. Der Kampf gegen das Böse gewinnt säkulare Dimension und über die manipulative Verwertung des Fundus der Geschichte Endzeitcharakter.

## Anmerkungen

1 Noch Carl Gustav Carus hält in seiner Charakterologie an dieser positiven Bewertung fest, und als Beispiel erwähnt er unter anderem die jüdische Physiognomie. Vgl. Symbolik der menschlichen Gestalt. Neu hrsg. von T. Lessing, 3. Aufl., Dresden 1932, S. 265.

2 Hebräische Schrift fand sich natürlich auch in anderen, positiven Bezügen, was der außerordentlichen Wertschätzung entspricht, die das Hebräische im Mittelalter und wieder verstärkt im 16. Jahrhundert genoß. Ab und an taucht der Judenring oder der Judenhut als Wappen auf Bannern auf.

3 Zuletzt zum Thema in der üblichen gänzlich einseitigen Gewichtung: Ruth Mellinkoff: Outcasts: Signs of Otherness in Northern European Art of the Late Middle Ages. 2 Bde., Berkeley u.a.O. 1993.

4 Das Vorbild war ein Fresko vom Ende des 15. Jahrhunderts im Durchgang des Frankfurter Brückenturms (1801 abgerissen). Isaiah Shachar führt ein Dutzend graphischer Varianten auf; vgl. The Judensau. A medieval antijewish motiv and its history. London 1974, S. 36f., Taf. 41–45.

5 So aus dem 19. Jahrhundert zu den Malereien in der Wernerkapelle in Bacharach, die eine Ritualmordlegende von 1287 festhielt. Vgl. Stefan Rohrbacher: Ritalmord-Beschuldigungen am Niederrhein. In: Menora, Jahrb. für deutsch-jüdische Geschichte, Band 1. München 1990, S. 300, 317, Anm. 11.

6 Diese suggerieren zum Beispiel Bild und Text der antisemitischen Schrift von Christian Loge: Gibt es jüdische Ritualmorde? Graz u. Leipzig 1934.

7 In die Teufelsthematik der Kunst und Literatur werden aus ihren Voraussetzungen die Juden nur selten einbezogen (selbst in die Gerichtsbilder nur in Ausnahmefällen). Natürlich belegte man jeden Gegner, auch den Glaubensgegner, gerne mit Teufelsinvektiven. In der heutigen Verabsolutierung solcher Äußerungen wird der Begriff des »Teuflischen« völlig aufgeweicht. Dazu wird der moderne Antisemitismus implizit für die Bewertung des historischen Materials benutzt.

8 Der Herausgeber Ernst Keil verfolgte mit seinem Massenblatt volkserzieherische Ambitionen in aufklärerischem, liberalem und wirtschaftsliberalem Geist. Aus diesen Impulsen entsprang sein Eintreten für die Juden und ihre, oft verklärt schimmernde, Lebenswelt.

9 Vgl. Henry Wassermann: The Fliegende Blätter as a Source for the Social History of German Jewry. In: Leo Baeck Institute, Year Book, 28, 1983, S. 12ff.

10 Peter Gay: Freud, Jews and Other Germans. Masters and Victims in Modern Culture. New York 1979, S. 208. Und auch »die Abnei-

gung und Vorurteile eines Großteils seiner Mitbürger« (Alex Bein: Die Judenfrage. Bd. 2, Stuttgart 1980, S. 193) teilte nach allem was man weiß Wilhelm Busch nicht.

11 Vgl. z. B. Ausst.-Kat.: Extreme berühren sich. Walther Rathenau 1867–1922. Hrsg. von H. Wilderotter, Deutsches Historisches Museum Berlin. Berlin o. J. (1993), S. 333 f.; Ausst.-kat.: Die Rothschilds. Beiträge zur Geschichte einer europäischen Familie. Hrsg. v. Georg Heuberger, Jüdisches Museum der Stadt Frankfurt am Main. Sigmaringen 1994.

# Bilder der Judenfeindschaft

*Karl-Erich Grözinger*

# *Erstes Bild:* Die »Gottesmörder«

**Im Zentrum judenfeindlicher Vorstellungen**

Am Beginn und im Zentrum judenfeindlicher Darstellungen und Zuschreibungen steht der Vorwurf des Gottesmordes – dahinter steht mehr als der schon im Neuen Testament erhobene Vorwurf gegen die Juden, »welche auch den Herrn getötet haben, Jesus, und die Propheten« (1 Thess 2,15).

»Gottesmord« ist die bis in unsere Tage in der katholischen Karfreitagsliturgie gleich einer Litanei wiederholte Beschuldigung, die Juden hätten nicht nur einen Menschen, den Messiasprätendenten Jesus, sondern Gott selbst getötet. In den auf Melito von Sardes (ca. 120–185 der Zeitrechnung) zurückgehenden Improberia, »Heilandsanklagen«, klagt der gekreuzigte Jesus–Gott im liturgischen Gesang vor Israel unter anderem:

»Ich habe dich gepflanzt als Meinen auserlesenen Weinberg; du aber bist mir herb geworden; mit Essig hast du Mich in meinem Durst getränkt, durchbohrtest mit der Lanze deines Heilands Brust. [...] Ich schlug Ägypten deinetwegen und seine Erstgeburt; und du hast Mich gegeißelt und verraten. [...] Ich öffnete vor dir das Meer, und du stießest mit der Lanze Meine Seite auf [...] Ich habe dich erhöht mit großer Macht, und du hast mich aufgehängt am Kreuzespfahl.«

Melitos Passa-Homilie selbst ist noch deutlicher:

»Der, welcher die Erde an ihre Stelle hängte, ist gehängt./ Der, welcher die Himmel befestigte, ist ans Kreuz befestigt. / Der, welcher alle Dinge fest machte, ist festgemacht am Holz. / Der Herr ist geschmäht, Gott ist ermordet. / Der König Israels ist erschlagen von israelitischer Hand.«

Der Vorwurf des Gottesmordes gegen die Juden ist der frühe, fast zwangsläufige Höhepunkt einer historischen und theologischen Entwicklung des Christentums, mit der selbst noch die modernen Erklärungen der deutschen protestantischen Kirchen der Nach-Auschwitz-Zeit ringen. In den Erklärungen der Kirchen des Rheinlands, von Berlin-Brandenburg oder von Hessen sah man sich noch immer und wieder gezwungen, jene altkirchlichen Differenzpunkte zwischen Judentum und Christentum zu erörtern, sie neu zu verstehen, die schließlich zur Verfolgung der Juden durch die Kirchen führten. Dies sind die Fragen, ob Jesus der Messias Israels sei, ob durch die Ablehnung dieses Messiasprätendenten durch die Juden die Auserwählung auf die Kirche übergegangen sei, die nun beansprucht, das wahre Israel zu sein, ob die Zerstörung Jerusalems und die Zerstreuung der Juden die Strafe für die Kreuzigung Jesu sei, und ob schließlich das Gesetz des »Alten Bundes« durch das Kommen des »Messias« aufgehoben ist.

Alle diese zentralen christlichen Dogmen sind ein unverbrüchliches Zeichen dafür, daß die »Kirche der Heiden« ihren Ursprung und ihr Selbstverständnis dem Judentum verdankt. Gerade im Bewußtsein dieser unaufgebbaren jüdischen Wurzeln ist wohl die Ursache für das recht eigentlich pathologische Verhalten der Heidenkirche gegenüber ihrer Mutterreligion zu sehen. Der unbewältigte Herd dieser »Krankheit« der jungen Kirche war die Tatsache, daß die Mehrheit der Juden jene christlichen Lehren ablehnte, die sich selbst als Lehren für ganz Israel verstanden. Als solche wurden sie zunächst im innerjüdischen Konflikt verfochten und bestritten in der tiefen Überzeugung, die einmal der matthäische Jesus ausrief: »Ich bin nur gesandt zu den verlorenen Schafen des Hauses Israel« (Mt 15,24). Und selbst der so antijüdische Johannes weiß noch zu sagen: »Das Heil kommt von den Juden« (Joh 4,22).

Die innerjüdische Durchsetzung des messianischen Anspruches Jesu wurde durch den Gang der Geschichte – Kreuzigung des »Messias« und dessen hernach geglaubte Auferstehung – nur noch schwieriger und resultierte in einer zunehmenden Hinwendung der Bewegung zum nichtjüdischen

**Paulus**

Heidentum, insbesondere durch die Missionstätigkeit des Apostels Paulus. Dies scheint der gesellschaftliche und historische Rahmen, in welchem die Auffassung von der Schuld »der Juden« am Tode Jesu entstand, wie ihn Paulus zuerst formulierte, dabei noch durchaus zwischen einer Kollektiv- und Individualbeschuldigung changierend:

»Denn, ihr Brüder, ihr habt das Beispiel der Gemeinden Gottes nachgeahmt, die in Judäa in Christus Jesus sind, weil auch ihr ebendasselbe von euren eigenen [heidnischen] Volksgenossen erlitten habt wie sie von den Juden, welche auch den Herrn getötet haben, Jesus, und die Propheten, und uns verfolgt haben und Gott nicht zu gefallen suchen und gegen alle Menschen feindselig sind, indem sie, um das Maß ihrer Sünden jederzeit voll zu machen, uns wehren, zu den Heiden zu reden, damit sie gerettet werden. Doch das Zorngericht ist endgültig über sie gekommen.« (1 Thess 2, 14–16).

Bereits in dieser um 50 d. Z. geschriebenen Äußerung des Heidenapostels ist eine erste Dogmatisierung der ursprünglichen innerjüdischen Auseinandersetzungen zu sehen, in denen im Kern schon die gesamte Skala antijüdischer Äußerungen der folgenden Jahrtausende vorweggenommen ist: Christusmord, der nur der Höhepunkt einer alten mordrünstigen jüdischen Tradition sei, die anhaltende Feindseligkeit der Juden gegen alle Menschen und Christen wie schließlich das sie darum gerechterweise treffende Strafgericht.

Die später entstandenen synoptischen Evangelien haben diese Auffassungen mit voranschreitendem Nachdruck in den biographisierenden [lebensgeschichtlichen] Rahmen ihrer Jesusdarstellungen, insbesondere in die Passionsgeschichte einbezogen. Gerade in den letzteren ist die zunehmende Belastung der Juden und die Entlastung der römischen Behörden deutlich zu erkennen. Diese Tendenz hatte gewiß zwei Motive. Das eine ist die Absicht der Etablierung der jungen Kirche im römischen Reich. Dafür war es sicherlich nicht dienlich, wenn der Stifter dieser Religion von den römischen

Behörden als gemeiner Verbrecher abgeurteilt erscheint. Dienlicher war zweifellos, die Schuld am Tode »dieses Gerechten« den Juden anzulasten, die sich gerade in einem blutig niedergeschlagenen Aufstand (66–70) gegen die römische Staatsmacht erhoben hatten. Dieser Sicht der Dinge entspricht die von Matthäus gezeichnete Szene (27,23–25): Pilatus »aber sagte: Was hat er denn Böses getan? Da schrien sie überlaut: Gekreuzigt soll er werden. [...] Pilatus nahm Wasser, wusch sich vor dem Volk die Hände und sagte: Ich bin unschuldig am Blute dieses Gerechten; [...] und alles Volk antwortete und sprach: Sein Blut komme über uns und über unsere Kinder!«

Diese schon im Neuen Testament sichtbar werdende Entwicklung politischer Opportunität hat allerdings noch eine andere, viel gravierendere religionsgeschichtliche Seite. Dies wird insbesondere am Evangelium des Johannes deutlich, der im Gegensatz zu den anderen Evangelien nicht mehr die Pharisäer oder Sadduzäer als Gegner Jesu zeichnet, sondern die Juden schlechthin, die er zu Kindern des Teufels stempelt: »Nun aber sucht ihr mich zu töten [sagt Jesus] ... Ihr tut die Werke eures Vaters ... Ihr stammt vom Teufel als eurem Vater und wollt die Gelüste eures Vaters tun. Der war von Anfang an ein Menschenmörder und stand nicht in der Wahrheit ...« (Joh 8,40–44).

**Johannes**

Wie kommt es zu einer solchen Sicht von den Juden? Das Problem liegt im christlichen Anspruch, der legitime Erbe des alten Israel zu sein, das wahre Israel, das alleine die Schriften des »Alten Bundes« richtig versteht. Die noch junge Kirche der römischen Antike sah sich schon als uralte Religion, die mit den Ur- und Erzvätern Israels begann. Die Kirche brauchte diesen Altersanspruch auch in der hellenistischen Umwelt, in der das hohe Alter als ein Siegel der Wahrheit galt, einer Wahrheit, von der selbst Plato gelernt hat. Darum, aber auch wegen der eigenen innerjüdischen Verwurzelung mußte die Kirche an der altbiblischen Literatur festhalten und stritt mit den Juden um deren rechte Deutung mittels der selben von beiden Seiten benutzten hermeneutischen Techniken. Daher die immer wiederkehrende, bis in den modernen jüdisch-christlichen Dialog hinein geforderte Debatte um das rechte Schriftverständnis – mit besonderer Vehemenz wieder zu Beginn des Protestantismus von Martin Luther unterstrichen, der darum seiner für jeden Protestanten beschämenden Schrift den programmatischen Titel gab: »Von den Juden und ihren Lügen« (1543), Lügen im Sinne einer nicht christlich verstandenen Schrift. Der vom Beginn dieser Auseinandersetzung um die Schrift herrührende Vorwurf gegen die Juden, die Schrift zu verfälschen, oder deren Blindheit angesichts der Schrift fand schließlich ihren plastischen Ausdruck in der »Synagoga« mit verbundenen Augen an den Portalen der Dome zu Straßburg oder Worms, und ihr mittelalterliches Angriffsziel im Talmud, gegen den ab 1242 auf Betreiben des Konvertiten Nikolaus Donin von La Rochelle eine heftige Verleumdungskampagne einsetzte, die ihren ersten Höhepunkt in der Talmudverbrennung von Paris im selben Jahre erreichte. Im Talmud, der ja die heiligen Schriften deutete, vermutete man die schlimmsten Mißbräuche und Scheußlich-

**Christlicher Anspruch auf das »wahre Israel«**

**Luther**

***Abb. 9*** *Die Aussage von Bildern ist umstritten: Hinter den Geistlichen in dieser Ecce homo-Darstellung stehen zwei als Juden gekennzeichnete Figuren. Ist ihr Blick »starr, fixiert, aber kaum verzeichnet« – oder soll er Befriedigung angesichts der Passion Christi ausdrücken?*
*Meister des Hausbuchs, Ecce homo (Passionsaltar), um 1480.*

keiten und darum den Grund für den Unglauben der Juden. Schon dem Verfasser des antiken Barnabasbriefes (um 100) erschien darum die jüdische Religionsübung als vom Teufel angestiftetes Mißverstehen der Heiligen Schriften.

Es ist dieser Anspruch der Kirche, die Schrift mit ihrem »so offenkundigen Zeugnis für Jesus den Messias« alleine richtig zu verstehen, der zwangsläufig die Juden als verstockt, blind oder böswillig erscheinen ließ. Es ist der Pfahl im Fleische des Christentums, sich selbst als das »Verus Israel« zu verstehen, während das wahre Israel beiseite stand. Der eigene reklamierte Würdetitel der Kirche konnte offenbar nur in der Bestreitung der Anderen, in deren Abqualifizierung behauptet werden. Man tat dies wiederum mit Hilfe der Schrift, indem man alle Strafreden und Gerichtsdrohungen der Bibel auf das »Israel nach dem Fleische« und deren Verheißungen auf das Israel »nach dem Geiste«, sprich die Kirche, deutete.

**Das Eigene und das Fremde**

Die Kirche hat das Judentum enteignet und ihm seine Identität abgesprochen und für sich selber in Anspruch genommen. Dies ist die christliche Ursünde gegen das Judentum, der Rest sind die praktischen Folgen.

Die junge Kirche hat das ihr zeitgenössische Judentum für obsolet erklärt, und die Zerstörung Jerusalems samt seines Tempels erschien ihr als ein sichtbarer Beweis dafür, auch dafür, daß Gott sein Volk verworfen hat und die Erfüllung der Gebote im traditionellen Sinne von Gott selbst zu Ende gebracht wurde. Denn seit dem Auftreten des »Messias« sei das Gesetz in geistlicher Weise erfüllt und weiterhin zu erfüllen. Die Zerstörung des Tempels zu Jerusalem im Jahre 70 d. Z. ist auch von den Juden als Strafe für die eigenen Sünden verstanden worden, von der Kirche aber als Strafe für die Schuld der Verwerfung und Kreuzigung des »Messias« Israels. Diese Tat – so Johannes Chrysostomos, einer der vehementesten Judenfeinde der alten Kirche (gest. 407) – hat die Juden ein für allemal verdorben und sie in diese elende Lage gebracht: »Weil ihr Christus getötet habt, weil ihr Hand an den Herrn gelegt habt, weil ihr das kostbare Blut vergossen habt, gibt es für euch keine Besserung, keine Vergebung, keine Entschuldigung. Damals waren eure Verbrechen gegen (Gottes) Knechte gerichtet, gegen Moses, Isaias und Jeremias. Obgleich dies eine Gottlosigkeit war, war es noch nicht der Gipfel der Missetaten. Jetzt aber habt ihr die alten Dinge alle in den Schatten gestellt und durch die Wahnsinnstat gegen Christus eure Gesetzeswidrigkeit ganz und gar unüberbietbar gemacht. Deshalb wurdet ihr schwer bestraft [...] Ist es nicht auch ganz Unverständigen sonnenklar, daß ihr eine derartige Strafe erleidet wegen eurer Missetat gegen den Heiland und Herrn der Welt? [...] wegen jenes Verbrechens seid ihr in eurer jetzigen schlimmen Lage.«

Jerusalems Zerstörung und die Zerstreuung der Juden nahmen die Christen gerne als Zeichen für ihren Anspruch, Erben der alten Bundesverheißungen zu sein. Die einzig naheliegende Erwartung war demnach das baldige endgültige Verschwinden des Judentums. Da sich diese Erwartung indessen nicht einstellte, hat schon Johannes Chrysostomos die dann vor allem von Augustin weiter entwickelte Formel gefunden, die zum Judendogma des europäischen Mittelalters schlechthin werden sollte: »Später aber zerstörte er (Gott) ihre Stadt, und es gibt keinen Teil der Welt, der nicht das Leid der Juden kennt [...] Er ließ sie nicht sterben, sondern lebend allen zum Beispiel dienen.« Augustin (354–430) schließlich sieht die Zerstreuung der Juden geradezu als Fügung Gottes zur Ausbreitung des Christentums. »Zum Zwecke der Zeugenschaft sind die Juden von ihrer Heimat losgerissen und über die ganze Welt zerstreut. Diese Zeugenschaft leisten sie den Christen durch die heiligen Schriften, die sie überall hintragen. Sie, die jene Bücher seit altersher besitzen, sind Bürgen dafür, daß die Christen jene Schriften, aus denen sie alle Weissagungen auf Christus und die Kirche herauslesen, nicht gefälscht, umgeformt, ja zum Zwecke der Beweisführung erst erdichtet haben können. Um diese Zeugenschaft nicht nur allgegenwärtig, sondern auch allbeständig zu machen, dürfen die Juden ihre Eigenart, ihre Religion, ihre Sitten und Gebräuche nicht ablegen, sie müssen als Juden weiter bestehen bleiben, solange die Kirche ihrer Zeugenschaft bedarf.« (Blumenkranz). Dies alles natürlich in dienender Funktion, in der Knechtschaft unter der triumphierenden Kirche – auch dafür sieht man die Verheißung schon in der Schrift, nach der der Ältere dem Jüngeren, dem Erben der Verheißung, zu dienen habe (Ismael dem Isaak und Esau dem Jakob).

**Augustin**

Eine andere Typologie für die Strafe der Juden ist die vom rastlos über die Erde irrenden Kain, der dennoch nicht sterben kann (Gen 4). Von den Kirchenvätern (z. B. Tertullian, gest. nach 220) gründlich vorbereitet, mündet sie ab dem 13. Jh. und vor allem seit 1602 in die mythologische Gestalt vom »Ewigen Juden« (genannt *Buttadeus,* »Gottesschläger« in Italien, *Josef Lakedem* »vorzeitiger Josef« in Belgien, *Juan Espera en Dios* »Gotteshoffer« in Spanien und schließlich Ahasver) [vgl. den Beitrag von A. Băleanu], der nach Joh 18,22 Jesus beim Verhör geschlagen hat, oder den das Kreuz tragenden Jesus nicht vor seinem Hause ruhen lassen wollte, der nun zur Strafe rastlos bis zur Wiederkunft des Christus über die Erde wandern muß.

Was die Theologen bis zum Beginn des vierten Jahrhunderts an antijüdischem Gedankengut erarbeitet hatten, brauchten die Juristen nach der Anerkennung des Christentums als Staatsreligion (380) nach Konstantin (306–337) nur noch in Gesetzesform zu gießen. Ihren antiken Abschluß fand diese Arbeit in der Sammlung des Codex Theodosianus (429), den die Antike als Staatsgesetz christlicher Staaten an das mittelalterliche Europa weiterreichen konnte.

Die Verderbnis und die Verstockung der Juden wurde in den bislang angeführten Äußerungen der Kirchenväter durchweg als historisches Ereignis mit weltumspannenden Dimensionen gesehen. Kein Wunder, daß diese Züge alsbald auch in das apokalyptische Gemälde der Endzeit eingezeichnet wurden. So hat schon Hippolyt (gest. 235) das von der Johannesoffenbarung (20,7–10) im Schwange biblischer Apokalyptik (Ezechiel c. 38) gezeichnete Bild vom endzeitlichen Antichrist mit den Juden in Verbindung gebracht – der in der Johannesoffenbarung noch anonyme Antichrist stammt nun aus dem israelitischen Stamm Dan. Es war dann der französische Abt Adso (gest. 992), der die antiken christlichen Antichristtraditionen zu einer umfassenden Biographie des Antichrist verband. Der Antichrist ist die vollkommene Gegenfigur zu Jesus Christus, er ist Jude aus dem Stamme Dan, ist unter der Aufsicht des Satan von Zauberern und falschen Propheten erzogen, er verfolgt die Christen, gibt sich als Sohn Gottes aus, baut den Tempel zu Jerusalem wieder auf und beherrscht die ganze Welt. Er nimmt die Juden für sich ein, die glauben, er sei ihr Messias. Doch nach dreieinhalb Jahren Herrschaft wird der Antichrist von Christus besiegt und auf dem Ölberg zu Jerusalem getötet. Ab dem 12. Jh. begegnen wir diesem Stoff in überaus populären und verbreiteten Anti-Christ-Spielen, die zur schauerlich vergnüglichen Agitation gegen die Juden werden. Die vom Johannesevangelium erstmals erhobene Beschimpfung der Juden als Teufelskinder, von denen nur Böses zu erwarten ist, feiert hier ihre dramatisch weltgeschichtliche Darstellung. Sie zeigt sich erneut als fast monotone Beschuldigung der Juden für jedes Mißgeschick, das die Christen trifft, sei es die Pest zur Zeit des Schwarzen Todes (um 1348), als man hier jüdische Brunnenvergifter am Werke sieht, sei es die Zerstörung der Jerusalemer Grabeskirche durch El Hakim im Jahre 1007, die man der Juden Bosheit zugeschrieben hat und deshalb zur wohlfeilen Rechtfertigung benutzte, die Juden zur Zeit der Kreuzzüge (1096–1229) schon in Europa niederzuschlachten.

**Ritualmordlegenden**

Die »jüdische« Judas-Natur, die sich als falsch und mörderisch gegen Christus und Gott erwiesen hat, erweist sich auch in der Christen Gegenwart, sei es in der rituellen Ermordung von Christenkindern, mit der sie gleichsam den Gottesmord perpetuieren – so schon behauptet bei der ersten Blut-Beschuldigung, dem vorgeblichen Mord an Wilhelm von Norwich (1144). Deutlicher sagt dies Petrus von Blois (gest. 1204) zum dortigen Fall: die Juden entführen kleine Christenkinder und kreuzigen sie im Verborgenen. Berühmt berüchtigt sind die Vorwürfe des Ritualmordes an Werner von Bacharach 1287 und Simon von Trient, 1475, dessen Feier bis 1965 begangen wurde. [vgl. den Beitrag von R. Erb]

Nur eine Variante dieses Mordvorwurfs ist der seit dem 13. Jh. auftauchende Vorwurf der Hostienschändung, wird in der Hostie doch der Leib Christi selbst gesehen, aus der nach ihrer Peinigung denn auch »wunderbar« das Blut des Gemarterten geflossen sei. Die Deggendorfer Gnad wurde erst 1994 geschlossen. Von ihr sagt eine Regensburger Chronik von 1337: »ward das Hochwirdig Sacrament zu Deckendorf gefunden, das dann die Juden daselbst gemartert hatten, darumb wurden die Juden verprennt.«

Ein religiös bedingter Höhepunkt des christlichen Anitjudaismus waren die Ausfälle des Reformators Martin Luther gegen die Juden, dessen praktische Forderungen wie eine programmatische Vorwegnahme der nationalsozialistischen Judenvernichtung erscheinen. Luthers Haltung zu den Juden war vor allem in zwei Anschauungen begründet. Für Luther, der einen extremen Paulinismus vertrat, konnte das Heil des Menschen alleine durch Glauben ohne alles Werk des Menschen erworben werden. In seiner

**Abb. 10** *Bei Bietingen in der Nähe von Meßkirch (Baden-Württemberg) steht dieses Wegkreuz mit der Darstellung eines Juden, der den Gekreuzigten anspuckt.*

falschen Auffassung von der jüdischen Theologie erschien ihm das jüdische Beharren auf menschlicher Verantwortung vor Gott und die Forderung nach rechtem Tun als der diametrale Gegensatz zum lutherisch verstandenen Evangelium, das alles außerhalb des *sola fide* als teuflische Sucht des Menschen zum Selbstruhm vor Gott verstand. Das zweite war Luthers erneute dezidierte Hinwendung zur Hebräischen Bibel, seinem Alten Testament, das ihm als erzchristliches Buch mit jeder Zeile Christus verkündet. Dieses Buch, das Buch der Juden, diente ihm – wie schon den Kirchenvätern – als wichtigstes Werkzeug im Kampf gegen die Juden »und ihre Lügen«. – Nochmals war es die Verabsolutierung der eigenen Auffassung von den Schriften und dessen, was er für die wahre Gottesbotschaft hielt, die Luther zu seinen extrem antijüdischen Positionen trieb.

Im aufgeklärten protestantischen Preußen schließlich hat die Religion noch einmal eine Rolle beim Ausschluß der Juden aus der deutschen Gesellschaft gespielt. So meint eine Erläuterung des Preußischen Staatsministeriums zum Entwurf einer Judenordnung vom Dezember 1830: Die Juden seien in Deutschland Fremdlinge, »Fremdlinge, welche nur so lange bei uns zu bleiben beabsichtigen, bis der Messias sie nach Palästina zurückführt.« Also kann ein solcher Fremdling auch keinen Anspruch erheben, daß er an Staatsgeschäften teilhat. Man bedenke, diese Begründung stammt von Menschen, welche die jüdische Messiaserwartung für einen eitlen Irrtum halten! Eine andere Begründung fand der Geheime Oberfinanzrat Philipp Ludwig Wohlfart (1844), der meinte, im preußischen Staat könne der jüdische Untertan nicht dem christlichen gleichgestellt werden. Der christliche Staat müsse nämlich christlich regiert werden. Das christliche Regieren habe den Inhalt und das Streben, das reine (protestantische) Christentum zu fördern, alle anderen Konfessionen ihm zuzuführen, also auf dem Wege der Belehrung und Überzeugung jene anderen schwächen und, wo möglich, beseitigen. »Wie kann das ein Jude, überhaupt ein Nichtchrist«.

**»Fremdlinge« werden gemacht**

Es ist endlich ein bekannter Nachhall der altchristlichen Auffassungen, wenn der württembergische Landesbischof Wurm im Dezember 1938 dem Reichsjustizminister Gürtner gegenüber eine »zersetzende Wirkung des Judentums« konzediert.

Die entscheidende Grundlegung des Antisemitismus der christlichen Religion absprechen zu wollen, erscheint kaum plausibel. Im Vergleich etwa zu gelegentlichen vorchristlichen antijüdischen Ausbrüchen der Antike ist mit dem Christentum etwas völlig neues aufgetreten: »Das prinzipiell Neue am Schicksal der Juden in christlicher Zeit ist, daß die christliche Einstellung nicht mehr, wie die heidnische, auf aktuellen Erfahrungen mit Juden, sondern auf der Auslegung einer mit göttlicher Autorität ausgestatteten Beschreibung des jüdischen Charakters und der jüdischen Geschichte beruhte.« (J. Parkes). Mit anderen Worten, hier ist zum ersten Mal ein Antijudaismus ohne konkrete Juden möglich. Hier ist der Antijudaismus »reine Lehre« und nicht auf konkrete Anschauung angewiesen, die allenfalls das Bild der reinen Lehre stören könnte.

Literatur:

H. Schreckenberg: Die christlichen Adversus-Judaeos-Texte und ihr literarisches und historisches Umfeld (1.–11.Jh). Frankfurt (M.)–Bern 1982.

ders.: Die christlichen Adversus-Judaeos-Texte (11.–13. Jh). Frankfurt (M.)– Bern – New York – Paris 1988.

L. Goppelt: Christentum und Judentum im ersten und zweiten Jahrhundert. Gütersloh 1954 (mit antijüdischen Ressentiments).

H. J. Schoeps: Jüdisch-christliches Religionsgespräch in neunzehn Jahrhunderten. Königstein 1984 (1937).

K. H. Rengstorf , Kortzfleisch (Hrsg.): Kirche und Synagoge. Handbuch zur Geschichte von Christen und Juden. München 1988.

W. D. Marsch, K.Thieme: Christen und Juden. Ihr Gegenüber vom Apostelkonzil bis heute. Göttingen 1961.

B. Blumenkranz: Die Judenpredigt Augustins. Paris 1973.

Jüdisches Lexikon. Berlin 1927 (Neudr. 1982).

L. Neubauer: Die Sage vom ewigen Juden. 1893.

J. Parkes: Judaism and Christianity. London 1948.

W. Bienert: Martin Luther und die Juden. Frankfurt (M.) 1982.

Stefan Rohrbacher, Michael Schmidt: Judenbilder. Kulturgeschichte antijüdischer Mythen und antisemitischer Vorurteile. Hamburg 1991.

W. Frey: Das Bild des Judentums in der deutschen Literatur des Mittelalters. In: Karl Erich Grözinger: Judentum im deutschen Sprachraum. Frankfurt (M.) 1991.

*Joel Berger*

# *Zweites Bild:* »In der Synagoge«

In den geschriebenen Quellen des Christentums, in den Evangelien wie auch in den Werken der Kirchenväter, wird die Synagoge in der Regel negativ bewertet und als Ort des Satans, des Teuflischen geschildert. So ist es nicht verwunderlich, wenn die Christen, von ihren Schulen, vom Religionsunterricht beeinflußt, die Synagoge bis in unsere Zeit hinein mit Abneigung betrachten. Die Aufarbeitung christlicher Vorurteile unternahmen in unserer Zeit zwei Kulturwissenschaftler, Stefan Rohrbacher und Michael Schmidt. Sie belegen sachkundig, wie weit Luthers letzte Predigt in der Andreaskirche zu Eisleben am 15. Februar 1546 und eine Kanzelabkündigung die protestantische Einstellung zur Synagoge beeinflußten.

Im Nachkriegsdeutschland ist als Folge der Tätigkeit der Gesellschaften für Christlich-Jüdische Zusammenarbeit, im Rahmen der von den Alliierten vorgeschriebenen »Umerziehungsmaßnahmen«, das Interesse gegenüber dem jüdischen Kult, jüdischen Sitten und Bräuchen und so auch der Synagoge und ihren Gottesdiensten gewachsen. Die zahlenmäßig klein gewordenen jüdischen Gemeinden fühlten sich häufig dem vielseitigen Wunsch nichtjüdischer Gruppen gegenüber, die allesamt die Synagoge und ihre Gottesdienste besuchen wollten, überfordert. Das Interesse der Umwelt dem Judentum gegenüber empfand man nach dem Holocaust anfangs als wohltuend. Mit der Zeit wurden die fast wie eine Pflicht absolvierten »Pilgerfahrten« mehrerer Schulklassen zu den Synagogengottesdiensten am Freitagabend oder samstags als lästig bis unhaltbar empfunden. Jüdische Betende wurden in den eigenen Synagogen zur Minderheit, der man über die Schulter guckte, die man beobachtete und von denen man nicht selten auch noch die Eindrücke an Ort und Stelle wie im Museum notierte. Dieser Zustand wurde von immer mehr Betenden beklagt. Man wollte jedoch die Synagogen vor Interessierten, wißbegierigen jüngeren wie älteren, nicht verschließen. Man wußte zu gut, daß verschlossene Synagogen der Mystifizierung und den Vorurteilen Platz machen würden. Daher führte man vielerorts in den Synagogen sachkundige Führungen zu bestimmten Zeiten – außerhalb der Gottesdienste ein.

**Vorurteile abbauen**

Ich selbst erlebte zum ersten Mal eine Führung in der Synagoge in den siebziger Jahren in Göteborg, Schweden, wo dies von dem damaligen – aus Deutschland stammenden – Rabbiner eingeführt wurde. Die »Veranstaltung« wirkte auf mich sehr steril. Die Schülergruppen füllten die Synagoge, waren sehr diszipliniert, der Rabbiner kam, erklärte ihnen die Symbolik, Geräte, einzelne Details der Synagoge.

Die Schülerschar wandte sich mit dem Gesicht immer geschlossen in eine Richtung, wohin der Rabbiner zeigte. Nach einer dreiviertel Stunde standen die Schüler auf und verließen geschlossen, ohne Regung, die Synagoge. Ich selbst, als ich nach Deutschland zurückkam, führte diese Art der Begegnung mit interessierten Christen in der Synagoge zu Bremen ein. Diese Synagoge wurde in den sechziger Jahren in einem als vornehm geltenden Stadtteil aufgebaut. Die alte Synagoge zu Bremen stand in der traditionsreichen Stadtmitte Schnoor, an die damals noch viele Besucher Erinnerungen knüpfen konnten. Ich begann die Führungen durch die Synagoge in deren Vorhalle, wo wir in einer Vitrine die wesentlichen Kultgegenstände ausgestellt hatten. In dieser Vorhalle stand auch noch die Heldengedenktafel der gefallenen jüdischen Soldaten im Dienste ihres deutschen Vaterlandes während des 1. Weltkrieges. Die Schüler musterten stets mit Interesse die Namen der jüdischen Soldaten, die mit ihrer vollen Rangbezeichnung verewigt waren. Einmal fragte ein Gymnasiast, auf den Familiennamen Saul weisend: »Was ist das für ein Name?« Ich antwortete mit einem Lächeln: »Den hätten Sie kennen können. Aus Saulus ist nämlich der Paulus geworden«. Der verdutzte Schüler fragte zurück: »Und wer war der Paulus?« Ich blickte mit Verwunderung auf den anwesenden Pfarrer, dem die Situation zusehends unangenehm war. Der Pfarrer sagte nach einer Weile: »Die Angelika wird es schon wissen. Angelika ist nämlich eine Pastorentochter.« Die Angelika hatte es in der Tat gewußt, und somit war dieser Teil der Veranstaltung gerettet. Heute weiß ich, wie charakteristisch diese Einstellung der Schüler und Schülerinnen der Synagoge wie auch der Kirche gegenüber im hohen Norden war. Diese Einstellung war gekennzeichnet von einem Mangel an Vorurteilen oder vorgefaßten Meinungen. Man registrierte das Gesehene gelassen.

In Stuttgart, in der hiesigen Synagoge, habe ich diese Veranstaltungen wie einst in Bremen eingeführt. Nach einer 40–45minütigen Erklärung über die Bedeutung des Begriffes Synagoge, über die Geschichte und Funktion im jüdischen Leben, über die ausgestellten Geräte, gab ich den Weg frei für Fragen, Anmerkungen und Diskussionsbeiträge. Zugegeben, die Formulierungen in meinen Erklärungen waren und sind bis heute locker bis salopp und stets an nachvollziehbaren Ereignissen und Handlungen aus der heutigen Zeit aktualisiert. Ich ging davon aus, daß Schülerinnen und Schüler um 18 Uhr nachmittags, wenn diese Veranstaltungen stattzufinden pflegen, wohl für ernste monotone »Darbietungen« über abstrakte Themen kaum aufnahmefähig sein würden. Ferner wollte ich bewußt die Zuhörerinnen und Zuhörer aus ihrer Reserve locken, ihre Hemmungen oder eventuell bestehenden Berührungsängste abbauen, damit sie befreit ihre Fragen oder Diskussionsbeiträge auf die häufig provokativ geschilderten Einführungen einbringen sollten. Aus dieser keineswegs sterilen Situation möchte ich einige Fragestellungen behandeln, ohne jedoch stets eine tiefgehende Analyse anzuhängen. Ich meine, daß die wiedergegebenen Dialoge für sich alleine sprechen. Die gestellten Fragen, Beiträge kann ich in folgende Punkte zusammenfassen.

**Aufforderung zur Diskussion**

a. Verständigungsfragen, Vertiefung und Erläuterung des Gehörten, Wunsch nach einem Vergleich oder eben eine Unterscheidung zur Kirche

***Abb. 11*** *»Die Ekklesia ist die siegreiche, die königliche Frau, mit Kreuzfahne und Kelch, während die Synagoga mit entgleitenden Gesetzestafeln, verbundenen Augen und zerbrochener Lanze als die Besiegte, die Verblendete, die Fremde erscheint. Dennoch ist die Synagoga eine Figur, in die der Bildhauer eine innere Wehmut eingemeißelt zu haben scheint.« (Paul Assall) Synagoga am Straßburger Münster.*

und deren genauere Begründung. »Was heißt das für Sie heute: ›Der Sündenbock‹? Verstehen sich die Juden als solche?« »Gibt es heute in der Synagoge kein Opfer mehr?« »Haben Sie auch keinen Altar?« »Wie werden Ihnen ihre Sünden vergeben?«

**Jüdische Lebensform**

b. Fragen nach dem Sinn der jüdischen Lebensform. »Woher wissen die Juden, was koscher ist?« »Warum müssen die Juden koscher essen?« »Was

***Abb. 12*** *Bis in den alltäglichen Sprachgebrauch (»In der Judenschule«) haben sich Schreckensvorstellungen von der Synagoge erhalten. Aus »Der Jude nach dem Talmud«, Zeichnung von Karl Rélink, 1926.*

geschieht mit denen, die das nicht tun?« »Was heißt das, koscheren Wein zu trinken?«

c. Eine eigene Gruppe bilden jene Fragenden, die hinter allem nach dem rationellen Grund fahnden. Neuerdings finden sich auch immer mehrere, aus deren Fragen die Beschäftigung mit der Esoterik spürbar wird. Häufig hört man besonders von den älteren Jahrgängen: »Daß die Juden in der Wüste kein Schwein essen durften, verstehe ich gut. Als wir mit Rommel in

Afrika waren, da ließ der General uns auch kein Schweinefleisch servieren. Er sagte, das läßt er wegen des Klimas nicht zu. Aber warum halten sich die Juden auch heute noch daran?«

**Christlicher Hochmut**

d. In eine besondere Gruppe gehören jene Fragenden, die bewußt oder unbewußt von christlichem Hochmut, Überlegenheit oder Triumphgefühlen geleitet, all ihre Fragen mit dem Wort »*noch*« bereichern.

»Ist für die Juden die Tora *noch* bindend?« »Warten die Juden *noch* auf den Messias?« »Ist der Schabbat *noch* immer so streng?« (Hinter dieser Formulierung steckt die bekannte neutestamentarische Dialogwiedergabe zwischen Jesus und den Pharisäern, die in der Frage mündete: ist denn der Schabbat für uns, oder sind wir für den Schabbat erschaffen?)

e. Ebenfalls charakteristisch sind die Fragen der kirchlich gebundenen und scheinbar doch »Ahnungslosen«, die solche Fragen stellen: »Haben Sie die Psalmen *auch?*« (Diese Frage wurde bezeichnenderweise von einer Ordensschwester gestellt). »Gibt es für die Juden *auch* das Gebot der Nächstenliebe?« »Haben die Juden *auch* die Auferstehung?«

**Provokationen**

f. In diese Gruppe reihe ich jene Fragenden ein, die offensichtlich provozieren wollen. Sie möchten die Lage ausnützen, daß ein Jude allein vor einer christlichen Besuchergruppe doch in eine Ecke gedrängt werden könnte.

Eine andere Variante ist jene Gruppe von Fragenden, die offensichtlich aus einem pietistischen Kreis kommend, es »reizend« finden, in der Synagoge von ihrem Glauben »Zeugnis« abzulegen und den Vortragenden mit seiner eigenen »Verstocktheit« zu konfrontieren.

Eine kleine Sammlung aus diesen Fragen: »Wenn bei Ihnen hier in der Synagoge geschrieben steht: Du sollst nicht töten (der Fragende hat offensichtlich die deutlich sichtbaren Tafeln des Bundes mit den 10 Geboten gemeint), warum haben Sie dann Jesus getötet?« »Warum tun Sie bis heute Jesus nicht anerkennen?« »Er ist doch in der Bibel uns allen verheißen worden.« Die noch »Kundigeren« beziehen sich auf die Christologie: »Selbst das Alte Testament spricht schon über Jesus, der von einer Jungfrau geboren ...?« Es kann nur als eine Frage eines Verwirrten verstanden werden, trotzdem möchte ich es nicht verschweigen: »Sie hassen wohl Jesus nur deshalb, weil er germanische Abstammung hatte?« Die Spitze der wohl geschmacklosesten Provokationen bil-

*Abb. 13 Der Talmud, neben der Bibel das Hauptwerk des Judentums, entstanden aus vielhundertjähriger mündlicher Überlieferung, enthält die Sammlung der Gesetze, Kommentare und Diskussionen – er enthält keine Geheimnisse. Aber gerade diesen Eindruck haben judenfeindliche Darstellungen immer wieder erweckt: das geheimnisvolle Buch, der geheimnisvolle Rabbiner, die geheimnisvolle Synagoge. Solche Vorstellungen sind bis heute noch nicht verschwunden. Postkarte. Jüdisches Museum der Stadt Wien.*

dete diese Frage: »Hat Sie das im Laufe der Zeit nicht beeindruckt, daß wir Christen mit der Zeit immer mehr wurden und Sie Juden immer weniger an der Zahl ...?«

g. In diese Gruppe reihe ich jene Fragenden ein, die die im Religionsunterricht oder in ihren Lektüren vermittelte Idee des jüdischen »Auserwähltheitsgedanken« angreifen und diesen als elitäres und privilegiertes Gedankengut, als Grund der weltweiten Judenfeindschaft darstellen wollen.

**Konversion** h. Zum Schluß die Fragen, die den Proselyten, den Konvertierungswilligen betreffen. Viele Besucher empfinden es beinahe als beleidigend, daß die meisten Juden die Konvertierung der Andersgläubigen ablehnen und diese sogar verhindern wollen. Dies wird auch als elitäres Gedankengut betrachtet. Als eine zum Schmunzeln anregende Episode möchte ich einen Dialog aus diesem Hintergrund zitieren. Ein Besucher äußert seinen Willen zum Konvertieren. Ich fragte nach seiner Motivation, nach seinen Gründen. Er sagte zu meinem Erstaunen, daß er viel über die Untaten der Kirchen gelesen hatte. Ich wandte dagegen ein, daß diese schon längere Zeit zurücklagen. Daraufhin der Besucher: Er hätte es aber erst vor kurzem in Erfahrung gebracht (Dieser Dialog erinnerte mich an eine alte judenfeindliche Anekdote: Ein junger Bursche zieht am Bart eines alten Juden und quält ihn. Auf die Frage hin, warum er das tut, antwortet er: Diese hätten unseren Heiland ermordet. – Aber das war doch vor 2000 Jahren, warf man ihm entgegen. Worauf er: Aber ich habe es erst jetzt erfahren ...). Ferner fügte er noch hinzu, daß außerdem Jesus auch Jude gewesen sei. Ich erwiderte, daß Jesus in der jüdischen Glaubenspraxis jedoch keine Rolle spiele. Worauf er verdutzt antwortete: »Das habe ich gar nicht gewußt.«

Im allgemeinen läßt sich feststellen, daß Fragen von politischer Natur stets von der aktuellen, politischen Situation der Juden in Deutschland oder in Israel beeinflußt sind. Diese Fragen werden stets zu Krisenzeiten oder in einer zugespitzten politischen Lage aufgrund der Beeinflussung durch die Medien gestellt. Besonders erwähnenswert ist, daß wenn andere politische Ereignisse, Tragödien den Nahostkonflikt von den Medien verdrängen, keiner der Besucher Interesse für Israel und seine Nachbarn zeigt.

**Israel** a. Israel, Zionismus und Siedlungspolitik

Charakteristisch empfand ich die Frage einer Schülergruppe, die wissen wollte, was denn die Juden überhaupt in Israel suchen? »Wie sind die denn auf die Idee gekommen, dahin zu gehen und die Palästinenser zu vertreiben?« »Stellen Sie sich mal vor, jedes Volk wollte dorthin zurück, wo es einmal lebte. Dann könnten hier morgen die Kelten auch anklopfen.«

b. Fragen und Feststellungen nach der »jüdischen Weltmacht«

Eine beträchtliche Zahl geht davon aus, daß diese »Weltmacht« das Schicksal der Welt in der Hand hat. Einige merken das sozusagen mit Respekt an. Andere wollen wissen, wie die »amerikanische Lobby« die hiesigen jüdischen Gemeinden führt. Wie denn die »Vernetzung aller Juden« in der Welt funktioniere?

c. Fragen nach der »Kollektivschuld«

»Sind die Juden heute noch davon überzeugt, daß alle Deutschen schuldig sind?« Ein Gymnasiast, der besonders schlau sein wollte, hat seine Frage folgendermaßen formuliert:

»Ich möchte eine Frage nach der jüdischen Rechtsauffassung stellen. Wie sieht das nach der jüdischen Rechtsauslegung aus, wenn mein Großvater ihren Großvater mit dem Auto überfahren hätte. Bin ich deshalb noch schuldig?«

Ebenso möchte ich die Frage eines Schülers, der aus der Schwäbischen Alb in die Synagoge kam, zitieren: »Was würden die Juden heute tun, wenn Hitler nochmals käme?« Ich konnte mir darauf die Gegenfrage nicht verkneifen: Und was würdest *du* dann machen? Der Junge: »Wieso ich? Ich bin doch kein Jude!« Ich ließ nicht nach: Ist es dann für dich von keiner Bedeutung, wenn in Deutschland wieder Hitler regieren würde? Überraschend meldete sich der Lehrer zu Wort, um mich zurechtzuweisen, das Kind nicht in die Ecke zu drängen.

**»Was würdest du machen?«**

d. Ein ganz beträchtlicher Teil fragt gezielt, ob bei uns wieder jüdische Ärzte oder Rechtsanwälte zu finden wären und ob ich ihnen einen ganz bestimmten empfehlen könnte. Auf meine Rückfrage, wie sie denn auf jüdische Ärzte kommen, antwortet man meistens: Die sind als besonders gewissenhaft bekannt. (Zu der ambivalenten Rolle der jüdischen Ärzte, die ärztliche Kunst und magische Praktiken. Siehe S. Rohrbacher: Judenbilder, S. 172.)

e. Auch diese Frage bleibt nicht aus: »Stimmt das, daß die Juden alle große Nasen haben?« Manchmal kann ich schmunzeln, oft ärgere ich mich doch. Viele antijüdische Bilder und Vorstellungen haben sich erhalten.

Literatur:

S. Rohrbacher – M. Schmidt: Judenbilder. Kulturgeschichte antijüdischer Mythen und antisemitischer Vorurteile. Hamburg 1991, S. 151–202.

H. Schreckenberg: Die christlichen Adversus Judaeos. Texte und ihr literarisches und historisches Umfeld (1.–11. Jhdt.). Frankfurt/Bern 1982, S. 333.

Kurt Hruby: Die Synagoge. Geschichtliche Entwicklung einer Institution. Zürich 1971.

S. Kraus: Synagogale Altertümer. Berlin/Wien 1922, Hildesheim 1969.

S. Ph. de Vries: Jüdische Riten und Symbole. Wiesbaden 1981.

Hans-Peter Stähli: Antike Synagogenkunst. Stuttgart 1988.

E. Roth (Hrsg): Die alte Synagoge zu Worms. Frankfurt/M. 1961.

*Rainer Erb*

## *Drittes Bild:* Der »Ritualmord«

Die Vorstellung, daß Andersgläubige die Kinder der Gastvölker mißhandeln, verstümmeln oder sie ermorden, um ihr Opferblut rituell zu gebrauchen, ist ein historisch und geographisch weit verbreitetes Phänomen der Religionsgeschichte. Aus antiken Wurzeln herrührend reicht sie bis in die Gegenwart. Die Verbreitung dieser Vorstellung ist auf Europa konzentriert, doch Spuren finden sich auch im Orient und in Amerika.

Von außerordentlich großer Kontinuität und mörderischer Konsequenz waren die Ritualmordbeschuldigungen gegen die Juden. Ihnen wurde vorgeworfen, Christen, häufig männliche Kinder, zu rauben oder zu kaufen, sie langwierig zu quälen und schließlich zu ermorden mit dem Ziel der neuerlichen Verhöhnung der Passion Jesu (erste nachantike Beschuldigung: 1144 in Norwich). Nach der Verkündung der Transsubstantiationslehre durch das IV. Laterankonzil (1215) kam das Motiv der Blutentnahme hinzu (zuerst quellenmäßig faßbar: Fulda 1235).[1] Dieses Blut sollte nach Meinung der Ankläger verschiedenen religiösen oder magisch-medizinischen Zwecken dienen und zur Zubereitung der Mazzot verwendet werden.[2] Der Wahnglaube besagt, daß Menschenblut der Gottheit angenehm sei, vor allem, wenn es von einem unschuldigen Menschen stamme. Nach christlicher Ansicht verliert ein getauftes Kind seine Unschuld allmählich, und deshalb machte die mittelalterliche Phantasie vorwiegend drei- bis zehnjährige Knaben zu Ritualmordopfern. Bestärkt wurde diese Fiktion durch die Meinung, das Blut von Knaben habe gegenüber Mädchenblut eine höhere Opferqualität. Unter dem Einfluß des modernen Antisemitismus des 19. Jahrhunderts sind die Opfer aber nicht mehr primär junge Männer, sondern Christenmädchen und Jungfrauen. Während der mittelalterliche Aberglaube u. a. davon berichtet, die Juden benötigten das Blut, um die Hörner zu beseitigen, mit denen alle Judenkinder geboren werden, als Gegenmittel, um ihren ureigenen Judengestank zu lindern, oder Christenblut helfe als Medizin bei komplizierten Geburten, so lauten die Behauptungen des modernen Rassismus: sexuelle Perversion, Blutschande und Schächtmord.[3]

Mit der Ritualmordbeschuldigung entstand ein Vorstellungs- und Verweisungskomplex von außerordentlicher Bedeutungsdichte und Flexibilität. Neue Entwicklungen und Abweichungen konnten geschmeidig in das »Deutungsschema«[4] integriert, jeder Einwand zur Bestätigung gemacht werden.

**Gedankenarbeit am Unwirklichen**

Zwei Beispiele sollen diese *Gedankenarbeit am Unwirklichen* illustrieren. Die Ankläger der Juden in Trient (1475) folterten aus ihren Opfern das »Geständnis« heraus, das Blut würde getrocknet oder in Flaschen an andere Judengemeinden versandt.[5] Dieser Inquisitionsprozeß stellt in der Geschichte der Blutbeschuldigungen einen Wendepunkt dar, denn das Interesse der Ankläger richtet sich nicht einfach auf die Bestrafung jüdischer Krimineller, sondern auf die Logik des jüdischen Rituals. Der Judenhaß erhielt ein zusätzliches Motiv, mit den neuen »Erkenntnissen« war es möglich, die Anklage unbegrenzt auf alle Juden anzuwenden und die Zahl der Beschuldigten beliebig auszuweiten. Im 19. Jahrhundert konnte – auf der Basis rechtsstaatlicher Justizverfahren – der pauschale Verdacht gegen alle Juden nicht mehr ohne weiteres plausibel gemacht werden, und so waren die Antisemiten bestrebt, den Kreis der Täter wieder einzudämmen. Dazu bedienten sie sich der Differenz von *öffentlich und geheim.* Während der Damaskus-Affären 1840 wurde eine »Sektentheorie« entworfen, die besagt, nicht alle Juden, sondern nur eine kleine, fanatische Elite sei in das Blutgeheimnis eingeweiht und begehe von Zeit zu Zeit einen rituellen Mord stellvertretend für die gesamte jüdische Gemeinschaft. Als Täter kämen dann nur besonders ausgewählte, in die talmudischen Mysterien eingeweihte Männer in Frage – der Rabbiner, der Religionslehrer, der Thora-Student, der Mohel [= Beschneider] oder der Schächter.

**öffentlich und geheim**

Eine andere Frage war: wie kann an einer Leiche eindeutig das Mordmotiv festgestellt werden? Vom 12. bis zum 18. Jahrhundert war die Märtyrerqualität, der Tod wegen des christlichen Glaubens, durch Wunder und durch den Wohlgeruch der Leiche legitimiert. Dem eben erwähnten Simon von Trient wurden binnen eines Jahres 129 Mirakel zugeschrieben. Von seinem aufgebahrten Körper sei der eigentümliche Wohlgeruch des heiligen Leibes ausgegangen.[6] Während einst Theologen autoritativ das Urteil über einen Märtyrer fällten, waren es im 19. Jahrhundert Mediziner, die in ihren gerichtsmedizinischen Gutachten an »typischen« Merkmalen der Leiche feststellten, ob hier ein ritueller Mord vorlag. Zu diesen »Zeichen« gehörten die Blutleere des Körpers und der »Schächtschnitt«.

Diese Mystik des Blutes hat mit dem Judentum und seinem Bluttabu nichts zu tun. Bedenkt man die große Bedeutung, die nach christlichem Verständnis dem Blut Jesu für die Erlösung der Menschheit zukommt, wovon die Ikonographie des Gekreuzigten ebenso Zeugnis ablegt wie die zahlreichen, mit der Transsubstantiationslehre in Bezug stehenden Blutwunder, nicht zuletzt die vielfach sich drastisch äußernde Blutmystik verschiedener Epochen, der intensive Blutkult im Barock und frühen Pietismus, dann wird verständlich, wie sehr die Vertrautheit der christlichen Bevölkerung mit Blutmagie und Blutmysterien die Phantasie anregen konnte, ohne auf Religion und Ritus des Judentums zurückgreifen zu müssen.

**Projektion**

Daß die Projektion letztlich keinerlei theologische Substanz benötigt, wird auch darin sichtbar, daß antisemitische Agitatoren jeden Mord, jede Vermißtenanzeige und jede unaufgeklärte Selbsttötung als jüdisches Religionsverbrechen hinausschreien können. Beispielsweise stellen deutsche Altnazis die Hinrichtung der Nürnberger Kriegsverbrecher 1946 als rituellen Rachemord dar[7] und Reaktionäre im post-kommunistischen Rußland behaupten heute erneut, Zar Nikolaj sei 1918 einem jüdischen Ritualmord zum Opfer

***Abb.** 14 Sind Judengasse, Synagoge oder das Haus des Rabbiners einmal – nicht zuletzt durch Abschließung von außen – als Orte des Geheimnisses gebrandmarkt, so erfindet die antijüdische Phantasie das entsetzliche Geschehen im Innern, meist zu den hohen christlichen Feiertagen. »Nichts fördert das Mißtrauen mehr als ein Verdacht.« Sechs angeblich von Juden in Regensburg ermordeten Kinder. Bavaria Sancta. Stich von Matthaeus Rader (1612–1628).*

gefallen und betreiben seine Heiligsprechung.[8] Es ist nicht überflüssig zu betonen, daß wenn eine derartige Anklage gegen eine Gruppe verbreitet ist, diese auch aus sekundären Motiven genutzt wird. Dazu gehören einmal Erpressungsversuche gegenüber Juden, zum anderen entstehen Nachahmungstaten. Während der Ritualmordhysterie zu Ende des 19. Jahrhunderts haben Schulbuben, wenn sie sich auf dem Heimweg verspätet hatten, oder Dienstmädchen, wenn sie ihren Ausgang überzogen hatten, zu ihrer Entschuldigung behauptet, sie seien eben mit knapper Not einem Ritualmordanschlag entkommen.[9]

**Wie konnten sich die Legenden halten?**

Damit ist eine Grundfunktion des Antisemitismus angesprochen. *Antisemitismus schafft Sinn, wo kein Sinn ist.* Der Tod eines Kindes ist für die verzweifelten Eltern sinnlos, aber der Tod aus religiösen Gründen schafft einen Glaubensmärtyrer und hebt – etwa im Falle des Simon von Trient – das Kind, seine Eltern, seine Stadt vor allen anderen hervor.[10] Damit sind zwei wichtige Gründe genannt, die erklären helfen, warum an diesen Wahnvorstellungen so lange festgehalten worden ist. Angst um die Kinder ist ein starkes Motiv und Menschen reagieren bereits auf Verdacht hin, an einer Mitteilung könnte Bedeutung sein, und nicht erst dann, wenn eine solche Bedeutung als bewiesen unterstellt werden muß. Einem Verdacht wird dann Glaubwürdigkeit beigemessen, wenn die Quelle Autorität[11] besitzt oder wenn man auf die Anerkennung der anderen angewiesen ist und deshalb die Gegebenheiten nicht grundlegend in Frage stellen kann. Man reagiert auf Informationen bereits dann, wenn diese als allgemein bekannt unterstellt werden müssen. Die Tatsache, daß etwas veröffentlicht ist, zwingt alle, die davon Kenntnis erhalten, ihr Verhalten darauf einzustellen. Auch wenn die Unwahrheit verbreitet oder Gerüchte ausgestreut werden, muß darauf reagiert werden und »etwas bleibt hängen«. Nichts fördert das Mißtrauen mehr als ein Verdacht, der schwer zu beweisen, aber unmöglich zu entkräften ist. Eine Gruppe, der man schwerste Verbrechen und tödlichen Haß unterstellt, läßt auch das Schlimmste befürchten.

Die bereits antagonistisch gestalteten christlich-jüdischen Konfliktbeziehungen werden mit der Verbreitung der Ritualmordbeschuldigung noch einmal in einer Dimension enger und grundlegender verknüpft. Ankläger und Beschuldigte stehen in einem negativen Verhältnis, das eine Reihe typischer Merkmale aufweist. Einmal wird von der jeweils anderen Partei ausschließlich Negatives erwartet. Dies ist eine folgenreiche Grundentscheidung, weil sie die Wahrnehmung und die Informationsverarbeitung strukturiert. Man ist grundsätzlich mißtrauisch, in Alarmstimmung und fühlt sich bedroht. Die Bedrohung rechtfertigt ihrerseits jeden Angriff als Schutzmaßnahme und insofern enthält eine derartige Konfliktsituation immer eine Tendenz zur Eskalation. In Konfliktbeziehungen hat jedes Detail eine Bedeutung, nichts geschieht zufällig, sondern alles Handeln wird unter dem Aspekt der Gegnerschaft interpretiert. Noch so heterogene Ereignisse und Handlungen können unter der Prämisse der Schadenserwartung in einen verständlichen Zusammenhang gebracht werden. Darüber hinaus tendieren Konflikte zur Vereinfachung der sozialen Welt auf eine scharfe Zweier-Gegnerschaft, weder Kompromisse noch unbeteiligte Dritte soll es geben. In dieser Sicht werden beispielsweise Eliten (im Mittelalter Kaiser und Päpste, in der Neuzeit Politiker und Richter), die sich gegen die Ritualmordbeschuldigungen aussprechen, zu bestochenen Handlangern der Juden. Und letztlich errei-

**Jedes Detail wird dem Weltbild eingefügt**

chen Konflikte hohe Bindungswirkung, sowohl innerhalb der streitenden Parteien selbst als auch zwischen ihnen. (Die Juden konnten aus dieser für sie ausschließlich negativ gestalteten Beziehung nicht einfach aussteigen, so gerne sie es auch getan hätten.) Die Integrationsfunktion des Konflikts mit der jüdischen Minderheit für die christliche Mehrheit ist gut bekannt und wurde etwa von Johannes Reuchlin am Vorabend der Reformation mit prognostischer Kraft ausgesprochen. Gegen die beabsichtigte Konfiszierung und

**Funktion der Legende**

Vernichtung hebräischer Literatur führt er u. a. an: Wenn der Gegenstand der Auseinandersetzung mit den Juden fehle, würden die Christen sich untereinander entzweien und befehden![12] Solange das Judentum schon durch seine alttestamentliche Existenz für die kirchliche Überlieferung quasi omnipräsent und als negativer Bezugspunkt für die christliche Selbstbeschreibung unentbehrlich war, konnten sich nur Einzelne individuell von diesen Vorstellungen emanzipieren. Als negative Symbolfigur und zur xenophoben Abrenzung blieb das Judentum unersetzt.

## Anmerkungen

1 Zur Entstehung der Ritualmordlegende vgl. Friedrich Lotter: Innocens Virgo et Martyr. Thomas von Monmouth und die Verbreitung der Ritualmordlegende im Hochmittelalter. In: Rainer Erb (Hrsg.): Die Legende vom Ritualmord. Zur Geschichte der Blutbeschuldigung gegen Juden. Berlin 1993, S. 25ff.

2 Die beste Einführung in das Thema gibt Georg R. Schroubek: Zur Tradierung und Diffusion einer europäischen Aberglaubensvorstellung. In: Erb (Hrsg.): Legende (wie Anm. 1), S. 17ff. Bis in die Gegenwart lassen sich Erinnerungsspuren an diesen Aberglauben nachweisen. Vgl. Elmar Weiss: Zeugnisse jüdischer Existenz in Wenkheim. Osterburken 1992, S. 131.

3 Die Widerlegung antisemitischer Theorien gehört heute nicht mehr zu den wissenschaftlichen Aufgaben. Soweit diese notwendig war, geschah sie bereits in den unmittelbaren Auseinandersetzungen im 19. und frühen 20. Jahrhundert. Zudem hat die historische Erfahrung gezeigt, daß eine derartige Auseinandersetzung bei den Antisemiten lediglich dazu führt, daß diese ihre Anklagegebäude verfeinern, an neue argumentative, politische und juristische Gegebenheiten anpassen, daß sie aber nicht ihre Prämisse aufgeben: »Der Jud' ist schuld«.

4 Zum Deutungsschema vgl. Rainer Erb: Zur Erforschung der europäischen Ritualmordbeschuldigungen. In: Erb (Hrsg.), Legende (wie Anm. 1), S. 13ff.

5 Der Prozeß gegen 19 Männer und vier Frauen wegen des Todes des Simon von Trient ist gut dokumentiert und erforscht. Vgl. die auf drei Bände geplante Edition der Prozeßakten von Anna Esposito und Diego Quaglioni: Processi contro gli Ebrei di Trento (1475–1478). Vol. I. Padova 1990 sowie Rony Po-chia Hsia: Trent 1475: Stories of a Ritual Murder Trial. Yale 1992. In einer ähnlichen Situation – 1392 fand man in Zürich einen zehnjährigen Knaben ertrunken im Fluß und trotz der kursierenden Ritualmordgerüchte – zogen die Ärzte den Schluß, daß es sich um einen Unfall handelt. Vgl. Susanna Burghartz: Juden – eine Minderheit vor Gericht. In: Spannungen und Widersprüche. Gedenkschrift für Frantisek Graus. Hrsg. von S. Burghartz et al. Sigmaringen 1992, S. 229–244; hier S. 241.

6 Der päpstliche Legat allerdings, der den Fall begutachten sollte und dem Ritualmordvorwurf skeptisch gegenüber stand, bekam im September 1475 eine Kolik, als er den seit März aufgebahrten Simon in der Kirche aufsuchte und wechselte wegen des Gestanks der Leiche seine Gesichtsfarbe. Vgl. Hsia: Trent (wie Anm. 5), S. 71f.; zu den Mirakeln S. 52.

7 Zur Verbreitung dieses Motivs bei den Neonazis vgl. (aus Lincoln/Nebraska) NS-Kampfruf Nr. 95. Mai/Juni 1992, S. 3ff: »Drakula – Der Dämon des jüdischen Ritualmordes?«

8 Vgl. Michael Hagemeister: Die Protokolle der Weisen von Zion. Einige Bemerkungen zur Her-

kunft und zur aktuellen Rezeption. In: Via Regia 14, 1993, S. 80–86; hier S. 86.

9 Dieser bandwagon-Effekt wird gegenwärtig sichtbar, wenn Menschen zu Unrecht behaupten, Skinheads hätten sie aus der Bahn gestoßen und schwer verletzt und ihnen ihr Geld geraubt.

10 Dogmatisch gesehen gewinnt im Himmel nur der Verdienst, der bewußt aus Gottesliebe handelt. Aber auch unschuldige Kinder kann Gott auf wunderbare Weise Verdienste erwerben lassen, nämlich durch das Martyrium. Am Beispiel Simon zeigt sich der Zusammenhang von Heiligenverehrung, Wundergläubigkeit, Habgier, Legendenbildung, Judenhaß und Totschlagmentalität.

11 In der Frühen Neuzeit hat der Buchdruck den Mordlegenden Autorität verliehen, weil man der zirkelschlüssigen Meinung war, nur Erhaltenswertes werde aufgezeichnet. In der Moderne wertet der Druck das nur mündlich tradierte Gerücht mit dem Einwand ab, man habe darüber aber nichts in der Zeitung gelesen.

12 Johannes Reuchlin: Augenspiegel. Tübingen 1511, zit. nach Friedrich Lotter: Der Rechtsstatus der Juden in den Schriften Reuchlins zum Pfefferkornstreit. In: Arno Herzig und Julius H. Schoeps (Hrsg.): Reuchlin und die Juden. Sigmaringen 1993, S. 65–88; hier S. 77.

*Christina von Braun*

# *Viertes Bild:* »Blut und Blutschande«

## Zur Bedeutung des Blutes in der antisemitischen Denkwelt

Ein Großteil der Bilder und Mythen des Antisemitismus kreist um das Blut. Ob es sich um die Ritualmordbeschuldigungen handelt, bei denen Juden unterstellt wurde, christliche Kinder zu töten und von ihrem Blut zu trinken, oder um den Vorwurf der Hostienschändung, bei der eine geweihte Hostie zu bluten beginnt, weil sie von Juden gestohlen und entweiht worden sei: Immer wieder steht das Blut im Zentrum der Feindbilder, die Antisemiten vom Juden entwerfen. Das gilt nicht nur für den rassistischen Antisemitismus, wie er sich im 19. Jahrhundert entwickelt, Blutbeschuldigungen spielen auch im christlichen Antijudaismus des Mittelalters eine zentrale Rolle.

Diese Fixierung der Antisemiten auf die Blutthematik hängt zunächst mit der unterschiedlichen Symbolik des Blutes in den beiden Religionen zusammen. In der Phase des rassistischen Antisemitismus dient die Metaphorik des Blutes schließlich dazu, dem imaginären »arischen Volkskörper«, von dem die Nationalisten und Antisemiten des 19. und 20. Jahrhundertes träumten, den Anschein von »Wirklichkeit« – physischer Realität – zu verleihen.

Zunächst zur unterschiedlichen Symbolik des Blutes in der jüdischen und der christlichen Religion. In fast allen Religionen und Völkern dient das Blut als Sinnbild für den Zusammenhalt der Gemeinschaft: Die Aufnahme eines neuen Mitglieds in die Gemeinschaft besiegeln oft Riten, die die Vermischung und Vereinheitlichung des Blutes betonen (etwa bei den Riten der Blutsbrüderschaft). D. h. das Blut steht für ein untrennbares Band, das die verschiedenen Mitglieder der Gruppe miteinander verbindet und eint. Eben deshalb spielt dieses archaische Bild eines kollektiven Körpers, der sich über das gemeinsame Blut konstituiert, auch in der Ideologie des »Volkskörpers« eine so wichtige Rolle. Die Vorstellung vom »fremden Blut« des Juden stellt wiederum ein konstituierendes Element dieser Ideologie dar.

**Ideologie des »Volkskörpers«**

Traditionell definiert sich als Jude, wer eine Jüdin zur Mutter hat. Es handelt sich also um eine Religionsgemeinschaft, in die man hineingeboren wird. (Freilich können auch Fremde, die bereit sind, die Ritualgesetze einzuhalten, der Gemeinschaft beitreten, aber anders als die christliche Glaubensgemeinschaft, die die Aufnahme neuer Mitglieder als eine wichtige Aufgabe betrachtet, betreibt die jüdische Religion keine aktive Mission.) Eines der strengsten Ritualgesetze der jüdischen Religion untersagt die Berührung mit Blut: Denn das Blut als Symbol des Lebens und des Todes gehört dem Schöpfer und muß ihm zurückgegeben werden. So wird im Judentum der biblischen Zeit das Blut geopferter Tiere auf dem Altar des Tempels versprengt, aber ein erlegtes Tier darf erst dann verzehrt werden, wenn es völlig ausgeblutet ist. Vergossenes Blut wird »bestattet«, d. h. in der Erde vergraben, um sich so wieder mit dem Rest der göttlichen Schöpfung zu verbinden. Für die jüdische Religionsgemeinschaft bildet das But auf zwei verschiedenen Ebenen ein verbindendes Element: erstens auf »archaische« Weise, die die Blutsverwandtschaft einer Gemeinschaft fordert, und zweitens – viel wichtiger – als ein »Band des Blutes«, das die einzelnen Mitglieder der Religionsgemeinschaft mit Gott verbindet, also mit dem Gesetz, daß allein der Herr über das Blut verfügen darf. Dieses zweite »Band des Blutes« wird seinerseits durch die Beschneidung besiegelt, dem Zeichen des Bundes zwischen Gott und dem Erwählten Volk.

In der christlichen Religion sind völlig andere Arten von »Blutsbande« entscheidend – und das ist einer der Gründe dafür, daß die jüdischen Ritualgesetze, die sich aufs Blut beziehen, immer zur Zielscheibe antisemitischer Anfeindungen und Verfälschungen gewählt wurden. Das wichtigste christliche »Band des Blutes« besteht im Selbstopfer des Heilands, der zur Erlösung der Menschheit gestorben ist. Auch die christliche Religionsgemeinschaft verbindet also ein »Band des Blutes«, das den einzelnen mit Gott und über dessen Blutopfer auch die Gemeinde vereint. Daneben gibt es kein anderes verbindendes Element wie etwa die Blutsverwandtschaft. Eben dieses Fehlen einer anderen Form von Bindung erhöht die Bedeutung des Blutopfers für die christliche Gemeinschaft, und es wird zur Basis immer wiederkehrender Glaubenszweifel (man könnte vielleicht auch sagen: Zugehörigkeitszweifel, die ihrerseits ausschlaggebend sind für die antisemitischen Bilder.

**Blut-Symbolik im Christentum**

Für die Entstehung und Herausbildung antisemitischer Vorstellungen sind die Unterschiede zwischen jüdischer und christlicher Religion aber weniger entscheidend als die Ambivalenz der Blut-Symbolik im Christentum selbst. Die Analyse dieser Symbolik bietet den wichtigsten Schlüssel, um zu begreifen, warum Christen immer wieder zur Selbstdefinition auf antisemitische Bilder zurückgegriffen haben. Die Feindbilder vom Juden erschienen wie eine Möglichkeit, um mit den Paradoxien – vielleicht könnte man sogar sagen: den double binds – der eigenen Religionen umzugehen. Im Gegensatz zum Juden, dem das Trinken von Blut streng verboten ist, stellt für den Christen das Meßopfer, d. h. die Einnahme des in Blut verwandelten Weines, das höchste Sakrament dar. Die Bedeutung dieses Meßopfers hat im Christentum eine lange und zwiespältige Geschichte, die sich unter anderem auch im Wandel der Bilder vom Juden widerspiegelt.

Im 13. Jahrhundert (also mit der Etablierung der politischen Macht der Kirche in Europa) setzt sich in der christlichen Lehre die Vorstellung von der »Transsubstantiation« durch: die Lehre, daß Hostie und Wein, die der Gläubige bei der Eucharistiefeier zu sich nimmt, nicht ein *Symbol* für den Leib des Herrn darstellen, sondern dessen *realen Leib*. Die Konsekration – der Moment der Verwandlung von Wein und Brot in Blut und Fleisch – bildet von nun ab den Höhepunkt der Messe. Es ist ein magischer Akt, bei dem sich eine einfache Materie durch die Macht von Worten in eine andere – heilige – Materie verwandelt. Dieser Lehre, die sich beim Laterankonzil von 1215 durchsetzte, waren lange Debatten vorausgegangen, die in gewisser Weise den vorangegangenen (und in der Reformation später wieder auflebenden) Bilderstreit erneuerten. (Dabei ist hier von nicht unerheblicher Bedeutung, daß gerade die Aufhebung des Bilderverbots eines der entscheidenden Merkmale ist, das die Zehn Gebote des Christentums von dem Dekalog des Judentums unterscheidet). Beim Bilderstreit ging es darum, ob der Heiland in einer Darstellung verehrt werden könne: Die eine Fraktion vertrat die Ansicht, die Göttlichkeit Christi sei, eben weil transzendenter Art, nicht abbildbar; die andere hingegen erklärte, daß gerade die Inkarnation – bei der Gott in Jesus menschliche Gestalt angenommen habe – die Darstellung Gottes möglich mache. Manche Ikonolatrai (Bilderverehrer) sahen auch in der Abbildung den Beweis für den auferstandenen – oder transfigurierten – Leib des Herrn, während die Ikonoklasten nur das Kreuz als Beweis für die Inkarnation Gottes gelten lassen wollten.[1] D.h. die ganze Frage der Abbildung kreiste um die Bedeutung, die der Menschwerdung Gottes beigemessen wurde. So erstaunt es nicht, daß bei diesem Streit (der zur endgültigen Spaltung von Ost- und Westkirche führte) auch das Blut eine wichtige Rolle spielte: Von einigen Ikonen hieß es, daß sie zu bluten (oder zu weinen) begännen, und ihr Bluten wurde als Beweis dafür gesehen, daß die Ikone mehr als ein Abbild sei und den »realen Leib« des Erlösers darstelle.

**Transsubstantiationslehre**

Etwas ähnliches vollzog sich bei den Auseinandersetzungen um die Transsubstantiationslehre: Auch hier ging es um die Frage, ob Hostie und Wein die Realität (Blut und Leib) nur symbolisierten, oder der Realität selbst entsprächen. Und so mehren sich ab dem 13. Jahrhundert die Berichte über Hostien, die sich in den Leib des Herrn verwandelten oder zu bluten beginnen. Wo das geschah – also der »Beweis« für die »Realität« des geopferten Leibs erbracht wurde –, waren immer Zweifler zugegen: Der Zweifler konnte ein Priester sein, wie beim »Wunder von Bolseno« (in Orvieto auf einem Fresko von 1263 festgehalten), wo die Hostie in den Händen eines Priesters zu bluten begann, der nicht an die Transsubstantiationslehre glauben wollte.[2] Die Transsubstantiationslehre stärkte einerseits die Macht des Klerus. Aber zugleich beängstigte sie auch viele Christen, darunter Geistliche selbst.[3] Welche tiefe Verunsicherung die neue Lehre unter den Gläubigen ausgelöst haben muß, geht aus einem Bericht hervor, in dem von einem »alten Einsiedler« die Rede ist, der die Überzeugung vertrat, daß die Hostie nur den Leib *repräsentiere*. Diesen Ungläubigen führen seine Freunde zur Sonntagsmesse, damit er von seinem Irrtum befreit werde. Dort

> »sahen alle drei ein junges Kind auf dem Altar, und als der Priester die Hostie zu brechen begann, war es ihnen, als stiege ein Engel vom Himmel herab, der das Kind mit einem Messer in zwei Hälften zerteilte und das Blut in einem Kelch auffing. Und als der Priester die Hostie in mehrere Teile zerbrach, um der Gemeinde die Kommunion zu reichen, sahen sie, daß der Engel auch das Kind in mehrere Teile zerschnitt. Und als der Einsiedler schließlich am Ende der Messe selber zur Kommunion ging, war es ihm, als empfinge nur er einen Teil des blutigen Flei-

sches des Kindes. Als er das sah, war er mit solchem Grauen erfüllt, daß er schrie und sagte: »Mein Herr, nun glaube ich wirklich, daß das auf dem Altar geweihte Brot Dein Leib und daß der Kelch, also der Wein, Dein Blut ist.« Und sofort erschien es ihm, als sei das Fleisch wieder zu Brot geworden war, und er empfing die Kommunion. Die anderen beiden Einsiedler aber sagten: »Gott, der weiß, daß es die menschliche Natur mit Grauen erfüllt, rohes Fleisch zu essen, hat es so gefügt, daß das Sakrament den Anschein von Brot und Wein hat ...«[4]

Der schlimmste unter den Zweiflern und Ungläubigen aber war der Jude. Ihn nannten die Christen »verstockt«, weil er in Jesus nicht den Messias sah und nicht an die Menschwerdung Gottes glaubte. So finden die »Wunder der blutenden Hostien« auch in der Gegenwart von Juden statt. Mehr noch: Den Juden wurde unterstellt, daß sie selbst die Hostien (die in den meisten Legenden zunächst die Form des Jesuskindes annahmen) durch Messerstiche zum Bluten brächten. Solche Legenden wurden zum Anlaß für wiederholte Pogrome gegen die jüdischen Gemeinden, und sie hatten Auswirkungen bis weit in die Neuzeit: Erst 1992 fand die »Deggendorfer Gnad« auf Geheiß des Bischofs von Regensburg ein Ende. Bis dahin fand jedes Jahr eine Prozession statt, bei der indirekt weiter an eine angebliche Hostienschändung von Juden erinnert wurde. Historisch bezeugt ist nur ein Pogrom von 1338, bei der die Bewohner von Deggendorf die jüdische Gemeinde des Ortes ausraubten und ermordeten. Das Pogrom, das zu einer Welle von weiteren Judenverfolgungen in Niederbayern führte, war offenkundig veranlaßt durch eine hohe Verschuldung der Stadt bei den Juden: Sie fand kurz vor dem Zahltag am Michaelifest Ende September oder Anfang Oktober statt; unmittelbar zuvor hatte eine Heuschreckenplage fast die gesamte Ernte vernichtet.[5] Erst ab 1370, also mehr als eine Generation später, ist in bayerischen Quellen erstmals von einem Gerücht über eine angebliche Hostienschändung durch Juden die Rede. In den um 1388 entstandenen »Gründungsgeschichten der Klöster Bayerns« wird schließlich der konkrete Vorwurf gegen die Juden erhoben, sich im Jahre 1337 an einer Hostie vergangen zu haben. Die Rechtfertigung für das Pogrom wird also nachträglich geliefert – und dies mit einer Begründung, die dem Christen des Mittelalters, den nichts tiefer bewegte als das Leiden des Herrn, die Werkzeuge der Marter und die Verehrung der Wundmale, überzeugend erschienen sein muß.

**Die »Deggendorfer Gnad«**

Man könnte sagen, daß das Blut für viele Christen also vor allem die Funktion hat, die »reale« Präsenz des Herrn zu beweisen. Damit wird aber auch begreiflich, weshalb ausgerechnet das Blut eine derartig zentrale Rolle in der Bilderwelt des Antisemitismus spielt: Vom Blut – oder genauer: vom Glauben an die Wirklichkeit des Blutes – hängt der Glaube an die Menschwerdung Gottes ab. In diesem Blut offenbart sich für den Christen der Gottesbeweis und mit ihm auch der Glaube an die Erlösung. Die blutenden Wunden des Heilands (die Beweis seiner physischen Verletzlichkeit sind) offenbaren, daß Gott nicht nur in »vollkommener«, verklärter Gestalt, die der Transzendenz angehört, in Erscheinung tritt, sondern daß er irdisch und sterblich geworden ist und dennoch die Sterblichkeit überwunden hat. Die Einswerdung mit Gott beinhaltet für den Gläubigen das Versprechen einer Teilhabe an dieser Unsterblichkeit – und sie vollzieht sich für den Christen durch den Verzehr des Leibes, den der Herr als Mensch angenommen und für die Menschen geopfert hat. In gewisser Weise wird dabei die Kommunion zum erneuten Beweis für die Inkarnation und irdische Präsenz Gottes. Als Hostie dringt der Herr in den Leib des Gläubigen ein. Nach der Transsubstantiationslehre wird dieses heilige Mahl aber nicht als Brot (oder als Symbol für Gottes transzendente Gegenwart) wahrgenommen, sondern als das Fleisch eines Mensch gewordenen Gottes:

> »Der Magen wurde zu einem versteckten Altar, in dem magische und unverständliche Dinge geschahen, zu einem Ort liturgischer Kontemplation zwischen Himmel und Erde, dem Göttlichen und dem Tierischen, an dem sich ein unvorstellbarer Ritus der Verwandlung vollzog.«[6]

Daß dieser Akt viele Christen des Mittelalters zugleich mit Grauen erfüllt haben muß, zeigt der vorher zitierte Bericht über den »alten Eremiten«. Eben dieses Grauen sollte sich aber wiederum in Bildern vom Juden niederschlagen: Dem Juden wurden jene frevelhaften Taten unterstellt, die der Christ als eigene Taten nur schwer ertragen konnte. Auf diesem (abgespaltenen) Grauen beruhten auch die Ritualmordlegenden, bei denen Juden beschuldigt wurden, Menschenblut und Menschenfleisch zu verzehren. Die »rationalen« Begründungen, die für diese Taten herangezogen wurden, behaupteten einen Zusammenhang mit jüdischen Ritualgesetzen: Mal hieß es, »der Jude« brauche das Christenblut, um den Teig für das ungesäuerte Brot anzusetzen; ein anderes Mal, die Beschneidung führe zum Blutverlust, den »der Jude« durch das Trinken des Blutes der Christen auszugleichen versuche.

**Glaubenszweifel**

Die Feindbilder vom Juden (und die Pogrome, die diese Feindbilder auslösen) hängen also zutiefst mit den Glaubenszweifeln des Christen selbst zusammen. Tatsächlich erklären sich die antisemitischen Bilder – gerade da, wo sie sich aufs Blut beziehen – nur aus der zentralen Bedeutung des »Glaubens«, die der christlichen Religion eigen ist: Anders als für den Juden, der nicht nur einer Glaubens-, sondern auch einer Sozialgemeinschaft angehört, aus der er kaum ausgestoßen werden kann, gibt es für den Christen keine größere Sünde als den Zweifel. Denn die christliche Heilsbotschaft beinhaltet mehr als eine Hoffnung – die Hoffnung, daß der Messias eines Tages kommen *wird.* Sie beinhaltet die *Erfüllung* dieses Versprechens: Die Gestalt des Mensch gewordenen Gottes bedeutet die Aufhebung aller Zweifel. Von dieser Unmöglichkeit, den Zweifel zuzulassen, leitet sich wiederum ein Gutteil der antisemitischen Bilder ab – gleichgültig, ob es sich um die Ritualmordbeschuldigungen des Mittelalters oder die säkularen Bilder des rassistischen Antisemitismus handelt: Je stärker das Christentum auf der »Wirklichkeit« des Mensch gewordenen Gottes beharrt (und die Transsubstantiationslehre ist nur der Beginn einer Entwicklung, die zur »Verwirklichung« führt: einem Anspruch auf »Realisation« des Geglaubten, die im 19. Jahrhundert in den säkularen Vorstellungen vom »Volkskörper« ihren weltlichen, sichtbaren Ausdruck finden wird), je größer also der Anspruch auf die Erfüllung ist, desto mehr wächst auch das Bedürfnis, sich gegen jede Form von Zweifel an der eigenen Heilslehre zu schützen. Der Jude aber stellt die Verkörperung des Zweifels schlechthin dar: An ihn delegiert mancher Christ seine eigenen Glaubenszweifel; im Juden findet er das andere »böse« Selbst verkörpert, für die es in seinem Glauben keinen Platz gibt. Er überträgt ihm den Teil des Ichs, den er abzuspalten hat, will er Teil der eigenen Glaubensgemeinschaft bleiben.

**Kennzeichnung der Juden**

So verwundert es nicht, daß auf dem Laterankonzil von 1215 gleichzeitig mit der Transsubstantiationslehre auch die Bestimmung erlassen wurde, daß alle Juden einen gelben Fleck zu tragen hätten: Der Jude wurde fortan als sichtbarer – d.h. in der Sprache der Transsubstantiation: als realer – »Anderer« gebrandmarkt. Seine Sichtbarkeit stellte gleichsam das Pendant zur Menschwerdung Gottes dar. Später im säkularen Zeitalter *symbolisiert* er nicht mehr den Anderen, sondern er ist der Andere selbst: d.h. die Rassenlehren des 19. Jahrhunderts greifen in gewisser Weise die Transsubstantiationslehren des 13. Jahrhunderts wieder auf – sie werden aber nun nicht auf den Körper des Heilands, sondern auf den des Juden übertragen, der immer schon als irdischer Vertreter des Anti-Christ gesehen worden war. Daher die physischen Merkmale, die dem Juden im rassistischen Antisemitismus – statt des gelben Flecks – zugewiesen werden. Sie sollen seine physiologische Andersartigkeit »beweisen«.

Mit dem 13. Jahrhundert offenbart sich eine zentrale Paradoxie, die dem Christentum eigen ist: die Paradoxie, daß die allgemeine Verbreitung des christlichen *Glaubens* zugleich den Beginn des Säkularisierungsprozesses bedeutet. D.h. die Durchsetzung – oder »Realisation« – des Glaubens beinhaltet, daß die Religion immer weniger als *Glaubens*religion in Erscheinung treten kann und immer stärker Anspruch darauf erheben muß, weltliche Wirklichkeit darzustellen. Diese Paradoxie bietet einen Schlüssel zum Verständnis eines anderen Widerspruchs: Keine andere Religion der Welt hat die Erkenntnisse der Wissenschaft so erbittert verfolgt wie die christliche – und zugleich hat keine andere soviele Wissenschaftler und wissenschaftliche Neuerungen hervorgebracht wie diese.[7] Diesen Widerspruch kann man nicht mit der Tatsache erklären, daß die Wissenschaftler und Neuerer Ungläubige waren und außerhalb der christlichen Gesellschaft standen. Vielmehr findet gerade in ihnen der Säkularisierungsdrang, der der christlichen Religion inhärent ist, seinen Ausdruck. Denn Säkularisierung bedeutet für das Christentum weniger die Überwindung der Religion, als die Verweltlichung christlicher Metaphern. Genau das sollte der rassistische Antisemitismus noch deutlich zeigen.

Bevor von der Säkularisierung die Rede ist, muß noch auf eine weitere Paradoxie des Christentums hingewiesen werden, die ebenfalls von immanenter Bedeutung für das Verhältnis vieler Christen zum Juden ist. In der christlichen Religion opfert Gott sich selbst – in seinem Sohn – zur Erlösung des Menschen. Ein solches Opfer stellt eine Ungeheuerlichkeit dar. In allen anderen Religionen opfert der Mensch dem Gott oder den Göttern – in Form eines Tier- oder sogar Menschenopfers. Hier aber ist es umgekehrt. Das bedeutet aber, daß der Mensch über kein Mittel verfügt, diesen Gott zu beeinflussen. Der Mensch steht der Allmacht dieses Gottes hilflos gegenüber. Es gibt keine – nicht einmal eine symbolische – Möglichkeit des Gebens und Nehmens, über das die Menschen in anderen Religionen verfügen (zumindest wird das Verhältnis als eines des *do ut des* wahrgenommen[8]). Für den Christen gibt es als einzige »Handlungsmöglichkeit« nur die Demut und den Glauben. Die Demut kann er durch asketische Rituale und Rituale des Verzichts in Handlungen verwandeln, als deren Subjekt er erscheint. Der Glaube jedoch bietet keine solche Möglichkeit: Der »blinde Glaube« erhöht nur die Allmacht Gottes und damit auch die eigene Ohnmacht. D. h. es entsteht im Christentum ein Gefühl von Unmündigkeit, das ebenfalls dem christlichen Säkularisierungsdrang, bzw. dem Wunsch nach »wissenschaftlicher« Emanzipation zugrundeliegt: Der Christ, auf die Gnade Gottes angewiesen, auf die er keinen Einfluß auszuüben vermag, drängt (mehr als die Gläubigen anderer Religionen) hinaus aus der Abhängigkeit. Er möchte Krankheit und Heilung (um nur dieses Beispiel zu erwähnen, das so eng mit menschlicher Sterblichkeit und der Erfahrung von Ohnmacht zusammenhängt), er möchte also Krankheit und Heilung nicht mehr als Fluch oder Segen erfahren, die er still zu erdulden hat, sondern als Zustand, auf den er durch eigenes Handeln Einfluß zu nehmen vermag. Wo aber der Christ diesem Emanzipationsdrang nicht nachgibt (oder nachzugeben vermag), erfährt er tiefe Schuldgefühle: Denn wenn ein Gott sich für mich opfert, und ich dieses Opfer nur annehmen kann, ohne mich dafür erkenntlich zu zeigen, so bedeutet das, daß ich immer in Gottes Schuld bleibe. Diese Schuldgefühle bieten aber wiederum einen der Schlüssel, um die antisemitischen Bilder zu begreifen: Wenn es nicht Gott ist, der sich für mich geopfert hat, sondern Christus als »Opfer« eines »jüdischen Verbrechens« ans Kreuz geschlagen wurde, so finden meine Schuldgefühle einen Ausweg aus der Schuld. Aus dieser Projektion von »Schuld« leitet sich die widersprüchliche Doppelbedeutung des Wortes »Opfer« in der deutschen Sprache ab: Auf der einen Seite »opfert« der Herr seinen Sohn zur Erlösung der Menschheit; und auf der anderen gilt der Gekreuzigte als »Opfer« eines jüdischen Verbrechens. (Die französische und die englische Sprache unterscheiden deutlich zwischen »sacrifice«, dem religiösen Opfer, und »victim«, dem Opfer eines Verbrechens oder eines Unfalls z. B.). Auch das Bild der Ritualmordbeschuldigung steht in engem Zusammenhang zu dieser Frage der christlichen »Schuld«. In dem Vorwurf, daß Juden »unschuldiges Christenblut« trinken, offenbart sich eigentlich das christliche Ritual des Meßopfers. Aber es taucht in verkehrter Form auf: als Verbrechen der Juden. So bleibt einerseits das Martyrium integraler Bestandteil des christlichen Glaubens: Die

**Schuldgefühle und Opferbilder**

»Opfer« der Ritualmordbeschuldigungen werden als Heilige verehrt, die für ihren Glauben gestorben sind. Auf der anderen Seite aber kann sich der Christ auch als den Geopferten selbst ansehen: Der Jude, so die unbewußte Vorstellung hinter den Ritualmordbeschuldigungen, opfert mich seinem Gott, aber ich sterbe für meinen Glauben, d.h. in Wirklichkeit bringe ich mit meinem Tod meinem Gott ein Opfer, das ich ihm sonst nicht bringen könnte.

Da der Aspekt der »Wirklichkeit« eine so zentrale Rolle für das Christentum spielt – und dieser Aspekt offenbart sich am deutlichsten in den Bildern des Blutes: gleichgültig, ob es sich um das »gute« Blut des Heilands und der Märtyrer oder um das »böse« Blut des Anti-Christ handelt, der im Zweifler oder in der »sexuellen Zügellosigkeit« des weiblichen Körpers und vor allem im Juden seine Inkarnation findet –, da also die Wirklichkeit von so eminenter Bedeutung für den Glauben an die christliche Heilsbotschaft ist, kann es kaum verwundern, daß mit der Säkularisierung auch die Bilder vom Juden eine neue Dimension annehmen, die sich an der »Wirklichkeit«, dem »Echten« und biologisch Erfaßbaren orientiert. Das gilt für alle Stereotypen, die sich auf die Physiognomie des »Juden« beziehen – etwa das der großen Nase –; es gilt aber im besonderen Maße für neue Bilder vom »giftigen«, zersetzenden Blut der »jüdischen Rasse«. Bei genauerer Betrachtung offenbaren sich die neuen rassistischen Bilder vom Juden als weltliche – nunmehr aber biologisch definierte – christliche Feindbilder.

Daß diese Feindbilder schon in der Religion selbst ihren Ursprung haben, zeigt sich besonders deutlich am Beispiel Spaniens zu Beginn der Neuzeit. Mit den Mauren hatten sich in Spanien und Portugal auch viele Juden niedergelassen. Im ausgehenden Mittelalter befand sich hier die größte jüdische Gemeinde aller Länder Europas. Als um 1391 – mit dem Beginn einer nationalen und christlichen Konsolidierung des spanischen Reichs – auch antijüdische Pogrome einsetzten, beschlossen viele Juden, durch die Taufe einer möglichen Ermordung zu entgehen. Es ist ungewiß, wieviele Juden es waren, die sich bis 1492 tatsächlich taufen ließen (in demselben Jahr, als Christoph Columbus Amerika entdeckte, verbannte der spanische Thron endgültig alle Juden aus Spanien), aber die Schätzung, daß rund die Hälfte aller Mitglieder der jüdischen Gemeinde zum christlichen Glauben übergetreten war, gilt als eher vorsichtig.[9] Ein Teil der getauften Juden – »Marranos« genannt (was zunächst nichts anderes als »Schweine« bedeutete) – blieb insgeheim der alten Religion treu; sie wurden dafür später im Zuge der Gegenreformation verfolgt. Aus den meisten Konvertiten wurden jedoch gläubige Christen, manche von ihnen sogar bedeutende Kirchenmänner. Die meisten übten weiterhin die medizinischen oder Handelsberufe aus, in denen sie im Spanien des frühen Mittelalters hohes Ansehen genossen hatten, erwarben einflußreiche Stellungen am Hofe und vermählten ihre Töchter an den spanischen Adel, der auf diese Weise oft seine leeren Schatullen mit neuem Vermögen füllte. Kurz: Es fand eine Integration konvertierter Juden in die spanische Gesellschaft statt, die viele Ähnlichkeiten mit der

**Marranos**

»Assimilation« der jüdischen Bevölkerung in Deutschland und Österreich im 19. Jahrhundert aufweist. Doch schon ab Mitte des 15. Jahrhunderts – noch bevor die Assimilation völlig abgeschlossen war – begannen sich in der spanischen Gesellschaft negative Gefühle gegen die jüdischen Konvertiten auszubreiten, die Yerushalmi folgendermaßen umschreibt:

> Während des Mittelalters hatte das gesamte christliche Europa sein jüdisches Problem essentiell unter einem Aspekt gesehen – dem der Taufe. Die Juden stellten eine außenstehende Gruppe dar, weil sie sich hartnäckig weigerten, die herrschende christliche Lehre anzuerkennen. Würden die Juden getauft, so würden sie als eigene Einheit verschwinden, und damit würde, per Definition, auch das Problem selbst aufhören zu sein. Von allen Ländern war Spanien der Realisierung dieses paneuropäischen Traums am nächsten gekommen. Ironischerweise begann erst dann eine wachsende Zahl von Spaniern mit Schrecken festzustellen, daß die Massenkonversion von Juden, weit davon entfernt, das Problem gelöst zu haben, dieses nur verschärfte. Solange die Juden ihrer alten Religion verhaftet geblieben waren, konnten sie durch restriktive Gesetze in genau definierten Grenzen gehalten werden. Nun aber, gleichsam über Nacht, war der gesamte Corpus der antijüdischen Gesetze auf die große Gruppe der conversos nicht mehr anwendbar. Da sie technisch und juristisch Christen waren, konnten sie handeln, wie sie wollten – und das war für viele Spanier unerträglich. Ein kritischer Punkt war erreicht worden. Das traditionelle Mißtrauen gegen den Juden als Außenseiter wurde nunmehr abgelöst durch eine größere Angst vor dem converso als Insider.[10]

**»Limpieza de sangre«**

In dieser Situation begannen die Herkunft und das Blut zunehmend eine Rolle zu spielen. Es wurden Gesetze geschaffen, die als »estatutos de limpieza de sangre« (Statuten über die Reinheit des Blutes) in die Geschichte eingingen – Gesetze, mit denen Konvertiten alsbald aus allen öffentlichen Ämtern und Privilegien verdrängt werden konnten. Denn nun entschieden nicht mehr die Taufe und die Zugehörigkeit zur Glaubensgemeinschaft, sondern die Herkunft, das Blut darüber, wer ein »echter« Christ sei und somit in einem christlichen Staat eine gehobene Stellung einnehmen durfte. Ausgerechnet das Spanien der Inquisition schien also zu vergessen, daß im Christentum die Taufe nicht nur die Aufnahme in die Glaubensgemeinschaft, sondern auch die Reinigung von der »Erbsünde« bedeutete. Statt dessen bestand die christliche »Reinheit« nunmehr darin, eine »unbefleckte« christliche Abstammung nachweisen zu können. Die geforderten genealogischen »Reinheitsbeweise« griffen um vieles weiter zurück als der »Arierpaß« der Nationalsozialisten und führten noch im 17. und 18. Jahrhundert zu scharfen Unterscheidungen zwischen »alten« und »neuen« Christen. (Die »Statuten über die Reinheit des Blutes« übten, so Yerushalmi, auch einen entscheidenden Einfluß auf die Herausbildung der spanischen Vorstellung von Ehre und Blutrache aus). 1673 – also fast zweihundert Jahre nach der Verbannung der Juden aus Spanien – veröffentlichte ein Pater, Fra Francisco de Torrejoncillo, einen »Mahnruf gegen die Juden«, der auf erschreckende Weise an die rassistischen Definitionen vom »Ganz-, Halb- und Vierteljuden« der Nationalsozialisten erinnert:

> Um ein Feind der Christen, von Christus und seines Heiligen Gesetzes zu sein, bedarf es nicht eines jüdischen Vaters und einer jüdischen Mutter. Ein Elternteil alleine genügt. Es will nichts bedeuten, daß der Vater nicht Jude ist; die Mutter genügt. Und selbst wenn sie nicht völlig jüdisch ist, schon die Hälfte genügt; und selbst wenn sie das nicht ist, auch ein Viertel genügt oder selbst ein Achtel. Die Heilige Inquisition hat in unserer Zeit entdeckt, daß das jüdische Blut sich bis ins einundzwanzigste Glied fortsetzt.[11]

Eine solche Vorstellung von der »Reinheit« des christlichen Blutes – auch wenn sich darin nur die Ansicht einer Minderheit ausdrückt – ist kaum zu unterscheiden von den antisemitischen Rassevorstellungen eines Theodor Fritsch, der in seinem »Antisemiten-Katechismus« von 1887 das Verbot des Sexualverkehrs mit Juden als das wichtigste der *Zehn deutschen Gebote* bezeichnete:

> Erstes Gebot: Du sollst Dein Blut reinhalten. – Erachte es als ein Verbrechen, Deines Volkes edle arische Art durch Juden-Art zu verderben. Denn wisse, das jüdische Blut ist unverwüstlich und formt Leib und Seele nach Juden-Art bis in die spätesten Geschlechter.[12]

**Erschaffung des »Fremdkörpers«**

Im Prozeß der Säkularisierung wird aus dem »Fremden« – dem Anderen, an den Christen ihre eigenen Glaubenszweifel delegiert haben – ein »Fremdkörper«, der sich durch physische Merkmale auszeichnet, die ihn vom Arier unterscheiden. Genauer: die den Arier überhaupt erst sichtbar machen. Natürlich gibt es eine »arische« oder germanische Rasse ebensowenig wie eine jüdische. Im Stereotyp jüdischer Andersheit – physiologischer Andersheit – findet der Arier jedoch den Beweis dafür, daß er über eine eigene biologische Beschaffenheit verfügt. Aus dem Feindbild des »verstockten« oder ungläubigen Juden wird der Krankheitsträger, der den »arischen Volkskörper« auf ähnliche Weise gefährdet wie der Zweifler die christliche Glaubensgemeinschaft. Aus dem »Gottesmörder«, der den Heiland ans Kreuz geschlagen hat, wird im säkularen Zusammenhang der »Rassenschänder«, der die Reinheit der germanischen Rasse – den sakralen kollektiven Körper – bedroht.[13] D.h. der Jude wird beschuldigt, sich am arischen »Volkskörper« zu vergehen, indem er mit der Frau in Sexualbeziehungen tritt. Er wird als Verführer, als Vergewaltiger und Mädchenhändler beschrieben, weil sich in diesen Stereotypen das Bild von der »Rassenschande« am deutlichsten wiederfindet.

Die Vorstellungen vom »Volkskörper« weisen eine ähnliche Dialektik auf wie die, die das christliche Verständnis vom Körper auszeichnet: Auf der einen Seite steht der ideale, »verklärte«, unversehrte und unsterbliche Leib: Im säkularen Kontext entspricht dem der Körper des Kollektivs. Und auf der anderen Seite gibt es das Blut – die Wunden, die Kreuzigung –, die diesem transzendenten (oder unwirklichen) Körper den Anschein von »Wirklichkeit« verleihen. Im säkularen Kontext gewinnt jedoch das Blut als »Beweis von Wirklichkeit« noch eine zusätzliche Bedeutung, die über die christliche Metaphorik hinausgeht. Beim Arier hat der *Corpus dei* jeglichen Bezug zur Transzendenz verloren: Auch in seiner idealen und verklärten Form versteht sich der säkulare »Volkskörper« als eine weltliche, irdische – eben physiologische – Erscheinung. Dabei bezieht der »Volkskörper« seinen Wirklichkeitsgehalt durch das Bild *einer irdischen Blutsverwandtschaft,* die der christlichen Gemeinschaft eigentlich fremd ist. Diese Vorstellung einer »Blutsverwandschaft« zeigt sich besonders deutlich an den Sexualbildern, die im rassistischen Antisemitismus auftauchen. Die Frau – und hier ist nicht ein abstrakter Begriff von »Weiblichkeit« gemeint, sondern die einzelne Frau aus Fleisch und Blut – wird zur Symbolträgerin des weltlichen Kollektivs. Paradoxerweise findet so im christlichen Kontext eine Annäherung an die Gesetze der jüdischen Religion statt, bei der die Glaubensgemeinschaft zugleich Volksgemeinschaft ist – eine Annä-

***Abb. 15** Die Beschneidung, Zeichen des Bundes, der Zugehörigkeit zum Judentum, wird in der christlichen Vorstellung umgedeutet und erscheint als Teil, als Vorwegnahme des Blutopfers. Beschneidung Jesu, Neustifter Buchmalerei.*

herung, die die Konkurrenz der christlichen Religion mit der jüdischen um den Anspruch darauf, das »erwählte Volk« zu sein, nur noch steigern mußte.

**Zusammenhang mit Sexualbildern**

Die Sexualbilder spielen schon lange vor der Säkularisierung eine wichtige Rolle im Zusammenhang mit den Feindbildern vom Juden. Auch das hängt mit den christlichen Vorstellungen von der Menschwerdung Gottes zusammen. Wenn Gott sich für den Christen in menschlicher Gestalt zeigt, so deshalb, weil er von einer Frau geboren wurde. Das entsprach auch Vorstellungen der Antike, die den Mann als Inkarnation von Geistigkeit und die Frau als Verkörperung des Materiellen, Sterblichen betrachtete. Im Mittelalter wurden die menschlichen Anteile des christlichen Gottes als weibliche Anteile an der Gestalt des Heilands verehrt – und das führte, wie die Mediävistin Caroline Walker Bynum gezeigt hat, dazu, daß die Wunden des Heilands sehr oft als »weibliche Wunden« dargestellt und verehrt wurden, oder auch als »Busen«, aus dessen heilender Kraft sich der Gläubige nährte.[14] Diese Deutung der Wunden des Heilands bezog auch die Beschneidung Jesu ein.

So gab eine Reihe von Kirchenvätern der Beschneidung, die den Heiland zum Mitglied der jüdischen Gemeinde machte, eine Bedeutung, die sie in den christlichen Kontext stellte: Von Augustinus wurde die Beschneidung als Akt der Reinigung von der Erbsünde mit der Taufe gleichgesetzt; von anderen wiederum als Beginn der Passionsgeschichte interpretiert. Deshalb, so erklärt der Heilige Ambrosius, erübrige sich auch der Ritus der Beschneidung für den Christen. »Da Christus sich für alle geopfert hat, braucht der einzelne nicht mehr das Blutopfer der Beschneidung zu bringen.«[15] Die Beschneidung, die besonders deutlich in der Isaac-Legende an die Stelle des Blutopfers tritt, wird also umgedeutet, um im christlichen Zusammenhang als Teil des Blutopfers zu erscheinen.

Die Herauslösung des Heilands aus dem jüdischen Kontext wird noch verstärkt durch die Betonung der »Weiblichkeit« seiner Wunden. Mit dem späten Mittelalter und dem Beginn der Neuzeit – d. h. nach der allgemeinen Durchsetzung der Transsubstantiationslehre – verschwindet aber allmählich die »Weiblichkeit« Jesu: Die Menschwerdung Gottes schien nun anders erklärbar als durch die Betonung der weiblichen Anteile am Herrn. In gewisser Weise tauchen aber mit der Säkularisierung die Bilder des frühen Mittelalters wieder auf: Die Rassenlehren betonen die »weiblichen Anteile« am *Corpus dei*. Und auch hier dient diese Verweiblichung gleichsam als Beweis dafür, daß der kollektive Körper nicht idealer, transzendenter Natur ist, sondern einer materiellen, irdischen Wirklichkeit entspricht.

Die »Sexualisierung« der Wunden entspricht der christlichen Dichotomie zwischen dem »guten« und dem »bösen« Blut – eine Dichotomie, die sich auch im säkularen Kontext erhalten wird. Das zeigt sich besonders deutlich an den Mythen um die Syphilis, die sich ab etwa 1495 wie ein Lauffeuer über Europa ausbreitet, und an der Wirkungsgeschichte dieser Mythen. In der geschlechtlich übertragenen – und bis etwa 1900 unheilbaren – Syphilis verdichteten sich alle christlichen Bilder vom »bösen«, sündigen Blut.[16] Diese Bilder, die sich als Sexualbilder weitgehend auf den weiblichen Körper bezogen, verlagern sich mit der Säkularisierung zunehmend auf die Vorstellung vom »bösen Blut« des Juden, das sich wie ein Gift einschleicht und den Volkskörper von innen verseucht. So heißt es im NS-Propaganda Film »Der Ewige Jude«:

***Abb. 16** »Der Jude nach dem Talmud« ist der Jude der feindlichen Phantasie. Sie »entdeckt« hinter den Gesetzestexten einen anderen Text und schreibt ihn selbst, immer wieder neu. Der Judenspiegel, 1926.*

> Immer dort, wo sich an einem Volkskörper eine Wunde zeigt, setzen sie sich fest und ziehen aus dem zerfallenden Organismus ihre Nahrung. Mit den Krankheiten der Völker machen sie ihre Geschäfte und darum sind sie bestrebt, Krankheitszustände zu vertiefen und zu verewigen. (...) Darin liegt die ungeheure Gefahr. Denn auch diese assimilierten Juden bleiben immer Fremdkörper im Organismus ihres Gastvolkes, so sehr sie ihm äußerlich ähnlich sehen mögen.

Waren im Mittelalter dem Heiland »weibliche Anteile« zugewiesen worden, die die Menschwerdung Gottes und das »Unjüdische« an seiner Herkunft betonen sollten, so dienen nunmehr die Weiblichkeitsbilder vom Juden dem Ziel, ihn als physiologisch real und zugleich als »Fremdkörper« zu definieren, der vom »guten« Körper – oder dem Selbstbild des Ariers – abzuspalten ist. Die Verlagerung des Bildes vom »bösen Blut« auf den Juden ist die Voraussetzung dafür, daß der Frau – als Symbolträgerin des »Volkskörpers« – das Bild des »reinen Blutes« zugewiesen werden kann. In diesem Kontext nimmt jedoch der Begriff der Reinheit eine völlig neue Bedeutung an. Bezog er sich im Christentum auf das »unsündige« Blut des von einer Jungfrau geborenen Erlösers, so bezieht sich die Reinheit im säkularen Kontext auf die Vorstellung einer »Einheit« und »Einheitlichkeit« der Gruppe. »Durch Reinheit zur Einheit« war eines der Schlagworte des Alldeutschen Antisemiten Georg Ritter von Schönerer. Diese neue Vorstellung von »Reinheit« zeigt sich besonders deutlich am Wandel des Begriffs der »Blutschande«: Ursprünglich verwies der Begriff auf die Sünde, mit dem eigenen Blut zu verkehren – also die Sünde des Inzestes. Bei den Antisemiten wird jedoch daraus die Sünde des Verkehrs mit dem fremden Blut: dem Blut des Juden.

**Die Erfindung der Blutschande**

Gleichzeitig taucht ab 1800 in der Literatur und Kunst zunehmend das Liebesideal des Geschwisterinzests auf: die Vorstellung einer »erfüllten Leidenschaft« zwischen Bruder und Schwester.[17] Diese Liebesbeziehungen nimmt bei einigen Autoren quasi-religiöse Dimensionen an und wird mit der »unio mystica« verglichen.[18] Auch dieser Vorgang erinnert in mancher Hinsicht an die christliche Religiosität des Mittelalters: An die Stelle der Einswerdung mit Gott tritt die Einswerdung mit der Schwester, dem »anderen Ich«: Aus der christlichen Kommunion (»Wer von meinem Fleische ißt und von meinem Blute trinkt, wird in mir bleiben und ich in ihm«) wird die Liebesbeziehung zur Schwester. Sexualität und Essen, die in Metaphorik ohnehin sehr oft als Sinnbilder füreinander auftauchen (weil es sich in beiden Fällen um Formen der Einswerdung handelt) werden austauschbar. Auch hier handelt es sich um einen Akt der Aneignung der Eigenschaften des Anderen. »Es gibt einen Unterschied zwischen anderen Formen der Speisen und dieser: Während erstere sich in uns verwandeln und zu einem Teil unserer eigenen Substanz werden, verwandelt letztere uns in sich«, so schreibt ein Kirchendogmatiker.[19] Auf die Schwester übertragen heißt das: Das Ich eignet sich in der Vereinigung mit der Schwester die Andersheit des Weiblichen an und erreicht durch diese Form von Omnipotenz die Unsterblichkeit. »Wie der Honig seine eigene Unvergänglichkeit der Frucht verleiht, die in ihn gesenkt wird, so vermittelt uns der Leib des Herrn, der sich mit uns vereint, auch einige Samenkörner der Unsterblichkeit, die er sich verdient hat, und das besondere Recht auf das Ewige Leben.«[20] Im säkularen Kontext ist es die Vereinigung mit der Schwester, die dem Ich Anspruch auf das »ewige Leben« verleiht. Im Inzest, der den einzelnen der Gefahr einer »Infektion« durch das Fremde entzieht, erwirbt das Individuum Anteil an der Unverletzlichkeit und Unsterblichkeit des »Volkskörpers«.

**Nationalsozialistische Rassenideologie**

Dennoch: So säkular und physiologisch dieser Körper auch verstanden wird, aus allen Texten des rassistischen Antisemitismus geht doch immer wieder deutlich hervor, daß mit dem Bild des »bösen Blutes« des Juden und mit der Forderung nach »Rassenhygiene« eigentlich etwas Geistiges gemeint ist: Galton spricht von »Eugenics as a factor in Religion«[21] und der NS-Rassenideologe Hans F. K. Günther nennt die »Achtsamkeit auf Rasse und Erbgesundheit« einen »Ausdruck frommen Sinnes«.[22] Und er fügt hinzu, daß weder die (von ihm unterstellte) »wirtschaftlich-politische Übermacht« der Juden noch die Frage einer »jüdisch-nichtjüdischen Blutmischung« den »Kern der Judenfrage« ausmache: »Was die Judenfrage aber heute so brennend gemacht hat, ist die jüdische Einwirkung auf den Geist der abendländischen Völker.«[23]

So gesehen, versteht man aber, warum »intellektuell« vor allem unter Antisemiten zu einem Schimpfwort geworden ist, das als Synonym für »jüdisch« benutzt wurde. Der Begriff taucht vereinzelt zwar schon Anfang des 19. Jahrhunderts auf, aber nicht durch Zufall erhält er seine politische Tragweite erst mit der »Dreyfus-Affäre«, die sich von 1894 bis 1899 hinzieht.[24] So weisen auch die Bilder, die sich auf den »Intellektuellen« beziehen, eine frappierende Ähnlichkeit mit den Bildern des »bösen Blutes« auf: Der »Intellektuelle« gilt als »blutleer« und »steril«. Zugleich nimmt der Begriff – vor allem in Deutschland, wo er in allen politischen Lagern als Schimpfwort benutzt wird – Konnotationen an, die ihn zur Gefahr für die »Einheit« (des Volkes, der Rasse oder der Klasse) stempeln: »disziplinlos« z.B. oder »wankelmütig«, »heimatlos«, »charakterlos«, »identitätslos«. Wie das »böse Blut« gilt der Geist des Intellektuellen als »krankhaft« und »zersetzend«.[25] Und diese Konnotationen – hinter denen sich letztlich erneut das alte christliche Paradigma der »Sünde des Zweifels« verbirgt – sind dem Begriff bis heute erhalten geblieben.

## Anmerkungen

1 Vgl. Marie-José Baudinet: The Face of Christ, The Form of the Church. In: Michel Feher, Ramona Nadaff, Nadia Tazi (Hrsg.): Fragments for a History of the Human Body. New York, Part I, S. 150 f.
2 Vgl. Piero Camporesi: The Consecrated Host: A Wondrous Excess. In: Fragments for a History of the Human Body (wie Anm. 1), Part I, S. 220.
3 Ebd., S. 225.
4 Zit. n. Camporesi. Ebd. S. 233.
5 Vgl. Karl Hausberger: Die »Deggendorfer Gnad«, Grundzüge ihrer Entstehung und Geschichte. In: Regensburger Bistumsblatt: Kirchengeschichte, 16.2.1992.
6 Piero Camporesi, wie Anm. 2, S. 232.
7 Vgl. u.a. Stanislav Andreski: Religion, Science and Morality. In: Encounter, London, June 1987.
8 Vgl. Hanns Bächtold-Stäubli: Handwörterbuch

des Deutschen Aberglaubens. Berlin, Leipzig 1927 f. Stichwort »Opfer«.

9 Vgl. Ycsef Hayim Yerushalmi: Assimilation and Racial Anti-Semitism: The Iberian and the German Models. In: Leo Baeck Memorial Lectures, No. 26, New York 1982, S. 8.

10 Ebd., S. 10.

11 Ebd., S. 16.

12 Theodor Fritsch: Antisemiten-Katechismus. Eine Zusammenstellung des wichtigsten Materials zum Verständnis der Judenfrage. Leipzig 1887, S. 313.

13 Vgl. Christina von Braun: »Der Jude« und »Das Weib«. Zwei Stereotypen des »Anderen« in der Moderne. In: Deutsch-Jüdische Geschichte. Von der Aufklärung bis zur Gegenwart. Hrsg. v. L. Heid u. J. H. Knoll. Bonn/Stuttgart 1992; vgl. a. dies.: »Und der Feind ist Fleisch geworden ...«. Der rassistische Antisemitismus. In: Chr. v. Braun, Ludger Heid (Hrsg.): Der Ewige Judenhaß. Bonn/Stuttgart 1990.

14 Vgl. Caroline Walker Bynum: Fragmentation and Redemption. Essays on Gender and the Human Body in Medieval Religion. New York 1991. Das Buch erscheint in Kürze auch auf deutsch: Fragmentierung und Erlösung. Frankfurt/Main 1995.

15 St. Ambrosius: Briefe, zit. n. Leo Steinberg: The Sexuality of Christ in Renaissance Art and in Modern Oblivion. New York 1983.

16 Vgl. Christina von Braun: »Böses Blut«. Mythen und Wirkungsgeschichte der Syphilis. Film, Köln (WDR) 1994; vgl. a. Sander L. Gilman: Aids and Syphilis: The Iconography of Disease. In Douglas Crimp (Hrsg.): Aids – Cultural Analysis, Cultural Activism. Cambridge, Mass./London 1988.

17 Christina von Braun: Die »Blutschande« – Wandlungen eines Begriffs. Vom Inzesttabu zu den Rassengesetzen. In: dies.: Die schamlose Schönheit des Vergangenen. Zum Verhältnis von Geschlecht und Geschichte. Frankfurt/Main 1989.

18 So etwa bei Musil im »Mann ohne Eigenschaften«, in der die Vereinigung mit der Schwester als eine Art von Gotteserfahrung beschrieben wird. Robert Musil: Der Mann ohne Eigenschaften, in: Gesammelte Werke. Hg. v. Adolf Frisé. Reinbek b. Hamburg 1952, S. 761.

19 Alessandrot Diotallevi, S. J.: La benefizia di Dio verso gl'uomini e l'ingratitudine degli uomini versa Dio considerazioni. (Venedig: A. Poletti 1716) zit. n. Camporesi (wie Anm. 2, S. 227).

20 P. Segneri: Il Cristiano istruito nella sua legge: Ragiona-menti morali (Venedig: Baglioni 1773), zit. n. Camporesi (wie Anm. 2, S. 227).

21 Francis Galton: Eugenics as a factor in Religion. In: Essays in Eugenics. London 1909.

22 Hans F. K. Günther: Rassenkunde des jüdischen Volkes. München 1931, S. 346. Vgl. a. Artur Dinter: Die Rassen- und Judenfrage im Lichte des Geistchristentums. In: Hinko Urbah (Hrsg.): Der Jud ist schuld ...? Diskussionsbuch über die Judenfrage. Basel, Berlin, Leipzig, Wien 1932, S. 103.

23 Hans F. K. Günther: Rassenkunde des jüdischen Volkes (wie Anm. 22), S. 314f.

24 Zur Geschichte des Begriffs »Die Intellektuellen« vgl. Dietz Berings materialreiche und differenzierte Untersuchung: Dietz Bering: Die Intellektuellen. Geschichte eines Schimpfwortes. Stuttgart 1978.

25 Vgl. Christina von Braun: Der Mythos der »Unversehrtheit« in der Moderne. Zur Geschichte des Begriffs die »Intellektuellen«. In: Rudolf Maresch (Hrsg.): Zukunft oder Ende. München 1993.

*Avram Andrei Băleanu*

# *Fünftes Bild:* Der »ewige Jude«

## Kurze Geschichte der Manipulation eines Mythos

Einer der größten »Bestseller« des beginnenden 17. Jh. in Deutschland war ein *Volksbuch* auf vier Seiten im Quartformat, namens *Kurtze Beschreibung und Erzehlung von einem Juden mit Namen Ahasverus,* mit Erscheinungsdatum 1602. Es berichtete die dramatische Geschichte eines jüdischen Schusters aus Jerusalem, der zugegen war bei den Leiden des Heilands. Als Jesus sein Kreuz nach Golgotha trug, wollte er vor dessen Haus einen Augenblick ausruhen, doch dieser Jude mit Namen Ahasverus vertrieb ihn mit Schimpfworten, worauf Christus antwortete: »Ich will stehen und ruhen, du aber sollst gehen.« Seither durchwandert Ahasverus, barfuß, die Welt; er wurde zum Christen, führt ein bescheidenes Leben und ist von musterhafter Frömmigkeit. Ihm soll im Jahre 1542, in Hamburg, Paulus von Eitzen begegnet sein, damals noch Student, später Bischof von Schleswig und Rektor der Schulen zu Hamburg, eine vertrauenswürdige Persönlichkeit durch ihre kirchliche und soziale Autorität. Doch konnte die Tatsache nicht überprüft werden, denn Paulus von Eitzen starb vier Jahre vor Erscheinen des Buches.

Die Eingebungsquellen des anonymen Autors der *Kurtzen Beschreibung* waren gewiß zwei im Mittelalter verbreitete Sagen. Die eine entstammt einigen Zeilen der Evangelien, wonach es dem Apostel Johannes, »den Jesus lieb hatte«, beschieden war, nicht zu sterben vor der Wiederkehr des Heilands auf Erden (s. Joh. 21,20ff.) Der Verfasser des *Volksbuches* gibt auf der ersten Seite seines Textes folgende Ansprache Jesu an seine Jünger wider: »Wahrlich ich sage euch es stehen allhie etliche die werden den Todt nit schmecken biß das sie des Menschen Sohn kommen sehen in sein Reich« (Matthäus 16,28). Vermutlich hat er sich aber nicht gefragt, wie sich einer oder mehrere Jünger Jesu in einen zur Unsterblichkeit verurteilten jüdischen Schuster verwandeln konnten.

Auf eine weitere Episode des Neuen Testaments ist auch die Sage des Malchus zurückzuführen, aufgetaucht im frühen Mittelalter in Kleinasien und während der Kreuzzüge nach Westeuropa gebracht. Dieser Malchus wird von den Evangelisten als Knecht des Hohepriesters erwähnt, der zum Haufen der Soldaten und Diener gehörte, die Jesus verhaften sollten; einige Kommentatoren hielten ihn für ein und dieselbe Person wie den Diener, der Christus während seines Verhörs beim Hohepriester Hannas schlug (siehe Joh. 18,22). Viele Jahrhunderte lang wurde weitererzählt, Malchus würde leben und wäre schweren Strafen unterworfen. Der italienische Astrologe Guido Bonatti bezeugt im 13. Jh. in seiner *De Astronomia Tractatus X,* 1572 auch in Deutschland veröffentlicht, daß im Jahre 1267 ein gewisser Giovanni Buttadeus in Forli gewesen sei, der Jesus auf seinem Weg zur

Kreuzigung fortgetrieben hätte, und die Antwort erhielt: »Du wirst mich erwarten, bis ich wiederkomme.« Der Name dieser Person und die Formulierung des Urteils zeigen auch den Einfluß der Sage des Heiligen Johannes auf. Eine Variante der Legende von Malchus wurde Jahrzehnte früher in der Chronik *Flores Historiarum* des englischen Mönches Roger of Wendower vom Kloster St. Albans aufgezeichnet und mit geringen Veränderungen von Matthew Paris in die *Chronica Majora* übernommen, die auch ins Deutsche übersetzt und 1586 in Zürich gedruckt wurde. In diesen beiden Texten wird die Hauptperson des Ereignisses Cartaphilus genannt und ist der Pförtner des Pilatus.

Der Verfasser des *Volksbuches* von 1602 kannte das Traktat des Bonatti, den er in der neunten Ausgabe seiner Veröffentlichung zitiert. Er kannte gleichfalls die *Chronica Majora,* aus der er wesentliche Elemente der Erzählung übernimmt. Aber sowohl Cartaphilus – von dem die englischen Geschichtsschreiber nicht behaupteten, er wäre Jude gewesen und der übrigens dem Namen und seiner Funktion nach, auch kein Jude sein konnte – als auch Buttadeus, dessen Nationalität nicht präzise erwähnt wurde, nehmen nun eine neue Identität an. Deren Platz nimmt ein jüdischer Schuster aus Jerusalem ein. Die biblische Bildung des Verfassers der *Kurtzen Beschreibung* war mit Sicherheit äußerst gering. Er hatte keine Ahnung vom *Buch Esther* und wußte nicht, daß Ahasveros ein persischer König war, während dessen Herrschaft der Minister Haman einen antisemitischen Pogrom geplant hatte. Da er vermutlich über das *Spiel von Ahasver* gehört hatte, das häufig während der Purim-Feiertage aufgeführt wurde, bildete er sich ein, dies wäre ein jüdischer Name. Auf diese Art kam der erste und einzige Jude zur Welt, dessen Name Ahasverus war. Bezeichnend ist allerdings, daß die erste Fassung des *Volksbuches* keinen Angriff auf das jüdische Volk als solches enthielt, sondern nur die Hohepriester und Schriftgelehrten beschuldigt, Jesus als Ketzer und Verführer hingestellt zu haben. Der Verfasser scheint vorrangig den publizistischen Erfolg im Auge gehabt zu haben, die Aufmerksamkeit des Publikums zu fesseln durch die Enthüllung von sensationellen Tatsachen, über die »weder die Evangelisten noch Historischreiber meldung thun«. Und der Erfolg war blitzartig: 20 bekannte Ausgaben im ersten Erscheinungsjahr; mehr als 70 bis zum Ende des 18. Jh.; Übersetzungen in Frankreich, England, Italien, Holland, Schweden, Dänemark und anderen europäischen Ländern. Die Ahasverus-Variante der Sage stellt alle anderen in den Schatten und verändert sie allmählich. Unter dem Einfluß des deutschen *Volksbuches* wird der Held der Geschichte nicht mehr bloß mit der Unsterblichkeit, sondern auch mit ewiger Wanderschaft bestraft. Cartaphilus wandelt sich zu »the Wandering Jew«, Buttadeus zum »ebreo errante«, Isaac Laquedem wird in Frankreich zu »le juif errant«. Er wird ab nun auch nicht mehr Diener oder Pförtner sein: sein Beruf bleibt endgültig der des Schusters. Weshalb die Dänen ihn »Jerusalem Skomager« nennen sollten und die Schweden »Jerusalem Skomakare«. Doch gehören nur die ersten 11 deutschen Ausgaben des *Volksbuches* dem ursprünglichen

**Ahasverus, ein erfundener Name**

Verfasser. In der zwölften Ausgabe greift eine andere Feder ein und schafft bedeutende Änderungen in Stil und Inhalt. Von nun an beginnt der Titel mit folgenden Worten: »*Wunderbarlicher Bericht von einem Juden aus Jerusalem bürtig und Ahasverus genennet*« und trägt die fiktive Unterschrift Chrysostomus Dudulaeus Westphalus. Derjenige, der mit Dudulaeus unterschrieb, hatte begriffen, daß eine Veröffentlichung derartiger Beliebtheit voll zu propagandistischen Zwecken benutzt werden kann und fügte geschickt einige Passagen ein, die dem Text eine neue und aufwiegelnde Ausrichtung geben sollten. In der neuen Fassung, teilte der Schuster aus Jerusalem seine Schuld »mit den Jüden«, er vertrieb Jesus »umb Ruhms bey andern Jüden« und wurde später von Gott erwählt um »wieder die Jüden einen lebendigen Zeugen« zu sein. Hinzu kommt, daß den vier Seiten der Sage ein zweimal längerer theologischer Kommentar hinzugefügt wird, betitelt *Erinnerung an den Christlichen Leser von diesem Juden,* der dem christlichen Leser erklärte, wie er die Geschichte des Ahasverus zu verstehen hat. Hier muß erinnert werden, daß in jener Zeit die Massen-Bekehrung der Juden, ob nun durch Überzeugung oder Zwang, eines der obsessiven Ziele sowohl des Papsttums als auch der Lutheraner geworden war. Da aber die diesbezüglichen Bemühungen größtenteils scheiterten, stritt der kommentierende Theologe gegen »unsere heutigen abschlächtigen und abartigen Gesellen«, »die verstockten und verblendeten Juden«: »sie sind alle abgewichen, und allesamt untüchtig geworden, da ist keiner der Gutes thue, auch nicht einer. Ihr Schlund ist ein offen Grab, mit ihren Zungen heucheln sie, Ottergift ist unter ihren Lippen. Ihr Mund ist voll Fluchens und Bitterkeit ...« usw., aus welchen Gründen sie »zur ewigen Verdammniss wandern«. Das Volksbuch über Ahasverus wandelte sich auf diese Weise in ein antisemitisches Pamphlet. Doch die Fälschungen hörten hier nicht auf. Beginnend mit der XXII. Ausgabe, datiert 1634, erscheint regelmäßig auch ein »Bericht von den zwölff Jüdischen Stämmen was ein jeder Stam dem Herrn Christo zu Schmach gethan und wie biß auf den heutigen Tag leiden müssen«. Zu guter Letzt berichtet die XXXII. Ausgabe von 1697, was jeder einzelne der großen Rabbiner im Prozeß Jesu gesagt hatte, ein Dokument, »vor wenigen Jahren« entdeckt, auf einer ehernen Tafel, die ausgegraben wurde, und zwar ... in Wien. In einer Zeit des wahren Überflusses an Beschuldigungen des rituellen Mordes, der Vergiftungen und Zaubereien, allesamt den Juden zugeschrieben, und in der ständig die Ankunft des Antichrist angekündigt wurde, der mit den Juden verbündet oder gar identifiziert wurde, konnte jedwelche Albernheit dieser Art Glauben finden.

**öffentliche Wirkung**

Das Echo der Sage von Ahasverus in der Öffentlichkeit war enorm. Was konnte eindrucksvoller und faszinierender für die Menschen jener Epoche sein, als die lebende Anwesenheit einer Persönlichkeit, die Christus gekannt und bei den Leiden des Heilands zugegen war? In manchen Ecken Deutschlands und Europas tauchten überreizte Personen oder Betrüger auf, die behaupteten, Ahasverus lebendigen Leibes gesehen zu haben. Vergeblich versuchten damals schon Theologen und Wissenschaftler wie Gottfried

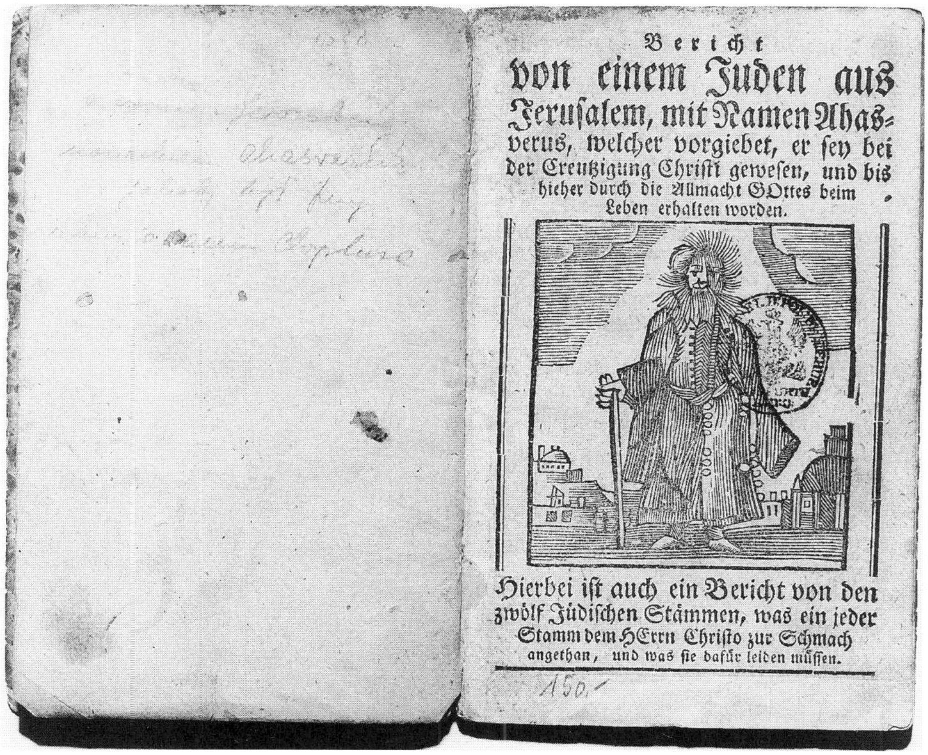

Bericht
von einem Juden aus Jerusalem, mit Namen Ahasverus, welcher vorgiebet, er sey bei der Creutzigung Christi gewesen, und bis hieher durch die Allmacht GOttes beim Leben erhalten worden.

Hierbei ist auch ein Bericht von den zwölf Jüdischen Stämmen, was ein jeder Stamm dem HErrn Christo zur Schmach angethan, und was sie dafür leiden müssen.

**Abb. 17** *Eine Legende macht sich auf den Weg: vom Volksbuch zum antisemitischen Pamphlet, von Fälschung zu Fälschung. Titelblatt einer Ahasverus-Erzählung (ca. 1822).*

Thilo in *Meletma historicum de Judaeo immortali,* Martinus Dröscher in *Disertatio theologica de duobus testibus vivis passionis dominicae* (beide erschienen 1668) und auch andere, die Unglaubwürdigkeit der Sage zu demonstrieren und ihre Unvereinbarkeit mit den Glaubensbekenntnissen des Evangeliums. Es liefen auch weiterhin Erfindungen um, über angebliche Abenteuer eines wirklichen Ahasverus. Weshalb sollten wir uns auch wundern, zumal sogar zu Beginn des 20. Jh. ein ausgewachsener Professor an der Universität zu Bonn, namens Eduard König, in seinem Buch *Ahasver – »der ewige Jude«* (1907), die Meinung äußerte, es wäre möglich, daß die Erzählung des Dudulaeus »keine reine Fiktion« sei, daß »ein solcher Vertreter des Volkes Israel, wie jener Ahasverus war«, irgendwann existiert und sich zur Verantwortung dafür, was König »das Verhalten seiner Nation gegenüber Jesus« nannte, bekannt habe.

Die deutsche Volksdichtung übernahm die Sage vom ewigen Juden, doch eignete sie sich in nur geringem Maße ihren theologischen Inhalt an. Die Vorstellungskraft des Volkes war zu allererst erstaunt über die Unsterblichkeit des Helden und über dessen ewige Wanderschaft und identifizierte ihn häufig mit Wotan (der »Wanderer«), mit dem Wilden Jäger und anderen Gestalten der germanischen Mythologie ähnlicher Wesenszüge. Dies ist der Hintergrund der Volkssagen, die zitiert werden von Rudolf Krikau (*Die Sage vom ewigen Juden,* Teltow 1867), von J. G. Th. Gräße (*Der Tannhäuser und ewige Jude,* Dresden 1861), und in den meisten der 52 Varianten, die George K. Anderson (*The Legend of the Wandering Jew,* 1965) den bekanntesten Sammlungen der Volksdichtung in Deutschland, Österreich und der Schweiz entnahm. Das Bild »des ewigen Juden«, in der Gestalt, wie sie das Volksbuch von 1602 und die späteren Nachdichtungen geschaffen haben, hat seinen Ursprung nicht im Volksglauben. Der historische Ablauf war gegenläufig: ganz offensichtlich beeinflußte und veranlaßte sogar in zahlreichen Fällen der Text des Dudulaeus das Erscheinen der Volkserzählungen über Ahasverus. Der Mythos – und so erläutert ihn auch Franz Austeda in seinem *Lexikon der Philosophie* (Wien 1989) – ist zu definieren »als Ausdruck der Weltanschauung eines Volkes und einer Zeit, im vorwissenschaftlichen phantasievollen Denken verwurzelt«. Der Mythos des Ahasverus ist aber ein Produkt aus dem Labor der gebildeten Publizistik und propagandistisch auf gleichem Wege gesteuert.

**Ein Mythos aus dem Labor der Publizistik**

Seit dem 17. Jh. regte die Sage »des ewigen Juden« hunderte literarischer Bearbeitungen an, die meisten in Deutschland verfaßt. Nicht wenige dieser Autoren gaben ihr antisemitische Interpretationen, wobei die ursprüngliche Sage von Mal zu Mal wesentliche Entstellungen über sich ergehen lassen mußte. Eine der vom Großteil der deutschen Kritik des letzten Jahrzehnts des vergangenen Jahrhunderts mit Begeisterung begrüßten Schriften – als »eine dichterische Tat von höchster Bedeutung«[1] – war *Der ewige Jude,* episches Gedicht von Joseph Seeber. In diesem Heldengedicht richtet der Antichrist, ein Jude aus dem Stamme Dan, mit Hilfe der anderen Juden und insbesondere des Ahasverus, der seine rechte Hand ist, seine Herrschaft über die christliche Welt ein. Die Waffen, mit deren Hilfe es Ahasverus gelang, die christliche Gesellschaft zu untergraben, sind das Geld, die Philosophie des Spinoza, die revolutionären Gedanken. Zu guter Letzt wird die Macht des Antichrist vom Messias besiegt und dann erst, als Büßer, wird Ahasverus seine Ruhe erlangen. Zur Freiburger Ausgabe von 1905 gehört eine kurze »Bemerkung«, die mit der lügnerischen Behauptung beginnt, daß die Sage vom Ahasverus im Heldengedicht des Seeber »in ursprünglicher Fassung« erscheint (S. 227). Tatsächlich sieht bei Seeber nichts mehr der ursprünglichen Sage ähnlich, wie übrigens auch nicht in einer Novelle wie *Ahasverus Brautfahrt,* von Matthias Blank (1910), in der der Titelheld ein Vampir ist, der das Blut seiner Verlobten saugt, einem Stück wie *Ahasverus,* von Wilhelm Gründler (veröffentlicht 1928), oder einem dramatischen Heldenepos wie *Götterdämmerung,* von Otto Müller (Berlin 1926), in welchen Ahasverus ein Agent des Teufels ist. Die Sage ist lange vergessen. Was blieb ist ein Steroeotyp, die fixe Idee, die primitive, automatische Reaktion: Ahasver, ein bizarrer, fremdartiger Name, der in der Vorstellung der Antisemiten die Hakennase zu suggerieren scheint, den Kaftan und die Schläfenlocken; »der ewige Jude«, eine Formulierung, in der sich scheinbar alle ewigen Beschuldigungen gegen den Juden vereinen: der ewige Wucherer, der ewige Kosmopolit, der ewige elitäre Intellektuelle und dekadente Künstler, der ewige Störer der sozialen Ordnung. In diesem Sinne – und ohne Zusammenhang mit der Sage – benutzte auch Goebbels den Begriff »Der Ewige Jude« als Titel

**NS-Propaganda greift das Bild auf**

seines Nazi-Propaganda-Filmes von 1940[2]. Unter unterschiedlichen Formen wirkt dieses Stereotyp heute noch, mit oder ohne offen antisemitische Absichten. Wenn, beispielsweise, ein »schreibender Kulturarbeiter«, ein Hamburger Marxist, 1974 schrieb: »Es gibt nichts Heimatloseres, Entwurzelteres, Ahasverhafteres als das Kapital«[3], tat er nichts anderes als papageienhaft das Klischee von Ahasver zu wiederholen, als Prototyp des Heimatlosen und Entwurzelten, und er hat wohl kaum das Volksbuch von 1602 gekannt. Es ist übrigens bemerkenswert, daß in den vergangenen 65 Jahren – mit Ausnahme eines kurzen Beitrages im Jahrbuch *Menora* von 1991[4] – in Deutschland keine wissenschaftliche Studie zu den Bedeutungen dieses deutschen Mythos

**Abb. 18** *»Ahasverus ist ein alter Mann, der die Welt barfuß durchschreitet, gestützt auf einen Stock, gebeugt unter der Last jahrhundertelanger Verleumdungen und Irreführungen.« Gustave Doré, Ahasver, 1856.*

veröffentlicht wurde, während in Amerika, Holland, Frankreich, England, Dänemark und sonstigen Ländern diesem Thema umfangreiche Schriften gewidmet wurden. Die Nachkriegsliteratur der Fiktion versetzte das Publikum in Spannung, ohne jedoch zu seiner Aufklärung beizutragen. Denn Ahasver ist weder der gefallene Engel des gleichnamigen Erfolgs-Romans von Stefan Heym, noch der geheime und manchmal unheilbeschwörende Ratgeber der großen geschichtlichen Persönlichkeiten, wie im *Le juif errant* von Jean d'Ormesson, und auch nicht der rätselhafte, von den Frauen angehimmelte Mann, wie ihn Fruttero und Lucentini in *Der Liebhaber ohne festen Wohnsitz* beschreiben; Ahasverus ist ein alter Mann, der die Welt barfuß durchschreitet, gestützt auf einen Stock, gebeugt unter der Last jahrhundertelanger Verleumdungen und Irreführungen.

*Übersetzung: Walter Lepkowitz*

## Anmerkungen

1 Siehe Johann Prost: Die Saga vom ewigen Juden in der neueren deutschen Literatur. Leipzig 1905, S. 135.

2 Siehe Y. Ahren/S. Hornshøj-Møller/Ch. B. Melchers: »Der ewige Jude«. Wie Goebbels hetzte. Aachen 1990.

3 Zitat nach Henryk M. Broder: Der ewige Antisemit. Frankfurt am Main 1986, S. 92.

4 Avram Andrei Băleanu: Die Geburt des Ahasver. In Menora. Jahrbuch für deutsch-jüdische Geschichte, Bd. 2, München 1991, S. 41–53.

## Literatur

L. Neubaur: Die Sage vom ewigen Juden. Leipzig 1884;

Arno Schmidt: Das Volksbuch vom ewigen Juden. Danzig 1927;

George K. Anderson: The Legend of the Wandering Jew. Providence 1965.

*Freddy Raphael*

# *Sechstes Bild:* »Der Wucherer«

Der Ort, den eine Gesellschaft *dem Juden* in der kollektiven Vorstellungswelt zuweist, das mythische Bild, das sie von ihm entwirft, die Stellung, die sie ihn vor dem Hintergrund seiner eigenen symbolischen Umwelt einnehmen läßt – all dies zwingt ihn, widersprüchliche Rollen zu spielen. Die Rolle des Wucherers stellt dabei eine Konstante dar, die das Abendland ihm seit dem Mittelalter und bis in die heutige Zeit aufgezwungen hat.

Erst das von der Kirche im 12. Jahrhundert erlassene Verbot, Geld gegen Zinsen zu verleihen, schuf die enge Verbindung zwischen dieser Form des Geldverleihs und den Juden, damit wurde der Begriff des Wuchers zu einem Begriff der Schande. Die Juden hatten – im Blick der Kirche – durch ihr obstinates Beharren auf dem Irrtum, durch ihre böswillige Weigerung, die leuchtende Wahrheit der christlichen Botschaft anzuerkennen, ihr Heil ein für allemal verspielt; sie waren deshalb dazu ausersehen, dieses widerliche und unehrenhafte Gewerbe auszuüben. Während die Erinnerung an christliche Geldverleiher wie die Cahorsins und Lombards im Laufe der Jahre verschwand, wurde das Stereotyp des Judas Ischariot, der für dreißig Silberlinge zum Verräter geworden war, zum Bild für das Wesen des Judentums selbst. In seinem 1543 erschienenen Pamphlet *Von den Juden und ihren Lügen* denunziert Martin Luther die Fürsten und ihresgleichen, die sich von den Juden »schinden und aussaugen« und an den Bettelstab bringen ließen.[1] Er verdammt den diebischen Geist der Juden und ihren angeblichen Willen, das Land und die Städte »auszuwuchern«, also: sie unter die Last von Schulden zu beugen, um die Ruinen dann für sich in Beschlag zu nehmen. Der Wucherer wird, weil er eine leblose Sache wie das Geld »fruchtbar« zu machen scheint, im Mittelalter wie ein Zauberer angesehen. Er überschreitet die Ordnung der Dinge, denn, wie Thomas von Aquin sagte, »nummus non parit nummos« [Münzen zeugen keine Münzen, Geld vermehrt sich nicht]. Zudem instrumentalisiert er, der Wucherer, die Zeit, schlägt Gewinn aus ihr, und erschleicht sich so eine Macht, die Gott allein zugehört. Er pervertiert die Berufung des Menschen, »im Schweiße seines Angesichts« sein Brot zu verdienen, und zwingt seine Mitmenschen, für ihn zu schaffen. Wie Shylock schmiedet jeder Wucherer ein Komplott, denn er wartet den vorteilhaften Augenblick ab (»a good hour«), an dem er die bestehende Ordnung destabilisieren und schließlich ruinieren kann. Alles in allem, er bemächtigt sich ohne Waffengewalt der Welt, die ihm von da an sowohl im materiellen wie im geistigen Sinne gehört.

**Das Bild des Wucherers**

Nur schrittweise wurde den Juden der Zwang auferlegt, sich auf das Geldverleihen zu spezialisieren, und diese Tätigkeit wurde über lange Zeit nur zusätzlich oder nebenbei ausgeübt. Im 12. Jahrhundert autorisierte Elieser Ben Nathan aus Mainz den Geldverleih nur deshalb, weil die Erträge der Felder und Weinberge nicht ausreichten, die Gemeinde zu versorgen. Während des zweiten Kreuzzuges fanden Massaker an den Juden während der Weinlese statt. In seiner Studie über die Beziehungen zwischen Juden und Christen im Abendland in den Jahren zwischen 430 und 1096 weist Bernard Blumenkranz[2] nach, daß kein einziger Text, weder aus der Rechtspflege noch aus dem Bereich des Alltags, das Thema des Wuchers bei den Juden behandelt. Freilich legen zahlreiche rabbinische *responsa* Zeugnis vom Geldhandel ab, aber es ist wichtig darauf hinzuweisen, daß diese Tätigkeit leicht zu Rechtsstreitigkeiten führen konnte; aus der bloßen Tatsache, daß solche Streitigkeiten in den Berichten über die Rechtsentscheidungen der Rabbiner erwähnt werden, kann der Umfang des Geldverleihs unter den Juden dieser Epoche nicht erschlossen werden.

**Die historische Entwicklung**

Wenn es erst am Anfang des 13. Jahrhunderts dazu kam, daß die Kirche, und zwar mit der Stimme von Innozenz III., den »jüdischen Wucherer« verdammte, dann deshalb, weil dieser im Geldhandel nur eine untergeordnete Rolle spielte. Tatsächlich übten die Juden Europas zu Beginn des Mittelalters ihre traditionellen Berufe aus. Die verschiedenen kirchlichen Konzile, die in Toledo oder in den merowingischen Städten versammelt waren, hätten sich sicherlich die Gelegenheit nicht entgehen lassen, den Geldverleih unter den Juden zu verurteilen, wenn dieser in ihrer beruflichen Struktur einen wichtigen Platz eingenommen hätte.

Indessen empfanden die Juden, die nach den Ausweisungen des 7. Jahrhunderts ihren durch die Handelstätigkeit erworbenen Grundbesitz verloren hatten, den Geldhandel als zwar zweitrangige, aber doch profitable Verdienstmöglichkeit. Da sie aus weiter entwickelten Ländern gekommen waren, besaßen sie mehr flüssiges Geld als ihre christlichen Konkurrenten. Viele von ihnen hatten aber auch beträchtliche Summen aus dem Verkauf oder selbst aus der zwangsweisen Auflösung ihrer Besitztümer zurückbehalten können. So haben mehrere Faktoren dazu beigetragen, daß sich die Juden im mittelalterlichen Europa auf den Geldverleih spezialisierten: ihre schrittweise Verdrängung aus den meisten Berufszweigen in der Zeit des wirtschaftlichen Aufschwungs, der auf die Kreuzzüge folgte; der Kampf der Kirche gegen den Wucher, der sie in diese Tätigkeit hineintrieb; die vorhandenen Geldmittel, über die sie verfügten. Diese unterschiedlichen Elemente trugen, zu verschiedenen Zeiten und an verschiedenen Orten, auch eine unterschiedliche Bedeutung. S. W. Baron nimmt an, daß es den Juden Westeuropas wegen der ihnen im internationalen Handel zugewiesenen Rolle gelang, die für ihre finanziellen Transaktionen nötigen Geldmittel zusammenzutragen[3]. Sie importierten eine große Zahl von Luxusgütern im Auftrag (und auf Rechnung) von europäischen Adligen und Geistlichen, im Austausch für Produkte, die sie in den Orient ausführten. Vor allem waren sie mit Erfolg am Transport von Gold und Silber aus den Bergwerken der islamischen Länder und Afrikas beteiligt.

Tatsächlich waren die Juden zugleich im Handel und im Geldverleih tätig. Sie bemühten sich, ihre Investitionen und Handelsverträge auszuweiten, um sich besser gegen die unvermeidlichen, stets drohenden Ausweisungen und gegen die Gefahr der Enteignung abzusichern. Léon Poliakov hat gezeigt, daß die Spezialisierung der Juden im Geldhandel zur Rettung des Judentums beigetragen hat. Dies war vor allem im Bereich Norditaliens der Fall, während die Juden im Süden Italiens, zum größten Teil Handwerker, den

***Abb. 19** »Aus dem im frühen und auch noch im hohen Mittelalter weitgehend tolerierten und respektierten Mitmenschen ist bis zum Beginn der Neuzeit und gefürchteter Außenseiter der Gesellschaft geworden.« (Wilhelm Güde) Der Jude mit der Geldbörse auf der St. Peter und Paul-Kirche in Rosheim (Elsaß).*

Kampagnen zur zwangsweisen Konversion nicht widerstehen konnten – »was«, wie Poliakov schreibt, »den Gedanken nahelegt, daß unter bestimmten sozialhistorischen Umständen die berufliche Orientierung entscheidend für das Überleben des mittelalterlichen Judentums oder zumindest einiger Gruppen des Judentums war«.[4] Die italienischen Stadtstaaten erteilten den Juden faktisch die Toleranz, also die Aufenthaltsberechtigung, die einen schändlichen, aber nützlichen Beruf ausübten. Dabei stützten sie sich auf die antike theologische Vorstellung, nach der die Juden als Volk der Zeugen (des Lebens Christi) geduldet werden sollten. »So«, schreibt wieder Poliakov, »daß der Beruf zum Unterpfand für das Überleben dieses Volkes zu werden schien, und daß religiöse Toleranz und ökonomische Toleranz zu einer Einheit verschmolzen.«[5]

**Die Juden werden zu gesuchten Gegnern gemacht**

Im Deutschland des 19. Jahrhunderts wurden die Juden, wurde das »jüdische Element« mit der Hilfe von Begriffen, die aus dem Wort »Wucher« abgeleitet waren – »überwuchern« etwa oder »bewuchern« – angeklagt, alles, »was ihm erreichbar ist« im Bereich der Politik und der Gesellschaft, zu korrumpieren. Für Wilhelm Marr[6] waren die Juden, die es verstanden hätten, dem Abendland über mehr als achtzehn Jahrhunderte zu widerstehen und in dieser Zeit zu einer der größten Weltmächte geworden seien, der ideale Gegner. Einen solchen Gegner zu bekämpfen, war für ihn eine Frage von Leben oder Tod Deutschlands. Das Schicksal hatte es gewollt, daß Juden und Deutsche, als »Gladiatoren der Kulturgeschichte«, sich Auge in Auge in der Arena gegenüberstanden. Das Stereotyp vom jüdischen Aufsteigertum, vom unmäßigen Ehrgeiz, das in der großdeutschen völkischen

**Gustav Freytag**

Ideologie eine Konstante darstellt, erscheint bereits 1855 in Gustav Freytags außerordentlich populärem Roman *Soll und Haben*.[7] Dem wurzellosen Juden Veitel Itzig, der dank seiner Skrupellosigkeit und seiner Hartherzigkeit geschäftlichen Erfolg hat, wird der deutsche Lehrling gegenübergestellt, der auf dem rechten Weg bleibt und durch seine Ehrlichkeit und sein Verantwortungsgefühl seinen Wurzeln treu bleibt. Im Sinne dieser großdeutschen Ideologie symbolisiert die Börse das Zentrum in dem gewaltigen Spinnengewebe, das der Jude knüpft, um sich die Welt zu unterwerfen. Sie stellt den vitalen Kern seiner polypenhaften Tätigkeit dar, das eigentliche Symbol des Kapitalismus, der alle Schöpferkraft lähmt. Das Thema der jüdischen Unersättlichkeit wurde in Deutschland 1863 in Wilhelm Raabes Roman *Der Hungerpastor* entwickelt, einem sehr erfolgreichen Werk, von dem in vierzig Jahren zweiundzwanzig Auflagen auf den Markt kamen. Der Autor entwirft darin eine brutale Gegenüberstellung zwischen dem Deutschen, der mit der Ordnung der Dinge einverstanden und zufrieden ist mit dem Platz, den man ihm in der Gesellschaft zugewiesen hat, und dem grenzenlosen Verlangen des Juden. Zwei Freunde, Christ der eine, der andere Jude, trennen sich voneinander, um sich eigene Wege durch die Welt zu bahnen. Der Christ kämpft auf ehrliche Weise und wird verdienterweise zum gütigen Pastor einer armen Gemeinde an der Küste. Der Jude, von einer unersättlichen Machtgier verzehrt, handelt unehrlich und ohne das geringste menschliche Gefühl; er findet ein gerechtes Ende, denn er ertrinkt in den wilden Wassern eines schmutzigen Flusses.

**Der »jüdische Geist« wird definiert**

Für viele deutsche Denker, Historiker und Philosophen des späten 19. und des frühen 20. Jahrhunderts war es der ›jüdische Geist‹, der diese der Ökonomie geweihte Epoche dominierte. Werner Sombart beruft sich auf Karl Marx, wenn er feststellt, daß »der praktische Judengeist zum praktischen Geist der christlichen Völker geworden« sei, daß »die Juden sich insoweit emanzipiert haben, als die Christen zu Juden geworden sind, und daß »das reale Wesen der Juden sich in der bürgerlichen Gesellschaft verwirklicht« habe.[8] Der Einfluß des ›jüdischen Geistes‹ habe die gesamte äußere Struktur des zeitgenössischen Lebens bestimmt und dieses Leben tiefgreifend umgewandelt. »Der jüdische Geist«, sagt Sombart, »hat sich niedergeschlagen, ›objektiviert‹ in tausend Einrichtungen und Gebräuchen, in unserem Recht, unserer Verfassung, in unserem Lebensstil, in unserer Wirtschaft und immer so weiter.«[9] Dieser Geist habe sich konkretisiert in sozialen Institutionen wie der Börse, im Finanzkapital und in den großen Warenhäusern, zu deren Fürsprechern sich nun die Nichtjuden machten. Sombart weist dem deutschen Volk dann auch die Auslöschung des ›jüdischen Geistes‹ als Hauptaufgabe zu. Um ihn zu zerstören, »genügt es nicht, alle Juden auszuschalten, genügt es nicht einmal, eine unjüdische Gesinnung zu pflegen. Es gilt vielmehr, die institutionelle Kultur so umzuschaffen, daß sie nicht mehr als Bollwerk des jüdischen Geistes dienen kann.«[10]

Zu den notwendigen Etappen in der Entwicklung jeder menschlichen Gruppierung gehört, wie Max Weber gezeigt hat, eine Haltung, die mit der Berufung auf eine fast religiös zu verstehende Tradition das soziale und ökonomische Verhalten eines Kompatrioten, eines Angehörigen der gleichen Religion, strengen Regeln unterwirft, während die Verhaltensweisen des Fremden als moralisch indifferent angesehen werden. Am Ursprung jeder menschlichen Gemeinschaft finden sich sofort zwei konträr zueinander stehende Einstellungen zur Frage des Profits: Im Innern der Gruppe herrscht die aus der Tradition entstammende Verpflichtung zu einem vom Respekt gegenüber dem Angehörigen des gleichen Clans oder der gleichen Familie geprägten Verhalten; jede unverhältnismäßige Vorteilnahme unterliegt einem Bann. Das ist die Moral der Zugehörigkeit. Dem gegenüber steht der völlige Verzicht auf solche Zurückhaltung, wenn es darum geht, der äußeren Welt Profit und Gewinn abzutrotzen; jeder Fremde sieht sich in die Rolle des Feindes versetzt, dem gegenüber man sich ohne Rücksicht auf irgendwelche moralischen Schranken verhalten kann. Das ist die Moral, die für die Außenstehenden gilt. Max Weber kennzeichnet diese doppelte Moral als »Pariarecht«.[11] Werner Sombart hingegen entrüstet sich weniger über die doppelte Moral der Juden – die nicht spezifisch für die jüdische Kultur ist –, sondern über ihre Skrupellosigkeit, über die völlige Ausblendung aller ethischen Normen in den Beziehungen, die sie mit der sie umgebenden Welt pflegen. Es ist, in seiner Darstellung, die jüdische Mentalität, die das ganze wirtschaftliche Leben überformt und die, über die äußere Organisation der ökonomischen Prozesse hinaus, auch den Geist prägt, in dem diese Prozesse sich vollziehen. Der Erfolg der Juden resultiere nicht so sehr aus einem unehrenhaften Verhalten als aus der Mißachtung aller *gängigen* moralischen Werte. Die Weber'sche »Doppelmoral«, die durchaus als Anklage gemeint ist, wird bei ihm ersetzt durch die Denunziation einer bewußten Absicht der Juden, sich den Maßstäben, die in der Aufnahmegesellschaft gelten, nicht unterzuordnen. Sombart zeichnet ein idyllisches Bild von dem Geist, der das ökonomische Leben anregte – bis der jüdische Virus kam, zerstörerisch und zersetzerisch, der sein Werk der Untergrabung begann und die Fundamente einer Gesellschaft unterminierte, der es bis dahin gelungen war, die Bedürfnisse all ihrer Mitglieder wohl zu befriedigen. »Und gegen diese festgefügte Welt nun rannten die Juden Sturm«[12], diese Organisation, dieses Wunderwerk des Gleichgewichts und der Gerechtigkeit, dieses altruistische Wirtschaftsdenken haben sie untergraben. Sicher sind sie nicht die einzigen, die den Vorschriften des Rechts und der Moral Gewalt angetan haben. Aber es gibt, sagt Sombart, eine typisch jüdische Form, die etablierten Regeln zu umgehen; »diese spezifisch jüdische ›Gesetzesübertretung‹ äußert sich vor allem darin, daß es sich bei den Verstößen der Juden gegen Recht und Sitte gar nicht handelt um die vereinzelte Unmoral eines einzelnen Sünders, sondern daß diese Verstöße der Ausfluß der für die Juden gültigen allgemeinen Geschäftsmoral waren, daß in ihnen also nur die von der Gesamtheit der jüdischen Geschäftsleute gebilligte Geschäftspraxis zum Ausdruck kommt.«[13] Sie handeln dabei mit gutem Gewissen, denn sie beziehen sich auf einen ethischen Code, der als Gegenstück zur gegenwärtig zulässigen Moral dargestellt wird. Gerade das erscheint ihnen absurd. Denn nicht Hehlerei oder der Handel mit gestohlenem Gut wird ihnen vorgeworfen, wenn von der »Gegenmoral«, der »Anti-Moral« die Rede ist, sondern ihre unmäßige Liebe zum Geld als dem Maß aller Dinge, als oberstem Wert, für das kein Opfer zu schade ist.

Nicht den schöpferischen Kapitalismus hätten die Juden vorangetrieben, sondern einen Kapitalismus des Wuchers und des Parasitentums. Die Fugger und die Rothschilds, die beide ihr Vermögen dem Krieg verdanken, stehen symbolisch für die zwei möglichen Wege, zu Reichtum zu gelangen: der eine Weg, der deutsche, bestand in der direkten Vergabe von Krediten, von Person zu Person; der zweite, der jüdische, bestand im Ausstellen von Wechseln, im Handel an der Börse, er vollzog sich »hinter dem Rücken des Publikums«.[14] Indem sie die für eine Kriegsführung nötigen Gelder zur Verfügung stellten, sorgten die Juden zuallererst für ihr eigenes Vermögen. Otto Glagau verwendete den Begriff des »raffenden Kapitals«, im Gegensatz zu dem des »schaffenden Kapitals«, in einer Serie über die Börse und die Finanzspekulation, die 1874 in der *Gartenlaube,* dem literarischen Magazin für die Mittelschicht, erschien. »Das System des freien Handels, das die Schule von Manchester preist, ist die Doktrin des Midas-Gottes. Alles soll zu Geld werden – die Scholle, die menschliche Mühe und Tüchtigkeit; dieses System verherrlicht den Egoismus, verwirft jedes Gemeinschaftsgefühl, jede Menschlichkeit, und jedes moralische Prinzip. Es predigt einen ungeschminkten Materialismus ... Das Judentum hat diese Entwicklung auf die Spitze getrieben. Allein das Handelsinteresse zählt, und einzig das Feilschen und der Wucher. Der Jude arbeitet nicht, sondern läßt die anderen arbeiten; er spekuliert und macht Geschäfte mit den Produkten der Handarbeit und der geistigen Arbeit von anderen. Das Zentrum seiner Aktivitäten ist die Börse ... Dieser fremde Stamm hat sich im deutschen Volk eingenistet, um es bis aufs Mark auszusaugen.«[15] Adolf Stoecker, der Sprecher der »Christlich-Sozialen Bewegung«, bestätigte einige Jahre später, daß auch er nur das »bewegliche« Kapital, das »Börsenkapital« bekämpfe. Er wirft Marx und Lassalle vor, sie hätten die Wurzeln der sozialen Probleme in der industriellen Produktion gesucht statt in den Aktivitäten der Börse, sie hätten damit die Industriellen für alle Übel der Gesellschaft verantwortlich gemacht und so den Haß der Arbeiter auf die Unternehmer genährt. »Unsere Bewegung stellt dies richtig. Wir zeigen dem Volk, daß die Wurzeln seiner Ausbeutung in der Macht des Geldes und im käuflichen Geist der Börse liegen.«[16] Wie Paul W. Massing[17] betont, bildeten ein regelmäßiges Einkommen und eine gerechte Entschädigung für eine ehrliche Arbeit seit jeher das Ziel und das Ideal aller wirtschaftlichen Aktivitäten der mittleren Klassen, in der Stadt wie auf dem Land. Sie fürchteten und verachteten die Dynamik der kapitalistischen Ökonomie, besonders deren Beweglichkeit und ihren spekulativen Charakter. Der Austausch von Dienstleistungen gegen Geld, der die abstrakteste und anonymste Form des Kapitals darstellt, symbolisierte in ihren Augen den unmoralischen und wucherischen Charakter des Systems, als dessen zweifelhafter Repräsentant die Hochfinanz erschien. Die Mittelschichten akzeptierten bereitwillig die Unterscheidung zwischen dem – »jüdischen« – Finanzkapital und dem – »deutschen« – industriellen oder agrarischen Kapital. Eine solche Gegenüberstellung erlaubte es, eine Form der Sozialkritik zu äußern, die weder die Fundamente der etablierten Ordnung noch das Privateigentum in Frage stellte.

**Adolf Stoecker**

**Der Antisemitismus erlaubt Sozialkritik, die die Ordnung nicht in Frage stellt**

Das Geld stellt ein Mittel der Unterdrückung dar, denn der berechnende Rationalismus neigt dazu, die impulsiven Formen des Lebens zugunsten eines kalten Intellektualismus zu ersticken. Wenn alles an der Elle finanzieller Möglichkeiten gemessen wird, triumphiert der Egoismus. Geistlosigkeit und Brutalität erfaßt das ganze Leben, denn alles, was für Geld zu haben ist, geht an den, der am meisten bietet – egal, worum es sich handelt. Mit ihrer Feststellung, daß die Juden – ausgeschlossen von den warmen Strömen der Menschlichkeit – sich bemühten, die »kältesten Ströme des händlerischen Kalküls und des Intellekts« zu kontrollieren und die Beziehungen der Menschen untereinander zu beherrschen, befinden sich die Kritiker auf einer nietzscheanischen Ebene der Denunziation der ›Moral des Ressentiments‹ [der »Sklavenmoral«, die den Stärkeren zu schwächen sucht, indem sie ihm ein schlechtes Gewissen bereitet]. Durch einen veritablen »Kraftakt« sei es den Juden, aus dieser Sicht, gelungen, jedes Gefühl und jede Unentgeltlichkeit dem Profit zu opfern, der aus der zwangsweisen Vermittlung durch das

Geld erwächst. Das Geld wird, in seiner symbolischen wie in seiner zählbaren Dimension, zum einzigen Kriterium von Werten. Auf diese Weise wird das Stereotyp des Juden verstärkt, der ein jedes Ding aus seinem kulturellen Zusammenhang herausreißt, der es entwirklicht, um es dann in den Strudel der Geschäfte zu werfen. Als Geschäftemacher, dem auch die Ideen zum Geschäft werden, erhebt er das Kalkül zum obersten Wert.

Die von den Juden errichtete kapitalistische Welt hat nichts organisches, nichts natürliches: hier gibt es »nur Mechanisches, Künstliches, Gemachtes«.[18] Das kapitalistische Unternehmen stellt eine künstliche Konstruktion dar, die sich in Abhängigkeit von den Zielen und den Bedürfnissen des Moments vergrößern, unterteilen oder ganz umstrukturieren läßt; diese Konstruktion ist stets vom Prinzip der Nützlichkeit bestimmt. Sie resultiert aus dem Zusammentreffen von einem kalkulatorischen Talent mit einer rein auf den Nutzen abgestimmten, kalten Mentalität. »Statten wir nun diesen nüchtern abwägenden, genau rechnenden Menschen noch mit einer starken Dosis kombinatorischer Phantasie aus, mit der, wie wir sahen, der Jude gut versehen ist, so steht der perfekte Börsenspekulant fertig vor uns.«[19] Die Welt des Juden beruht auf Gewinn und Berechnung: Der Wert einer Sache bestimmt sich aus dem Gewinn, der aus ihr zu ziehen ist: »Tachlis«. »Kein Wort klingt dem Ohr des Juden vertrauter als das Wort ›Tachlis‹, das Zweck, Ziel, Endresultat bedeutet. ›Tachlis‹ muß etwas sein, damit man es tue, ›Tachlis‹ ist der Sinn des Lebens im ganzen wie in allen seinen einzelnen Betätigungen, Tachlis ist der Inhalt der Welt. Und für törichte Schwärmer wird der Jude jene halten, die darauf erwidern würden: nicht Tachlis, sondern Tragik sei der Inhalt des Lebens, sei der Inhalt der Welt.«[20] Im Geldverleih auf Zinsbasis verschwindet die Qualität vollständig zugunsten der Quantität, die Vorstellung eines Auskommens wird abgeschafft, die körperliche Anstrengung wird negiert, es zählt einzig der Erfolg. Damit ist es erlaubt, sein Geld anders als »im Schweiße seines Angesichts« zu verdienen und andere auszubeuten, ohne auf ausgesprochene Gewaltmittel zurückzugreifen. Für Werner Sombart charakterisiert diese Spezialisierung die jüdische Gemeinschaft in allen ihren Entwicklungsphasen, sie ist untrennbar von deren wirtschaftlicher Tätigkeit, sei es zur Zeit ihrer nationalen Unabhängigkeit, sei es in der Diaspora. Als Beleg dafür, daß und warum sich die Praxis des Geldverleihs auf Kredit so lange erhalten hat, führt er die vielen Passagen an, die im Talmud den Geldproblemen gelten. »Jedem unbefangenen (und wirtschaftlicher Kenntnisse nicht ganz baren) Leser ergibt sich aus der Lektüre des Talmud der deutliche Eindruck: in dieser Welt wird viel Geld geliehen.«[21] Wenn die Juden sich, über Jahrhunderte und mit niemals nachlassendem Erfolg, dem Geldverleih gewidmet haben, dann deshalb, weil sie dafür eine »besondere Veranlagung« haben. »Leihen ja: das kann jeder; aber erfolgreich leihen: das ist ohne bestimmte Geistes- und Charaktereigenschaften nicht denkbar. Daß in der Tat hier bei den Juden das Geldverleihen mehr als das dilettantische Hingeben eines Darlehns und Hereinnehmen einer Zinssumme bedeutete, daß das Geldverleihen von den Juden

**Symbol des Kapitalismus: Der Börsenspekulant**

zu einer Kunst ausgebildet worden war, daß sie wahrscheinlich die Begründer (sicher aber die Verwahrer) einer hochentwickelten Leih*technik* während all der Jahrhunderte sind, das lehrt auf das klarste ein Studium der Talmudtraktate, die von diesen weltlichen Dingen handeln.«[22]

Werner Sombart stellt fest, die Rabbiner des Talmud würden argumentieren, als hätten sie Riccardo oder Marx gelesen, oder als hätten sie über Jahre hinweg die Funktion eines Börsenmaklers ausgeübt. Sie verfügten über eine präzise Kenntnis der wertvollen Metalle, sie träfen scharfe Unterscheidungen zwischen dem Kredit, der für den Verbrauch bestimmt ist und dem Kredit für die Produktion, und sie betrachteten das Geld als allgemeingültiges Äquivalent für alle Handelsware. Nicht nur fände so der Gläubige in den Heiligen Schriften Passagen, die ihn dazu berechtigten, Zinsen auf die Kredite zu nehmen, die man den Fremden gewährte, es habe sogar Epochen gegeben wie das Mittelalter, in denen diese Erlaubnis als Pflicht dargestellt worden sei.[23] Werner Sombart leugnet nicht, daß die Kreditvergabe zu dieser Zeit für die wirtschaftliche Entwicklung unentbehrlich war, aber er stellt wie in einer Karikatur die Skrupel des Christen, der »Wuchers getrieben hatte«, dem guten Gewissen des Juden gegenüber. Während der Christ »sich auf seinem Totenbette in Qualen der Reue wand« und »rasch vor dem Ende noch sein Hab und Gut von sich zu werfen bereit war« – denn der unrechtmäßig erworbene Reichtum verbrennt seine Seele –, »überblickte der fromme Jude an seinem Lebensabend schmunzelnd die wohlgefüllten Kästen und Truhen, wo die Zecchinen angehäuft lagen, die er in seinem langen Leben dem elenden Christen- (oder auch Mohamedaner-) Volk abgezwackt hatte: ein Anblick, an dem sein frommes Herz sich weiden konnte, denn jeder Zinsgroschen, der da lag, war ja fast wie ein Opfer, das er seinem Gotte dargebracht hatte.«[24]

Werner Sombart verurteilt die wichtige Rolle, die die Juden im Prozeß der »Objektivierung« und der »Entnatürlichung« des wirtschaftlichen Lebens eingenommen hätten – »weil ich in der Tat glaube, daß die von der jüdischen Religion bewirkte Rationalisierung des Lebens und vor allem des Geschlechtslebens in ihrer Bedeutung für das Wirtschaftsleben nicht leicht überschätzt werden kann. Wenn wir überhaupt einen Einfluß der Religion auf das wirtschaftliche Verhalten der Juden gelten lassen wollen, so müssen wir ganz gewiß die Rationalisierung der Lebensführung als das wirksamste Mittel anerkennen, diesen Einfluß auszuüben.«[25] Die Rationalisierung steht am Ursprung der Erschaffung eines gegen die Natur gerichteten ökonomischen Systems, des Kapitalismus. Der jüdische Mensch repräsentiert das der Natur entfremdete Wesen, in dem Ideologie und religiöse Praktiken, durch einen übermäßigen Intellektualismus, alles instinktive und spontane Leben abgetötet haben. Auch hier ist das Echo Nietzsches zu hören, wenn Sombart dieses Unternehmen der Verkehrung aller Werte durch das Judentum denunziert. »Damit der Kapitalismus sich entfalten konnte, mußten dem naturalen, dem triebhaften Menschen erst alle Knochen im Leibe gebrochen werden, mußte erst ein spezifisch rational gestalteter Seelenmechanismus an

**»Entnatürlichung«**

die Stelle des urwüchsigen, originalen Lebens gesetzt werden, mußte erst gleichsam eine Umkehrung aller Lebensbewertung und Lebensbedenkung eintreten.«[26] Das ist, sagt Sombart, die »alte Tendenz der Schriftgelehrten: ›das ganze Leben in die heilige Regel einzuspinnen‹.« Das strenggläubige Judentum halte nach wie vor »an diesem starren Formalismus und Nomismus fest«, das Streben nach Heiligkeit bestehe »in unausgesetztem Kampfe gegen das Niedrige und Gemeine, Sinnliche und Tierische«. Und, an anderer Stelle: »Heiligkeit heißt mit einem Worte: Die Rationalisierung des Lebens. Heißt die Ersetzung des naturalen, triebhaften, kreatürlichen Daseins durch das bedachte, zweckgewollte, sittliche Leben.«[27] Die Juden »erkennen eben die Welt mit dem Verstande, nicht mit dem Blute, und kommen darum leicht zu der Meinung, daß alles, was mit Hilfe des Verstandes auf dem Papiere geordnet werden kann, auch im Leben sich müsse ordnen lassen.«[28] Ihr Intellektualismus bringt sie dazu, ein rationales Modell der Welt als perfekt organisiertes Ganzes zu entwerfen, dessen einzelne Teile harmonisch ineinandergreifen. Werner Sombart wirft ihnen ihre Unfähigkeit vor, die persönliche Natur der Abhängigkeitsbeziehungen zu begreifen: den persönlichen Charakter, die persönliche Macht, die persönliche Leistung, die persönliche Hingebung: »Der Jude ist seinem innersten Wesen nach aller Ritterlichkeit, aller Sentimentalität, aller Chevallerie, allem Feudalismus, allem Patriarchalismus abgeneigt. Er versteht auch ein Gemeinwesen nicht, das auf solchen Beziehungen aufgebaut ist.«

In seinem *Deutschen Sozialismus*[29] stellt Sombart zwei Mentalitäten, zwei Visionen menschlicher Existenz gegeneinander, die auch zu vollkommen unterschiedlichen Verhaltensweisen führen: die merkantile Vision und die heroische. »Ich verstehe unter Händlergeist diejenige Weltauffassung, die an das Leben mit der Frage herantritt: was kannst du Leben mir geben; die also das ganze Dasein des einzelnen auf Erden als eine Summe von Handelsgeschäften ansieht, die jeder möglichst vorteilhaft für sich mit dem Schicksal oder dem lieben Gott (die Religionen werden vom Händlergeist ebenfalls in seinem Sinne geprägt) oder seinen Mitmenschen im einzelnen oder im ganzen (das heißt mit dem Staat) abschließt.« Das Ziel der menschlichen Anstrengung ist, in dieser Sicht, das Glück, das als Wohlbefinden in der Tugendhaftigkeit verstanden wird, und die Tugenden, die so befördert werden sollen, sind diejenigen, die den Instinkt unterdrücken: »Mäßigung, Genügsamkeit, Fleiß, Aufrichtigkeit, Enthaltsamkeit in allerhand Dingen, Demut, Geduld u. dgl.« Diese Liste »negativer Werte« ist der von Nietzsche kritisierten »Umwertung der Werte« nicht fern. Dem Handelsgeist stellt W. Sombart die heroische Mentalität gegenüber, die das Leben als Aufgabe und als Pflicht begreift, als Funktion einer Verantwortung, die Gott dem Menschen übertragen hat. Der Mensch findet Befriedigung nur in einer Arbeit, die es ihm erlaubt, seine unglückliche – »vom Göttlichen getrennte, dem Göttlichen entrissene« – Stellung zu überwinden. Die Tugenden des Helden sind denen des Händlers entgegengesetzt; es sind »positive« Tugenden, die sich auszeichnen durch Hingabe, Opfermut, Treue, Arglosigkeit, Ehrfurcht,

Tapferkeit, Frömmigkeit, Gehorsam und Güte. Es sind kriegerische Tugenden, Tugenden, die ihre volle Entfaltung im Kriege und durch den Krieg erleben, wie denn alles Heldentum erst im Kriege und durch den Krieg zu voller Größe emporwächst.[30] Der Händler und der Held bilden die beiden antagonistischen Pole jeder menschlichen Unternehmung; der erste tritt als Bittsteller auf, er will sich zu möglichst geringen Kosten ein Maximum an Gütern zusammenraffen, er »will mit dem Leben ein gewinnbringendes Geschäft eingehen«; der andre, der Held, bietet seine Dienste an, ohne eine Gegenleistung zu fordern, und er findet Befriedigung nur in der geleisteten Arbeit. Gegen Gewinnsucht steht der Verzicht, gegen den genießerischen Egoismus das Opfer.

Das Zusammentreffen von Anglophobie und Antisemitismus hat einen Vorläufer in der ablehnenden Haltung gegenüber der industriellen Revolution, die den Menschen der Erde entrissen und ihn zum Lasttier reduziert hat, gegenüber dem Geist der Abstraktion, und gegenüber dem Profit der Juden. Diese gelten als unfähig zu begreifen, welche Bande den Menschen mit seinem Boden verbinden, sie machen sich nichts aus dem Elend, das die Entwurzelung mit sich bringt. Die Juden sind, wie J. G. Fichte sagt, ein Volk, »das sich selbst dazu verurteilt hat, ein Gewerbe auszuüben, das den Körper erniedrigt, den Geist unfruchtbar macht, indem es ihm jeden Zugang zu edlen Gefühlen versperrt«.[31] Für Paul de Lagarde haben die Juden keine Seele. Diese Menschen, die man für alle Geschäfte braucht und für alles, was Geschäften ähnelt, geben Deutschland eine Mentalität von Ladenbesitzern.

**Juden erscheinen als Quintessenz der Moderne**

Diese Theorie, nach der die Juden die Quintessenz der Moderne und des Materialismus bilden, wurde im Deutschland des 19. Jahrhunderts von den Vertretern der *Kulturkritik* entwickelt, namentlich von ihren prominentesten Anführern, Paul de Lagarde und Heinrich von Treitschke. Für ersteren sind die Juden die Verderber des *Volksgeistes,* des nationalen Genius, den Gott den Deutschen zugeteilt hat: sie flößen ihm das Gift des Liberalismus ein, um das ganze deutsche Volk zu »verjuden«[32]; sie »lassen sich von ethischen Skrupeln so wenig plagen wie der Schädling, der den Körper vergiftet, der ihn beherbergt«. Für Heinrich von Treitschke muß der Staatsbürger ein Krieger sein, der »bereit ist, sich für den Staat zu opfern«[33] und für die Aufrechterhaltung der Einheit des Volkes. Die Juden dagegen, deren einziges Interesse der Profit ist, bilden die Speerspitze des Angriffs, den Liberalismus und Materialismus gegen den Staat führen, der doch das heilige Band zwischen den Generationen darstellt.

Die mythischen Figuren des Juden, die sich durch die abendländische Vorstellungswelt bewegen, sind nach Jean-Paul Aron nichts anderes als formale Begriffe, »die sich rund um ein unendlich trächtiges und zugleich unendlich armseliges Bild drehen, ein Bild, das aus der höchsten Unbestimmtheit die größtmögliche Zahl von Bedeutungen herausholt: dieses Bild zeichnet die grundsätzliche Überschreitung, die prinzipielle Andersartigkeit des Juden, die seinen Ausschluß aus allen Wertesystemen, aus jeder ästhetischen Ordnung und Moral zur Folge hat, die ihn von vornherein zum Gegner, zum Hochstapler, zum Falschspieler stempelt.«[34] Wenn »der Jude« einen phantasmagorischen Platz in der Einbildungswelt des Abendlandes einnimmt, wenn sein Bild sogar um so mysteriöser und beunruhigender wirkt, je mehr

***Abb.** 20 Die Börse, Symbol des modernen (Finanz-)Kapitalismus, wird zum neuen Schauplatz, an dem die antisemitische Phantasie ihre Vorstellungen von Unübersichtlichkeit und Undurchschaubarkeit unterbringen kann. Köln 1896.*

er sich darum bemüht, sich zu assimilieren, sich in die Masse seiner Zeitgenossen einzufügen – dann deshalb, weil er, weil dieses von ihm erschaffene Bild einem vorhandenen Bedürfnis entgegenkommt. »Es drängte sich dabei folgende Schlußfolgerung auf: Wenn eine, vom Recht her gesehen, unterdrückte Gruppe sich in eine niedere Rasse verwandelte, anstatt einfach zu verschwinden, dann rührt dies daher, daß sie eine psycho-soziale Funktion zu erfüllen hatte, daß heißt, daß die Christenheit in gewisser Weise die Juden brauchte, um sich vorteilhaft von ihnen zu unterscheiden. Ihr Erfolg in den verschiedenen Lebensbereichen, das Schauspiel von verachteten Geldmenschen, die sich bis zu den höchsten gesellschaftlichen Stellungen erheben konnten, lassen die Spannungen und die Abneigungen zunehmen, die im Gefolge ihrer Befreiung sich bemerkbar machen. Es hat also den Anschein, daß die Vorstellung von einer semitischen Rasse dazu bestimmt ist, ein durch ihre Emanzipation geschaffenes Vakuum aufzufüllen, ein Vakuum, dessen beängstigende Auswirkungen so weit gehen, daß einige Visionäre schon den entscheidenden Schritt wagen und die revolutionären Veränderungen dieser Zeit einer jüdischen Verschwörung zurechnen; der Schatten der Weisen von Zion zeichnet sich am Horizont ab.«[35]

**Der Geldhandel hat zum Überleben der jüdischen Gemeinden beigetragen**

Freilich, niemand denkt daran zu bestreiten, daß der Handel mit Geld und das Streben nach Reichtum in entscheidender Weise zum Überleben der jüdischen Gemeinden beigetragen haben. Im Mittelalter war die schiere Existenz dieser Gemeinden an ihre Fähigkeit gebunden, den verschiedenen Instanzen, die sie dazu ausnützten, Kapital zur Verfügung zu stellen. Schritt für Schritt aus der Landwirtschaft, aus der Verwaltung, aus dem Militär und aus den Zünften der Handwerker hinausgedrängt, bildeten die Juden im späten Mittelalter eine randständige und verachtete Gruppe, ausgeschlossen von allen wesentlichen Aktivitäten der Gesellschaft bis auf diese eine: den Geldhandel. Sie wurden dazu gedrängt von den Fürsten und von den Bischöfen, denen das Kirchenrecht es verbot, Zinsen einzunehmen und die nur allzu glücklich waren, sich der Juden als Geldeintreiber zu bedienen. Und wenn sich die die öffentlichen oder privaten Schulden angehäuft hatten, konnte man die Juden des Ritualmordes oder der Brunnenvergiftung anklagen, ihre Ghettos verschließen und die Juden morden. Der Kaiser, Beschützer der Juden, erteilte den Verfolgern sein Pardon – für eine angemessene Geldsumme, die sie zum Ausgleich für die Verarmung seiner Güter zu bezahlen hatten.

Wie Léon Poliakov unterstreicht, konnte der Jude nur dank des Geldes überleben; »denn während die christliche Gesellschaft dieses Recht auf Leben dem letzten Taugenichts gewährt, muß der Jude dasselbe in regelmäßigen Abständen *kaufen;* sonst wird er als nutzloses Glied der Gesellschaft aus dieser ausgestoßen oder aber in irgendeine dunkle Affäre von Vergiftung oder Ritualmord verwickelt. Das Geld wird für ihn viel wichtiger als das tägliche Brot; es ist für ihn ebenso notwendig wie die Luft, die er atmet. Man kann beobachten, wie das Geld unter diesen Voraussetzungen für den Juden schließlich eine fast heilige Bedeutung erlangt.«[36] Diese verehrungsvolle Haltung beruht auf der Tatsache, daß das Geld die Quelle allen Lebens darstellt – »allmählich werden die Juden bei jedem Schritt und jedem Akt des alltäglichen Lebens der Zahlung einer Steuer unterworfen: sie müssen zahlen für das Gehen und für das Kommen, für das Verkaufen und für das Kaufen, für das Recht des gemeinschaftlichen Gebets, für die Verehelichung, für ein neugeborenes Kind und auch für den Toten, den man auf den Friedhof tragen muß. Ohne Geld ist die jüdische Gemeinschaft unausweichlich zum Verschwinden verurteilt.«[37] Albert Cohen läßt einen seiner Protagonisten im Roman *Solal* sagen: »Glaubst du, die anderen verabscheuen das Geld? Unsere Geldmenschen haben einen heiligen Beweggrund, sich mit diesem Metall zu befassen: leben, widerstehen, ausdauern. Sie tuns, auf daß das Volk daure, auf daß der Sohn lebe, auf daß der Messias komme.«[38] Weil im Reichtum die hauptsächliche Quelle einer relativen Sicherheit lag, hat das Streben danach im Leben der jüdischen Gemeinden seit der Antike und bis in unsere Zeit eine entscheidende Rolle gespielt. Aber über lange Zeit wurde der Reichtum als Instrument des Überlebens so hoch bewertet, und nicht als Wert an sich.

**Reichtum als Instrument des Überlebens**

Angesichts der prekären Lebenssituation der Juden stellte das Geld die einzige Sicherheit dar. Léon Poliakov hat festgestellt, daß zur Zeit der islamischen Herrschaft des 13. Jahrhunderts [in Spanien] Christen wie Juden gleichermaßen und ohne Unterschied alle Berufe ausübten, die mit der Geldzirkulation verbunden waren, und er sieht in der späteren Zuweisung dieser Geschäfte an die Juden ein Ergebnis der Gegensätzlichkeit der Religionen, »die die Getreuen der unterlegenen Religion, in ihrer politischen Schwäche, zu den kommerziellen Aktivitäten hin drängte, und ihnen in dieser Domäne freien Raum ließ«.[39] Übrigens unterstreicht Poliakov da, wo er die Folgen der Verschuldung der jüdischen Gemeinden Italiens bei den Christen im 15. Jahrhundert untersucht, die paradoxe Konsequenz, nämlich die daraus entstehende relative Sicherheit der Juden – eine Verschuldung bedeutet effektiv die Rettung des Schuldners, denn seine Gläubiger haben ein Interesse daran, ihn zu schützen. »Auf diese Weise kann die politische Verletzbarkeit einer Gruppe, unter bestimmten Bedingungen, ihre Trumpfkarte im ökonomischen Bereich sein. Im übrigen kann die Schwäche auf unterschiedliche Weise zur Stärke werden, denn nicht nur die wirkliche oder drohende Zahlungsunfähigkeit kann als Anhaltspunkt dienen, sondern viele andere Folgen dieser gefährlichen Existenz am Rande der Gesellschaft, die nur möglich ist, weil die Minderheit lernt, den üblichen Sitten und Bräuchen entgegenzutreten, die herrschenden Verbote zu übertreten, die Gesetze zu umgehen, also die Vorurteile und Heucheleien für sich auszunutzen. In gewisser Weise hat die mittelalterliche Theologie den Juden eine bestimmte Immunität zugestanden ...«[40]

Vorstellungen und Redeweisen, die von »Schandflecken« und von Verachtung handeln, verbinden den modernen Antisemitismus mit der mittelalterlichen Theologie. »Für die durch die wirtschaftlichen und sozialen Veränderungen in Unruhe geratenen, niedergeschlagenen oder sogar deklassierten Zeitgenossen schien die Welt gerade in der Zeit ›jüdisch‹ zu werden, in der die Juden sich bemühten, es nicht mehr zu sein, zumindest nicht mehr in der üblen, traditionellen und mittelalterlichen Bedeutung dieses Ausdrucks. Damit es sich so verhielte, mußten sie noch weiterhin ihre herausragende Rolle im Handel und im Geldwesen ausüben; aber die jüdischen Bankleute oder die jüdischen Unternehmer blieben Juden als Bankleute oder Unternehmer. Die Umkehrung dieser Ausdrücke bewirkte es, daß sie nicht bestimmt und beurteilt wurden nach dem, was sie in Wirklichkeit taten, das heißt nach ihrem Verhalten, sondern danach, was man sie zu sein einstufte, das heißt nach ihren eingebildeten Wesenmerkmalen.«[41] Bis hinein in die Gegenwart bleibt der ökonomisch hergeleitete Antisemitismus in der christlichen Theologie verwurzelt und nährt sich ausschließlich von ihr. »Wo es keine Juden gibt, judaisieren die Christen in einer noch viel schlimmeren Weise«, bemerkte schon Bernhard von Clairvaux. Was für die weit entfernten Ursprünge galt, scheint sich im Lauf der Generationen als zwanghafte Wiederholung zu reproduzieren. »Geschichtlich gesehen ging dem allem die theologische Rolle des Juden voraus und legte seine vielfältige wirtschaftliche Spezialisierung fest; das Ergebnis ist das sich aus beiden Rollen zusammensetzende Bild, das inmitten der neuen bürgerlichen Gesellschaft den Juden weiterhin als einen Sonderfall heraushebt. In bezug auf den Antisemitismus trifft die erstgenannte Rolle zu. Und diese Rolle ist vielgestaltig: Wir haben schon gesehen und werden es auch weiterhin sehen, wie sie sich verkleiden und maskieren kann und wie im Westen der Jude – völlig unabhängig von seiner persönlichen Wahrhaftigkeit – als Zeuge für die widersprüchlichsten, aufeinander prallenden Wahrheiten dient. Aus diesem Grunde ist die Geschichte des Antisemitismus zunächst und vor allem eine Geschichte der Theologie, so verflochten sie auch mit der Wirtschaftsgeschichte sein mag.«[42] Léon Poliakov hat auf bemerkenswerte Weise herausgearbeitet, wie diese alte Genealogie aus einer ständig wiederholten Interaktion resultiert, ihren Ausdruck im Europa der Moderne findet: »In der Tat werden jene Juden, die in der neuen bürgerlich und chauvinistisch gesinnten Welt auch weiterhin als zu fürchtende Konkurrenten im Geschäftsleben eine Rolle spielen, in einer noch deutlicheren Weise als früher – die einen aus weltanschaulichen Gründen, die anderen, viel zahlreicheren, durch ihre alleinige Präsenz und ohne zu begreifen, warum – zu den ausgesuchten Feinden jener Überzeugung, die diese Welt bekennt und die von ihr in den Rang der höchsten Werte erhoben werden.«[43]

**Verbindungen zwischen der mittelalterlichen Theologie und dem modernen Antisemitismus**

**Ausgesuchte Feinde**

*Übersetzung: Joachim Schlör*

Anmerkungen

1 Martin Luther: Von den Juden und ihren Lügen. 1543 (Weimarer Ausgabe Bd. 53).
2 Bernard Blumenkranz: Juifs et Chrétiens dans le monde occidental. Den Haag, Paris 1960, S. 346.
3 S. W. Baron: Histoire d'Israel, 4. Band. Paris 1961, S. 242.
4 Léon Poliakov: Les Banchieri juifs et le Saint-Siège. Paris 1965, S. 291.

5 Ebd., S. 294.
6 Wilhelm Marr: Der Sieg des Judentums über das Germanentum. 6. Aufl. Berlin 1879.
7 Gustav Freytag: Soll und Haben. 6. Aufl. Berlin 1879.
8 Werner Sombart: Der deutsche Sozialismus. [Le Socialisme allemand, Paris 1938, S. 216].
9 Ebd., S. 214.
10 Ebd.
11 Max Weber: Wirtschaft und Gesellschaft [Economie et Société, vol. 1. Paris 1971, S. 618].
12 Werner Sombart: Die Juden und das Wirtschaftsleben. Leipzig 1911, S. 151.
13 Ebd., S. 153.
14 Werner Sombart: Krieg und Kapitalismus. München, Leipzig 1913, S. 64.
15 Otto Glagau: Der Bankrott des Nationalliberalismus. 3. Aufl. Berlin 1878, S. 16–20.
16 Frank Walter: Hofprediger Adolf Stoecker und die Christlich-soziale Bewegung. 2. Aufl. Hamburg 1935, S. 77.
17 Paul W. Massing: Rehearsal for Destruction. New York 1967, S. 12.
18 Werner Sombart: Die Juden und das Wirtschaftsleben. Wie Anm. 12, S. 331.
19 Ebd., S. 332.
20 Ebd., S. 321.
21 Ebd., S. 371 f.
22 Ebd., S. 376 f.
23 Ebd., S. 286.
24 Ebd., S. 287.
25 Ebd., S. 276.
26 Ebd., S. 281.
27 Ebd., S. 265.
28 Ebd., S. 319.
29 Werner Sombart: Le socialisme allemand. Paris 1938.
30 Ebd., S. 95.
31 Johann G. Fichte: Sämmtliche Werke, Band 6. Berlin 1845, S. 149.
32 Paul de Lagarde: Deutsche Schriften. Über das Verhältnis des deutschen Staates zu Theologie ... 4. Aufl. Göttingen 1903, S. 58; Ausgewählte Schriften. Juden und Indogermanen. München 1921, S. 202.
33 Heinrich von Treitschke: Historische und politische Aufsätze. Band 3. Leipzig 1897, S. 142.
34 Jean-Paul Aron: Les Juifs, la séparation et l'histoire. In: ›Critique‹, Nr. 209, oct. 1934, S. 881.
35 Léon Poliakov: Geschichte des Antisemitismus. VI.: Emanzipation und Rassenwahn. Worms 1987, S. 268.
36 Léon Poliakov: Geschichte des Antisemitismus. I.: Von der Antike bis zu den Kreuzzügen. Worms 1977, S. 74.
37 Léon Poliakov: Geschichte des Antisemitismus. II.: Das Zeitalter der Verteufelung und des Ghettos. Mit einem Anhang zur Anthropologie der Juden. Worms 1989, S. 57.
38 Albert Cohen: Solal. Roman. Ins Deutsche übertragen von Franz Hessel und Franz Kauders. [Paris 1930/1958], Stuttgart 1986, S. 318.
39 Léon Poliakov, Les Banchieri, wie Anm. 4, S. 293 f.
40 Ebd., S. 107.
41 Léon Poliakov: Geschichte des Antisemitismus. VI.: Emanzipation und Rassenwahn (wie Anm. 35), S. 273.
42 Ebd., S. 202 f.
43 Ebd.

*Anat Feinberg-Jütte*

# *Siebtes Bild:* »Shylock«

Ein ambivalentes Stereotyp

Die fast vierhundertjährige Geschichte des Shylock-Motivs ist eines der seltenen Beispiele, wie eine literarische Figur, die durchaus anti-jüdische Stereotypen verkörpert, sich im Laufe der Zeit wandelt, ja sich sogar zu einem Plädoyer für Toleranz gegenüber den Juden eignet.

Das Titelblatt der ersten Quart-Ausgabe von Shakespeares »Der Kaufmann von Venedig« (1600) verweist bereits auf die beiden Hauptelemente dieses bekannten Schauspiels: »The most excellent Historie of the Merchant of Venice. With the extreame crueltie of Shylocke the Iewe [...] and the obtayning of Portia«. Noch vor dem kurzen Hinweis im Titel auf die romantische und verwickelte Liebesgeschichte zwischen Portia und Bassanio wird auf die angebliche Grausamkeit Shylocks angespielt und seine Religionszugehörigkeit nicht verschwiegen. Obwohl die Geschichte von Shylock und dem Schuldschein in Shakespeares Lustspiel nur die Nebenhandlung ist und Shylock selbst nur in fünf Szenen auftritt, kommt dem Juden in diesem Stück eine Schlüsselfunktion bei der Interpretation zu. Daß die Figur des grausamen jüdischen Wucherers zentral ist, zeigt sich in der Aufführungs- und Rezeptionsgeschichte. Shakespeare hatte, so z. B. der Literaturkritiker Northrop Frye, den Versuch unternommen, soweit wie möglich das für ein Lustspiel charakteristische Gleichgewicht zu brechen.[1]

Das Theaterstück

Es geht in diesem Stück um einen merkwürdigen Vertrag. Antonio, ein Kaufmann in Venedig, entleiht von dem Juden Shylock 3000 Dukaten, um seinem Freund Bassanio zu helfen, die Liebe der schönen Portia zu gewinnen. Shylock läßt sich einen Schuldschein unterschreiben, dessen Vertragsinhalt er ganz nach seinen Wünschen gestaltet. Im Falle der Nichtzurückzahlung des Geldes zum vereinbarten Zeitpunkt, soll es Shylock gestattet sein, »zum Spaß«[2] ein Pfund Fleisch aus dem Leib Antonios zu schneiden. Während Bassanio in Belmont um die Hand seiner Geliebten anhält, entflieht Shylocks Tochter Jessica mit ihrem Liebhaber Lorenzo, nicht ohne vorher einen Griff in die Geldkassette ihres Vaters getan zu haben. Durch Schiffbruch verliert Antonio sein Vermögen und kann das Darlehen nicht zurückzahlen. Shylock, der nun den Verlust seiner Dukaten und seiner Tochter zu beklagen hat, ist von Zorn und Trauer erfüllt. Er besteht gegenüber Antonio auf der Rückzahlung des geliehenen Geldes und verweist auf die im Schuldschein genannten Bedingungen. Es kommt zu einem Gerichtsverfahren, das von Portia – als Richter verkleidet – geleitet wird. Sie versucht, Shylock zum Einlenken zu bewegen, doch als dieser sich beharrlich weigert, seine Schuldforderung fallen zu lassen, wird er vom Richter darauf aufmerksam gemacht, daß er nach venezianischem Gesetz bei der

***Abb. 21** Der Prozeß gegen Shylock, der sein Pfand verlangt, das Messer in der Hand, aber schon auf dem Weg zum Verlierer – kaum eine andere Bühnengestalt hat die Einbildungskraft der Menschen so beschäftigt und herausgefordert. Bemalter Teller aus der Sammlung Schlaff, Jüdisches Museum der Stadt Wien.*

Durchsetzung seines Anspruchs keinen Tropfen Blut vergießen darf. Mehr noch: er hat sich nach Ansicht des Gerichtes bereits strafbar gemacht, da er einem Bürger der Lagunenstadt nach dem Leben trachtete. Der völlig gebrochene Shylock muß sich dem Urteil beugen. Er soll sich zum Christentum bekehren lassen und alles, was er hinterläßt, seiner entlaufenen Tochter Jessica und ihrem Geliebten vermachen. Nach dieser dramatischen Gerichtsszene klingt das Stück mit einem heiteren Nachspiel aus, das gemäß den Regeln eines Lustspiels, die glückliche Vereinigung der verschiedenen Liebespaare darstellt – Shylock ist jedoch nicht mit von der Partie.

**Vorlagen**

Untersuchungen der Vorlagen, die Shakespeare eventuell inspiriert haben könnten, zeigen, daß die Figur des grausamen jüdischen Wucherers, die in der antisemitischen Propaganda häufig benutzt wurde, eine lange Tradition hat. Als Hauptquelle diente Shakespeare eine Novelle aus der Sammlung »Il Pecorone« (1378) des Italieners Giovanni Fiorentino. Darin wird die Geschichte des Kaufmanns Gianetto geschildert, der mit einem Juden ein

Geldgeschäft eingeht. Im Unterschied zu Shakespeares Schauspiel zerreißt der Gläubiger am Ende aus Wut den Schuldschein, den der Kaufmann unterschrieben hat. Wenn man annimmt, daß Shakespeare sein Stück zwischen 1596 und 1598 verfaßte, kann auch der unmittelbare Einfluß von Christopher Marlowes Schauspiel »Der Jude von Malta« vermutet werden, das 1589 in London mit großem Erfolg uraufgeführt wurde.[3] Anders als Shylock ist Barabas in Marlowes Stück formell die Hauptfigur. Beiden gemeinsam ist der an das Publikum gerichtete explizite Verweis auf die jüdische Religionszugehörigkeit und die ethnische Identität des Protagonisten. Beide trauern um den Verlust ihres Geldes und ihrer einzigen Tochter (eine Mutter oder Ehefrau kommt bezeichnenderweise in beiden Stücken unter den dramatis personae nicht vor). Beide äußern sich zynisch über die Vermehrung ihres Vermögens; beide hegen Rachegefühle gegenüber den Christen und zitieren in den Auseinandersetzungen mit ihren christlichen Geschäftspartnern wiederholt die Heilige Schrift. Während Barabas, der am Anfang des Stückes machiavellischen Geist zu verkörpern scheint, sich nach und nach in ein groteskes menschliches Monster verwandelt, verliert Shylock nie seine zutiefst menschlichen Züge. Im Gegenteil: Nicht wenige Kritiker argumentieren, daß er im Laufe der Handlung zu einer überragenden tragischen Gestalt heranwächst und Charakterstärke zeigt.

Immer wieder wurde die Frage gestellt, ob Shakespeare oder auch Marlowe persönliche Bekanntschaft mit Juden hatten. Die spärlichen biographischen Quellen liefern keine eindeutigen Hinweise. Die Juden wurden 1290 aus England vertrieben.[4] Nach 1492 fanden einige Marranos im englischen Königreich Unterschlupf. Der bekannteste Vertreter dieser spanischen Juden war Rodrigo Lopez, Leibarzt der Königin Elisabeth I., der schließlich des Hochverrats beschuldigt wurde. Bei seiner Hinrichtung im Jahre 1594 ließen die Zuschauer, die sich zu dem Spektakel einfanden, ihrer Wut freien Lauf und beschimpften den Verräter lauthals als Juden. Namentlich bekannt war damals in London auch eine aus der norditalienischen Stadt Bassano (!) – wo viele jüdische Geldverleiher tätig waren – vertriebene Musikerfamilie, die auch am königlichen Hof musizierte.

Doch wahrscheinlich waren es nicht die wenigen Juden in der englischen Hauptstadt, die Shakespeare als Vorbild gedient haben dürften. Neben den bereits genannten beiden Hauptquellen ist noch auf Vorbilder in Volksbüchern (z. B. Gesta Romanorum) und anderen populären Erzähltexten mit langer literarischer und mündlicher Tradition zu verweisen. So wird zum Beispiel im »Kaufmann von Venedig« Shylock an neun Stellen mit dem Teufel in Verbindung gebracht. Auch in Marlowes Stück ist die Rede davon, daß Barabas eine Verkörperung des Teufels sei. Diese Gleichsetzung oder Identifizierung des Juden mit dem Satan war im Mittelalter weit verbreitet. So findet man z. B. eine Darstellung, die den Juden als einen Götzen mit drei Gesichtern zeigt, der von bösen Geistern umgeben ist.[5] Unter den dämonischen Zügen, die den Juden typisieren, war auch der rote Bart, der auf das Aussehen des »Verräters« Judas Iskariot anspielt. Wenn Barabas in Marlowes Stück bei seinem ersten Auftritt vor einen »Haufen Goldes« plaziert wird, so erinnert das an die Allegorese des Reichtums (den »Mammon«) in den mittelalterlichen geistlichen Schauspielen, die im Englischen den zutreffenden Namen »morality plays« tragen. Im Kampf zwischen Gut und Böse, zwischen Tugenden und Lastern, der in diesen Stücken zum Ausdruck kommt, ist die Position des Juden eindeutig bestimmt. Durch seine Geldgier und seinen Unglauben wird er zum Inbild des Lasterhaften und Bösen, das es mit allen Mitteln zu bekämpfen gilt. In der Tat: Nicht wenige Literaturwissenschaftler behaupten, daß in Shakespeares Stück Antonio die Tugend der Freundschaft, Portia die Gnade und Liebe und Shylock die Sünde bzw. das Laster oder sogar den Teufel verkörpert. Der jüdische Geldleiher erscheint somit als das genaue Gegenteil eines christlichen Idealbildes.[6]

**Das »Pfund Fleisch«**

Das »Pfund Fleisch«, das Shylock als Gegenleistung verlangt, ist ebenfalls keine Erfindung Shakespeares, sondern findet sich bereits in der älteren Volksliteratur sowohl westlicher als auch östlicher Provenienz.[7] Dieses Motiv verweist auf ein altes Tabu, nämlich das Verbot von Menschenopfern. In der spätmittelalterlichen englischen Verserzählung »Cursor Mundi« wird bereits das »Pfund Fleisch« in Zusammenhang mit einem rachesüchtigen jüdischen Geldverleiher erwähnt. Daß die Figur des fleischgierigen Juden im Mittelalter bekannt und populär war, darauf deutet auch das in lateinischer Sprache verfaßte Theaterstück des Jacobus Francus hin, das den Titel »Moschus« trägt und 1599 in Jena aufgeführt wurde. Darin wird Rabbi Mosche (= Moschus) ben Jehuda beschuldigt, mit seinen Freunden, allesamt Fremde, einen Ritualmord begangen zu haben.

Der Ursprung des Personennamens »Shylock« ist rätselhaft. Einige Forscher vermuten dahinter eine hebräische Wurzel (shelcha = das Deinige). Kein Zweifel kann jedoch daran bestehen, daß die Fremdartigkeit des Namens vom Autor geschickt gewählt ist, da sie zur Marginalisierung beiträgt.

Ob Shakespeare von Anfang an vorhatte, der Figur des Juden in seinem Stück stärker menschliche Züge zu verleihen, um die überlieferte Gestalt des Bösewichts damit abzuschwächen, oder ob erst bei der Niederschrift dieses Dramas die Figur des Shylocks eine entsprechende Gestaltung erfuhr, wissen wir nicht.[8] Fest steht jedenfalls, daß die Interpretation dieser komplex und nur zum Teil von Stereotypen gezeichneten Figur mehrere Deutungen ermöglicht. Das zeigt sich eindeutig in der langen Aufführungsgeschichte, die zwischen antisemitischen und philosemitischen Interpretationen pendelt.

**Stigmatisierung**

Der erste Satz, mit dem der Jude vorgestellt wird, bezieht sich auf Geld. »Dreitausend Dukaten – gut«, erklärt Shylock. In den Augen des amerikanisch-jüdischen Schriftstellers Philip Roth enthält dieser Satz alles, was am Juden abstoßend und widerwärtig erscheint. Diese drei Wörter, so Roth, hätten zur Jahrhunderte langen Stigmatisierung der Juden beigetragen und würden bis heute noch ihr Schicksal bestimmen.[9] Kaum ist dieser Satz gefallen, wird das Publikum von Shakespeare mit allen Details des niederträchtigen Abkommens mit Antonio vertraut gemacht. Shylock unterscheidet sich in seiner Sprache von den anderen Protagonisten.[10] Die Wiederholung von Wörtern und Satzstrukturen charakterisiert seine Fremdheit. Shylock spricht häufig von Tieren und Raubtieren, seine Sprache ist aggressiv, ja oft vulgär und zeugt von einer nervösen Energie. Aus seinem Haß gegen die Christen macht der Jude keinen Hehl. Er schließt mit ihnen Geschäfte ab, doch versucht er unter allen Umständen, einen engeren sozialen Kontakt zu seiner christlichen Umgebung zu vermeiden. Allerdings verwendet Shakespeare zur Kennzeichnung des Juden, dessen Religiösität sich auf die Bewahrung der unter Christen bekanntesten Gebote wie Shabbat und Kashrut beschränkt, nicht nur Stereotypen. In der bereits erwähnten Szene zeigt er, wie der Jude von der Gesellschaft stigmatisiert und gedemütigt wird. Als Shylock sich für seine Handlungen rechtfertigt, erwähnt er im gleichen Zusammenhang Antonio (»er haßt mein heilig Volk«), der ihn, den Juden, in aller Öffentlichkeit geschmäht und beleidigt hat. Mehr noch: als Shylock später auf die buchstäbliche Erfüllung des Vertrages pocht, ist dieses Verhalten nicht nur Ausdruck seines abgrundtiefen Hasses gegen die Christen, sondern auch eine Reaktion auf den Verlust, den er nach der Flucht seiner Tochter, die den Typus der »belle juive« verkörpert[11] [vgl. dazu den Beitrag von J. Jakubowski], empfindet. Einerseits hat es den Anschein, daß der betroffene Jude den Verlust seiner Besitztümer mit dem Verlust seiner einzigen Tochter auf eine Stufe stellt (»Ich wollte meine Tochter läge tot zu meinen Füßen und hätte die Juwelen in den Ohren!«), andererseits wird Shylocks Rachegefühl von Shakespeare auch mit Hinweisen auf das Unrecht, das ihm in der Vergangenheit widerfahren ist, erklärt oder plausibel gemacht (»Er sucht mein Leben, und ich weiß warum«, verkündet Antonio ahnungsvoll). Es ist bezeichnend für das komplexe Menschenbild Shakespeares, daß er dem jüdischen Wucherer die berühmten Worte in den Mund legt: »Hat nicht ein Jude Augen? ... Wenn ihr uns stecht, bluten wir nicht?« Damit leistet er zweifellos einen Beitrag zur Entdämonisierung des Juden, der im Laufe der Geschichte so oft verteufelt wurde.

**Ein Beitrag zur Entdämonisierung**

In der Gerichtsszene gegen Ende des Stückes wird immer deutlicher, wie sehr Shylock das Gegenteil christlicher Tugenden verkörpert. Portia, in Richterrobe, belehrt den rachsüchtigen Juden, der auf die wortwörtliche Erfüllung der Vertragsbedingungen pocht, daß es auch Gnade und Barmherzigkeit gibt. In der Forschung hat man in dieser Szene oft eine Konfrontation zwischen einer alttestamentarischen oder jüdischen Ethik (»Auge um Auge, Zahn und Zahn«) und der von Jesus Christus gepredigten Nächstenliebe gesehen. Aber auch in dieser Tribunal-Szene erweist sich die Figur des Shylocks als doppeldeutig. Der Jude, der gerade noch das Messer gewetzt hat, ist wenig später bereits der Verlierer, der gezwungen wird, seinen Glauben aufzugeben und sich mit dem Verlust seiner Güter und seiner einzigen Tochter abzufinden. Als gesellschaftlicher Außenseiter wird er in manchen Augen zu einer tragischen Figur, steht er doch ironischerweise mit seinem Rivalen Antonio außerhalb des Konsenses; beide werden somit zu »Spielverderbern des Jedermann-Glücks«.[12]

**Aufführungsgeschichte**

Die Aufführungsgeschichte des Stücks zeigt deutlich die beiden interpretatorischen Möglichkeiten, die in Shakespeares Bühnentext angelegt sind. Die eine Richtung versucht, den Juden gemäß den traditionellen Stereotypen zu dämonisieren, seine Grausamkeit und seinen Haß, sein physisches Anderssein, gar seine Häßlichkeit hervorzuheben.[13] So wurde Shylock in der ersten Hälfte des 18. Jahrhunderts auch durch Textveränderungen, die den Publikumsgeschmack zu befriedigen suchten, zum vulgären, bramarbasierenden Bösewicht oder zu einem grotesken Possenreißer. Auch Charles Macklin, der berühmteste Shylock in der zweiten Hälfte des 18. Jh. strich – sich dabei weitgehend an Shakespeare Text haltend – den Juden als einen dämonischen und übelgesinnten Schurken heraus. Das Fremdartige versuchte er durch Lispeln anzudeuten. Zum Zerrbild trugen – nach zeitgenössischen Berichten zu urteilen – nicht zuletzt auch der lange schwarze Rock und der rote Dreispitz bei. Im Dritten Reich wurden die latenten antijüdischen Klischees in den Aufführungen auf die Spitze getrieben und zur antisemitischen Hetzpropaganda benutzt. Bekannt ist vor allem die Inszenierung mit Werner Krauss in der Rolle des Shylock, die 1934 am Burgtheater in Wien Premiere hatte. Zu sehen war ein häßlicher, blutrünstiger Fiesling in »typisch« jüdischer Kleidung (Kaftan und Schaufäden). Die rosa Gesichtsfarbe, die roten Haare, die kleinen Augen, der schleppende Tritt gehören ebenfalls zum nationalsozialistischen Stereotyp.

Die andere Richtung in der Shylock-Interpretation ist der Versuch, jene stereotypischen Textvorgaben zu minimalisieren und dem jüdischen Geldverleiher menschliche und individuelle Charakterzüge oder gar Wünsche zu verleihen. Die Geschichte dieser Deutungsversuche führt zu der schon fast romantisch zu nennenden Auffassung des englischen Schauspielers Edmund Kean zurück, der 1814 mit dieser Rolle berühmt wurde. Er trug einen schwarzen Bart, die Farbe seiner Perücke war dagegen nicht das übliche Rot. Die äußerlichen Attribute unterstrichen den Ernst und die Würde, die Kean in diese Rolle hineinlegte. Der zeitgenössische Kritiker William Hazlitt ließ daher eine gewisse Sympathie für diese Figur erkennen (»er ist ehrlich in seinen Lastern. Sie [seine Feinde, A. F.] sind Heuchler in ihren Tugenden«[14]). Weitere berühmte englische Schauspieler ahmten Kean nach, bis zum legendären Henry Irving, der diese Rolle über tausend Mal spielte. Irving präsentierte 1879 einen hageren, gebeugten, in ein dunkles, orientalisch aussehendes Kostüm gekleideten Juden, der sich bereits durch die Kopfbedeckung (eine schwarze Kappe mit einem gelben Band) als solcher zu erkennen gab. Shylock wurde hier zum »Beispiel einer verfolgten Rasse«. Die Zuschauer gewannen den Eindruck, daß der von Irving gespielte Jude »fast der einzige Gentleman in dem Stück« ist und dennoch »aufs Übelste mißhandelt« wird.[15] Die deutschen Shylock-Interpretationen im späten Kaiserreich und während der Weimarer Republik versuchten ebenfalls, die tieferen seelischen Dimensionen herauszuarbeiten. Während Rudolf Schildkraut einen melancholischen, sich verfolgt fühlenden Shylock darstellte, war Albert Bassermann in derselben Rolle »grimmig und stark«[16] und verließ am Ende die Bühne mit geballter Faust.

**Aufführungen nach 1945**

Im Schatten des Holocaust arbeitete man das Tragische an dieser Figur stärker heraus. Während Ernst Deutschs fast alttestamentarisch wirkender Shylock aus dem Jahre 1963 als Plädoyer für einen aus der Gesellschaft Ausgestoßenen verstanden werden konnte, war Fritz Kortner, ebenfalls ein Jude, in dieser Rolle »eine Figur, die zwischen Erbärmlichkeit und Grausamkeit und Würde und Leid ganz menschlich ist«.[17] Bezeichnenderweise war es ein jüdischer Regisseur, Peter Zadek, der 1972 in seiner Inszenierung an altbekannte antijüdische Stereotypen erinnerte. Sein Shylock, gespielt von Hans Mahnke, war häßlich, lispelte und gab seinem Deutsch eine jiddische Färbung. Wieder war es der rachsüchtige und haßerfüllte Jude, der hier in Erscheinung trat. Zadeks Überspitzung bzw. Stereotypisierung war gewollt. Es sollten die antisemitischen Klischees in dieser Figur zum Vorschein kommen. Eine philosemitische Interpretation, so Zadek, rühre von einem schlechten Gewissen. Er beabsichtigte, den Zuschauer zu schockieren, ihn zu provozieren und zum Nachdenken über Vorurteile zu veranlassen. In einer späteren Inszenierung Zadeks, 1988 in Wien, erlebten die Zuschauer Shylock (gespielt von Gert Voss) als einen eleganten Geschäftsmann, der in einer modernen venezianischen Yuppi-Gesellschaft agiert, dabei so tüchtig und gerissen scheint wie alle anderen, so daß man ihn kaum noch von einem Christen zu unterscheiden vermag.[18]

*Abb. 22 Kleidung, Haltung, Gestik und Mimik: Shylock ist eine Figur, die zur Interpretation herausfordert – bis hin zu einer Aufführung von George Tabori, der (1978) die Rolle in dreizehn Varianten spielen ließ ... Figurine mit der Aufschrift »Shylock« aus der Sammlung Schlaff, Jüdisches Museum der Stadt Wien.*

**Variationen und Interpretationen**

Besondere Erwähnung verdient zum Abschluß die originelle und provokante Inszenierung des jüdischen Theatermachers George Tabori 1978 in München.[19] Tabori verzichtete zugunsten einer Auseinandersetzung mit Shylock auf die Haupthandlung. Es gab nicht nur einen, sondern gleich dreizehn Shylocks, die Variationen über die Rolle lieferten, wobei der Holocaust als Subtext diente. Taboris Absicht war es, mehreren Schauspielern eine unmittelbare Erfahrung in der Rolle des Juden zu geben und beim Zuschauer Mit-Leid statt Mitleid zu wecken. »Shylock ist Opfer – und Henker, dieses Porträt ist in jedem Menschen vorhanden, jenseits der historischen Gegebenheiten.«[20]

## Anmerkungen

1 Northrop Frye: Anatomy of Criticism. Princeton 1957, S. 165. Vgl. auch Derek Traversi: An Approach to Shakespeare. 3. Aufl., London 1968, Bd. 1, S. 188, und Francis Fergusson: Shakespeare: The Pattern in his Carpet. New York 1971, S. 113.

2 Alle Shakespeare-Zitate sind nach der deutschen Übersetzung von Schlegel/Tieck.

3 Vgl. Christopher Marlowe: Der Jude aus Malta. Dt. von Erich Fried. Berlin 1991.

4 Siehe u.a. Cecil Roth: A History of the Jews in England. Oxford 1941.

5 Siehe Herman Sinsheimer: Shylock: The History of a Character, London 1947. Zum Juden und dem mittelalterlichen Mythos siehe u. a. Joshua Trachtenberg: The Devil and the Jews, New Haven 1943 und Stefan Rohrbacher, Michael Schmidt: Judenbilder. Reinbek 1991, S. 166ff.

6 Eine allegorische Textinterpretation liefert z. B. Frank Kermode: Shakespeare, Spenser, Donne. London 1971.

7 Zum »Pfund-Fleisch«-Motiv siehe Berta V. Wegner: Shylocks Pfund Fleisch, in: Shakespeare Jahrbuch LXV (1929), S. 92–174. Vgl. auch Theodor Niemeyer: Der Rechtspruch gegen Shylock im Kaufmann von Venedig, München 1912, und J. L. Cardozo: The Contemporary Jew in English Drama. Amsterdam 1925, S. 207–253.

8 Vermutungen über die Diskrepanz zwischen Absicht und Wirkung äußert z. B. Henry B. Charlton: Shakespearean Comedy. New York 1938, S. 127–132.

9 Vgl. Philip Roth, Operation Shylock. A. Confession. London 1994, S. 274.

10 Siehe Otto Jespersen: Growth and Structure of the English Language. New York 1956, S. 232–234.

11 Vgl. dazu auch Heinrich Heines Interpretation der beiden Frauengestalten im »Kaufmann von Venedig«, in: derselbe, Sämtliche Schriften, Bd. 7, hrsg. von Klaus Briegleb. Frankfurt/M. 1981 (= Ullstein-Werkausgabe), S. 251–266.

12 Hans Mayer: Außenseiter. Frankfurt/Main 1981, S. 325.

13 Vgl. dazu die antisemitisch eingefärbte Darstellung von Elisabeth Frenzel: Judengestalten auf der deutschen Bühne. München 1942, S. 47ff.

14 William Hazlitt: A View of the English Stage. London 1818, S. 227.

15 So Henry Irving in 1884. Zitiert nach John Gross: Shylock. London 1992, S. 128 (meine Übersetzung – A. F.)

16 So Bassermans Biograph Julius Bab, zitiert nach John Gross: Shylock, S. 218.

17 Volker Canaris: Die ersten Juden, die ich kannte, waren Nathan und Shylock. In: Theater Heute, 2 (1973), S. 20–25.

18 Diese Interpretation stimmt im großen und ganzen mit der Richtung in der Literaturkritik in den letzten Jahren überein, die die vermeintlichen Tugenden der venezianischen Gesellschaft stärker in Frage stellt. Gleichzeitig läßt sich auch eine ironisierende Lesart des Stücks feststellen. Siehe z. B. Anthony David Moody: Shakespeare: The Merchant of Venice, London 1964, oder Norman Rabkin: Shakespeare and the Problem of Meaning, London 1981. Eine weitere Variante lieferte jüngst die Inszenierung des amerikanischen Regisseurs Peter Sellars (1994). Shylock wird dort von einem schwarzen Schauspieler verkörpert, der die Ereignisse mit ziemlich unbeteiligter Miene verfolgt.

19 Dazu auch seine Veröffentlichung »Ich wollte meine Tochter läge tot zu meinen Füßen und hätte die Juwelen in den Ohren«. München 1979.

20 AZ München, 18. 11. 1978.

## Literatur

Henry B. Charlton: Shakespeare's Jew, in: John Rylands Library Manchester Bulletin 181 (1934), S. 34–68.

John Gross: Shylock. Four Hundred Years in the Life of a Legend, London 1992.

M. J. Landa: The Shylock Myth, London 1942.

Toby Bookholtz Lelyveld: Shylock on the Stage, London 1961.

Herman Sinsheimer: Shylock: The History of a Character, London 1947.

D. Schwanitz: Shylock. Von Shylock bis zum Nürnberger Prozeß. Mit einem Abdruck von »Shylock's Revenge« von D. H. Wilson, Hamburg 1989.

M. Verch: The Merchant of Venice on the German Stage since 1945, in: Theatre History Studies 5 (1985), S. 104–112.

*Ernst Piper*

# *Achtes Bild:* »Die jüdische Weltverschwörung«

Eine Verschwörung ist, so weiß es das Lexikon, eine geheime Verbindung zur Herbeiführung einer Revolution. Ihre Wirkungsmacht gewinnt sie aus dem Geheimnis, das sie umgibt:

> »Wir wissen, daß die Juden über weitverzweigte Geheimorganisationen verfügen, aber es ist niemals gelungen, deren eigentliche Leitung und deren wirkliche Ziele vollständig aufzudecken«,[1]

schrieb 1933 Caston Ritter. Selbst die wiederholte Veröffentlichung der bereits früh als Fälschung entlarvten »Protokolle der Weisen von Zion« halfen hier nicht wirklich weiter, so daß »die letzte Wurzelknolle im dunklen Schoß des Geheimnisses bleibt«.[2] So wie der Antisemitismus der Juden nicht bedarf, genügt dem aus der Angst geborenen Haß die dumpfe Ahnung, daß sich da etwas im Verborgenen abspielt.

Alfred Rosenberg, dessen Hauptwerk zu Recht seinen Gegenstand einen »Mythus« nennt, sieht die »ungeheuere Kraft«, die vom »schmarotzerhaften Weltherrschafts-Traum der Juden« ausgegangen ist.[3] Die arischen Lichtmenschen ringen mit dem Reich der Finsternis. Adolf Hitler, der Messias militans, kämpft gegen den jüdischen Antichrist[4]. Er, der sich Christus nicht anders als »blond und mit blauen Augen«[5] vorstellen kann, sieht sich als Kämpfer im Auftrag Gottes. Der jüdische Gott des Alten Testaments habe dem auserwählten Volk die Weltherrschaft »zugesagt«.[6]

**Funktion der Verschwörungstheorie**

Das Ideologem der Verschwörung dient seit Jahrhunderten der christlichen Welterklärung.[7] Die Templer haben dort ihren festen Platz, später die Freimaurer, die Bolschewisten, und hinter allen steht übermächtig der jüdische Teufel. Auch im Weltbild vieler moslemischer Araber hat die Verschwörung ihren festen Platz.[8]

Von der »klerikal-konterrevolutionären Agitation«[9] führt über den politischen Antisemitismus des späteren 19. Jahrhunderts eine unmittelbare Traditionslinie zum modernen Rechtsradikalismus. Die Nationalsozialisten sahen den Beginn des »imperialistischen Judaismus«[10] bereits im Jahr 70, als nach der Zerstörung des Tempels in Jerusalem die Zerstreuung des jüdischen Volkes begann. Die Idee der Erwählung führe zu einem »ganz massiven Herrschaftsanspruch«.[11] Der Traum von der jüdischen Weltherrschaft habe schon in den frühesten Dokumenten des Judentums seinen Niederschlag gefunden.[12] Im 19. Jahrhundert aber, durch die Emanzipation, seien die Juden zur Weltmacht geworden.[13]

Das 19. Jahrhundert war auch die Zeit des »gesellschaftlichen Antisemitismus«.[14] Die Flut der antisemitischen Traktate nahm mehr und mehr zu. So erschien z.B. 1862, unter dem Eindruck des Untergangs des Kirchenstaates in den »Historisch-politischen Blättern für das katholische Deutschland« die Beschreibung einer freimaurerischen Verbindung, deren Hauptsitz in London sein sollte. Besonders folgenreich aber war sechs Jahre später der Roman »Biarritz« von Hermann Goedsche, den er unter dem Namen John Retcliffe herausbrachte. Der erste Band enthielt das Kapitel »Auf dem Judenfriedhof in Prag«, eine Schilderung, wie einmal im Jahrhundert zur Zeit des Laubhüttenfestes je ein Vertreter der zwölf Stämme Israels sowie ein Repräsentant der Verstoßenen und Wandernden zusammenkamen. Goedsche kommt eine große Bedeutung in der Modernisierung der Weltverschwörungsthese zu, »indem er agitatorisch und literarisch auf die ›Demokratie‹ als Verschwörung rekurrierte und sie mit der überkommenen Verschwörungsthese des alles usurpierenden Judentums verband«[15]. Das Kapitel über die Versammlung auf dem Judenfriedhof in Prag wurde rasch populär und als Separatum nachgedruckt. 1872 erschien eine russische Übersetzung in St. Petersburg, es folgten Ausgaben in der Tschechoslowakei, Frankreich, Schweden und anderen Ländern.

Goedsches Text war das populärste und einflußreichste antisemitische Pamphlet vor dem Erscheinen der »Protokolle der Weisen von Zion«. Eine zentrale Stelle in der Rede des Leviten lautet:

> »Wenn alles Gold der Erde unser ist, ist alle Macht unser. (...) Das Gold ist das neue Jerusalem – es ist die Herrschaft der Welt. Es ist Macht, es ist Vergeltung, es ist Genuß – also alles, was die Menschen fürchten und wünschen. Das ist das Geheimnis der Kabbala, der Lehre von dem Geist, der die Welt regiert, von der Zukunft! Achtzehn Jahrhunderte haben unseren Feinden gehört – das neue Jahrhundert gehört Israel. Zum fünftenmal versammeln sich in dem tausendjährigen Kampf, zu dem wir uns endlich ermannt, die Wissenden des geheimen Bundes an dieser Stätte, Rat zu pflegen über die besten Mittel, welche die Zeit und die Sünden unserer Feinde bieten, und jedesmal hat der neue Sanhedrin seit fünfhundert Jahren fortschreitende Siege Israels zu verkünden gehabt. Doch noch kein Jahrhundert erfreute sich solcher Erfolge, wie dieses. Darum dürfen wir glauben, daß die Zeit nahe ist, nach der wir streben, und dürfen sagen: unser ist die Zukunft!«[16]

Es folgt eine Aufzählung der größten jüdischen Vermögen in den sieben wichtigsten europäischen Metropolen. Der einem Nomadenvolk entstammende, wurzellose Jude war mehr als jeder andere geeignet, im völkischen Zerrbild eines internationalistischen Kapitalismus verwendet zu werden.

**Symbol Rothschild**

Der Name Rothschild wurde zum Inbegriff des »raffenden Kapitals«.

Daß zugleich die Klassenkampflehre des Juden Karl Marx auf das entschiedenste dem »Gedanken der Einheit des blutsmäßig verbundenen Volkes entgegen(stand), woraus sich weiterhin insbesondere die Ablehnung einer ›internationalen Solidarität der Proletarier‹ ergab«[17], ist in diesem Zusammenhang nur ein scheinbarer Widerspruch.

Alles, was die dumpfe Enge der durch »Blut und Boden« und »Brauchtum und Sitte« geprägten völkischen Tradition in Frage stellte, roch nach dem Verrat nationaler Ideale an moderne, kosmopolitische Tendenzen. Die überlegene Gemeinschaft der Starken und Edlen drohte von den durch Industrialisierung und Demokratisierung entwurzelten Massen überwältigt zu werden. Die Zentrale der geheimen Mächte konnte dabei, je nach Kontext, die Großloge der Freimaurer sein, aber auch die Sozialistische Internationale oder die großen Börsen – alle diese Organisationen waren ja nach antisemitischer Meinung in jüdischer Hand. Wenn wir Adolf Hitler glauben wollten, hätte es sogar jüdische Päpste gegeben.[18] Wirklich auf die Spur aber kam man den jüdischen Drahtziehern, wenn man sie alle 100 Jahre auf dem Friedhof in Prag belauschte. Auch die zweite Weltmacht wurde dort dingfest gemacht, das Erzübel aller Demokratien:

> »Wenn das Gold die erste Macht der Welt ist, so ist die Presse die zweite.«[19]

Die Presse ist die Wunderwaffe, mit der die Völker der Welt manipuliert werden können. Deshalb gilt: »Nur wenn wir haben die Presse in unserer Hand, werden wir kommen zum Ziel.«[20]

Die These von der jüdischen Weltverschwörung gewann nach 1868 ständig weitere Verbreitung. Der Schrift Hermann Goedsches folgten bald viele

**Abb. 23** *Wenn die Welt unüberschaubar wird, wenn die eingelernten Erklärungen versagen, dann beginnt die Suche nach den einfachen Lösungen, die alle Verwirrung beseitigen. Zwei Juden tragen, von Hunden verfolgt, die Weltkugel. Figur aus der Sammlung Schlaff, Jüdisches Museum der Stadt Wien.*

andere, z. B. »Die Eroberung der Welt durch die Juden« von dem Serben Osman-Bey, »Der Talmud und die Juden« des Polen Hippolytus Lutostanski und 1888 »Die lokalen und universellen jüdischen Bruderschaften« von dem Russen Jakob Brafmann.[21]

**Die »Protokolle der Weisen von Zion«**

Das zweifellos bedeutendste und folgenreichste, bis heute vielfach fortwirkende Dokument der Verschwörungsphobie sind aber die »Protokolle der Weisen von Zion«. In diesem Text, der in vielem auf Maurice Jolys »Dialogue aux Enfers entre Montesquieu et Machiavel« (Brüssel 1864) zurückgeht[22], ist die Wahnidee von der jüdisch-freimaurerischen Weltverschwörung, die damals durch so viele Köpfe geisterte, perfektioniert worden. Den politischen Zionismus, der sich 1897 in Basel auf seinem ersten Weltkongreß formierte, sahen viele als die sichtbare Spitze eines geheimen globalen Komplotts an, während er doch in Wirklichkeit aus der Abwehr des auch im Westen immer krassere Formen annehmenden Antisemitismus geboren war. (Namentlich die Dreyfus-Affäre von 1894 hatte Theodor Herzl dazu motiviert.) Angeblich handelte es sich bei den »Protokollen« um die – selbstverständlich geheimen – Sitzungsberichte des Weltbundes der Freimaurer und Weisen von Zion. In Wirklichkeit hatte der in Paris stationierte Auslandschef der russischen Geheimpolizei sie in erster Linie aus dem Pamphlet von Maurice Joly zusammengeschrieben, was auch erklärt, warum die »Protokolle« angeblich erst aus dem Französischen übersetzt werden mußten, bevor sie 1903 auf Russisch in der St. Petersburger Zeitschrift »Snamja« (Das Banner) erschienen. Der Antisemit P. A. Kruschewan brachte sie dort unter dem Titel »Programm für die Welteroberung durch die Juden« heraus. Eigentlich populär wurden die »Protokolle« aber durch Sergej Nilius, einen am Zarenhof höchst einflußreichen mystischen Schriftsteller, der den Text in einer ganz neuen Version 1905 in eines seiner Bücher aufnahm.

1917 brachte Nilius die »Protokolle« in einer durchgesehenen, erweiterten Fassung heraus. Das war das Jahr der Russischen Revolution. Bei der ermordeten Zarin fand man ein Exemplar des Buches, was einerseits als Beweis für die jüdische Anstiftung der bolschewistischen Revolution, andererseits – im Sinne einer autopoetischen Logik – als Nachweis der Authentizität der »Protokolle« genommen wurde. Die »Protokolle« wurden nun in alle wichtigen europäischen Sprachen übersetzt und fanden auch in Nord- und Südamerika und besonders in der arabischen Welt Verbreitung.

In Deutschland hatte das Ideologem von der jüdischen Weltverschwörung vor 1914 in der völkischen Propaganda nur eine verhältnismäßig geringe Rolle gespielt.[23] Das änderte sich nun bald. Im zweiten Kriegsjahr erschien in den schon einmal zitierten »Historisch-politischen Blättern für das katholische Deutschland« ein anonymer Artikel, der von »Freimaurerhand« gelegte Minen als Ursachen für den Kriegsausbruch ausmachte. Das Netz zur Erdrosselung Deutschlands sei schon gesponnen.[24] Als die Zionisten sahen, daß ihr Ziel, in Palästina eine »Intrigen- und Gaunerzentrale … mit diplomatischer Immunität« ohne Krieg nicht zu erreichen war, hatten sie zum Krieg gedrängt.[25] Während des Krieges war »der jüdische Marxismus als der internationale Feind Deutschlands am Werk« und vergiftete das deutsche Volk.[26] Diesem Wirken blieb der Erfolg nicht versagt: »Der Weltkrieg bot für das jüdische Volk die Gelegenheit, seine politische Machtergreifung durchzusetzen.«[27] Die jüdische Emanzipation, die 100 Jahre zuvor eingesetzt hatte, hatte in letzter Konsequenz die Niederwerfung der sogenannten Wirtsvölker zur Folge, deren gefährlichstes gerade die Deutschen waren, denn Deutschland war das größte Hindernis auf dem Weg zur jüdischen Weltherrschaft.[28] Adolf Hitler zog in »Mein Kampf« aus dieser Erkenntnis klare Konsequenzen, die schon das spätere Vernichtungsprogramm erahnen lassen:

**Hitler kündigt schon in »Mein Kampf« das Vernichtungsprogramm an**

> »Hätte man zu Kriegsbeginn und während des Krieges einmal zwölf- oder fünfzehntausend dieser hebräischen Volksverderber so unter Giftgas gehalten, wie Hunderttausende unserer allerbesten deutschen Arbeiter aus allen Schichten und Berufen es im Felde erdulden mußten, dann wäre das Millionenopfer der Front nicht vergeblich gewesen.«[29]

Als Beweis für die jüdischen Machenschaften diente überraschenderweise vor allem die »Balfour-Declaration« vom 2. 11. 1917, in der die britische Regierung die Errichtung einer nationalen Heimstätte für das jüdische Volk in Palästina in Aussicht stellte, also eigentlich das genaue Gegenteil dessen, was man sich unter weltweiter Unterwanderung vorstellen würde.

1919, nach dem Ende des Ersten Weltkrieges, kamen die »Protokolle« nun auch nach Deutschland, ein Land, das der Krieg in große Not gestürzt hatte und das durch die Folgen der militärischen Niederlage innerlich zerrissen war. Russische Emigranten brachten die »Protokolle« nach Berlin. 1920 veröffentlichten sie sie in ihrem Jahrbuch »Lutsch sweta« (Ein Lichtstrahl). Schon im Jahr zuvor war auch eine deutsche Ausgabe erschienen, die den Titel »Die Geheimnisse der Weisen von Zion« trug. Der rechtsradikale Publizist Ludwig Müller veranstaltete die Ausgabe unter dem Pseudonym Gottfried zur Beek für den »Verband gegen Überhebung des Judentums«, der 1912 in Charlottenburg gegründet worden war. Möglicherweise hat Alfred Rosenberg, der in Moskau studiert hatte, diese Übersetzung angeregt.[30] Jedenfalls hat Rosenberg sich in seinen Publikationen immer wieder auf die »Protokolle« bezogen. Die »Geheimnisse« erreichten rasch eine Auflage von mehr als 100 000 Exemplaren; nach 1933 erschien eine gekürzte Fassung im Verlag Franz Eher, dem Parteiverlag der NSDAP.

Ludwig Müller beginnt seine Hetzschrift mit einem ausführlichen, historischen Überblick über das Jahrtausende alte jüdische Weltherrschaftsstreben und jüdische »Überhebungen«. Es folgen die 24 Sitzungen der Weisen von Zion. Das – angeblich zionistische – Programm, das dort entwickelt wird, ist dem der Nationalsozialisten alles andere als unähnlich: Streben nach der Macht, Ablehnung von Parteienhader und Parlamentarismus, systematische Verführung der Massen, Ausnutzung der demokratischen Freiheiten für den Staatsstreich, Ablehnung der Anwälte als Rechtsverdreher und – last but not least – als Endziel »das tausendjährige Zeitalter.«[31] In diesem folgenschweren Machwerk wurde den Juden jene von allen ethischen Normen losgelöste Machtpolitik unterstellt, die die Feinde der Weimarer Republik nur zu gut selbst praktizierten. So wird von Adolf Hitler der Satz überliefert: »Ich erkannte sofort, daß wir dies nachbilden müßten, auf unsere Weise natürlich.«[32]

Es fehlt nicht an Beispielen für die Wirkungen dieser Hetze. Schabelski-Bork und Winberg ermordeten in Berlin den Historiker und Politiker Pawel Nikolajewitsch Miljakow, wofür sie, nach vorzeitiger Entlassung aus dem Gefängnis, vom Amt Rosenberg später eine Apanage bekamen. Am spektakulärsten aber war im Juni 1922 die Ermordung des deutschen Außenministers Walter Rathenau. Müller hatte in den »Geheimnissen« eine Teilansicht des Hauses des Vaters Emil Rathenau wiedergegeben. Angeblich zeigt der umlaufende Fries »Opferschalen, auf welchen abgeschnittene, gekrönte Häupter liegen«.[33] Rathenau war ein Hauptziel der völkischen Agitation gewesen und war angeblich einer der »dreihundert Weisen von Zion«, die mit ihm an die Macht gelangt seien.[34] Seine Mörder handelten unter dem direkten Einfluß der »Protokolle«.[35]

**Angriffsziel: Walter Rathenau**

Zwar hatten die »Protokolle« nicht überall eine so furchtbare Wirkung. Aber ihre Popularität war gleichwohl erstaunlich. Norman Cohn spricht gar von einer »antisemitischen Internationale«.[36] Besonders tat sich hier Henry Ford hervor, der die Menschheit nicht nur mit schwarzen Autos beglückte, sondern auch mit Bestsellern wie »The International Jew. The World's Foremost Problem« (1920). Eine wichtige Rolle spielte Italien, wo Giovanni Preziosis Zeitschrift »La vita italiana« die westliche Demokratie, die Freimaurerei und den Bolschewismus als Werkzeuge des Weltjudentums entlarvte und natürlich auch die Ermordung Rathenaus verteidigte.[37] Und auch die Rassenmystik darf hier nicht fehlen. Auf der einen Seite steht die »abbröckelnde Front rassisch-völkisch-ständischer Traditionen«, auf der anderen die »internationale, antivölkische, antirassische Weltfront«, die einen »allweltliche(n) Völkerbrei« im Sinn hat.[38] Die Vorbedingungen für die jüdische Weltherrschaft sind:

> »die liberalistische ›Demokratie‹, besser: Plutokratie (Herrschaft des Großkapitals) mit ihren übervölkischen und überstaatlichen Verflechtungen politischer und finanzieller Art, so besonders dem Genfer Völkerbund, der Internationale des Finanzkapitals, Weltwirtschaftskonferenz usw.; weiter der Marxismus und besonders seine radikalste und folgerichtigste Entwicklungsstufe, der Bolschewismus.«[39]

Hier wird die zentrale Sündenbockrolle der Juden für alle unerfüllbaren Versprechen der reaktionären Hetzpropaganda deutlich. Die USA sind eine Hochburg des Judentums[40] mit 20 bis 25 Millionen Gefolgsleuten des Judentums[41], aber auch hinter der bolschewistischen Revolution stehen die Juden[42]. Sie kontrollieren die Presse fast aller Länder[43] und die jüdische Hochfinanz steht hinter der britischen und der französischen Regierung.[44] Wenn die hehren Ziele der nationalsozialistischen Propaganda unerreichbar bleiben, so sei die Erklärung im Wirken finsterer Mächte zu suchen. Letzte Konsequenz dieses Denkens war die größte und grausigste Mordkampagne der bisherigen Menschheitsgeschichte.[45]

**Weiterleben der Verschwörungstheorie**

Dieser Umstand war kein Hinderungsgrund dafür, daß sich die Phantasmagorie der jüdischen Weltverschwörung auch nach dem Zweiten Weltkrieg ungebrochener Beliebtheit erfreut. Johann von Leers, früher Hauptschriftsteller der nationalsozialistischen Zeitschrift »Wille und Weg« setzte seine Agitation nach 1945 umständehalber zunächst in Argentinien – die Zeitschrift hieß nun »Der Weg« – und später in Ägypten fort.[46] In Osteuropa und der Sowjetunion bezog man sich oft nicht unmittelbar auf die »Protokolle«, brachte aber ähnliche Verschwörungstheorien in Umlauf[47], in Polen gab es 1966 sogar eine vom Verteidigungsministerium veranstaltete Neuausgabe der »Protokolle«[48]. Großer Beliebtheit erfreuen sich die »Protokolle« in der Welt des radikalen Islam[49], wo selbst der Modernisierer Atatürk zum heimlichen Juden wird.[50] Selbst in Japan wird heute vor dem »Komitee der Dreihundert« gewarnt. Dort sind die Juden, mangels besserer Kenntnis, für die Beatles, den Drogenkonsum und das Kennedy-Attentat verantwortlich. Die »jüdische Idee von der totalen Weltkontrolle« wird »enthüllt«.

Es liegt, wie wir gesehen haben, in der Natur dieser Einbildung von einer jüdischen Verschwörung, daß ihre geheimnisumwitterten »Hintergründe« nicht aufgedeckt werden können. Auch wenn die »Protokolle« schon früh als Fälschung entlarvt werden konnten, lassen sich die Anhänger dieser Theorie von der Weltverschwörung nicht beirren. Sie brauchen für ihr Weltbild, für ihr Weltverständnis das »Geheimnis«. Es steht zu befürchten, daß wir noch lange damit leben müssen.

*Abb. 24 Die herbeigeschriebene, herbeigemalte Angst vor den »fremden Mächten« dient der Rechtfertigung des eigenen Großmachtstrebens. Die Anhänger der Verschwörungstheorie brauchen das »Geheimnis«, um ihr Weltbild aufrechtzuerhalten. »Kladderadatsch«, 1940.*

Vorschlag für ein neues englisches Wappen

## Anmerkungen

Für wichtige Hinweise danke ich herzlich Jörg Friedrich und Ralf-Peter Märtin. Unentbehrlich war, wie so oft, die Mithilfe von Bettina Raab.

1 Ritter, 1933, S. 47.
2 ebd.
3 Rosenberg, 1935, S. 459.
4 Lay, 1993, S. 190.
5 Zit. nach Hellmut Auerbach: Hitlers politische Lehrjahre und die Münchner Gesellschaft 1919 bis 1923. In: Vierteljahrshefte für Zeitgeschichte 1977, S. 11.
6 Rosenberg, 1935, S. 463
7 Rohrbacher/Schmidt, 1991, S. 202; Cohn, 1969, S. 19f.
8 Bassam Tibi: Die Verschwörung. Das Trauma arabischer Politik. Hamburg 1993, S. 39ff. et passim. Vgl. ebd. S. 98f. zu den Protokollen der Weisen von Zion.
9 Rogalla von Bieberstein, 1978, S. 189.
10 Antisemitismus, 1935, S. 211.
11 Leers, 1944, S. 148.
12 Kommoss, o.J., S. 5.
13 Weltentscheidung, 1939, S. 6.
14 Hans Frank: Im Angesicht des Galgens. Neuham 2/1955, S. 27.
15 Ralf-Peter Märtin: Wunschpotentiale. Geschichte und Gesellschaft in Abenteuerromanen von Retcliffe, Armand, May. Königstein/Ts. 1983, S. 46.
16 Retcliffe, 1943, S. 25f.
17 Der Große Brockhaus, Ergänzungsband A–Z. Leipzig 1935, S. 545.
18 Eckart, 1924, S. 30.
19 Retcliffe, 1943, S. 37.
20 Ebd.
21 Cohn, 1969, S. 66. Nach Rohrbacher/Schmidt, 1991, S. 210 kursierten Schriften Brafmanns schon seit 1869.
22 Textvergleich bei Cohn, 1969, S. 353ff.
23 Rogalla von Bieberstein, 1978, S. 201.
24 Ebd., S. 202.
25 Leers, 1944, S. 158.
26 Maier-Hartmann, 1938, S. 153.
27 Leers, 1938, S. 41.
28 So ein Flugblatt des Deutschen Volksbundes, Berlin-Schöneberg, von 1919, Archiv des Verfassers.
29 Hitler, 1936, S. 772. Vgl. auch Eckart, 1924, S. 48ff.
30 Rohrbacher/Schmidt, 1991, S. 214.
31 Geheimnisse, 1919, S. 148.
32 Zit. Wistrich, 1987, S. 167.
33 Ebd. S. 199. Vgl. Cohn, 1969, S. 183f.
34 Martin Sabrow: Märtyrer der Republik. Zu den Hintergründen des Mordanschlags vom 24. Juni 1922. In: Walter Rathenau 1867–1922, hg. v. Hans Wilderotter, Berlin o.J., S. 222.
35 Rogalla von Bieberstein, 1978, S. 229.
36 Cohn, 1969, S. 296.
37 Ebd., S. 314f.
38 Kommoss, o.J., S. 11.
39 Ebd.
40 Weltentscheidung in der Judenfrage, 1939, S. 8.
41 So eine sowjetische Stimme von 1967; Wistrich, 1987, S. 364.
42 Kommoss, 1938.
43 Rosenberg, o.J., S. 48f.
44 Ebd., S. 27.
45 Vgl. Ernst Piper: Von der Entfernung zur Vernichtung oder Wir standen in der Pflicht, gegenüber der SS, der Firma Topf und dem NS-Staat. In: Jean-Claude Pressac, Die Krematorien von Auschwitz. Die Technik des Massenmordes. München 1994, S. XII ff.
46 Wistrich, 1987, S. 314.
47 Paul Lendvai: Antisemitism in Eastern Europe. London 1971, S. 15f.
48 Ebd., S. 144f.
49 Lewis, 1989, S. 253ff.
50 Ebd., S. 233.
51 Uwe Schmitt: Quadratur der Einkreisung. Ahnungslos gefährdet: Antisemitismus in Japan. Frankfurter Allgemeine Zeitung, 1. 11. 1994.

## Literatur

Antisemitismus der Welt in Wort und Bild. Hrsg. von Robert Körber und Theodor Pugel. Dresden 1935

Karl Bergmeister: Der jüdische Weltverschwörungsplan. Die Protokolle der Weisen von Zion vor dem Strafgerichte in Bern. Erfurt 1937

Norman Cohn: Die Protokolle der Weisen von Zion. Der Mythos von der jüdischen Weltverschwörung. Köln/Berlin 1969

Dietrich Eckart: Der Bolschewismus von Moses bis Lenin. Zwiegespräch zwischen Adolf Hitler und mir: München (1924)

Das Geheimnis der jüdischen Weltherrschaft. Aus einem Werke des vorigen Jahrhunderts, das von den Juden aufgekauft wurde und aus dem Buchhandel verschwand. Berlin ²1919
Die Geheimnisse der Weisen von Zion. Hrsg. von Gottfried zur Beek. Charlottenburg ³1919
Adolf Hitler: Mein Kampf. München ¹⁸¹1936
Rudolf Kommoss: Juden hinter Stalin. Berlin/Leipzig 1938
ders.: Juden machen Weltpolitik. Berlin o. J.
Johann von Leers: Die geschichtlichen Grundlagen des Nationalsozialismus. Berlin 1933
ders.: Die Verbrechernatur der Juden. Berlin 1944
Paul Lendvai: Antisemitism in Eastern Europe. London 1971
Bernard Lewis: »Treibt sie ins Meer!«. Die Geschichte des Antisemitismus. Frankfurt am Main/Berlin 1989
Michael Ley: Genozid und Heilserwartung. Zum nationalsozialistischen Mord am europäischen Judentum. Wien 1993
Fritz Maier-Hartmann: Dokumente der Zeitgeschichte. Hrsg. von Adolf Dresler. München 1938
George L. Mosse: Die Geschichte des Rassismus in Europa. Frankfurt am Main 1990
August Nitschke: Der Feind. Formen politischen Handelns im 20. Jahrhundert. Stuttgart 1964
John Retcliffe: Die Geheimnisse des Judenfriedhofes in Prag. Prag ⁴1943
Gaston Ritter: Das Judentum und die Schatten des Antichrist. Graz 1933
Johannes Rogalla von Bieberstein: Die These von der Verschwörung 1776–1945. Philosophen, Freimaurer, Juden, Liberale und Sozialisten als Verschwörer gegen die Sozialordnung. Frankfurt am Main u. a. ²1978
Stefan Rohrbacher/Michael Schmidt: Judenbilder. Kulturgeschichte antijüdischer Mythen und antisemitischer Vorurteile. Reinbek 1991
Alfred Rosenberg: Der Mythus des 20. Jahrhunderts. München ⁵⁷1935
ders.: Die Protokolle der Weisen von Zion und die jüdische Weltpolitik. München o. J.
Weltentscheidung in der Judenfrage. Der Endkampf nach 3000 Jahren Judengegnerschaft. Hrsg. von Willi Fr. Könitzer und Hansgeorg Trurnit. Dresden 1939
Robert Wistrich: Der antisemitische Wahn. Von Hitler bis zum Heiligen Krieg gegen Israel. Ismaning 1987

*Knut Kiesant*

# *Neuntes Bild:* »Dunkelmänner«

## Über den Vorwurf der literarischen Verschwörung

Geschichte vollzieht sich in allen Epochen in spannungsvoller Gleichzeitigkeit widersprüchlicher und gegensätzlicher Ereignisse und Entwicklungen. So sind die Jahrhunderte von Renaissance und Humanismus zugleich die Jahrhunderte fanatischer Glaubenskämpfe und Vertreibungs- und Vernichtungsexzesse Andersgläubiger, -farbiger, -denkender oder der dazu Erklärten: von Indianern und Juden, von Herätikern und Hexen, von Heiden und Sektierern.

Einerseits wollte sich der optimistisch-weltzugewandte Zeitgeist in seinem Drang nach höchster Erkenntnis der Partikularisierung und in seiner von tradierten Vor-Urteilen geprägten Aus- und Abgrenzung von »anderen« Religionen, Philosophien und Lebensweisen nicht mehr unterordnen. Eine Wahrheit und ein Glaube schienen der Harmonie der Schöpfung eher zu entsprechen als die Vereinseitigungen, Verabsolutierungen und ängstlichen Abgrenzungen eines religiösen Bekenntnisses, sei es nun des Christentums, des Judentums oder auch des Islam. Andererseits aber schlug der in Fanatismus hineingesteigerte Wahrheitsdrang und Bekehrungseifer in extrem intolerante und inhumane Diskriminierungen und Verfolgungen um, die sich dann insbesondere auch gegen Juden richteten.

So hatte der 1504 konvertierte Jude Johannes Pfefferkorn (ab 1513 Spitalmeister im Stift St. Ursula zu Köln) seine Karriere als Kleriker mit antijüdischen Traktaten begründet, in denen er die Vernichtung der jüdischen Schriften forderte, weil diese das größte Hindernis bei der Bekehrung der Juden zum Christentum darstellten. Darüber hinaus forderte er das Verbot des zinsbringenden Geldverleihs und die Verpflichtung von Juden zur Anhörung von christlichen Bekehrungspredigten.

**»Pfefferkornstreit«**

Dies war der Anstoß zum »Pfefferkornstreit«, in den der bedeutende Humanist Johannes Reuchlin (1455–1522) parteinehmend eingriff.

Als Kaiser Maximilian I. dem Mainzer Erzbischof Uriel von Gemmingen den ursprünglich Pfefferkorn zugedachten Auftrag zur Überprüfung der jüdischen Schriften übergab, wurde Reuchlin als gutachterlicher Experte hinzugezogen. Der Großonkel Melanchthons und bedeutendste Anhänger der »Platonischen Akademie« in Florenz – in freundschaftlichem Kontakt zu den italienischen Renaissancehumanisten Marsilio Ficino und Pico della Mirandola – war durch das Vorhaben Pfefferkorns im Kern seines wissenschaftlichen Lebenswerks getroffen. Dies war vom Studium der hebräischen Sprache und Literatur, durch Herausgabe und Übersetzung von hebräischen Texten und durch Schriften zur jüdischen Mystik geprägt. So verweist Reuchlin in seinem »Ratschlag, ob man den Juden alle ire bücher nemmen / abthun unnd verbrennen soll« (1510) als Jurist auf den Rechtsschutz, der den Juden im Reich zustand, da sie nicht als Häretiker galten. Er verwies auf die gemeinsamen Wurzeln des Glaubens im Alten Testament, betonte die ethische und philosophische Würde des Talmuds und forderte Toleranz in Glaubensfragen und lehnte Gewalt bei Bekehrungen ab. Pfefferkorns denunziatorische Gegenschriften brachten Reuchlin in Opposition zum Kölner Dominikanerorden, zwangen ihm einen jahrelangen Rechtsstreit auf und lösten eine literarische Fehde aus, die zum wichtigsten geistigen und literarischen Ereignis in Deutschland vor der Reformation wurde. In diesem Zusammenhang erschienen 1515 die »Epistolae obscurorum virorum« (zweiter Teil 1517), die seit 1795 in der Übersetzung als »Briefe von Dunkelmännern« bezeichnet wurden. Verfasser dieser kühnen Satire der fingierten Briefe von Anhängern Pfefferkorns und der Dominikaner in verballhorntem Latein waren humanistische Freunde und Parteigänger Reuchlins, u. a. Crotus Rubeanus, Hermann von dem Busche und Ulrich von Hutten.

**Satiren gegen die Feinde der Juden**

Die antischolastische, zeitkritische Satire operiert mit der Vorstellung einer »literarischen Verschwörung«, wenn z. B. einer der Briefschreiber dem Magister Ortwin Gratius auftragsgemäß darüber berichtet, was er auf der Frankfurter Messe von den Kaufleuten darüber gehört habe, was aus der Verabredung von »einigen Poeten und Juristen« geworden sei, die sich dazu verschworen haben, »daß sie den Johannes Reuchlin verteidigen und gegen die Kölner Theologen und Predigerbrüder schreiben wollen...« Die gelehrte Satire wendet dabei gleichsam ins Positive, was ihr von der Gegenseite in der Aufnahme einer aus dem Mittelalter tradierten – und somit auch immer wieder gegen jüdische Gelehrsamkeit gerichteten – Verschwörertheorie unterstellt wurde. Dabei wurde in der Rezeptionsgeschichte des Reuchlin-Streits aber sehr lange übersehen, daß die behauptete und unterstellte Einheitlichkeit des antischolastischen, humanistischen Lagers so nicht existierte. Reuchlins Bewertung der hebräischen Sprache – als einziger Zugang zur Ursprache des sich offenbarenden Gottes in den biblischen Texten – wurden von bedeutenden Humanisten (R. Agricola, D. Erasmus) nicht geteilt. Aber was vielleicht noch wichtiger ist, Reuchlin sah die Juden in seiner Zeitgenossenschaft – ganz in christlich-mittelalterlicher Tradition – in der Gefangenschaft des Teufels, weil sie in ihrem »selbsterfundenen Gottesdienst« die »Heilsgeheimnisse« verdreht hätten.

Akzeptiert hat Reuchlin die Juden und ihre Schriften als historische Zeugen der Entstehung der Heiligen Schrift, die jüdischen Schriften interessierten ihn als Instrumente der Wahrheitsfindung und -durchsetzung, auch im Sinne der Missionierung von Juden.

Der christliche, humanistische Gelehrte behauptete also seine Opposition nicht nur gegenüber dem scholastisch-theologischen Gegner, sondern auch gegenüber den Rabbinern und den jüdischen Intellektuellen, die an ihrem Glauben festhielten.

Im Grunde beansprucht der humanistische Gelehrte eine wissenschaftliche Überlegenheit, als Hüter der »veritas hebraica« gegenüber den gelehrten Juden, die ihre Schriften entweder falsch interpretierten oder bewußt der wahrheitssuchenden christlichen Welt vorenthielten. Diese literarisch-theologische Verschwörertheorie findet dann in Luthers antijüdischem Pamphlet von 1543 »Von den Juden und ihren Lügen« ihre fatale und jahrhundertelang nachwirkende Bestätigung; und zudem eine Steigerung in der Behauptung, daß die Juden die heiligen Texte bewußt verfälschten.

Der Vorwurf der literarischen Verschwörung wurde im Mittelalter und in der Frühen Neuzeit immer wieder in der Kombination mit antichristlich-ketzerischer und zauberischer Bestätigung erhoben. Das tragische Schicksal des jüdischen Leibarztes und Bankiers des Kurfürsten Joachim II. von Brandenburg, Lippold, ist dafür ein Beispiel. Dieser hatte, vom Kurfürsten mit weitreichenden Vollmachten als brandenburgischer Münzmeister ausgestattet, und zudem zum »Aufseher« über die im Lande lebenden Juden ernannt, mit rigorosen Maßnahmen die chronischen Finanznöte des Herrschers befriedigt. Nach dem Tode Joachims II. 1571 wurde er angeklagt, die Staatsfinanzen ruiniert und den Landesherrn durch Gift ermordet zu haben. Ein Judenpogrom in Berlin war die unmittelbare Folge. Das Urteil wurde durch den »Fund« eines hebräisch verfaßten Zauberbuchs im Hause Lippolds (offenbar aus dem weitverbreiteten kabbalistischen Schrifttum) und seinem auf der Folter erpreßten Geständnis, einen Teufelspakt eingegangen zu sein, »begründet«. Nach der Hinrichtung am 28. Januar 1573 in Berlin wurden anschließend die Gedärme des Münzmeisters zusammen mit dem hebräischen Buch öffentlich verbrannt. Die Chroniken berichten, daß die Zuschauer deutlich sehen konnten, wie der Teufel in Gestalt einer großen Maus aus dem Scheiterhaufen entfloh. Wenige Tage danach waren die letzten Juden aus Berlin und der Mark Brandenburg vertrieben.

**Verschwörungstheorien haben Konjunktur in gesellschaftlichen Umbrüchen**

Die Entstehung literarischer Verschwörungstheorien ist – ihr vermehrtes Auftreten in der Zeit des Übergangs vom Mittelalter zur Neuzeit beweist es – offenbar ein Phänomen, das in historischen Umbruchsituationen Konjunktur und im wesentlichen zwei Funktionen hat. Erstens dienen diese Theorien und die aus ihnen abgeleiteten und durch sie begründeten Verfolgungsmaßnahmen der Absicherung der jeweils neuen Herrschaftsansprüche und -verhältnisse durch – wie es Helmut Dubiel einmal genannt hat – »Entsorgung von Vergangenheit«. Und zweitens sind es die mit der neuen Herrschaftsära verbundenen geistigen Eliten, die die spezifisch literarisch-geistige Akzentuierung oft umfassenderer Verschwörungstheorien propagieren. Juden können als Inkarnation des Bösen schlechthin in diesem Zusammenhang alleiniges Ziel des Angriffs sein, sie werden aber auch oft zu Parteigängern oder Anstiftern des »eigentlichen« Gegners erklärt.

So werden in der amerikanischen antisemitischen Propaganda der 30er Jahre des 20. Jahrhunderts »Hitler und Hitlerismus« als »Geschöpfe des Judentums und Judaismus« bezeichnet, während andererseits der Präsident der deutschen Physikalisch-Technischen Reichsanstalt 1934 die »Zurückdrängung des germanischen Geistes durch den jüdischen Geist in der deutschen Wissenschaft« beklagte.

Der von reaktionärer, völkischer Seite erhobene Vorwurf der jüdischen literarisch-kulturellen Verschwörung denunzierte jedes freiheitlich-liberale Denken als jüdisch inspiriert, so etwa Erich Ludendorff in seiner Schrift »Vernichtung der Freimaurerei durch Enthüllung ihrer Geheimnisse« (1926), wo es heißt:

»Das Geheimnis der Freimaurerei ist überall der Jude. ... Das Ziel der Freimaurerei ist die Verjudung der Völker und die Errichtung der Juden-und-Jehova-Herrschaft mit Hilfe der Völker.«

Mit der Entstehung des bürgerlichen Gelehrtenstandes in der Frühen Neuzeit werden Wissenschaft, Kunst, die Presse und später die Medien die umkämpften Felder, in denen jüdische Gefahr oder Dominanz auf der Grundlage der Allianz von Geld und Intellekt unterstellt wird. Diese Agitation richtet sich sowohl an die Adresse der intellektuellen Konkurrenz (oder wird von dieser produziert) vor allem zum Zwecke der Verdrängung vom Arbeitsmarkt, oder sie richtet sich an die Nichtintellektuellen, die Konsumenten von Massenkultur und die den Repräsentanten von Wissenschaft (Ärzten, Rechtsanwälten), Politik (Verwaltungen, Parteien) und Medien (Rundfunk, Fernsehen, Presse) ausgelieferten Massen. Das Vorurteil gegenüber den Intellektuellen wird auf eine Teilgruppe, den jüdischen Intellektuellen abgelenkt, denn von den Juden »weiß« man, daß sie von ihrer Intellektualität besser zu leben verstehen als von ihrer Hände Arbeit.

»Der Bankier wie der Intellektuelle, Geld und Geist, die Exponenten der Zirkulation, sind das verleugnete Wunschbild der durch Herrschaft Verstümmelten, dessen die Herrschaft sich zu ihrer eigenen Verewigung bedient.« (Horkheimer/Adorno: »Dialektik der Aufklärung«)

**Selbsthaß**

Der Selbsthaß der »durch Herrschaft Verstümmelten« und die das Eingeständnis von Unterlegenheit aggressiv verdrängende Projektion von Defiziten auf den Anderen, den Juden, widerspiegelt sich in Hetzartikeln Joseph Goebbels' aus den Jahren 1928/29:

»Gewiß ist der Jude auch ein Mensch. Noch nie hat das jemand von uns bezweifelt. Aber der Floh ist auch ein Tier – nur kein angenehmes. Da der Floh kein angenehmes Tier ist, haben wir vor uns und unserem Gewissen nicht die Pflicht, ihn zu hüten und zu beschützen und ihn gedeihen zu lassen, sondern ihn unschädlich zu machen. Gleich so ist es mit den Juden.« (J. Goebbels, Der Nazi-Sozi, 1929). Und die Begründung für den abzuwendenden Schaden: »Heraus mit dem Gesindel! Wir wollen für unser deutsches Volk eine judenreine deutsche Kultur.« (J. Goebbels, »Das Buch Isidor«, 1928)

Statt der traditionellen, aus dem Mittelalter tradierten, vorrangig religiös motivierten Judenfeindschaft gilt im »modernen« Antisemitismus des 19. und 20. Jahrhunderts der Angriff dem »jüdischen Ungeist«. Die Folgen der europäischen wirtschaftlichen und politischen Modernisierung hatte nicht nur die Emanzipation der Juden bewirkt, sondern für die Landbevölkerung und die wachsenden Massen in den Städten die Entlassung aus den traditionellen Lebensumständen und -orientierungen in die risikovolle Freiheit des

Marktes. Die undurchschaubare Finanz- und Wirtschaftswelt erschien den sozialen Mittel- und Unterschichten zunehmend als Privileg der »goldenen Internationale« und damit der Juden. Daß sich mit der antisemitischen Propaganda gleichzeitig jede liberale oder gar revolutionäre Bewegung attackieren ließ, verlieh dem modernen Antisemitismus seine nahezu universelle Brauchbarkeit. Seit Börne und Heine schien der national oder völkisch orientierten Germanistik die deutsche Literatur einem jüdischen Komplott von Autoren, Verlegern, Kritikern und ahnungslosen Lesern ausgeliefert.

**Universelle Brauchbarkeit des Antisemitismus**

Die literarische Verschwörung wird in der antisemitischen Propaganda ein Teil der gegen das deutsche Volk und damit gegen die germanische Rasse insgesamt gerichteten Weltverschwörung. So schreibt Adolf Hitler (1925) in »Mein Kampf«, daß es das Ziel der Juden sei, »die ihnen verhaßte weiße Rasse zu zerstören, von ihrer kulturellen und politischen Höhe zu stürzen und selber zu ihren Herren aufzusteigen«. Der »Logik« dieser Verschwörertheorie folgen dann nicht nur die Paragraphen der faschistischen antijüdischen Gesetzgebung ab April 1933, sondern auch Propaganda und Wissenschaft im Dritten Reich. Die Bücherverbrennungen vom 10. Mai 1933 wurden von germanistischen Ordinarien als Befreiungsakt gefeiert: »Wir schütteln eine Fremdherrschaft ab, wir heben eine Besetzung auf. Von einer Besetzung des deutschen Geistes wollen wir uns befreien.« Die völkisch-stammeskundliche Germanistik mutiert zur rassistisch-antisemitischen. So heißt es in der überarbeiteten Neuauflage der »Geschichte der deutschen Literatur« (erste Auflage 1919) von Adolf Bartels: »Soviel ist sicher, daß dieses ›Deutschtum‹ nie einen schlimmeren Feind und die deutsche Kunst nie einen ärgeren Verderber als das Judentum gehabt hat; denn es sitzt ja eben mitten unter uns und kann uns im Grunde gar nichts geben; da es Eigenes nicht mehr besitzt, nur ein negatives, zersetzendes Element bildet, wie jedes Volk ohne Heimat.«

Doch das antisemitische Vorurteil liefert auch über seine ursprüngliche Zielstellung hinaus die »Begründungen« für Auseinandersetzungen mit nichtjüdischen Gegnern.

Die Instrumentalisierung derartiger Stereotype zeigt sich, wenn das SS-Organ »Das Schwarze Korps« im Sommer 1937 zu einem verstärkten Kampf gegen »Weisse Juden«, oder »Gesinnungsjuden« aufruft. Es reiche nicht, »wenn einer Blutvermischung Einhalt geboten wird und Juden am politischen, kulturellen und wirtschaftlichen Leben der Nation nicht mehr teilnehmen dürfen.«

Der Sieg des »rassischen Antisemitismus« sei nur ein Teilsieg, man müsse »auch den jüdischen Geist ausrotten, der heute ungestörter denn je seine Blüten treiben kann«. »Denn nicht der Rassejude an sich ist uns gefährlich gewesen, sondern der Geist, den er verbreitete. Und ist der Träger dieses Geistes nicht Jude, sondern Deutscher, so muß er uns doppelt so bekämpfenswert sein als der Rassejude, der den Ursprung seines Geistes nicht verbergen kann.« Die Gleichschaltung des Universitäts-Lehrkörpers durch »Säuberungen« und politisch gesteuerte Einstellungspraxis und die Durch-

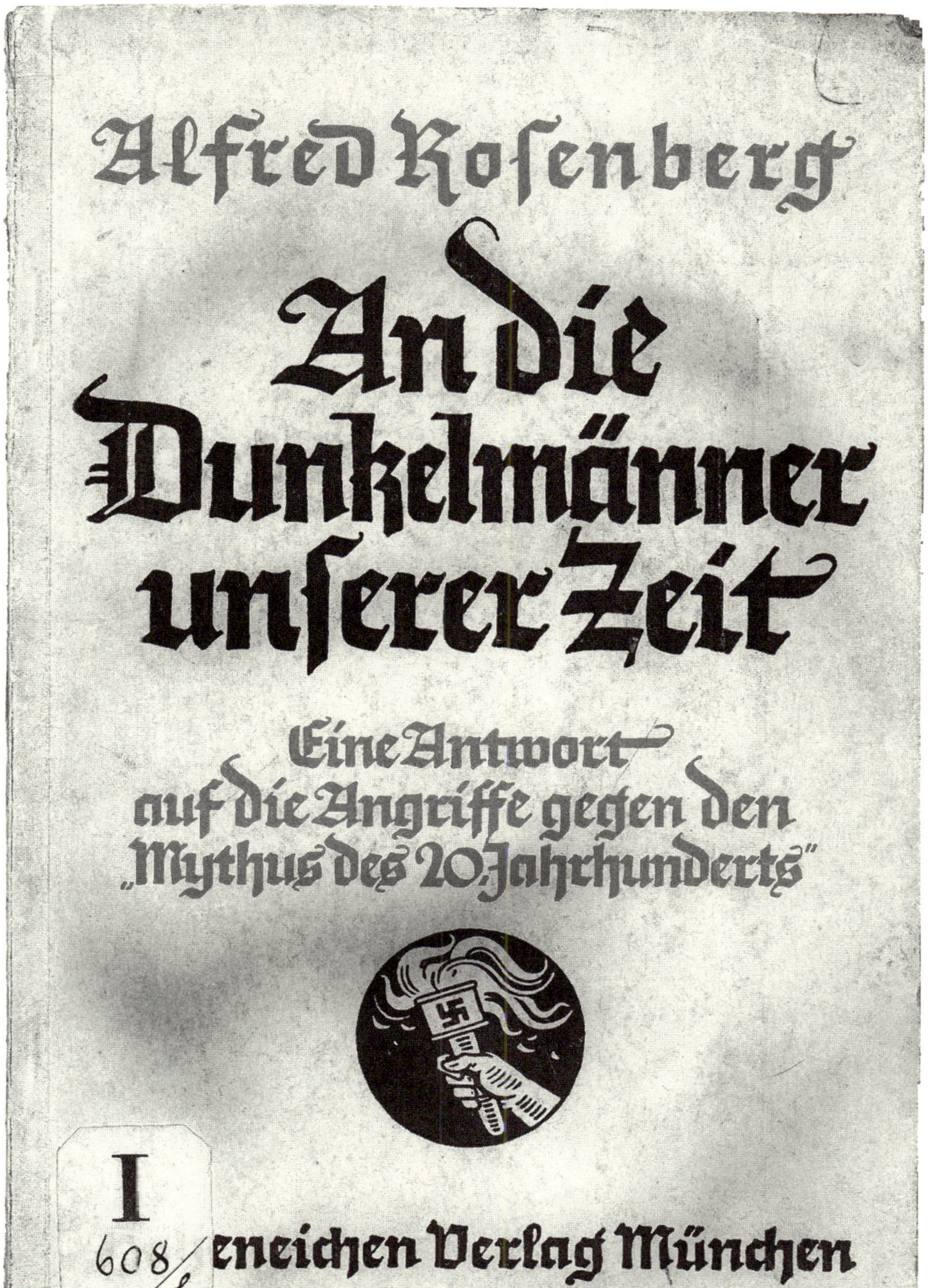


***Abb. 25** Dreihunderttausend Exemplare wurden bis 1935 vom »Mythus des 20. Jahrhunderts« verkauft – für Kritiker oder Zweifler fand sich schnell eine (literarisch überlieferte) Kennzeichnung.*
Titelblatt des 41.–60. Tausends *»An die Dunkelmänner unserer Zeit«*, 1935.

setzung einer völkisch-rassistischen Wissenschaftsorientierung bediente sich auch der literarisch-wissenschaftlichen Verschwörertheorie.

Den »jüdischen Geist« des »spitzfindigen Intellekts« ohne »natürliche Instinkte« aus der Wissenschaft zu vertreiben, wird als vordringliche Aufgabe deklariert, denn eine »jüdisch verseuchte Wissenschaft ... ist die Schlüsselstellung, von der aus das geistige Judentum immer wieder maßgebenden Einfluß auf alle Lebensgebiete der Nation erringen kann.«

In der »Dialektik der Aufklärung« von Horkheimer/Adorno konnte man lesen:

»Im Bilde des Juden, das die Völkischen vor der Welt aufrichten, drücken sie ihr eigenes Wesen aus.«

Das findet im »Vorwurf der literarischen Verschwörung« seine überzeugende Bestätigung. Dieser Vorwurf projiziert die Phantasien eigener unbeschränkter geistiger Macht- und Herrschaftsansprüche auf eine zu unterdrückende Minorität. Ihre Ausschließlichkeit zielt auf die Auslöschung des Anderen, die Aufrichtung einer geistigen und politischen Diktatur. Buchenwald und Auschwitz waren die Konsequenz.

*Christoph Daxelmüller*

# *Zehntes Bild:* Das »Mauscheln«

Die Sachlage ist verschlungen, hat sich jedoch tatsächlich ereignet: Kürzlich verdächtigte mich jemand im Scherz, daß ich ihn des Mauschelns bezichtige; es war um eine Menge Moos (nicht für die Weihnachtskrippe), bzw. Kies (nicht für den Straßenbau) gegangen. Ich ärgerte mich verständlicherweise über die meschuggene Chuzpe dieser Anschuldigung und entgegnete, daß der Anschuldiger wohl nicht ganz trejfer im Kopf sei.

Wir kennen die Texte und Bilder zur Genüge: Ein Mann mit langer, krummer Nase, dunklen, stechenden Augen, zynischem Mund und wulstig vorgeschobener Unterlippe, in zerlumpten, schlecht sitzenden Kleidern, angetan vielleicht mit »einer alten Jacke und defecten« Hosen wie Gustav Freytags »Veitel Itzig«[1], eine Tasche um die Schulter gehängt, führt hinter sich ein klappriges, altes Pferd. Er will es am Viehmarkt in N. als junges kräftiges Zossn einem neifelen Bauerngoj andrehen. Manchmal bespricht er sein Vorhaben mit einem ähnlich aussehenden Mitreisenden. Es bedarf keiner ausführlichen Bilderklärung, da sich das Bild wie von selbst liest: Juden sind auf dem Weg zu ihrem uralten Geschäft, dem Betrug am Christen, ihrem Erzfeind seit urdenklichen Zeiten, und als genüge allein diese Freude nicht, läßt sich dabei sogar ein Rejbach machen.[2]

Der Bildbetrachter sieht, wie sich die Lippen bewegen; sie bringen eigenartige, fremd klingende, unverständliche Wörter hervor, eine Sprache, die den Unkundigen zur Verzweiflung treibt. Um jene »unerfreuliche Sprache« zu lernen, hatte Johann Wolfgang von Goethe in jungen Jahren Hebräischunterricht genommen, seinem Lehrer aber »die Absicht auf das Judendeutsch« verschwiegen.[3] Man glaubt sogar, einzelne Begriffe des »abscheulichen Deutsch [...] mehr Kehlkopf als Grammatik«[4] zu verstehen; doch sie ergeben keinen Sinn, da sie täuschen: Vom »merammenen« ist die Rede und vom »begesseln«, vom »Mas« und daß man »nischer« sein müßte.

**Die »Geheime Geschäftssprache« wird erfunden**

Der anonyme Verfasser einer »Geheimen Geschäftssprache der Juden«, die ihre geistige Urheberschaft im Werk des perfiden Antisemiten Itzig Feitel Stern alias Johann Friedrich Sigmund Frhr. von Holzschuher (1796–1861) nicht verleugnen kann, singt im Vorwort Lobeshymnen auf die Sprache, mit der »Gott den Menschen vor allen übrigen Wesen ausgerüstet« und ihn in die Lage versetzt habe, »andern Menschen unsere Gedanken und Empfindungen mitzuteilen, die Produkte unseres Geistes auf eine faßliche Weise darzustellen, das edelste Gefühl, die Freundschaft, wodurch alle Menschen, ohne Unterschied der Religion und des Glaubens, sich als Brüder einander achten und lieben lernen«. Nur dort, wo der Mensch die Sprache verstehe, nämlich »in unserem Vaterlande«, fühle er sich heimisch.[5]

»Peinlich muß es uns dagegen berühren, wenn wir sprechen hören, ohne das zu verstehen, was gesprochen wird, und kann dieses peinliche Gefühl nur gesteigert werden, wenn wir der Befürchtung Raum geben könnten, daß die uns unverständliche Sprache zu unserem Nachteil gebraucht werde. In dieser unangenehmen Lage befinden sich nun alle diejenigen, welche der hebräischen, resp. der sogenannten Marktsprache unkundig sind«.[6]

Ein ebenfalls anonymes, ohne Angabe des Erscheinungsjahres in der Nürnberger Druckerei Karl Ulrich & Co. produziertes »Wörterbuch der jüdischen Geschäfts- und Umgangssprache«, das – so das Titelblatt – »aus alten Urkunden und Schriften« übernommen worden sei, bringt das Dilemma sehr viel sachlicher auf den Punkt:

»Wir Menschen verständigen uns durch die Sprache. Es ist unangenehm, wenn wir sprechen hören, ohne zu verstehen, was gesprochen wird. Leicht neigt man zu der Ansicht, daß die uns unverständliche Sprache zu unserem Nachteil gebraucht wird. In dieser Lage befinden sich alle diejenigen, welche der hebräischen, resp. jüdischen Geschäfts- und Umgangssprache unkundig sind. Da es aber für einen großen Teil der Geschäftswelt von besonderer Wichtigkeit ist, die Sprache der Juden zu verstehen, haben wir aus alten Überlieferungen alle Wörter und Benennungen zusammengetragen und so aufgeführt, wie sie von deutschen Juden gesprochen werden«.[7]

Selbstverständlich verfolgt der anonyme Autor des Taschenlexikons nur ehrenhafte Absichten: »Möge deshalb diese in guter Absicht unternommene Arbeit dem gesetzten Ziel der gegenseitigen Verständigung dienen«.[8]

Die Literaten, Radierer, Kupferstecher, Lithographen und der Zizenhausener Töpfer Anton Sohn (1769–1841) sind sich bei der Gestaltung der ländlichen Genreszenen einig: Krumme Nase und Handelsobjekt, ob Vieh, Tuch oder Häute, genügen, um den jüdischen Händler als Betrüger zu entlarven. Nachdem die Fotografie die Künstler überflüssig gemacht hat, verschwinden eigenartigerweise die Juden von den Waren- und Viehmärkten, obwohl sie in der Ausübung ihres Lebenserwerbs erst nach 1933 eingeschränkt werden. Denn das neue Bildmedium wirkt Wunder und verkürzt die Nasen der Händler auf normale Längen. Vielleicht scheuen die Juden das Licht des Tages (und der Magnesiumblitze) oder aber: Erweisen sich die bisherigen Kennzeichen als frei erfundene antijüdische bzw. antisemitische Phantasien?

Nur eines scheint klar: Der Jude »mauschelt«, und die Nichtjuden erweisen sich als seine gelehrigsten Schüler, wenn auch sie sich dieser Sprache bedienen, um sich in böser, betrügerischer Absicht melodisch-nuschelnd unverständlich zu machen.

**Juden werden mit Räubern gleichgesetzt**

Es mauschelt der Ganove, Betrüger, Spitzbube, das unheimliche fahrende Volk, der Geheimbündler, Räuber und Spießgeselle, der Zigeuner, Obdachlose, Penner und Outsider, und sie alle übertrifft der Jude, wenn er im Trüben fischen geht.

Eigenartigerweise herrscht lediglich hinsichtlich des Wesens und des Trägers dieses Idioms Übereinstimmung, während sich die Kategorisierung als babylonisches Wirrwarr von Bezeichnungen demaskiert: Da ist von Fachsprache die Rede, unter der Hans-R. Fluck alles, nur nicht das »Mauscheln« versteht[9], von Neben-, Sonder-, Gruppen- oder Geheimsprache, von Jargon, Gauner-, Ganoven-, (Vieh-)Händler- oder Marktsprache, von Rotwelsch, Jenisch, Jüdischdeutsch, Jiddisch oder gar Hebräisch. Doch bereits bei der lexikalischen Struktur herrscht wieder Einvernehmen: Das »Mauscheln« ist vornehmlich vom »Jiddischen« geprägt. Doch um welches »Jiddisch« es sich handelt, um das in Osteuropa gesprochene Jiddisch mit seinen zahlreichen Dialekten (vor den Standardisierungsbemühungen des »Jidishen Visnshaftlekhen Instituts, Wilna, bzw. des YIVO Institute for Jewish Research, New York)[10], um das Jüdischdeutsche (Westjiddische) mit seiner ebenfalls reichen dialektalen Vielfalt, um das »Hebräische«, das Rotwelsche, Jenische, Welsche oder um eine mit Begriffen des Romani angereicherte Kunstsprache, bleibt stets offen. Hat der intime Kenner jüdischer Bedürfnisse, Wünsche und des Entsetzens der Juden vor der ihnen angebotenen staatsbürgerlichen Gleichstellung[11], Itzig Feitel Stern[12], Recht mit dem »Lussnekodesch aschkenas«, somit der »heiligen Sprache« (in aschkenasischer Aussprache)? Das Rätsel um die Begriffe des »Mauschelns« bleibe hier ungelöst, dient dieses doch ausschließlich dem ehrenhaften Zweck, sich unverständlich zu machen, oder in der Diktion des Itzig Feitel Stern:

> »Die Lussnekoudische oder jüdische-deutsche (eigentlich heilige) Sprache ist ein verworrenes Gemenge von verunstalteten hebräischen und deutschen Urwörtern, welche nach den Regeln der deutschen Sprache sowohl in der Deklination als in der Conjugation, mit wenigen Ausnahmen, gebeugt werden.
> Die Juden bedienen sich ihrer untereinander, und im Handel und Wandel den Christen unverständlich zu bleiben und ihre Geheimnisse, Plane [sic!] und Absichten vor letzteren sorgfältig verschleiert zu halten«.[13]

Folglich gerät die Aufklärung zum fundamentalen Bedürfnis einer betrogenen Gesellschaft. Wilhelm Christian Just Chrysander etwa bezieht seine Kenntnisse aus allererster Hand:

> »Dieterich Schwab, ein bekehrter Jude, erzählet im Jüdischen Deckmantel [...] daß zu Frankfurt am Mayn in der Messe ein Jude von Praag [sic!] einem Kaufmann vor 400 fl. Fuchsbelze abgekauft, und ihm über solches Geld eine Hebräisch-Teutsche Handschrift, daß er in nächstkünftiger Messe bezahlen wollte, zugestellet. Welche der Kaufmann auf guten Glauben angenommen. Der Jude aber ist die folgende Messe ausgeblieben, hat sich auch nicht entschuldigen lassen. Da nun der Kaufmann die Handschrift durch einen Juden lesen lassen, hat an stat der Schuld von 400 fl. folgendes darin gestanden:
> Ix per ix
> Hasen sind keine Füchs
> Ich gestehe dir niks«.[14]
> Noch schlimmer aber: Das Mauscheln gefährdet die Grundlagen des Christentums, denn in den »geschriebenen Juden-Teutschen Selichot pflegen die Stellen gegen die Christliche Religion noch zu stehen, welche in denen gedruckten ausgelassen werden«.[15]

Bibliographien der einschlägigen Hilfsmittel scheinen diesen Befund zu bestätigen; nicht weniger als 222 Titel zur »Gauner- und Geheimsprache« verzeichnet 1861 Josef Maria Wagner[16], einer systematischen Erhebung stehen bis heute die immer wieder auftauchenden, daher schwer zu erfassenden Klein- und Gelegenheitsschriften entgegen.[17]

**Die Kriminalisierung einer Sprache**

»Jiddisch«, »Rotwelsch« oder »Jenisch«, aus denen das »Mauscheln« seine Substanz bezieht, vereinigen sich in der Kriminalisierung ihrer Sprecher. Die Zuweisung von Sondersprachen als betrügerisch reicht bis in die zweite Hälfte des 13. Jahrhunderts zurück, als Sprachgut von Außenseitern und Landfahrern weisen sie etwa das Gilerverzeichnis in den Augsburger Achtbüchern von 1342 und 1343[18] oder das Konstanzer Ratsbuch von 1381 aus.[19] Die Obrigkeit legt Wert darauf, die Sprachcodes durch Glossen und kleine Wortlisten zu dechiffrieren, das »Liber vatagorvm. Der Betler orden« von 1510, das dem Leser auch eine »Rothwelsch Gramatick« anbietet[20], führt im dritten Teil ein »vocabularius« der Gaunersprache auf; es enthält bereits unter dem Buchstaben A mit »Adone« (Gott), »Acheln« (essen) und »Alchen« (gehen) zwar nur drei, jedoch ausnahmslos jüdischdeutsche (hebräische) Begriffe, doch mit insgesamt 22,1% bilden Lexeme hebräischen Ursprungs nach dem Deutschen den überragenden Anteil[21], der sich in den Wörterbüchern des späten 17. und vor allem des 18. Jahrhunderts noch weiter erhöhen wird.

Die Neugierde der Fachleute ist unterschiedlich motiviert: Die Rechtspflege vermerkt sprachliche Eigenheiten, um die Eigen- und Binnenkultur der Außenseiter selbst ausbaldowern zu können; die an der Struktur von Grammatik generell interessierten Humanisten wie der Theologe und Betreiber einer hebräischen Druckerei Paul Fagius (1504–1549) sprechen gelehrt vom Jüdischdeutschen als »Hebraeo-Germanica«[22], und die Judenmission des späten 17. und des 18. Jahrhunderts leistet etwa mit Johann Christoph Wagenseils »Belehrung der Jüdisch-Teutschen Red- und Schreibart« von 1699[23] oder mit Johann Heinrich Callenbergs »Kurtzer Anleitung zur Jüdischteutschen Sprache« von 1733[24] ihren ganz speziellen Beitrag zur Aufzeichnung und Überlieferung des Jüdischdeutschen. Da aber die auf den Buchmarkt zu bringenden »Belehrungen« und »Anleitungen« stets nur »kurtz« ausfallen, erfindet man kurzerhand am Schreibtisch hybride Bildungen aus hebräischen Verbalwurzeln und deutschen Verbalendungen, die niemals in der gesprochenen oder gedruckten jüdischdeutschen Sprache existiert hatten. Im 19. und frühen 20. Jahrhundert treten neben die kriminalistischen Bedürfnisse dem Zeitgeist entsprechend romantisch-kulturhistorische Überlegungen: Mit dem »in das städtische Getriebe von fern herüberklingenden Ton eines ländlichen Abendglöckleins« und mit »alten Ghetto-Klängen« vergleicht der Wolf im Schafspelz Erich Bischoff den »Jargon«[25], um sich später als Verfasser von Machwerken wie dem im nationalsozialistischen Hammer-Verlag erschienenen Pamphlet »Das Buch vom Schulchan Aruch« als Antisemit zu entlarven.

Unter dem Strich bleiben daher einige wenige, dennoch wesentliche

Erkenntnisse: Die um Volksaufklärung bemühten Verfasser der einschlägigen Wortlisten und Lexika stehen stets am entgegengesetzten Ende der sozialen Rangleiter. Es handelt sich ausschließlich um nichtjüdische Autoren und in seltenen Fällen um Taufjuden, die jedoch, dem Trend der Konvertiten folgend, häufig noch viel schärfer gegen ihre alte Gruppe argumentieren als die Christen. Die Sprache des Mauschelns, wie sie uns die Lexika, Taschenwörterbücher und Grammatiken vorgaukeln, ist bewußt kriminalisiert und läßt bereits bei einer oberflächlichen semasiologischen [Lehre von den Wortbedeutungen] Überprüfung des Wortbestandes eine klare Schwerpunktbildung von kriminellen und wirtschaftlichen Fachausdrücken erkennen. Itzig Feitel Stern etwa gestaltet die Verbalparadigmata in der dem Lexikon angehängten »Kurzen Anleitung zur Erlernung der Lussnekoudischen Sprache« mit der Konjugation des Verbums »Ich gessel« – »Ich raube«[27]. Wo den Handbüchern kleine Übungsstücke wie Erzählungen oder Gedichte angefügt sind, drehen sich diese um das Geschäft:

Die geheime

Geschäftssprache der Juden.

Ein Hand- nnd Hilfsbuch für alle, welche mit Juden in Geschäftsverbindung stehen und der hebräischen Sprache (der sog. Marktsprache) unkundig sind.

Mit einem sehr ergötzlichen Anhang:

Ehren- und Loblied oufn Knoblich, e vierstimmiges Terzett, ze singe ouf de Githar mit der Vigeline derbei.

Dann: Der Uz und des Berliner Liebhober-Thioter.

Zum Schluß: Poetische Betrachting der Natur.

*Abb. 26 Ein Geheimnis wird unterstellt: Hinter der hörbaren Sprache verbirgt sich eine andere.*
*Umschlagtitel eines »Hand- und Hilfsbuchs«.*

»Unn de Schacher is user ka leerer Schall,
Der Jüd söll ihn treiben im Lieben,
Unn wenn er beschummelt überall,
So hot er's nouch Rechten getrieben.
Und was de Verstand vun die Gojim net sieht,
Des machet sich zor Massematten der Jüd«.[28]

Bis zu diesem Punkt aber beträfe die Sondersprache *alle* Fahrenden, Außenseiter und Kriminelle; auch das »Liber Vagatorvm« bleibt unverbindlich, indem es auf dem Titelblatt einen »Jakobsbruder« abbildet. Doch durch die untergeordnete Rolle, die man den romanischen (»welschen«) Sprachen oder dem Rotwelschen zugesteht, streicht man den Juden als Inbegriff krimineller Energie heraus: Wenn er schon den Charakter der Gaunersprache so nachhaltig prägt, dann muß es sich bei ihm selbstverständlich um den Räuberhauptmann, Bandenboß oder selbständigen Klein- und Großbetrüger gehandelt haben.

**Die Kriminalität der Sprecher**

Das »Mauscheln« als Kommunikationsmedium der Ganoven bildet somit die Grundlage zur Durchführung der Straftat, schenkt man den Verfassern der Machwerke oder Literaten wie Gustav Freytag Glauben, der seinen Itzig die krummen, im verborgenen getätigten Schiebergeschäfte des Wirtsherren

Löbel Pinkus entdecken läßt[29]. Zugleich aber diskriminiert der Jargon seine Sprachträger. Eingestandenermaßen ist das 18. Jahrhundert eine Periode der organisierten, im 19. Jahrhundert in Gestalten wie Rinaldo Rinaldini oder in den Spessarträubern romantisch verklärten, Kriminalität. Zweifelsohne befinden sich unter den Außenseitern der Gesellschaft auch Juden; sie werden allerdings nicht literarisch überhöht, sondern dämonisiert. Establishment und Randgruppen trennen seit dem Mittelalter Seßhaftigkeit und Mobilität: auf der einen Seite die Kultur des Lebens in festen und festgelegten Ordnungen, dort die von Dorf zu Dorf, Stadt zu Stadt ziehenden Spielleute, Gaukler, Musiker, Pilger, Jakobsbrüder, Scharlatane, »Ziehgeuner« und Juden; hier eine nach den Regeln des zyklisch wiederkehrenden Alltags und der sozialen Absicherung funktionierende Lebenswelt, dort die Ungewißheit und Gefahr. Die »Schalantz«- oder Betteljuden leben, entwurzelt durch die judenfeindliche Politik der Majorität, am Rande oder gar jenseits des Existenzminimums, fallen der Wohltätigkeit der dörflichen jüdischen Gemeinden zur Last und sind allenfalls dann willkommen, wenn sich durch sie am Sabbat der *minjan*, die Gemeinschaft von zehn erwachsenen Männern zur Abhaltung eines Gottesdienstes vervollständigen läßt. Den Gochsheimer Bücherhändler Joseph Isaak bewegen sie zu »Unmaßgeblichen Gedanken« und einer Bittschrift, in der er sowohl auf die Nöte dieser am Rande auch der jüdischen Gesellschaft lebenden Menschen wie auf die Bedrängnisse der meist ebenfalls armen, aber immerhin über das Privileg einer relativen Seßhaftigkeit verfügenden Dorfjuden hinweist: »Wer einmal so tief gesunken ist, daß er diese elende Art, sich fortzubringen ergreifen muß, der hat keinen anderen Ausweg« als das Betteln, und er fährt fort:

> »Des Morgens verschlucken sie ihre Reisesuppe, betteln ihr Almosen zusammen, so gut sich's thun läßt, und dann auf den Weg zur nächsten Station. Ist sie nahe; [Interpunktation sic!] so lagern sie sich bey gelinder Witterung an den Wegen hinter Hecken und Zäunen, machen die Strassen eckelhaft, bisweilen, wie es fällt, auch unsicher [...]«.[30]

Der Pauperismus des 18. Jahrhunderts treibt Juden wie Löw Samuel, der 1759 in Wildenburg gefangengenommen und später hingerichtet wurde, in die Kriminalität oder gar zu Banden. Bisweilen organisieren sie sich sogar in eigenen Gruppen. 146 Mitglieder umfaßt eine jüdische Diebesbande, die in den 30er Jahren des 18. Jahrhunderts überregional ihrem Handwerk nachgeht[31], um 1770 taucht in Nordostdeutschland eine weitere jüdische Bande auf[32], und 1823 gelingt es dem Polizeikommissar und Direktor des Zuchthauses auf der Plassenburg in Kulmbach, Karl Stuhlmüller, durch die Befragung von 16 jüdischen Häftlingen, Informationen über 238 teilweise aus Bayern stammende Ganoven zu erhalten, wobei er nicht vergißt, gleich auch ein Glossar der Gaunersprache anzulegen[33]. Bei Berücksichtigung der *signalements* (Steckbriefe) und Diebstahllisten aber gelangt man rasch zur Erkenntnis, daß die Juden in der überragenden Mehrzahl nicht die Täter, sondern die Opfer der Verbrechen sind.

**Wo liegt der praktische Nutzen der Wörterbücher?**

Die Jargon-Lexika als Quellen für eine seit dem Mittelalter beobachtete, diskriminierte und von Nichtjuden bewußt mißbrauchte Sprachform bringen uns in erhebliche Argumentationsschwierigkeiten; denn ihre Kontinuität und die aus den Auflagenzahlen unschwer ersichtliche Beliebtheit liegen auf der Hand. Doch läßt sich ein praktischer Nutzen erkennen?

Der antijüdische bzw. antisemitische Charakter gerade der Exemplare des 18. bis 20. Jahrhunderts ist offenkundig; das Titelblatt des 1759 vom Oettinger Hofbuchdrucker Johann Heinrich Lohse in Gunzenhausen herausgegebenen »Hebräisch-deutschen Dolmetschers« ziert die wenig schmeichelhafte Karikatur eines Viehjuden. Über die Märkte und die Handelsgeschäfte der Juden, über ihre Strategien und Techniken sind wir inzwischen recht gut informiert, und private Handelsverträge, soweit sie sich erhalten haben, werden nicht in Jüdischdeutsch (mit hebräischen Buchstaben), sondern in für beide Partner verständlichem Deutsch abgefaßt[34]. Wer also benötigt Wörterbücher, um die Mysterien des Mauschelns zu ergründen? Sah man jemals auf dem Markt den nichtjüdischen Handelspartner während des Geschäftes im Lexikon nachschlagen, oder lernte der Bauer am Abend vor der Aktion noch verzweifelt Vokabeln, um nicht über den Tisch gezogen zu werden?

**Kollektive Angst vor der Überlegenheit**

Die Popularität dieser »Nachschlagewerke« ergibt sich aus deren Absicht als antisemitische Lese- und Unterhaltungsstoffe und aus einer tief verwurzelten kollektiven Angst. Die Juden sind im Gegensatz zu weiten Teilen der Bevölkerung zum Lesen und Schreiben hin sozialisiert, aus religiösen wie aus wirtschaftlichen Gründen[35], der Händler benötigt keine Geheimsprache, sondern die Fähigkeit des Lesens, Schreibens, Rechnens und damit des Abstrahierens. Der Besitz der Schrift bedeutet Macht, und der intellektuellen Überlegenheit begegnet der Nichtjude mit Furcht: Nicht das Mauscheln, sondern die Verfügbarkeit von ansonsten nicht üblichen Kenntnissen ist geheimnisvoll. Kursieren nicht auch eigenartige Amulette und Breverl mit kryptischen hebräischen Buchstabenkombinationen und (pseudo-)kabbalistischen Gottes- und Engelsnamen, mysteriöse Zeichen, die zwar bei Krankheiten von Vieh und Mensch auf wunderbare Weise helfen, aber stets das Bild des Juden als Zauberer vermitteln? Haben nicht gerade die Händler auf den Dörfern ihrer Nachbarschaft gegenüber stets die

*Abb. 27 Mit dem Vorwurf des »Mauschelns« verbindet sich, neben dem abwertenden Bild der fremden, unverständlichen Sprache, auch das Bild des Geheimnisvollen, der heimlichen Absprache. »Ein Börsengeheimnis«, 2. Hälfte 19. Jahrhundert, aus der Sammlung Schlaff, Jüdisches Museum der Stadt Wien.*

Nase ein wenig voraus, geistig ebenso wie materiell, da man sich in ihren Wohnungen über den neuesten städtischen Geschmack informieren kann?

Die banalen Antworten ergeben sich aus den Fragen. Schutz benötigt nur, wer sich fürchtet, und das Schutzmittel personalisiert den Gegner. Ohne die ständige Diskriminierung wäre der jüdischdeutsche Dialekt nicht als Opfer der Aufklärung für die schillernd erscheinenden Gegengaben von Emanzipation und Assimilation dargebracht worden. Spätestens seit der zweiten Hälfte des 19. Jahrhunderts hassen ihn die Juden selbst als Kainsmal vergangener Zeiten und Anfeindungen und als sozial gefährlichen Ausweis der unverbesserlichen Rückständigkeit von Dorfjuden und vor allem von ostjüdischen Einwanderern. Als es bereits zu spät ist, entdecken ihn jüdische Volkskundler wie Abraham Tendlau (1802–1878) in den »Sprichwörtern und Redensarten deutsch-jüdischer Vorzeit«; er sei ein »aus der Vorzeit herüberhallender Laut« und das letzte Echo »hingeschwundenen Lebens«.[36] Noch Max Grunwald (1871–1953), Vater der auf institutioneller Grundlage betriebenen jüdischen Volkskunde, tut sich mit dem »Jargon« schwer: Die »Fürther Megilla«, ein Purimspiel, entbehre zwar »des künstlerischen Charakters«, sei aber »von der Besonderheit der Mundart abgesehen, für die Charakteristik der Kreise, in denen es aufgeführt und ungemein beliebt wurde, nicht ohne Belang«.[37] Doch die jüdischen Kulturhistoriker beginnen nun, hinter der Sprache eine kaum glaubliche Vielfalt kultureller Muster zu entdecken, aus der sich Identität neu bestimmen läßt. Sie kämpfen für sie, um sie aus der Schußlinie der Vorurteile zu ziehen.[38] Aber dies wäre bereits ein neues Kapitel in der Geschichtsschreibung des Antisemitismus und seiner Folgen.

**Postscriptum**

Die Vorgabe für die Beiträge in diesem Buch, sich in den Antisemitismus hineinzudenken, um dessen Argumente als Mythen zu demaskieren, sind gerade in einer Zeit der Radikalisierung des rechten politischen Spektrums schwer zu erfüllen. Wo Mythen als kanonische Wissensdoktrinen gehandelt werden, scheitert häufig jeglicher Aufklärungsversuch. Aber Aufklärung muß auch den vermeintlich harmlosen Bildern und Vorstellungen gelten. Das »Mauscheln« zählte Hans F. K. Günther, der Chefrassenideologe des Nationalsozialismus, zu den anthropologischen Merkmalen der jüdischen »Rasse«[39]; den erschütternden Konsequenzen dieser Mythen begegnen wir seit mehr als fünfzig Jahren in Auschwitz, Bergen-Belsen, Sobibor, Treblinka und vielen anderen Vernichtungsstätten, und hier handelt es sich nicht um Mythen, sondern um die Leichen Unschuldiger.

Anmerkungen:

1 Gustav Freytag: Soll und Haben, Bd. 1. 53. Aufl. Leipzig 1900, S. 20.

2 Die Bildvorstellung ist nicht erfunden, sondern bezieht sich auf die Titelillustration in »Die Manzepaziuhn der houchlöbliche kieniglich bayerische Jüdenschaft. En Edress an die houchverehrliche Harren [sic!] Landständ, ousgestodirt vun Schächter Eisig Schmuhl in Kriegshaber, unn drücken gelosst vun Itzig Feitel Stern« (Itzig Feitel Stern's Schriften, IX. Theil). Leipzig/Meißen/Riesa o.J.

3 Johann Wolfgang von Goethe: Aus meinem Leben: Dichtung und Wahrheit. Hrsg. von Theodor Friedrich. Leipzig o.J., S. 139 und 160.
4 Freytag (wie Anm. 1), S. 118.
5 Die geheime Geschäftssprache der Juden. Ein Hand- und Hilfsbuch für alle, welche mit Juden in Geschäftsverbindung stehen und der hebräischen Sprache (der sog. Marktsprache) unkundig sind. Neue verm. Aufl. Neustadt a.d. Aisch o.J., S. 3.
6 Ebd., S. 3.
7 Wörterbuch der jüdischen Geschäfts- und Umgangs-Sprache. I. Teil: Jüdisch-Deutsch, II. Teil: Deutsch-Jüdisch. Nürnberg o.J., S. 3
8 Ebd. S. 3.
9 Hans-R. Fluck: Fachsprachen. Einführung und Bibliographie (Uni-Taschenbücher 483). 3. Aufl. Tübingen 1985.
10 S. hierzu Uriel Weinreich: College Yiddish. An introduction to the Yiddish language and to Jewish life and culture. 4. Aufl. New York 1965.
11 S. Anm. 2.
12 Zur Person des Antisemiten und Juristen Johann Friedrich Sigmund Freiherr von Holzschuher, der lange Zeit mit Heinrich Holzschuher (1798 bis 1847), dem Verfasser des Weihnachtsliedes »O du fröhliche ...« verwechselt worden war, s. Ludwig Göhring, »Itzig Feitel Stern«. Leben und Werke eines bisher im Dunkel gebliebenen fränkischen Schriftstellers. In: Zeitschrift für Bücherfreunde N.F. 20 (1928), S. 114–120.
13 Itzig Feitel Stern: Lexicon der jüdischen Geschäfts- und Umgangs-Sprache [...] Jüdisch deutsch und deutsch jüdisch // Medrasch Sefer (ass mer hahst Kenservaziumslexekum). Minha Lussnekodesch aschkenas ve aschkenas Lussnekodesch. Bes Plaget. El Kizer Dakdek, lussnekoudisch ze lamdene. Chittisch Meloche (Itzig Feitel Stern's gesammelte Schriften. 8. Theil). Leipzig/Meißen /Riesa o.J., Vorrede [unpag.].
14 Wilhelm Christian Just Chrysander: Unterricht vom Nutzen des Juden-Teutschen, der besonders Stvdiosos Theologiae anreitzen kan, sich dasselbe bekant zu machen. Wolfenbüttel 1750, S. 25.
15 Ebd. S. 25.
16 Josef Maria Wagner: Die Litteratur der Gauner- und Geheim-Sprachen seit 1700. Ein bibliographischer Versuch. In: Neuer Anzeiger für Bibliographie und Bibliothekswissenschaft 1861, S. 81–153, 177–181.
17 Z. B. K. Roth: Dolmetscher für Landwirte über die Handelszahlen, wie dieselben von den Viehhändlern mundartlich in Anwendung kommen. Treuchtlingen o.J. (um 1920/30); Die geheime Geschäfts-Sprache der Juden. Ein Hand- und Hilfsbuch für alle, welche mit Juden in Geschäftsverbindung stehen und der hebr. Sprache (sog. Marktsprache) unkundig sind. o.O., o.J.; vgl. auch Anm. 5 und 7. Verwiesen sei hier auch auf frühe Publikationen in wissenschaftlichen Zeitschriften, z.B. Hanns Gross: Die Gaunerzinken der Freistädter Handschrift. In: Archiv für Kriminal-Anthropologie und Kriminalistik 2 (1899), S. 1–62; ders.: Das Gaunerglossar der Freistädter Handschrift, ebd. S. 81–112, 225–256; Eduard Hoffmann-Krayer: Ein Wörterverzeichnis der Gaunersprache von 1735. In: Schweizerisches Archiv für Volkskunde 3 (1899), S. 239–248. Wichtiges bibliographisches Material stellen u.a. zur Verfügung Robert Jütte: Abbild und soziale Wirklichkeit des Bettler- und Gaunertums zu Beginn der Neuzeit. Sozial-, mentalitäts- und sprachgeschichtliche Studien zum Liber Vagatorum (1510) [Beihefte zum Archiv für Kulturgeschichte, Heft 27]. Köln/Wien 1988; Paul Wexler: Three Heirs to a Judeo-Latin Legacy: Judeo-Ibero-Romance, Yiddish and Rotwelsh (Mediterranean Language and Culture Monograph Series, Vol. 3). Wiesbaden 1988, sowie Siegmund A. Wolf; Jiddisches Wörterbuch. Wortschatz des deutschen Grundbestandes der jiddischen (jüdischdeutschen) Sprache. Mannheim 1962.
18 Vgl. hierzu erstmals A[rchivar] Buff: Verbrechen und Verbrecher zu Augsburg in der 2. Hälfte des 14. Jahrhunderts. In: Zeitschrift des historischen Vereins für Schwaben und Neuburg 4 (1878), S. 160–231, hier S. 201; s. auch Jütte (wie Anm. 17), S. 107.
19 Helmut Reinicke: Gaunerwirtschaft. Die erstaunlichen Abenteuer hebräischer Spitzbuben in Deutschland. Berlin o.J. (1983), S. 16.
20 Liber vagatorvm. Der Betler Orden. Nürnberg 1510.
21 S. Jütte (wie Anm. 17), S. 147.
22 Paul Fagius: Compendiaria Isagoge in Linguam Hebraeam. Konstanz 1543, hier vor allem S. 32–36; s. u.a. Werner Weinberg, Die Bezeichnung Jüdischdeutsch. Eine Neubewertung. In: Zeitschrift für deutsche Philologie 100 (1981) [Sonderheft Jiddisch. Beiträge zur Sprach- und Literaturwissenschaft, hrsg. v. Walter Röll], S. 253–290.
23 Johann Christoph Wagenseil: Belehrung der Jüdisch-Teutschen Red- und Schreibart. Königsberg 1699.
24 Johann Heinrich Callenberg: Kurtze Anleitung zur Jüdischteutschen Sprache. Halle 1733.

25 Erich Bischoff: Jüdisch-Deutscher Dolmetscher. Ein praktisches Jargon-Wörterbuch nebst kurzer Grammatik und Gespräche, Erzählungen, Redensarten &c., Kalender, Zahl-, Maß-, Münz- und Gewichtstafel. 3. Aufl. Leipzig 1901, S. 5; vgl. auch ders.: Wörterbuch der wichtigsten Geheim- und Berufssprachen. Leipzig 1916.

26 Erich Bischoff: Das Buch vom Schulchan aruch. 3. Aufl. Leipzig 1941; zur Rolle Bischoffs als antisemitisch-nationalsozialistischem Agitator s. Christoph Daxelmüller: Volkskunde – eine antisemitische Wissenschaft? In: Hans Otto Horch, Horst Denkler (Hrsg.), Conditio Judaica. Judentum, Antisemitismus und deutschsprachige Literatur vom Ersten Weltkrieg bis 1933/38. Interdisziplinäres Symposion der Werner-Reimers-Stiftung Bad Homburg v.d.H. Dritter Teil. Tübingen 1993, S. 190–226.

27 Stern: Lexicon (wie Anm. 13), S. 157–160.

28 Die geheime Geschäftssprache der Juden (wie Anm. 17), S. 41.

29 Freytag (wie Anm. 1), S. 119–120.

30 Joseph Isaak: Unmaßgebliche Gedanken über Betteljuden und ihre bessere und zweckmäßigere Versorgung menschenfreundlichen Regenten und Vorstehern zur weitern Prüfung vorgelegt [...] Aus dem Jüdischen frey ins Teutsche übersetzt. Nürnberg 1791, S. 7–8.

31 Entdeckter Jüdischer Baldober, oder Sachsencoburgische Acta Criminalia wider eine Jüdische Diebs- und Rauber-Bande. Coburg 1737; vgl. Friedrich Christian Benedict Avé-Lallement, Das deutsche Gaunertum in seiner sozialpolitischen literarischen und linguistischen Ausbildung zu seinem heutigen Bestande. Bd. I, Leipzig 1858, S. 221–223.

32 Carsten Küther: Räuber und Gauner in Deutschland. Das organisierte Bandenwesen im 18. und frühen 19. Jahrhundert (Kritische Studien zur Geschichtswissenschaft, Bd. 20). Göttingen 1976, S. 38.

33 Karl Stuhlmüller: Vollständige Nachrichten über eine polizeyliche Untersuchung gegen jüdische, durch ganz Deutschland und dessen Nachbarstaaten verbreitete Gaunerbanden. o.O. 1823.

34 S. z.B. Christoph Daxelmüller: Jüdische Kultur in Franken (Land und Leute. Veröffentlichungen zur Volkskunde). Würzburg 1988, S. 73.

35 Vgl. hierzu Christoph Daxelmüller: Der Jude als Leser. Von religiösen Pflichten und irdischen Vergnügungen (im Druck).

36 Abraham Tendlau: Sprichwörter und Redensarten deutsch-jüdischer Vorzeit. Als Beitrag zur Volks-, Sprach- und Sprichwörter-Kunde. Aufgezeichnet aus dem Munde des Volkes, Frankfurt a.M. 1860, S. III (Vorwort).

37 Max Grunwald: Die Fürther Megilla. In: Mitteilungen zur Jüdischen Volkskunde 16, 2 [Heft 46] (1913), S. 1–13, hier S. 2.

38 Zur Entdeckung und Bedeutung des Jiddischen als nationalem Kulturgut s. u. a. Christoph Daxelmüller: Volkskultur und nationales Bewußtsein. Jüdische Volkskunde und ihr Einfluß auf die Gesellschaft der Jahrhundertwende. In: Jahrbuch für Volkskunde N.F. 12 (1989), S. 133–146 (mit weiterer Literatur).

39 Hans F. K. Günther: Rassenkunde des jüdischen Volkes. München 1930, S. 254–260.

*Dietz Bering*

# *Elftes Bild:* Der »jüdische« Name

## Antisemitische Namenpolemik

Es dürfte wohl kaum jemand behaupten, die Deutschen seien ihrer Verpflichtung, den Antisemitismus zu erforschen, nicht nachgekommen. Stellt man ihre Ergebnisse neben die internationale Forschung, so sieht man – nach Breite und Tiefe – imponierende Resultate. Gleichwohl sind diese nicht so geartet, daß man sich nunmehr hinreichend deutlich erklären könnte, wie es denn kam, daß das »Volk der Dichter und Denker« einen Teil seiner Bevölkerung ausgegrenzt, entrechtet und schließlich ermordet hat. Die Ergebnisse der Antisemitismusforschung sind sogar häufig von einer Art, daß sie, obgleich unbezweifelbare Wahrheit bietend, die Ausflüchte ungewollt mitliefern. Zwei Forschungsrichtungen müssen da genannt werden. Zum einen: Die Erforschung des Holocaust brachte so ganz und gar unfaßliche Dinge zutage, daß der Normalbürger zu argumentieren geneigt war: Mit solchen Unsäglichkeiten – damit können doch wir, können doch auch unsere Eltern nichts zu tun haben; die waren doch ganz normale, nette Leute. Und zum anderen die historisch–ideologischen Tiefenbohrungen: die Herleitung der Judenfeindschaft aus der Spätantike, aus dem im Mittelalter immer schärfer werdenden Disput der Mutter- und der Tochterreligion, die Durchleuchtung der Position Luthers, das Aufkommen des rassisch fundierten Antisemitismus und seine Funktion im noch vollkommen ungebändigten Kapitalismus, dazu die naturwissenschaftlich orientierten Theoretiker des Antisemitismus – ja, mit solchem überalterten »Gedankenwust« hat doch nie und nimmer der Mann auf der Straße je zu tun gehabt! Die Konsequenz aus dem Angeführten: Ein tiefer Graben entsteht zwischen solch dramatischen, ganz unabweisbar richtigen Forschungsergebnissen und dem Bewußtsein der Zeitgenossen und deren Kindeskindern. Das *können* doch wir nicht, das müssen »die anderen«, sicherlich die rabiaten Nazis gewesen sein.

Einer noch so notwendigen Forschung, die auch auf solche Aufnahme stößt, muß eine zur Seite gestellt werden, die jene Ausflüchte von vornherein verlegt. Gesucht ist also eine, die nachdenklich und geneigt macht zum Zugeständnis: Ja, leider, so könnte sogar ich es gewesen sein und mein so freundlicher Vater und der noch viel sanftmütigere Großvater leider Gottes auch. Eine solche Perspektive bietet die Erforschung der Stigmatisierung durch jüdische Namen. Sie kann den Alltagsantisemitismus zeigen, wie er allerorten, ja bei den seriösesten Zeitgenossen vorgekommen ist. Sie zeigt nämlich: Es gab Techniken, »den« Juden konsequent unter die Perspektive der generellen Antastbarkeit zu bringen und überdies Techniken, die Hemmungen lockerten, solche Übergriffe auch tatsächlich zu realisieren. Daraus

**Alltagsantisemitismus**

läßt sich das heute noch Fehlende ableiten, und darum wählen wir folgenden Eingang:

Am 16. September 1930 begann ein heute noch berühmter und allseits verehrter Nobelpreisträger seinen Artikel in einem Publikationsorgan – das seinerseits so berühmt und begehrt war, daß man, in den Cafés sitzend, ungeduldig den Kurfürstendamm hinauf und hinunter zu schauen pflegte, um den Verkäufer dieser wöchentlich erscheinenden Zeitschrift zu erspähen – mit folgender, bedrohlichen Beschreibung des Wahlsiegs der Nationalsozialisten: »›Am 14. September bricht die Morgenröte an!‹ so verkündet vor mir ein Flugblatt des rheinischen Nationalsozialisten Doktor Ley (Hm ... Le y)«. Das Versprochene, besonders Gängige ist nicht zu entdecken. Man wird heute eher seltsame Unverständlichkeiten in dieser Ausgabe der »Weltbühne« diagnostizieren. Da aber alle Kudammflaneure, ja alle hellen Köpfe mit Begier erwarteten, was der Leitartikler – kein geringerer als Carl von Ossietzky – da schrieb, muß diese Einschränkung falsch sein. Jedermann konnte das damals entziffern, besonders problemlos auch die Herren von der gegenteiligen Observanz. Joseph Goebbels, noch ein ganz kleines Licht, hatte es schon 1928 seinem Tagebuch anvertraut: den Robert Ley – seinen Intimfeind –, den halte er für eine ganz seltsame, undurchschaubare Figur, hinter der sich doch womöglich »ein lautverschobener Levy« verstecke.

Angesichts solcher Arrangements dürfte man verwirrt sein, dafür aber sehr nahe an der hier anvisierten Erkenntnisschwelle stehen. Ist das eine antisemitische Attacke? Da wird im Falle Ossietzkys das gefährliche, mirakulöse Gerede und im Falle Goebbels' die seltsam unsympathische Ausstrahlung eines Mannes namens Ley (später Reichsarbeitsführer) mittels Namenentlarvung plausibel »erklärt«: Er heißt in Wirklichkeit »Levy«, welche Mitteilung heute nur noch dem historisch Gebildeten den Kommunikationszweck eröffnet. Der richtige, typisch jüdische Name entlarvt den täuschenden Mimikry-Juden; aus dieser Zuordnung leiten sich die Seltsamkeiten dann problemlos ab.

Wir wollen erst am Schluß unserer Ausführungen genau abwägen, ob hier in beiden Fällen von antisemitischen Strategien gesprochen werden kann. Hier soll zuerst nur die Erkenntnis festgeschrieben werden: So gängig war diese Kampfmethode, daß sie, heute fast vergessen, von jedermann verstanden und von mehr Menschen in Ansatz gebracht wurde, als man zunächst meinen möchte. Man steht jedenfalls genau auf der anvisierten Ebene des gängigen, jedermann geläufigen Alltagsantisemitismus, wenn es gelingt z.B. zu erklären, wer eine Kartographie antisemitisch besetzter Namen gezeichnet hat; wie gängig der mehr oder minder bösartige Griff in dies Register gewesen ist; wer es dann grell koloriert hat; warum man überhaupt an einer Stigmatisierungsmöglichkeit so interessiert war; wieso die Markierung von Namen zu so durchschlagenden Effekten führen konnte. Um eine Vorwegperspektive zu geben, die die zu benennenden, scheinbar harmlosen historischen Fakten gleich in die richtige Fluchtlinie stellt, sei ein Zitat Leo Löwenthals vorangestellt, in dem sich dessen hervorragende wissenschaftliche Kompetenz mit seiner eigenen Lebenserfahrung zu einem hohen Plausibilitätsgrad vereint: »Die Besudelung der Juden erreicht dann ihren Höhepunkt, wenn Juden, noch ehe man sagt, daß es sich um Juden handelt, durch ihre jüdisch klingenden Namen charakterisiert werden. Jetzt ist die Beute sichergestellt, und man braucht nur noch zum letzten tödlichen Schlag auszuholen [...] Der jüdische Name ist ein Etikett, welches die Natur des Trägers deutlich bezeichnet; er ist ein Stigma, er nagelt den Juden fest, so daß er nicht mehr entweichen kann.«

**Funktionen von Namen**

Keine Sozietät, keine Sprache ist bekannt geworden, in der es das Phänomen »Name« nicht gibt. Wie es allerdings ausgestaltet ist, hängt stark von der Struktur der Sozietät ab, in der es dienlich sein soll. Kleine Gemeinschaften brauchen kein weit aufgefächertes Namensystem. Ohnehin übersichtlich, benötigen sie keine Kombination von Vor- und Familienname. Es genügt ein einzelner Rufname. So war's im gesamten Mittelalter – für Juden und die jeweilige Mehrheitskultur. Anfang des 19. Jahrhunderts aber, beim so entscheidenden, aufklärungs- und revolutionsinduzierten Modernisierungsschub war die Bevölkerung der Mehrheitskulturen schon lange so zahlreich, daß ein onomastisches Sortierungsverfahren nach jener Doppelnamigkeit überall Platz gegriffen hatte – abgerechnet die kleine jüdische Gemeinschaft, die ein abgeschiedenes Dasein führte mit einer eigenen Religion, eigenen Kultur und einer eigenen Infrastruktur (Rechtsprechung, Armenpflege, Schulen usw.). Die Juden konnten sich gemeinhin mit dem einnamigen Prinzip begnügen, vor allem, weil sie auch für die Mehrheitskultur nicht einzeln greifbar sein mußten. Für alle Schulden, sogar für Straftaten haftete nicht der Einzelne, sondern das Kollektiv, die jüdische Gemeinde.

Als nun um die Jahrhundertwende die Juden emanzipiert, d.h. in die euopäischen Staaten mehr hereingezwungen als hereingebeten wurden, da war ihnen neben anderen Anpassungsgeboten auch die Angleichung ans gängige Namensystem aufgedrungen worden. Bleibende Familiennamen waren zu wählen, in Preußen z.B. 1812. Es gibt im Zuge dieser Entwicklung zwei Fakten von hoher, weit vorausdeutender Erklärungskraft. Zunächst das Gutachten Wilhelm von Humboldts über das in Aussicht genommene preußische Emanzipationsgesetz. Es plädierte für die Gleichstellung mit einem Schlage und wies sämtliche hemmenden Mechanismen (rechtl. Vorschriften, Anreden, Titulaturen usw.) zurück, die noch einen Unterschied zwischen den dann gleichberechtigten Staatsbürgern, zwischen Juden und Christen, festschreiben sollten. Denn der Zweck der Emanzipation könne nur erreicht werden, wenn »jeder, der nicht in religiöser Hinsicht danach zu fragen hat, ungewiß bleibe, ob jemand Jude sey oder nicht«. Schlagartig öffnet sich eine Perspektive für antisemitische Namenpolemik. Alles Kommende kann an Humboldts Ziel gemessen werden: die Vorschriften über die Namensannahme 1812, die zahlreichen Tricks, Juden durch ihre Namen zu »entlarven«, bis hin zu dem Gesetz über das zwingende Tragen des Judensterns ab 15. September 1941.

**Emanzipation: eingeschränkt durch Namenpolitik**

Und das zweite Faktum: Mögen nicht alle europäischen Staaten den fran-

***Abb. 28*** *War Wilhelm Busch ein Antisemit? Viele erheben da (auch begründeten) Widerspruch. Aber er hat sich der gängigen Klischees bedient und die wichtige Rolle des zugeschriebenen Namens nicht vergessen. Wilhelm Busch, Plisch und Plum (5. Kapitel).*

zösischen Weg der Emanzipation in einem einzigen Schlag gegangen sein (Preußen ging ihn nicht ganz), in der Namenfrage hielten gleichwohl alle dieselbe Richtung: Zwingend war die Übernahme des Mehrheitssystems vorgeschrieben, aber *welcher* Name gewählt wurde, war freigestellt. Es gibt nur einen einzigen, nicht einmal sicheren Fall, in dem eine Zwangsbenennung durch Beamte zum Zuge kam: in Westgalizien 1805.[1] Dies Faktum wird nun heute noch einiges Erstaunen auslösen und hätte vor 1945 kaum Glauben gefunden; denn nichts ist und vor allem war gängiger als jene faden Witze über die Juden, die ihren Namen, sollte er nur irgendwie reputierlich sein, für gutes Geld kaufen mußten, wie z. B. jener Herr »Schweißeimer«, der nicht eine kleinere Summe auf den Tisch legen mußte als der Herr mit dem schönen Namen »Blumenthal«, sondern eine viel größere. Wieso das? Um sich nur ja das »w« in seinem Namen zu retten!

Derlei Vorstellungen waren die gängigen. Und das Verdunkeln des Gedächtnisses, wie die Juden tatsächlich zu ihren Familiennamen gekommen waren, ist nichts anderes als eine judenfeindliche Geschichtsfälschung. Es entsprach antisemitischen Bedürfnissen, eine bestimmte Gruppe von Menschen, genau bei jenem Akt, der Neuankömmlinge in die Gemeinschaft integriert (Taufen), so dastehen zu sehen wie Tiere bei der Körung, die ja auch die Plakette mit dem Namen einfach umgehängt bekommen, ehe sie als pures Betrachtungs- und Abtaxierobjekt vorgeführt werden.

Es ist wichtig, schon hier zu sehen: Die Juden selber machten über diese Prozedur ihre Witzchen, wenn auch aus anderen Gründen. Sie versuchten in selbstironisch-resignativem Humor diese sicher heikle Situation human zu durchwärmen: Ein Jude besteht bei der Namensannahme auf »Martin

Luther«. Warum? Um die Initialen M(arcus) L(evy) auf der Bettwäsche nicht ändern zu müssen. Diesen Witz konnte man – wie fast alle jüdischen – auf zweierlei Weise erzählen. In antisemitischer Absicht (Entlarvung der einfach nicht fortzukriegenden Geldperspektive der Juden) und eben in folkloristisch-jüdischer Weise.

**Welche Namen wurden gewählt?**

Wie haben die Juden damals wirklich gewählt? Viele wählten einfach ihre alten biblischen (Ruf-)Namen (»Cohn, Levy, Moses« usw.). Andere richteten sich nach ihren Berufen (»Goldschmid«), nach ihrem Herkunftsort (»Dessauer«) oder bildeten »schöne« neue (»Lilienthal«, »Rosenberg«). Von grassierenden Namenswitzen und -attacken ist in der 1. Hälfte des 19. Jahrhunderts nichts bekannt geworden. Erst ein bestimmter Hintergrund ließ die Namen »scharf« werden, dieser nämlich: »Schon ihre äußere Erscheinung [...] ist [...] seit jener [Emanzipations-]Zeit anders geworden. Wer hätte ehemals einen Juden nicht gleich an der orientalisch-plumpen Kleidung, an dem weiten dunklen Kaftan, an der tief herabgedrückten Pelzmütze, an den Pantoffeln und an seinem das Gesicht entstellenden Barte, wer eine jüdische Matrone nicht an der silbergestickten Kappe, an der ernsten, jedes Haarschmucks beraubten Stirn erkannt? Und wie viele Juden sieht man noch heute so erscheinen, wenn sie nicht entweder noch Reliquien aus der alten Zeit oder polnischer Herkunft sind? [...] Nur in den wenigsten Häusern bedienen sich die ältern Mitglieder zuweilen noch der jüdischen Mundart.« Was hier – sicher etwas vorausgreifend – für das Jahr 1833 geschildert wird, war dann in der zweiten Hälfte des 19. Jahrhunderts und allemal in der Weimarer Republik Wirklichkeit geworden, für Leute vom Geist Wilhelm von Humboldts eine tiefe Befriedigung über das Erreichen des humanen Zieles, für die nunmehr rassisch argumentierenden Antisemiten aber ein ihre theoretische Basis zerrüttendes Faktum. Die plakative Erkennbarkeit der Juden war zuende. Nichts dringlicher, als gleichwohl Erkennungsmöglichkeiten zu suchen, später zu schaffen (J-Pass, Judenstern). Es blieb für Antisemiten vorab der »jüdische« Name sozusagen der letzte, weil gut sichtbare Rettungsanker. Firmen, Ärzte, Rechtsanwälte müssen ihn möglichst auffällig präsentieren; von jedermann muß er mehrfach am Tage offen genannt werden, bei Begrüßungen, Verabschiedungen, Vorstellungen, Unterschriften usw. Was man sonst den Juden andichtete: Plattfüße, schlechte Gesinnung usw. war bei weitem nicht so plakativ zu beobachten.

Nun ging es mit einem solchen Schwur auf scheinbar Offenliegendes, amtlich Festgeschriebenes, genau wie mit den anderen ideologischen Annahmen. Sie dankten ihre Existenz in Wirklichkeit vornehmlich der antisemitischen Ideologie. Die Fakten nämlich waren diese: Nicht anders als die Juden hatten die Deutschen Namen teils aus der Bibel (besonders seit der Reformation), teils von Berufen, von den Herkunftsorten (»Adenau-er«) hergeleitet und auch jene so ganz und gar jüdischen »schönen« Namen kamen oft vor, (Alfred) »Rosenberg« z. B. oder (Otto) »Lilienthal«, welchen Flugpionier, als Jude apostrophiert, Goebbels' »Angriff« denn auch sehr entschieden als Arier verteidigte und aufs deutsche Konto buchen ließ. Mit Witzen und alltäglichen

Verhöhnungen war es also eine zweischneidige Sache. Man traf immer auch deutschbürtige Namenträger. Gleichwohl nahm man darauf keine Rücksicht, weil die Namenwaffe offensichtlich besondere Schärfe hatte und sich auch von sprachlich weniger Gewandten leicht führen ließ.

**Namenattacken**

Wie läßt sich nun beweisen, daß Namenattacken zum alltäglichen Leidwesen der Juden gehört haben. Liest man radikale, vor allem nationalsozialistische Zeitungen, so trifft man immer wieder auf die Unterstellung, der und der Jude habe, wie so viele seiner »Rassegenossen«, seinen Namen geändert (»Levy« – »Ley«). Will man das auf seinen historischen Kern zurückführen, so stößt man sehr bald auf einen Quellenbestand, der sich als wahre Fundgrube erweist: Namenänderungsakten der Juden. Für die deutsche Vormacht, das Königreich Preußen, sind sie fast vollständig erhalten und zeigen sehr schnell, welch unsinnige Unterstellungen die Juden in Verdacht brachten. In Wirklichkeit betrafen von den cirka 56 000 Namensänderungen (1812–1932) nur 3239 »jüdisch klingende« Namen, wobei von dieser Summe noch 20–30% für Änderungsanträge Deutschbürtiger mit »jüdischen« Namen abzuziehen sind. Auch die konnten die dauernden Witzeleien also nicht ertragen.

Wie sahen solche Attacken aus? Die Namenänderungsakten sind voll von breit ausgeführen Beispielen. Wir bieten welche über die am stärksten belasteten Namen, eben die Spitzenreiter der Familiennamen- und der Vornamenabwahl (»Cohn« 249 Abwahlen von 1517 erfaßten Fällen; »Isidor« 24 von 304 erfaßten). Am 8. November 1910 plädiert ein Rechtsanwalt in seinem Schriftsatz: »›Cohn‹ ist in weiten Volkskreisen, christlichen wie jüdischen, die Bezeichnung für diejenigen Juden, denen gewisse, typisch jüdische, unsympathische Eigenschaften in hohem Maße anhaften. Das Wort hat sich auf diese Weise zum Schimpf- und Lästerwort herausgebildet. [...] Er [der Name] gibt den Träger unendlichen Witzeleien und Spöttereien preis. So ist auch der Antragsteller bisher ständig schwerem Kummer und unsäglichen Widerwärtigkeiten ausgesetzt gewesen.« Eine Übertreibung? Sicher nicht, denn Witze mit dem Namen Cohn gab's unzählige; ein pfiffiges, allerorten gesungenes Couplet brachte ihn dann um 1910 in der Weise eines nicht enden wollenden Ohrwurms in jedermanns Mund: »Hab'n Sie nicht den kleinen Cohn gesehen?« Namenänderungswitze gab's gerade über ihn zigfach, z. B.: Trifft der Herr »Asch« den Herrn »Krohn« und fragt, woher er denn das »R» in seinem Namen habe. Antwort: »Aus ihrem Namen, Herr Asch«; ein »Kohn-Lexikon« bot – mit jeweils verdeutlichender Karikatur – Namenwitze vom Schlage: »Concurs« = »Kohn–Kurs«; »Consolen« – »Kohn-Sohlen«; x-fach las man die triviale, weil leicht zu vermehrende Namenentstellung: »Kohnfektion«, »Kohnzert«, »Lexikohn« usw.; in antisemitischen Gedichtchen: immer wieder »Cohn« als vielfach anpaßbares Reimwort: »Auf der ersten Seite schon, / Sehen Sie den alten Kohn«; »Nathan Kohn, der Wundersohn«; oder etwas länger über den Schauspieler Kortner und den Dichter Emil Ludwig aus Goebbels' »Angriff«: »Orpheus, der von je dem Schönen/ zugetan ist, was bekannt, /singt Euch diesmal von zwei Cöhnen, /wenn sie

***Abb.* 29** *Die Namensattacke ist beliebt, weil sie so einfach und scheinbar harmlos ist. Und die Wahl des Namens »Kohn« oder »Cohn« kann, in diffamierender Absicht, neben dem einzelnen die ganze Gruppe treffen. Aus dem »Kohn-Lexikon«, Slg. Germania Judaica.*

***Abb.* 30** *Der Judenfeind als »Spaßmacher« – nicht so schlimm? Eher wohl ein Hinweis auf die weite Verbreitung des alltäglichen Antisemitismus. Aus dem »Kohn-Lexikon«, Slg. Germania Judaica.*

auch nicht so genannt. / Emil Ludwig, der entsprossen/ dem erlauchten Zweige Cohn, / fand in Kortner den Genossen/ und geliebten Compagnohn/ [...] ›Hol der Kuckuck alle Cöhne!‹ laute unser Schlachtgebet, wenn der Fürst im Reich der Töne / mauschelnd auf der Bühne steht« usw., usw. – bis es eben nervt, entnervt oder gar angesichts des immer gewalttätigeren Klimas gefährlich wird. Was Wunder, daß sogar der nicht so leicht zu erweichende Polizeipräsident von Berlin *für* die Namenänderung einer angehenden Hebamme »Cohn« plädierte, weil dieser Name für »Kreißende« (!) nun wirklich nicht zumutbar sei.

Nicht nur Personen wurden mit »Cohn« verhöhnt oder in Verdacht gebracht, einen falschen Namen zu tragen, der ihr wahres (jüdisches) Wesen verdecke. Auch die »Entstellung« (die »Verjudung«) deutscher Kultur konnte auf namenpolemische Weise attackiert werden: z. B. die jüdisch unterwanderte Berliner Polizei, die sich immer am »Cohen-Friedberger Marsch« ergötze. Wo? Natürlich auf dem »Kohnfürstendamm«, der Hauptstraße von »Neu-Jerusalem«. Man sieht: antisemitische Namenpolemik auf allen Ebenen, so daß durch sie die vollkommene Umklammerung Deutschlands durch Juden und jüdischen Geist auf eindringliche und zugleich halbamüsante Weise sinnfällig wird.

Und mit ähnlich schrankenloser Radikalität auch der Vorname »Isidor«: Griechischer Herkunft, aber als Gleichklangsname von Juden mit »*I*saaks« oder »*J*akobs« in der Ahnenreihe häufig gewählt und alsbald als »typisch jüdisch« verschrieen, dient er zu besonders scharfer Abweisung. Dafür zeugt mit besonderer Intensität die geradezu kniefällige Bitte des Isidor Russ der, tagtäglich von seinen Arbeitskameraden gehänselt, 1911 in seinem dritten

Antrag schrieb: »Ich bitte (dreimal unterstrichen!) ganz unterthänigst, meinem Gesuch in der vorliegenden Begründung die Genehmigung zu erteilen (...) Hohes Ministerium bitte bitte versagen Sie mir die Genehmigung nicht. Lassen Sie mich einen guten Deutschen aber auch einen braven Kristen werden. Mit meinem früheren Namen Isidor komme ich nicht ans Ziel meiner Wünsche.« Leicht vorstellbar, daß ausgerechnet dieser Name eine so scharfe Grenze zog, denn in zahllosen Karikaturen figurierte der schmuddelige Jude »Isidor«, in aberhundert Witzen tauchte er auf und auch in Schmutzversen, die durch Anstand nicht mehr Gezügelte oder mehr oder minder Alkoholisierte von sich gaben: »Der Isidor, der Isidor, der hat'n Schwanz wie'n Ofenrohr.«

Was hier an den beiden Spitzenreitern vorgeführt ist, ließe sich problemlos auch an den anderen besonders häufig abgewählten Namen zeigen. Zumindest bei den ersten zehn der Abwahltabellen muß man mit schärfster antisemitischen Belastung rechnen, also: »Cohn, Levy, Moses, Itzig, Salomon, Schmuhl, Abraham, Isaack, Hirsch, Israel« bei den Familiennamen (von 64 vielleicht schwächer markierten) und »Isidor, Isaak, Abraham, Moses, Jakob, Samuel, Salomon, Meyer, David, Aron« als Vornamen (von 33 minder oft abgewählten).

Die angesprochenen Markierungstabellen bieten überdies die Möglichkeit, ein oben vorgetragenes Faktum statistisch abzusichern. In Korrespondenz zur These, daß das Namenkorpus im kulturellen Agglomerat »Abendland« ohnehin nur gemischt sein kann, zeigt sich, daß von den zehn vorgeführten Familiennamen nur einer nicht im Telefonbuch Berlins von 1941 steht, in dem nur noch beglaubigte »Arier« Aufnahme fanden (von den insgesamt 74 der gesamten Tabelle fehlen dort nur 13!). Eine solche Rechnung für die Vornamen aufzumachen lohnt nicht recht, weil man da ja mit der Mode gehen konnte. So ist denn bezeugt, daß auf den Berliner Gymnasien um 1900 das Vornamenareal der jüdischen und nichtjüdischen Schüler fast deckungsgleich war.

Wie konnten bei solchen Fakten die Namen der Juden weiterhin Zielscheibe sein? – u. a. deswegen, weil gerade Assimilationsbemühen als besonders tückische Tarnung angeprangert wurde, und dies in zwei besonders hervorstechenden Fällen: Juden mit dem Vornamen »*Moses*« wechselten (bis 1904 bei Vornamen für jedermann freigestellt) zu oder gaben ihren Kindern Gleichklangsnamen: »*Moritz*« oder »*Max*«. Prompt wanderte die Stigmatisierung mit. Moritz Goldstein kann ein gutes Beispiel liefern. Er mußte sich rechtfertigen, daß er jenen berühmten Artikel über den »Deutsch-jüdischen Parnaß« unter dem Pseudonym »Eugen Diestel« geschrieben hatte. »Man soll das Martyrium nicht unterschätzen, das derjenige leidet, der in der Schule oder beim Militär unter dem Grinsen seiner Mitschüler und Kameraden den Vornamen Moritz angeben muss. Und dies zusammen mit Goldstein, ein häufiger, aber ein Witzblattname.«

Und schlimmer war's noch, wenn Juden, im geradezu übereifrigen Bemühen, sich komplett »deutsch«, ja in einer Konvertitenmoral »überdeutsch« zu präsentieren, den Namen »Siegfried« gaben! Dann schien auch dieser alsbald stigmatisiert, weil jüdisch »geschändet«. Jedenfalls konnte man seine Späße machen über die nie und nimmer erreichbare Assimilation der Juden, sei es, daß man in Goebbels' »Angriff« über »Siechfried Levy« witzelte, daß man da unter »der Führung des großen heiligen Wunderrabbis Sigfrid ben Machloikes« 50000 ostjüdische Einwanderer in Berlin einmarschieren ließ oder sei es, daß man – etwas feinsinniger – Scherze dieser Art erzählte: Zwei Mädchen schwärmen von ihren Liebhabern: »Ach, wann kommt denn endlich mein Siegfried wieder?« Vorwurfsvolle Frage der anderen: »Muß es denn unbedingt ein Jude sein?«

**Fiktionale Namen**

Es sind bisher zwei eigentlich zu trennende Namenareale zusammengeworfen worden: die wirklich getragenen und die fiktionalen aus der Literatur und aus den so zahlreichen (anti-)jüdischen Witzen. Auch über das fiktionale Terrain sind von Bering (1991) systematische Untersuchungen vorgelegt worden. Die quantitativen Ergebnisse sind ähnlich, so daß sich die Häufigkeitstabellen in beiden Arealen nahe kommen (z. B. von 727 Familiennamen aus jüdischen Witzen: 1. »Cohn« [28×], 2. »Goldstein« [10×], 7. »Levy« [8×]). In einem wichtigen Punkte gehen sie jedoch stark auseinander: Sogenannte (»galizische«) »Ekelnamen« kommen in der Markierungstabelle der realen, abgewählten Namen sozusagen nicht vor (höchstens den Namen »Elend« könnte man zu dieser Gruppe zählen). Sehr häufig sind sie aber im fiktionalen Korpus vertreten (67 von 727). Zieht man den Kreis nun noch enger und wertet nur antisemitische Literatur aus, dann nehmen diese Ekelnamen und vor allem ihre Schärfe bis zur Unappetitlichkeit zu. Wählt man aus diesem Areal die widerwärtigsten aus, dann kommt man wiederum zu einem interessanten Ergebnis: »Achselschweiß, Afterduft, Afterdruck, B. Schiss, Fußgeruch, Harschtritt, Kanalgeruch, Klosettpapier, Mogel, Pinke, Pinkelles, Plattfuß, Schweißeimer, Schuft, Spucknapf, Treppengeländer, Trompetenschleim« finden sich bei den Antisemiten; aber in der Berliner Namenwirklichkeit tauchen davon nur »Schuft« und »Mogel« auf, und dies sowohl bei Juden wie bei beglaubigten Nichtjuden!

Wie konnte es angesichts dieser eindeutigen Fakten auf dem Areal der Namen zu solch umfassender Diffamierung der Juden kommen? Ein Bündel von Bedürfnissen und Anschub gebenden Fakten muß im Hintergrund stehen. Wir nennen jetzt einige, mit denen beginnend, die

1. auch in unserem Umfeld als gängig, ja harmlos gelten, so daß man sieht, wie nah am fast normalen, jedenfalls kritiklos hingenommenen Alltag diese Phänomene stehen, gehen weiter

2. zu den aus der Linguistik und Namenpsychologie zu gewinnenden Gründen und enden

3. bei den Fällen, die nur noch durch krassen, auf Vernichtung abzielenden Antisemitismus zu erklären sind.

1. a) Menschen sind auf Komplexitätsverringerung der Welt angewiesen. Nützlich ist also auch eine einfache Vorwegsortierung von Menschen. Man fühlt sich heute noch auf entlastende Weise orientiert, wenn einem jemand

als »Dechamps« oder »Conti« vorgestellt wird. Erfährt man später, daß das kein Franzose und auch kein Italiener ist, nimmt man die Verkomplizierung der Lage problemlos hin und orientiert sich willig um. Dies Umschalten verhindert menschenfeindliche Verfestigungen, welche sich aber sehr leicht einstellen, wenn die Sozietät ein besonders dringliches Interesse hat, Menschen in genehme und nicht genehme auseinanderzudividieren. Ist die soziale Wirklichkeit dazu so, daß die verfemte Minderheit in Wirklichkeit eine nahezu voll assimilierte Gruppe ist, die alle anderen Erkennungszeichen abgelegt hat, dann wächst dem Namen, als scheinbarem Erkennungs- und damit potentem Aussonderungs- und Zurückweisungswerkzeug, eine wichtige Funktion zu.

b) Es ist auch allen bekannt – sei's aus der Position des Opfers, sei's aus der des Täters –, daß das Spiel mit Namen eine gängige Sache ist. In der Welt der Erwachsenen fällt das polemische Verfahren stark auf; das Opfer muß Persönlichkeitseinbußen hinnehmen; der Täter gilt als nicht ganz fein, ja bösartig, wenn nicht gar ein wenig sadistisch. Mag er mit Beifall rechnen können, mit warmherziger Sympathie nicht – so Herbert Wehner, als er den Abgeordneten Wohlrabe »Übelkrähe« titulierte, den Fernsehmoderator Lueg »Herr Lüg«, den Oppositionsführer Barzel »Barzelino« oder gar »Barzéll«. In der Welt der Kinder sind Namenattacken geradezu unausweichlich, die Verdrehungen, die Semantisierungen, die stichelnde Spitznamengebung. Erst wenn »Anstand« diese Angriffslust gezügelt hat, ist der Übergang in eine wohlabgestimmte Erwachsenenwelt geschafft. Nun aber vorausgesetzt, es handele sich um eine Sozietät wie die wilhelminische, die auf eher verdeckte Weise antisemitisch, oder eine wie die weimarer, die es viel offener war, oder gar eine wie die nationalsozialistische, die die Juden auf mörderische Weise der Daueraggression auslieferte, dann entfallen alle heilenden, temperierenden Kräfte »unserer« Welt.

**Namenpolemik: scheinbar harmlos**

2. a) Wieso erfreut sich die Namenattacke einer derart allgemeinen Verbreitung? Sie funktioniert problemlos, wird von jedem (weil er selber einen Namen zu verteidigen hat) ziemlich gut beherrscht, vor allem bestens verstanden; Ekelnamen sind leicht zu erfinden, weil jeder besonders triviale Gegenstand als Name genommen werden kann (»Treppengeländer«); Namenpolemik ist scheinbar harmlos (wichtig für den bürgerlichen Anstand im 19. Jhdt.), auf alle Fälle unblutig und trifft gleichwohl tief. Warum? Name und Identität sind innig miteinander verquickt. Psychologisch interessierte Soziologen nennen ihn daher »essential anchorage point«[2] (»Zentraler Ankerpunkt«) oder auch »identity peg« (»Identitätsaufhänger«)[3]. Da jeder um Aufbau und Stabilisierung seiner Identität ringt, gibt er meist auch ein geeignetes Opfer für Namenverletzungen ab. Handelt es sich aber um eine Gruppe, die, wie die Juden, aus ihrer alten, biblischen, fast noch mittelalterlichen starren Identität in eine ganz neue, moderne, nationale, deutsche Identität gebeten, ja gezwungen worden war – eine Minderheit also, die dann (wie der insgeheim unter besonders scharfer Beobachtung stehende Konvertit) ihre neue Identität energisch, fast krampfhaft zu erobern, zu

festigen und zu verteidigen sich bemüht – eine solche Gruppe mußte für Namenattacken ein besonders leichtes Opfer sein, dies natürlich in ganz außerordentlichem Maße, wenn ihr entree-billet gerade die Annahme eines neuen Namens gewesen war.

b) »Name = Identität« klingt interessant, aber relativ harmlos. Es gibt jedoch viele Experimente, die zeigen, wie real und wie tiefgehend man sich die Verquickung, also auch die Verletzungen vorstellen muß. Schlafende Menschen, bei Toneinspielungen sonst regungslos, zeigen sofort Reaktion, wenn sie – unbewußt – ihren Namen hören (vgl. Dion 1983). Tonbänder, so schnell abgespielt, daß nichts verständlich ist, bleiben doch entzifferbar, wenn der Name des Probanden eingemischt ist; zieht dieser unentdeckt vorbei, so lassen sie von Apparaten dennoch physiologische Reaktionen genau für »jenen« Moment feststellen – usw.

c) Der Selbsthaß bei Juden ist ein oft beschriebenes, oft diskutiertes Phänomen. Es bekommt eine neue, scharf modellierende Kontur, wenn man es unter die Perspektive stellt, daß positive Stellung zu seinem Namen und positive Selbsteinschätzung in vielen psychologischen Untersuchungen als deutlich korreliert erkannt worden sind. Man sieht den Hebel, mittels Namenverfemung den festen Sitz einer Persönlichkeit zu lockern, ja, sie in eine Kipplage zu bringen.

d) Für die frappierenden, weitreichenden Folgen positiv oder negativ eingeschätzter Namen gibt es erstaunliche Beweise: Mehrfach bezeugt ist die Tatsache, daß Schulaufsätze, denen Verfasser mit *positiv* eingeschätzten und dieselben Aufsätze, denen dann Verfasser mit *negativ* eingeschätzten Namen unterschoben wurden, von versierten Korrektoren im letzteren Falle deutlich schlechter beurteilt wurden.[4]

**Der Name soll den ganzen Menschen bezeichnen**

e) Auch aus der Perspektive der Linguistik nimmt sich der Name als genau zur antisemitischen Ideologie passendes Kampfmittel aus. Der Name erfaßt den Menschen als eine unzerspaltene Einheit, ohne daß ein Begriff dazwischentritt. Die Antisemiten lehnten die Juden nicht wegen einzelner, begrifflich angebbarer, (verbesserbarer) Eigenschaften ab, sondern sie wiesen sie als ganze totaliter zurück. Eben ein solches totum meint ein Name.

f) Rechnet man – zusammenfassend – zu diesen angeführten Punkten noch das Faktum hinzu, um wievieles stärker der Name ritualisiert war in den noch erheblich »formeller« verfaßten Gesellschaften des Wilhelminismus und der Weimarer Republik, dann hat man keinen Zweifel mehr an der außergewöhnlichen Schärfe der Namenwaffe. Und hält man sich nun folgendes Urteil von Calev und Erwin vor Augen, dann sieht man, wie vollkommen der Name genau das sein konnte, was die antisemitisch interpretierte Situation forderte: »A name may be considered a personal characteristic in much the same way as physical appearence, dress, speech style and a variety of other indexical and social-interactional cues.«[5] Genau in den angeführten Punkten waren die ehemals signifikanten, ganz offen liegenden Unterscheidungsmerkmale im Laufe der Assimilation gewichen. Der Name konnte sie – scheinbar – ersetzen.

3. Die vorgestellten Fakten zeigen, daß man Menschen im Namen angreifen, ja exekutieren kann – ohne die Person wirklich zu exekutieren. Die Nationalsozialisten wollten beides. Der Name als Vorspiel, solange das andere noch nicht opportun oder durchführbar war. Aus der Weimarer Republik sind zwei solcher Beispiele bekannt und in ihren tausendfachen Attacken umfassend untersucht: die nationalsozialistischen Angriffe auf den Preußischen Innenminister Albert Grzesinski, »Cohn« geschimpft,[6] und vor allem der nahezu titanische Abwehrkampf Bernhard Weiß', des Berliner Polizeivizepräsidenten, gegen Gauleiter Joseph Goebbels, der ihn mittels Namenpolemik an den antisemitischen Pranger brachte.[7] Tausendfach in Reden und im »Angriff« als wirklicher »Isidor« angegriffen, setzte sich Weiß in zig Prozessen zur Wehr – gegen so etwas z. B. »Finden Sie, daß Isidor sich richtig verhält? Woso [sic!]? Isidor? Jawohl, Isidor! Ich wag's mit Sinnen. Ich breche den Bann. Im feigen Schutz der Immunität nenne ich das Kind beim Namen. Isidor! Das O ist ganz lang zu ziehen und das R zu rollen, dann klingt dieser Name wider von unaussprechlicher Süße und Kraft. Das Geschenk des Ostens! Das Angebinde der Sonnengöttin! So ähnlich müßte die Übersetzung ins Deutsche lauten [...] Um diesen Namen rankt sich eine ganze Welt. Der Name ist Programm sozusagen [...] Isidor bleibt Isidor! Nase ist Nase« (»Angriff« 29. 10. 1928). Und was hier nur auf die Person zu zielen scheint, das konnte auf höchst gefährliche Weise leicht auf die Institution umgebogen werden, deren Repräsentant Weiß war: »*Isidor* das ist kein Einzelmensch, keine Person im Sinne des Gesetzbuches. *Isidor* ist ein Typ, ein Geist, ein Gesicht, oder besser gesagt, eine Visage. *Isidor* ist das von Feigheit und Heuchelei entstellte Ponim [jidd. »Gesicht«] der sogenannten Demokratie« (»Angriff« 1928).

**Goebbels gegen Weiß**

Lief Weiß mit seiner Abwehr gegen den Namenraub freiwillig in die Schlingen Goebbels' oder ahnte er, was kommen sollte? Jedenfalls kam dies: Ab 1. 1. 1939 mußten *alle* Juden den Namen »Sara« oder »Israel« annehmen, welche Bezeichnungen dann nicht mehr die individualisierende Kraft von Namen hatten, sondern einfach »Jude« bedeuteten. Eine Liste extrem fremdartiger Namen wurde als einzig noch für Juden zulässige erstellt und von Hitler persönlich abgezeichnet. Kommentare zu dieser Liste zeigen auf unretuschierte Weise den Höhepunkt der Namenpolemik gegen Juden, die »Grazer Post« vom 26. 8. 1938 meinte z. B.: »Kaleb« das sei doch wohl eine Autobusgesellschaft, »Feibisch« (von gr. »Phoibos«) ein Hustentee, »Saudik« ein Schweinfuttermittel, »aber auf das Wort Sprinze [= Esperanza] paßt schon wieder nichts mehr; so kann kein Gummiabsatz heißen, der etwas auf sich hält, kein Klosettpapier, nein, so kann [...] nur eine Jüdin heißen.« Nach x-fach variiertem Vorspiel muß man in solchen Einlassungen den Höhepunkt, besser Tiefpunkt einer langen Entwicklung sehen. Der Endpunkt aber war: Nachdem man ihre angestammten Namen systematisch geschändet hatte, wurden die Juden mit in die Haut gebrannten Nummern in namenlosem Leid einem namenlosen KZ-Ende zugetrieben.

Was könnte rechtfertigen, solche Ausführungen mit einem Beispiel von

Carl von Ossietzky zu beginnen? Es zeigt, zunächst einmal, die generelle Klemme der Nazigegner: Wie der »Centralverein deutscher Staatsbürger jüdischen Glaubens« schließlich seine liberale, rationale, vornehme Art der Abwehr aufgeben mußte, so konnten die Antifaschisten nicht auf die seit so langer Zeit geschliffene Namenwaffe verzichten. Auch Goebbels wurde immer wieder unterstellt, er sei Jude, heiße in Wirklichkeit »Goebbel*es*« (eine jiddische Genitivendung wie »Moscheles« = des kleinen Moses' Kind»). Bei Goebbels und seiner Bande tat Entlarvung tatsächlich Not. Energischen Gegnern blieb nichts übrig als zu den gängigen Mitteln zu greifen. Und der wichtigste Grund: Es verhindert dieser Eingang genau die bisher gängige Ausflucht: Ja, das ist doch so scheußlich; das kann doch gar nichts mit uns zu tun gehabt haben; Fremde, andere müssen das gewesen sein. Es scheint uns mehr mit der Erkenntnis gedient, aus welchen uns bekannten, auch von uns selber instrumentalisierten Alltagstechniken Unsägliches erwachsen kann, wenn man dieses Eine nicht mehr in einem gemischten Ensemble von vielerlei Techniken beläßt, damit abfedert und durch abschwächende Gegenzüge im Gleichgewicht hält, sondern radikal auf allen nur denkbaren Ebenen ein einziges inhumanes Ziel verfolgt und gegensteuernde, liberale Kräfte als staats-, volks- und gesellschaftsfeindlich unterdrückt.

Der Fall Ossietzky ist ein besonders gerechtfertigter Fall, denn er bringt mit einem durchschlagenden, sicherlich nicht ganz feinen Mittel das durch und durch Dubiose der Naziclique an den Tag. Wie viele andere Zeitgenossen werden, ohne scharfe Antisemiten gewesen zu sein, aus ganz anderen Motiven zum Angriff auf »jüdische« Namen angesetzt haben? Kaufleute, um der jüdischen Konkurrenz ein Bein zu stellen, Militärs, um ihren trivial-derben Spaß zu haben, eigentlich jeder Bedrängte, der ein Aggressionsobjekt suchte, um welche Spannungen auch immer abzureagieren. Die abschließende Frage muß lauten: »Wieviele von uns hätten sich solch ›harmosen‹, alltäglichen Namenpolemiken konsequent entgegengestellt?« Es scheinen Zeiten gekommen, wo wir beim Kampf um den Schutz der Deutschen, die nach mehreren Generationen immer noch »Gastarbeiter« heißen, all-täglich die Antwort geben können.

**Konsequenzen**

Anmerkungen:

Die hier vorgetragenen Fakten, Namen und Zitate können problemlos über die vielen Register und systematisch geordneten Bibliographien in zwei umfassenden Publikationen des Autors nachgesehen und verifiziert werden: Bering, D. 1987 und 1991. Über die namentheoretischen, sozialpsychologischen, linguistischen Probleme orientiert man sich am besten in Bering, D. 1987, S. 250–289. Wegen dieser Orientierungsmöglichkeiten sind die Anmerkungen im vorliegenden Beitrag kurz gehalten worden.

1 Vgl. Bering, D. 1987, S. 53, 409f.
2 Dion, K. L. 1983, S. 248.
3 Gordon, C. 1968, S. 125.
4 Jüngst wieder: Calev, A./Erwin, P. G. 1984
5 A. a. O. S. 226.
6 Bering, D. 1990
7 Bering, D. 1991.

## Literatur

Dietz Bering. 1987, [2]1988: Der Name als Stigma. Antisemitismus im deutschen Alltag 1812–1933. Stuttgart 1991.

Dietz Bering. 1990: »Geboren im Hause Cohn«. Namenpolemik gegen den preußischen Innenminister Albert Grzesinski (1879–1947), in: ders./Debus, Fr./ u.a.: Fremdes und Fremdheit in Eigennamen, S. 16–53 (= Sonderheft der Beiträge zur Namenforschung, Neue Folge 30).

Dietz Bering. 1991: Kampf um Namen. Bernhard Weiß gegen Joseph Goebbels, Stuttgart.

Calev, A./Erwin, P. G. 1984: The influence of christian name stereotypes on the marking of children essays, in: British Journal of Educational Psychology, 54,2., S. 223–227.

Dion, K. L. 1983: Names, identity and self, in: Names 31, S. 244–257 (zusammenfassender Literaturbericht).

Gordon, C. 1968: Self-conceptions: Configurations of content, in: ders./Gergen, K. J. (ed.): The self in social interaction, Vol I: Classic and contemporary perspectives, New York, S. 115–136.

*Sander L. Gilman*

# *Zwölftes Bild:* Der »jüdische Körper«

## Gedanken zum physischen Anderssein der Juden

> Die Juden sind in der europäischen Diaspora grundsätzlich *sichtbar*, denn sie sehen ganz anders aus als alle anderen; die Juden sind grundsätzlich *unsichtbar*, denn sie sehen genauso aus wie alle anderen.

Dies ist der Widerspruch, der die Unsicherheit hinsichtlich der körperlichen Erscheinung der Juden in der Diaspora prägt – einer Physis, die trotz ihrer Gleichheit als unterschiedlich empfunden wird. Das Stereotyp des jüdischen Körpers zu erforschen, bedeutet, die kulturelle Annahme zu untersuchen, daß Juden eben anders seien. Studieren wir also drei Momente der Erschaffung des jüdischen Körpers – es gibt noch viele andere, da der imaginierte jüdische Körper in seinen Möglichkeiten wahrhaft vielgestaltig ist. Untersuchen wir daher die Phantasie des jüdischen Penis, seine Artikulation via den annehmbaren Diskurs über die körperliche Unterschiedlichkeit der Juden im Stereotyp der jüdischen Nase und schließlich die Debatte über die Veränderlichkeit des jüdischen Körpers in der Diaspora.

*Es ist ein sichtbarer Körper.* Die jüdische Nase macht das jüdische Gesicht in der westlichen Diaspora sichtbar. Und diese Nase wird als afrikanische Nase »gesehen«. Es ist die Nase, die das Bild des Juden mit dem Bild des Schwarzen verbindet, nicht aufgrund einer offenkundigen Ähnlichkeit in der stereotypen Darstellung der beiden idealisierten Nasenformen, sondern weil diese Eigenschaften als Rassenmerkmale betrachtet werden und als solche ebenso das den Juden bzw. Afrikanern zugeschriebene innere Leben wie ihre Physiognomie widerspiegeln. Der bekannteste Physiognom des 18. Jahrhunderts, Johann Caspar Lavater, zitierte den Dichter des Sturm und Drang, J. M. R. Lenz wie folgt: »Mir scheint es offenkundig, daß die Juden überall auf der Welt das Zeichen ihres Vaterlands, des Orients, auf sich tragen. Ich meine ihr kurzes, schwarzes, lockiges Haar, ihre braune Haut. Ihre schnelle Sprache, ihre brüsken und jähen Bewegungen entstammen derselben Quelle. Ich glaube, daß die Juden mehr Galle haben als andere Menschen.«[1] Der den Juden zugeschriebene Charakter ist aus ihrer Nase, auf ihrer Haut lesbar. Die Juden tragen das Zeichen des Schwarzen, »der afrikanische Charakter der Juden, ihr schnauzengestaltiger Mund und ihr Antlitz, das sie von bestimmten anderen Rassen trennt …«, wie Robert Knox Mitte des 19. Jahrhun-

*Abb. 31 Die Nase muß »gesehen« werden, wenn sie nicht erkennbar ist, macht alles Gerede keinen Sinn. »Eine Art Uniform« soll es doch wenigstens geben. Zeichnung einer »Judennase« aus Hans F. K. Günthers »Rassenkunde« (1930).*

derts bemerkte.[2] Die Physiognomie des Juden ist der des Negers ähnlich: »... die Umrisse sind konvex; die Augen langgezogen und gut geformt, die äußeren Winkel verlaufen den Schläfen zu; Stirn und Nase bilden oft eine einzige konvexe Linie; die Nasenwurzel ist vergleichsweise schmal, wodurch sich die Augen notwendigerweise einander nähern; die Lippen sehr voll; vorstehender Mund, kleines Kinn; die gesamte Physiognomie hat, wenn sie dunkel ist, wie es oft geschieht, ein afrikanisches Aussehen.«[3] Die Annahme, daß die jüdische *Prognathie* [=Vorstehen des Oberkiefers] eine Folge der engen rassischen Beziehung der Juden zu den Negern bzw. ihrer Vermischung sei, wurde zu einem Gemeinplatz der Ethnologie des 19. Jahrhunderts. Sowohl arische als auch jüdische Anthropologen des späten 19. Jahrhunderts beschreiben den »vorstehenden Mund mancher Juden« als Folge »des Vorhandenseins schwarzen Blutes« und die »braune Haut, dicken Lippen und Prognathie« der Juden als ganz selbstverständlich.[4] Es ist daher nicht nur die Hautfarbe, welche den Wissenschaftler befähigt, den Juden als schwarz zu sehen, sondern es sind auch die damit assoziierten anatomischen Merkmale – wie etwa die Form der Nase. Die Juden wurden ganz im wörtlichen Sinne als Schwarze betrachtet. Adam Gurowski, ein polnischer Adliger, »hielt jeden hellhäutigen Mulatten für einen Juden«, als er Mitte des 19. Jahrhunderts zum erstenmal die Vereinigten Staaten bereiste.[5]

**Der Antisemitismus braucht das Bild der Unveränderlichkeit**

Die Unveränderlichkeit des Juden steht in Verbindung mit der jüdischen Physiognomie, die wiederum die jüdische Mentalität spiegelt. Wenn die Deutschen (die Arier) eine »reine« Rasse sind – und das war für die Wissenschaft des späten 19. Jahrhunderts eine positive Eigenschaft –, dann können die Juden keine »reine« Rasse sein. Aber was geschieht, wenn die Juden aufhören wollten, Juden zu sein, aus ihrer »Rasse« herausheiraten wollten? In diesem Falle wurde ihr Judentum verstärkt, nicht vermindert. Ihr Status als Mischrasse wurde durch das Bild des Mischlings verdeutlicht.[6] In der Rassenforschung des späten 19. Jahrhunderts bezog sich der Begriff des Mischlings auf die Kinder eines jüdischen und eines nichtjüdischen Elternteiles. Das Judentum des Mischlings »bedeutet also ganz ohne Zweifel eine Entartung: Entartung des Juden, dessen Charakter ein viel zu fremder, fester, starker ist, als daß er durch germanisches Blut aufgefrischt und veredelt werden könnte, Entartung des Europäers, der durch die Kreuzung mit einem ›minderwertigen Typus‹ – wofür ich lieber sagen möchte, mit einem andersgearteten Typus – natürlich nur verlieren kann ...«[7] Sie können »jüdisch-negroide« Züge aufweisen.[8] Die Sprache und daher auch gedankliche Vorgänge reflektieren den rassischen Ursprung des »schwarzen« Juden. Und ihr »Schwarzsein« tritt noch stärker in Mischehen zutage, fast wie ein Versuch der Natur, die Unterschiedlichkeit und Auffälligkeit des Juden zu unterstreichen. Dieser »Makel« kann bei Familien auftreten, »in die jüdisches Blut eingeflossen ist. ... [Dies] zeigt sich oft in einer deutlich sichtbaren und stark jüdischen Form der Gesichtszüge und des Ausdrucks ...«[9] Bereits in Edgar Allan Poes Novelle »Untergang des Hauses Usher« (1839), die ihrerseits deutschen literarischen Vorbildern stark verpflichtet ist, wird in der Beschreibung Roderick Ushers, des letzten Nachfahren einer in hohem Maße durch Inzucht gekennzeichneten Familie (Poe deutet eine inzestuöse Beziehung zwischen Usher und seiner Schwester Madeline an), die Degeneration beschworen:

> Die leichenhafte Blässe des Antlitzes; das unvergleichlich große und feuchtglänzende Auge, die dünnen und sehr bleichen, aber durchaus schöngeschwungenen Lippen; *die zarte Nase in hebräischem Schnitt,* doch mit ungewöhnlichen breiten Nasenflügeln versehen; das feingeformte Kinn, dessen ungenügendes Hervortreten einen Mangel an Willensstärke anzeigte ...[10]

Eben daher treten diese negativen Eigenschaften am offenkundigsten in der »Mischrasse« zutage. Wie ein Antisemit dem deutsch-jüdischen Schriftsteller Jacob Wassermann gegenüber irgendwann in den zwanziger Jahren einmal bemerkte: »Ob ein Jude nach seiner Bekehrung im tieferen Sinne aufhört, ein Jude zu sein, wissen wir nicht und können wir nicht wissen. Ich glaube, daß die alten Einflüsse weiterwirken. Das Jüdischsein ist wie ein konzentrierter Farbstoff: die kleinste Menge reicht aus, um einer unvergleichlich größeren Menge einen bestimmten Charakter – oder wenigstens einige Spuren davon – zu verleihen.«[11] Das Überschreiten der Rassengrenzen barg die Möglichkeit in sich, die Minderwertigkeit der Juden hervorzuheben.

Also verringerte sich das »Schwarzsein« des Juden auch dann nicht, wenn dieser versuchte, sich durch die Heirat mit einem nichtjüdischen Partner, d. h. außerhalb seiner »Rasse«, unsichtbar zu machen. Die Macht des Bildes vom »schwarzen Juden«, das Produkt der Kreuzung des Juden mit dem Neger, ist im Europa des 19. Jahrhunderts äußerst groß, insbesondere hinsichtlich jener Juden, die sich selbst als »weiß« sehen wollten. Als etwa Sigmund Freud fünfzig Jahre nach Knox' Arbeit das Unbewußte mit dem Vorbewußten verglich, evozierte er das Bild des Mischlings: »Wir können sie mit Individuen gemischter Rasse vergleichen, die alles in allem genommen Weißen ähneln, aber ihre farbige Herkunft durch den einen oder anderen auffälligen Zug verraten, und aufgrund dessen aus der Gesellschaft ausgeschlossen sind und keines der Vorrechte der Weißen genießen.«[12] Der Jude bleibt sichtbar, auch wenn er alle kulturellen Zeichen seines Judentums aufgibt und aus seiner »Rasse« herausheiratet. Es ist also die Unmöglichkeit, als Nichtjude gelten zu können, ebenso wie das von der Mischrasse gemachte Bild, die hier von zentraler Bedeutung sind. Aber was ist der »auffällige Zug«, der den Juden sogar in der von ihm ersehnten Unsichtbarkeit als sichtbar kennzeichnet?

**Beschneidung**

*Es ist ein beschädigter männlicher Körper,* denn er ist vom Makel der Beschneidung gezeichnet. Bei den Juden gibt es die rituelle Beschneidung nur für Knaben. Und tatsächlich richteten sich alle Angriffe gegen die »genitale Verstümmelung von Mädchen und Frauen« der letzten zehn Jahre, z. B. in den jüngsten Arbeiten Alice Walkers, auch gegen den jüdischen Körper.[13] Allerdings erzeugt dies auch eine jüdische – männliche und weibliche –

Reaktion auf den Begriff des jüdischen Körpers. Denn während der Körper der Jüdin vom Merkmal der jüdischen Nase »gekennzeichnet« sein mag, so zeigt doch der kryptische, versteckte Verweis auf die Form des jüdischen Penis auf, daß der männliche Körper der »wahrhaft« gekennzeichnete und »wahrhaft« unterschiedliche ist. Die von populären Psychologen wie etwa Alice Miller in den achtziger Jahren vorgebrachten Angriffe auf die männliche Beschneidung waren nur die jüngste Manifestation der Kritik am jüdischen Leib als »Verkörperung« des Negativen in der jüdischen Psyche. In ihrem Buch *Das verbannte Wissen* (1988) meint Miller, daß »*Verbrechen an Kindern die häufigste Form des Verbrechens überhaupt*« darstellten. Jedoch ist »Kindesmißhandlung« nicht nur die körperliche und geistige Mißhandlung von Kindern. Für Miller schließt der Begriff den Bereich der Behandlung des kindlichen Körpers durch den Erwachsenen ein, »die tatsächliche körperliche Verstümmelung kleiner Kinder«, und führt daher zu einer vernichtenden Kritik an der »grausamen Verstümmelung der kindlichen Geschlechtsorgane«.[14] Alice Miller vertritt nämlich die Ansicht, alle beschnittenen Männer seien insoweit Kindesmißhandler, als sie auf der Beschneidung der nächsten Generation bestünden (ein Argument, das in den Angriffen auf die weibliche Beschneidung oft angeführt wird).

Diese Argumente haben eine weit zurückreichende Geschichte. Etwa ist dem Werk Paolo Mantegazzas (1831–1901), eines der damals meistgelesenen Sexologen des frühen 20. Jahrhunderts, eine »liberale« Auslegung der Bedeutung der Beschneidung – parallel zu jener Alice Walkers und Alice Millers – zu entnehmen. Das umstrittene Herzstück von Mantegazzas Werk ist seine Trilogie über Liebe und Sexualität, *Physiologie der Liebe* (1872), *Hygiene der Liebe* (1877) und *Über die menschliche Liebe* (1885).[15] Der von zahlreichen Sexualwissenschaftlern – von Cesare Lombroso, Richard Krafft-Ebing, Havelock Ellis und Iwan Bloch bis Magnus Hirschfeld – zitierte Mantegazza war auch noch zur Jahrhundertwende für die gebildete Publikumsschicht eine der zugänglichsten, »populären« Quellen für »wissenschaftliches« Wissen (und Fehlinformationen).[16] Werfen wir einen Blick auf jenes Kapitel in seiner Anthropologie der Sexualpraktiken, welches dem über »Perversionen« folgt, so entdecken wir eine ausführliche Erörterung zum Thema »Verstümmelung der Geschlechtsteile«, in der die Geschichte dieser Praktiken unter »primitiven Stämmen« erzählt wird, wozu auch die Juden gerechnet werden.[17] Tatsächlich wandelt sich der Text nur in Mantegazzas Diskussion über die Juden von einer als aufreizend konzipierten Beschreibung »unnatürlicher Praktiken« zur Polemik (die im übrigen Spinozas oft zitierte Kommentare zur zentralen Bedeutung der Beschneidung für die Definition des Judentums[18] widerspiegelt) gegen die perversen Praktiken jener Menschen – der Juden – außerhalb ihres wahren »Raums« bzw. ihrer wahren »Zeit«:

> Die Beschneidung ist eine Schande und eine Ungeheuerlichkeit; und ich, der ich in keinster Weise Antisemit bin, der ich im Gegenteil die Juden hoch achte, der

von keinem Menschen ein religiöses Bekenntnis erwartet und nur die Bruderschaft von Seife und Wasser und Ehrlichkeit fordert, ich rufe den Juden zu und werde ihnen noch mit meinem letzten Atemzug zurufen: Hört auf damit, eurem Fleisch ein widerwärtiges Mal einzudrücken, um euch von den anderen zu unterscheiden; so lange ihr dies tut, könnt ihr nicht behaupten, uns gleich zu sein. Vielmehr verkündet ihr freiwillig, mit eurem Brandeisen, vom ersten Tag eures Lebens an, daß ihr eine von denen anderen getrennte Rasse seid, eine, die sich mit uns nicht vermischen kann und auch nicht will.[19]

Die Juden im deutschsprachigen Europa betrachteten ihren Körper als Gegenstand, über den die Diskussion zur Bedeutung und Quelle von Gesundheit und Krankheit geführt wurde. Die primäre Methode, um solche Konfrontationen zu vermeiden, lag darin, die Bedeutung der Beschneidung herunterzuspielen. Dieses Moment des Vermeidens spiegelte sich auch in den Diskussionen um die Notwendigkeit der Beschneidung bei assimilierten Juden in Wien. Die Mitte der vierziger Jahre unseres Jahrhunderts anonym erschienene, außergewöhnliche Erzählung »Herr Moriz Deutschösterreicher« beginnt mit einem Streit zwischen Vater und Mutter dieses österreichischen Durchschnittsjuden:

Moriz Deutschösterreicher wurde am 2. Juni 1891 in Wien geboren. Seine Mutter wollte ihn nicht beschneiden lassen. »Ein Wahnsinn, Sándor, diese sinnlose Verschandelung meines Kindes, denk doch, wenn er zum Militär kommt und alle gehen nackt baden, oder wenn er eine Christin heiratet, wie peinlich ... Wenn du schon so dumm bist und ihn nicht taufen läßt, so tu ihm doch nicht auch noch das an! Muß man denn so ein armes Wurm mit solchen Handikaps ins Leben schicken?« Sie weinte Tag und Nacht. Aber es half ihr nichts. Sándor beugte sich vor seiner alten Mutter – allein hätte er vielleicht zögernd nachgegeben, denn allzu viel lag ihm nicht mehr an solchen Dingen.[20]

Die Beschneidung hat in diesem Kontext außer als Mittel, einem Menschen aus einer älteren Generation Freude zu bereiten, keine positive Bedeutung.

Der Topos der Beschneidung als Zeichen der problematischen Identität der mitteleuropäischen Juden nach der Shoah erscheint auch in anderen literarischen Zusammenhängen außerhalb des deutschsprachigen Bereichs. Simon Louvish, der großartige englisch-israelische Romancier, präsentierte uns das Selbstbild des »wahnsinnigen« ungarischen Juden Yerachmiel Farkash-Fenschechter; das Leben dieser Figur als »Friedrich Nietzsche« in einem Irrenhaus in Jerusalem stellt einen Mittelpunkt in Louvishs Aron-Blok-Trilogie aus den späten achtziger Jahren dar. (Hier hat der »wahnsinnige« Jude die Welt, die ihn durch die Shoah zu vernichten trachtete, soweit verinnerlicht, daß er zu »Friedrich Nietzsche« wurde, eben jenem Philosophen, der von seinen Peinigern als geistige Führerfigur vereinnahmt wurde.) Diese mit dem Akt der Beschneidung assoziierte Selbstdarstellung erhält im Roman einen historischen Kontext: »Als der Kecskemeter Beschneider sein Messer in das Zipfelchen des armen Kleinen senkte, war die alte Ordnung in Europa schon zusammengebrochen.« Als ironischen Seitenhieb bietet Louvish uns eine Mikrohistorie der der Beschneidung zugeschriebenen Bedeutungen aus israelischer Sicht an:

> [Die Beschneidung] sei im Ägypten der Pharaonen weit verbreitet gewesen, heißt es. Der Herr sagte zu Abraham: »Eure Vorhaut sollt ihr beschneiden. Das soll das Zeichen sein des Bundes zwischen mir und euch.« »Klar doch, Boss«, sagte Abe, dem ein Haufen toller Sachen versprochen worden war. Andererseits schob Sigi Freud Moses die Schuld zu und ließ den ganzen blöden Schmäh auffliegen: »Die Beschneidung«, sagte er, »ist der symbolische Ersatz der Kastration, die der Urvater einst in der Vollkraft seiner absoluten Macht seinen Söhnen auferlegte, und jeder, der dieses Symbol annahm, zeigte es durch die Bereitschaft, sich dem Willen des Vaters zu unterwerfen, auch wenn dies von ihm ein äußerst schmerzhaftes Opfer forderte.« Aber manche Anthropologen meinten, es käme vom Stutzen der Weinreben, ohne die es keine Trauben gäbe. Ein besonders Schlauer im Ta'amon Café in Jerusalem hatte allerdings das letzte Wort zum Thema, als er behauptete, jüdische Knaben würden beschnitten, damit sich ihre Vorhaut in keinem Reißverschluß verfangen könne.[21]

Dieser sich in Louvishs Mikrohistorie spiegelnde theologisch-historische Diskurs über die Beschneidung ist natürlich ironisch zu verstehen. Seine Antwort auf die Beschneidung besteht darin, diese als trivial zu betrachten – die Beschneidung sei eine praktische Erfordernis des menschlichen Lebens, die sich aus dem »modernen« Ersatz von Knöpfen durch »Zippverschlüsse« ergäbe. Für Louvish haben weder Abraham noch Freud eine Antwort auf die Frage nach der zentralen Bedeutung der jüdischen männlichen Sexualität für das Selbstbild des männlichen Juden. Es handelt sich weder um Ritual noch um Unterdrückung. Louvish versteht die Bedeutung des Akts der Beschneidung für den mitteleuropäischen Juden – sie machte ihn nolens volens schon als Kleinkind zum Juden und zeichnete seinen Körper mit diesem Mal. Und dieses Mal wurde zu einem Zeichen des sexuellen Unterschieds, denn die Juden wurden in Europa traditionell als sexuell von der Norm abweichend betrachtet.

Das Thema der Beschneidung als in die Diasporakultur projiziertes Problem erscheint wiederum in der Satire *The God-Fearer* (1992) des englisch-südafrikanisch-jüdischen Autors Dan Jacobson. In der Nachfolge Clive Sinclairs postuliert Jacobson eine verlorene Welt, in der die Juden, nicht die »Christer«, in der Mehrheit waren, und in der die ständige Verfolgung der Minderheit zu einem »Christer«-Holocaust führte.[22] Diese umgekehrte Fabel spielt im wundersamen Land Ashkenaz, der Welt des mitteleuropäischen Judentums, mit seinen Ghettos und klar abgegrenzten Gebieten für die Anderen. Aber die Christen sind an den »rasierten Gesichtern ihrer Männer« und durch »die schandbar unbeschnittene, in jeder christlichen Hose versteckte Vorhaut« zu erkennen. »Eine der Belohnungen für eine erfolgreiche Jagd auf einen dieser christlichen Kerls bestand darin, daß du und deine Freunde die Chance hattet, ihm seine Hose herunterzuziehen und fasziniert und ungläubig dieses sich also darbietende sonderbare, längliche, gesichtslose, wurmartige Ding wirklich genau betrachten zu können.« In diesem Fall verbirgt und spiegelt sich gleichzeitig das Zeichen des »Andersseins als die Mehrheit« in den rasierten Gesichtern. Jacobson erkennt dies ebenso wie Louvish als Eigenschaft der Unterschiedlichkeit der mitteleuropäischen Juden, ein Mal, das als Zeichen ihrer Minderwertigkeit gedeutet wurde.

Jacobsons und Louvishs Bilder reflektieren eine mitteleuropäische Tradition betreffend die grundsätzliche Natur der jüdischen Sexualität als verdorben und verderbenbringend. Die Definition des Juden als Teil eines Bundes – eines Beschnittenen – wirft ein einzigartiges Licht auf die Natur der männlichen jüdischen Sexualität. Die männliche jüdische Psyche ist ebenso wie der zugehörige Körper *anders geartet.* Dies ist ein uralter Topos, der auf Tacitus' Beschreibung der Juden als »projectissima ad libidinem gens«, als sinnlichstes aller Völker, zurückgeht. Der geistige Zustand der Juden, insbesondere die mit den Juden assoziierte Psychopathologie, sind von Anfang an mit ihrer starken Sexualität gekoppelt. In der amerikanischen Kultur des ausgehenden 20. Jahrhunderts hat die Beschneidung eine andere Bedeutung. In die amerikanische Kultur als Zeichen der Hygiene eingeführt (was eben jene Begründung ist, die dem Akt durch die jüdischen Denker des späten 19. Jahrhunderts zugeschrieben wurde), wird die Beschneidung zu einem Zeichen der jüdischen Unsichtbarkeit, nicht ihrer Sichtbarkeit. Wenn immer mehr Knaben aus »medizinischen«, d.h. nicht aus »rituellen« Gründen beschnitten werden, vereint sich die körperliche Identität des jüdischen Mannes mit jener des »idealen« und gesunden Amerikaners. Es ist ein Zeichen des veränderlichen jüdischen Körpers (auch wenn die Phantasie einer ererbten jüdischen Beschneidung weiterzuleben scheint, eine Phantasie des jüdischen Andersseins, die entstand, als die Beschneidung den jüdischen männlichen Körper als unterschiedlich kennzeichnete).[23]

**Anpassungsfähigkeit und dennoch Unveränderlichkeit?**

*Es ist ein veränderlicher Körper.* Die Juden sind körperlich anders und scheinen dennoch genauso zu sein wie alle anderen Menschen. In seinem um die Jahrhundertwende verfaßten Buch *Die Juden und das Wirtschaftsleben* liefert Werner Sombart ein klares Bild des jüdischen Körpers als Zeichen seiner Anpassungsfähigkeit (als Zeichen seiner inhärenten Unveränderlichkeit):

> »Seine Zielstrebigkeit ist natürlich die treibende Kraft, die nun den Juden das vorgesteckte Ziel: Anpassung an irgendeine Situation, wie er sie aus Zweckmäßigkeitsgründen gerade für vorteilhaft erachtet, auch wirklich hartnäckig und ausdauernd verfolgen läßt.
> Und seine Beweglichkeit endlich bietet ihm die äußeren Mittel dar, das Ziel zu erreichen.
> Es ist ja erstaunlich, wie beweglich der Jude sein kann, wenn er einen bestimmten Zweck im Auge hat. Es gelingt ihm selbst, seiner ausgesprochenen Körperlichkeit in weitem Umfange das Aussehen zu geben, das er ihr geben möchte. (...) Das ist besonders deutlich zu verfolgen in den Vereinigten Staaten, wo jetzt der Jude schon in der zweiten und dritten Generation oft nur schwer vom Nichtjuden zu unterscheiden ist. Während man den Deutschen, den Iren, den Schweden,

den Slaven auf Generationen hinaus noch ohne weiteres aus der Masse herausfinden kann, hat der Jude – soweit seine rassenmäßige Körperbildung es nur einigermaßen zuläßt – am ehesten den Yankee-Typus nachzuahmen verstanden: hauptsächlich natürlich, sofern dazu äußere Hilfsmittel, wie Kleidung, Haartracht, Haltung usw. die Möglichkeit bieten.«

In der zweiten Hälfte des 19. Jahrhunderts waren die westeuropäischen Juden von anderen Westeuropäern in bezug auf Sprache, Kleidung, Beruf, Wohnort und Haarschnitt nicht mehr zu unterscheiden. Wenn Rudolf Virchows umfangreiche, 1886 publizierte Studie von mehr als 10000 Berliner Schulkindern tatsächlich recht hatte, waren die Juden auch in bezug auf Haut, Haar und Augenfarbe von den meisten Bewohnern Deutschlands nicht zu unterscheiden.[25] Virchows Statistiken sollten belegen, daß überall dort, wo die Mehrheit der Bevölkerung eine hellere Haut, blauere Augen oder blonde Haare aufwies, die Juden ebenso eine hellere Haut, blauere Augen oder blondere Haare aufwiesen. Aber obwohl Virchow versuchte, einen Ansatz für die jüdische Assimilierung zu finden, nahm er noch immer an, daß die Juden eine separate und eigene rassische Kategorie seien. George

***Abb. 32*** *»Das jetzt erstellte Bild vom Juden will sehr häufig nichts anderes sein als eine – allenfalls überzeichnete – Wiedergabe ihres tatsächlichen Erscheinungsbildes (...). Erst die pervertierte Genrezeichnung schuf den häßlichen Menschen.« (Peter Dittmar) »Physiognomische Studien auf dem Brühl während der Leipziger Messe«, Fliegende Blätter 1869.*

Mosse meinte dazu: »Das von Virchow gebilligte Abgetrenntsein der jüdischen Schulkinder sagt etwas über den Verlauf der jüdischen Emanzipation in Deutschland aus. Trotz des rationalen Ansatzes muß die Studie den jüdischen Schulkindern doch ihren Minderheitenstatus und ihre angeblich unterschiedlichen Ursprünge vor Augen geführt haben.«[26] Obwohl ihnen nach wie vor das Etikett des »anderen«, »sich unterscheidenden« anhaftete, näherten sich die Juden dennoch den allgemein in der europäischen Gesellschaft verbreiteten Typenmustern an.

**Einfluß auf jüdische Selbstbilder**

Das Gefühl des Andersseins des jüdischen Körpers bestand unter den Juden sogar unter dem Druck des verstärkten Antisemitismus der dreißiger Jahre weiter. Das politische Bewußtsein vermittelte in keinster Weise den Gedanken, daß die Permanenz des jüdischen Gesichts den inhärenten Unterschied zwischen Juden und Ariern markiere. 1926 denkt die Protagonistin in Arthur Schnitzlers gleichnamiger Novelle »Fräulein Else«, ein junges Mädchen, das sich einem älteren Mann hingeben soll, um ihren bankrotten Vater zu retten, folgendes über den Kunsthändler nach, an den sie verkauft werden soll: »Sie könnten ebenso gut mit alten Kleidern handeln wie mit alten Bildern. – Aber Else! Else, was fällt dir denn ein. – Oh, ich kann mir das erlauben. Mir sieht's niemand an. Ich bin sogar blond, rötlichblond, und Rudi [ihr Bruder] sieht absolut aus wie ein Aristokrat. Bei der Mama merkt man es freilich gleich, wenigstens im Reden. Beim Papa wieder gar nicht. Übrigens sollen sie es merken. Ich verleugne es durchaus nicht und Rudi erst recht nicht.«[27] Das »es« ist natürlich der verborgene Makel, die sichtbare Unsichtbarkeit des Judentums ihrer Eltern. In Schnitzlers Welt war der Jude immer als solcher erkenntlich, wie z. B. der wenig intelligente *Lieutenant Gustl,* ein Arier, im Theater bei sich meint: »... die Mannheimers selber sollen ja auch Juden sein, getauft natürlich ... denen merkt man's aber gar nicht an – besonders die Frau ... so blond, bildhübsch die Figur ...«[28] Der deutsch-jüdische Dichter Georg Mannheimer beschwor im Prager Exil 1937 das »seltsame Gesicht« des Juden:

> Ich weiß: Ihr liebt uns nicht.
> Wir sind nicht wie die anderen.
> Menschen, die bleiben, und Menschen, die wandern,
> haben ein ganz verschiednes Gesicht.
>
> Ich weiß: Ihr liebt uns nicht.
> Wir sind durch zu viele Flüsse geschwommen.
> Doch wenn wir einmal zur Ruhe gekommen,
> dann haben wir dasselbe Gesicht.[29]

Mannheimers Gedicht greift den Gedanken einer möglichen Beseitigung jeglicher »Häßlichkeit« auf, die mit der den Juden zugeschriebenen »nomadischen« Natur assoziiert wird. Hier ist es nicht die Evolution, sondern die Assimilierung, die das verinnerlichte Gefühl der Verfremdung eliminiert, das das jüdische Gesicht prägt.

Anthropologie

Eine parallele Verlagerung in der Auffassung vom jüdischen Körper findet sich im 20. Jahrhundert in den Vereinigten Staaten. 1910 verfaßte der berühmte deutsch-jüdische Anthropologe (und Begründer der modernen amerikanischen Anthropologie), Franz Boas, für den US-Kongreß einen detaillierten Bericht über die »Veränderungen der körperlichen Gestalt der Nachkommen von Einwanderern«.[30] Dieser Bericht dokumentierte die Veränderung der Körpergröße, des Schädelindex und sogar der Haarfarbe der in den Vereinigten Staaten geborenen Nachkommen jüdischer, sizilianischer und neopolitanischer Einwanderer. Anders als ihre im Ausland geborenen Verwandten waren Einwanderer der ersten Generation größer, wiesen eine höhere Gehirnkapazität auf und hatten helleres Haar. Boas ging es darum, zu demonstrieren, daß Rassenmerkmale bis zur Haarfarbe sich verändern, wenn sich die Umgebung verändert, und daß Rassenkennzeichen wenigstens bis einem gewissen Grad veränderbar sind. Natürlich wurde diese Ansicht von der Wissenschaft seiner Zeit angefeindet. Die Argumente gegen diesen Ansatz reichten von der Auffassung, die Veränderung sei eine Wirkung des Umzugs von ländlichen Gebieten in die amerikanischen Städte, bis zur echten Umkehrung der »degenerierten« Typen, die sich in Europa unter dem Kapitalismus entwickelt hätten, zum Vorteil der wiedererstehenden »reinen« und daher gesünderen, ursprünglichen europäischen Typen. Die Idee, daß sich unter den amerikanischen Bedingungen eine »neue Menschenrasse« entwickeln könnte, beunruhigte die europäischen Wissenschaftler. Aber diese osteuropäischen jüdischen Einwanderer glichen sich nicht nur körperlich immer mehr den anderen Amerikanern an – sie wuchsen auch in die amerikanische Kultur hinein.[31] In dem Maße, wie sich ihr Körpertypus änderte, so änderte sich auch ihre Kultur.

Aber die Nachkommen osteuropäisch-jüdischer Einwanderer in der zweiten und dritten Generation sehen nicht nur »nicht wie ihre Großeltern« aus, sondern ihr Aussehen ist tatsächlich »amerikanisch«. Der Schriftsteller und Regisseur Philip Dunne meinte zum Prozeß der physischen Assimilierung der Juden im Südkalifornien des 20. Jahrhunderts:

> Man konnte die körperliche Veränderung in den Familien sogar schon in der zweiten Generation wahrnehmen, die der ersten überhaupt nicht glich. Natürlich gilt das für das ganze Land, aber es ist besonders deutlich bei Menschen bemerkbar, die aus sehr armen Familien kommen ... Ein sehr lieber Freund und Kollege von mir kam etwa aus einem Lower East Side-Slum. Er war unsäglich arm. Und er wuchs zu einem rachitischen, winzigen Mann heran, der offensichtlich als Kind sehr gelitten hatte. Er erzählte mir, daß die Gojim in der Schule ihn angeschrien hätten. Seine in Kalifornien aufgewachsenen beiden Söhne waren groß, braungebrannt und blond. Beide waren ausgezeichnete Studenten und Sportler. Einer wurde Offizier in der Armee, der andere Physiker. Sie waren typische junge Leute aus Kalifornien. Nicht bloß Amerikaner, sondern Kalifornier.[32]

Aber je mehr die deutschen und österreichischen Juden der Jahrhundertwende aussahen wie ihre nichtjüdischen Mitbürger, desto mehr empfanden sie sich selbst als anders und wurden auch so betrachtet. Wie der englisch-jüdische Sozialwissenschaftler Joseph Jacobs im späten 19. Jahrhundert meinte: »Es ist da etwas Spezifisches, das ihre Züge als typisch jüdisch kennzeichnet. Das wird durch die interessante Tatsache bestätigt, daß Juden, die starke Kontakte mit der Außenwelt unterhalten, dieses spezifisch Jüdische verlieren. Das galt etwa für Karl Marx ...«[33] Und dennoch waren es, soweit wir wissen, eben diese Juden, die am besten assimiliert waren, die als Nichtjuden durchgehen konnten, die fürchteten, daß ihr Jüdischsein sichtbar werden könne. Sie waren es, die die größte Angst davor hatten, als Träger der Krankheit »Judentum« erkannt zu werden, von der der deutsch-jüdische Dichter Heinrich Heine Mitte des 19. Jahrhunderts meinte, sie wäre von den Juden aus Ägypten mitgebracht worden. Auch für Heine gilt der Körper als Zeichen; in den »Bädern von Lucca« heißt es vom Markese Gumpelino: »Sind vielleicht ihre Nasen eine Art Uniform, woran der Gottkönig Jehova seine alten Leibgardisten erkennt, selbst wenn sie desertiert sind?«[34]

Tausend Jahre lang nahm man an, die Juden sähen anders aus, hätten eine andere äußere Erscheinung, und diese Erscheinung erwarb eine pathognomonische [= für ein Krankheitsbild charakteristisch] Bedeutung. Aber eben diese Unterschiedlichkeit wurde auch als vergänglich betrachtet – daher die Einführung des Judenhuts, des Judensterns oder auch des Ghettos im Mittelalter bzw. der Tätowierungen in den Konzentrationslagern der Nazis. Denn während die Juden als unterschiedlich begriffen wurden, so bestand eine Facette dieser Unterschiedlichkeit in ihrer unheimlichen Fähigkeit, genau wie alle anderen auszusehen (d. h. wie ein idealisiertes Bild jener, die sich als anders als die Juden verstehen wollten). Es ist dieser Unterschied oder vielmehr sein Mangel, den Sigmund Freud in jenen »geringfügigen Unterschieden zwischen Menschen« erkennt, »die einander sonst ähneln ...«, und die »die Grundlage für Gefühle der Fremdheit und Feindseligkeit zwischen ihnen bilden«.[35] Freud bezeichnete dies klinisch als einen »Narzißmus geringfügiger Unterschiede«. Aber sind diese Unterschiede sowohl aus der Perspektive des Bezeichners als auch des Bezeichneten wirklich geringfügig? Angesichts der Geschichte des Antisemitismus in Europa können solche Bezeichnungen oder Etiketten zur Entmenschlichung und Zerstörung führen.

**Kennzeichnungen: Judenhut und Judenstern**

Anmerkungen

1 Johann Caspar Lavater: Physiognomisches Fragment zur Beförderung der Menschenkenntnis und Menschenliebe. 4 Bde. Leipzig 1775 bis 1778, 3: 98 und 4: 272–274. Dieser Verweis wird von Paolo Mantegazza: Physiognomy and Expression. New York 1904, S. 239 zitiert (und zurückgewiesen). Anm. d. Ü.: Freie Übersetzung der Textstelle, da Original nach Verweis des Verfassers nicht auffindbar.

2 Robert Knox: The Races of Man: A Fragment. Philadelphia 1850, S. 134.

3 Knox: Races of Man, S. 133.

4 Eine Zusammenfassung dieser Texte wird im Kapitel »Die negerische Rasse« in der im ersten Drittel des 20. Jahrhunderts entstandenen Standard-Rassenanthropologie der Juden von Hans F. K. Günther: Rassenkunde des jüdischen Volkes. München 1930, S. 143–149 gegeben.

Diese beiden Zitate stammen von Luschan und Judt.

5 Adam G. de Gurowski: America and Europe. New York 1857, S. 177.

6 Betreffend die Definition und Bedeutung des Begriffs »Mischling« siehe Paul Weindling: Health, Race and German Politics between National Unification and Nazism, 1870–1945. Cambridge 1989, S. 531–532.

7 H. S. Chamberlain: Die Grundlagen des neunzehnten Jahrhunderts, 1: 325.

8. W. W. Kopp: Beobachtung an Halbjuden in Berliner Schulen. In: Volk und Rasse 10 (1935), S. 392.

9 Joseph Jacobs: Studies in Jewish Statistics, Social, Vital and Anthropometric. London 1891, S. XXIII.

10 Edgar Allan Poe: Der Goldkäfer und andere phantastische Geschichten. Berlin 1988, S. 187; meine Hervorhebung.

11 Jacob Wassermann: My Life as German and Jew. London 1933, S. 72.

12 Alle Verweise auf Sigmund Freud aus: Standard Edition of the Complete Psychological Works of Sigmund Freud, herausgegeben und übersetzt von J. Strachey, A. Freud, A. Strachey und A. Tyson, 24 Bde. London: Hogarth, 1955–1971, 14, S. 191 (nachfolgend als *SE* bezeichnet).

13 Alice Walker und Pratibha Parmar: Warrior Marks: Female Genital Mutilation und the Sexual Blinding of Women. New York 1993. Siehe auch Nahid Toubia: Female Genital Mutilation: A Call for Global Action. New York, N.Y. 1993 und Fran P. Hosken: The Hosken Report: Genital/ Sexual Mutilation of Females. Lexington, MA 1994.

14 Alice Miller: Das verbannte Wissen (1988). Siehe Lawrence Birken: From Seduction Theory to Oedipus Complex: A Historical Analysis. In: New German Critique 43 (1988), S. 83–96.

15 Die autorisierten deutschen Übersetzungen der Werke Mantegazzas sind Die Physiologie der Liebe, Übers. Eduard Engel. Jena 1877; Die Hygiene der Liebe, Übers. R. Teutscher, Jena 1877; Anthropologisch-kulturhistorische Studien über die Geschlechtsverhältnisse des Menschen. Jena 1891.

16 Hinsichtlich Mantegazza siehe Giovanni Landucci: Darwinismo a Firenze: Tra scienza e ideologia (1860–1900). Florenz 1977, S. 107–128.

17 Die entsprechenden Stellen finden sich in der deutschen Ausgabe von Anthropologisch-kulturhistorische Studien über die Geschlechtsverhältnisse des Menschen (wie Anm. 15) auf den Seiten 132–137. Anm. d. Ü.: Textstelle im Original unauffindbar, daher eigene Übersetzung.

18 Spinozas im 19. Jahrhundert oft zitierte und kommentierte Worte lauten: »Das Zeichen der Beschneidung halte ich dabei für so bedeutungsvoll, daß ich überzeugt bin, dies allein werde das Volk für immer erhalten. Ja, wenn die Grundsätze ihrer Religion ihren Sinn nicht verweichlichen, so möchte ich ohne weiteres glauben, daß sie einmal bei gegebener Gelegenheit, wie ja die menschlichen Dinge dem Wechsel unterworfen sind, ihr Reich wieder aufrichten und daß Gott sie von neuem auserwählt.« Baruch de Spinoza: Sämtliche Werke in sieben Bänden und einem Ergänzungsband, hrsg. v. Carl Gebhardt, Band 3: Theologisch-politischer Traktat. Auf der Grundlage der Übersetzung von Carl Gebhardt neu bearbeitet, eingeleitet und hrsg. v. Günther Gawlick. Hamburg 1984, S. 63.

19 Mantegazza: Geschlechtsverhältnisse, S. 99.

20 Herr Moriz Deutschösterreicher: Eine jüdische Erzählung zwischen Assimilation und Exil, Hg. Jürgen Egyptien. Wien 1988, S. 5.

21 Simon Louvish: The Therapy of Avram Blok: A Phantasm of Israel among the Nations. London 1990, S. 143. Ungekürzter Abdruck der 1985 erschienenen Originalausgabe.

22 Dan Jacobson: The God-Fearer. London 1992, S. 60.

23 Siehe meinen Artikel »The Indelibility of Circumcision«. In Koroth (Jerusalem) 9 (1991) S. 806–817.

24 Werner Sombart: Die Juden und das Wirtschaftsleben. München und Leipzig (11. bis 13. Tausend) 1922, S. 327.

25 Rudolf Virchow: Gesamtbericht über die Farbe der Haut, der Haare und der Augen der Schulkinder in Deutschland. In: Archiv für Anthropologie 16 (1886); S. 275–475.

26 George L. Mosse: Toward the Final Solution: A History of European Racism. New York 1975, S. 90–91.

27 Arthur Schnitzler: Fräulein Else. Zit. nach der Bertelsmann-Ausgabe »Meistererzählungen«. Gütersloh o. J., S. 325–379; hier S. 333.

28 Arthur Schnitzler: Lieutenant Gustl. Ebd., S. 51–78; hier S. 52.

29 Georg Mannheimer: Lieder eines Juden. Prag 1937, S. 31. Anm. d. Ü.: Frei übersetzt, da im Original unauffindbar.

30 Dieser Bericht wurde dem Kongreß am 3. Dezember 1910 vorgelegt und am 17. März 1911 veröf-

fentlicht. Ein voller Abdruck wurde von der Columbia University Press 1912 herausgebracht. Boas faßte seine Ergebnisse in Race, Language and Culture. New York 1940, S. 60–75 zusammen (und führt auch die Einwände gegen diesen Bericht an). Eine ausgezeichnete Interpretation des Problems ist in Carl N. Deglers Culture versus Biology in the Thought of Franz Boas and Alfred L. Kroeber, New York 1989, enthalten.

31 Boas, S. 83.

32 Zitiert nach einem Interview mit Neal Gabler: An Empire of Their Own: How the jews Invented Hollywood. New York 1988, S. 242–243.

33 »Types«, The Jewish Encyclopedia, 12 Bde. New York 1906, 12, S. 295.

34 Heinrich Heine: Sämtliche Schriften. Hrsg. v. Klaus Briegleb. München 1976, Band III, S. 398.

35 *SE* 11; 199; 18, 101; 21, 114.

*Eva-Maria Ziege*

# *Dreizehntes Bild:* **Die »Mörder der Göttinnen«**

Zwei neue Erlösungstheorien stehen am Beginn des 20. Jahrhunderts. Sie haben denselben Bezugspunkt, dasselbe Ziel, und doch scheinen sie einander entgegengesetzt. Der gemeinsame Bezugspunkt liegt im Weiblichen, das gemeinsame Ziel in der Erlösung vom Jüdischen: Aber während die eine die Erlösung vom Jüdischen durch *die Überwindung* des Weiblichen erstrebt, liegt in der anderen die Erlösung vom Jüdischen in dessen Überwindung *durch* das Weibliche.

**Otto Weininger**

Der durch sein Buch »Geschlecht und Charakter« (1903) berühmt gewordene Wiener Jude Otto Weininger (1880–1903) verkündete der These Christina von Brauns zufolge »eine neue Erlösungstheorie, die sowohl den Ansprüchen eines säkularen Zeitalters wie auch den tradierten Metaphern des Christentums gerecht zu werden scheint. Der Mensch, so verheißt Weininger, werde die Erlösung finden, wenn er alles Weibliche und alles Jüdische in sich überwunden und abgelegt habe.«[1] Weiningers »prinzipielle Untersuchung« wurde ein Bestseller. Ende der zwanziger Jahre war sie insbesondere von völkischen Rassisten so intensiv absorbiert worden, daß es zur Charakterisierung der Weimarer Demokratie als »Zeitalter der Verweiberung und Entartung«[2] eines Verweises auf die geistige Urheberschaft nicht mehr bedurfte.

Nicht die Angst vor einem heraufkommenden »Zeitalter der Verweiberung«, sondern die Sehnsucht nach der Magna Mater, der »Rückkehr« zum ganzheitlich-weiblichen Anfang der Geschichte beherrschte hingegen die Erlösungstheorie der Münchner »Kosmiker« Ludwig Klages (1872–1956) und Alfred Schuler (1865–1923).[3] Hier liegt die Erlösung vom Jüdischen in dessen Überwindung *durch* das Weibliche.

Parallel zu der einflußreichen Idee Weiningers, die hier nicht im Zentrum der Betrachtung steht, aber noch relevant sein wird, entwickelten sich seit der Jahrhundertwende ausgehend von den »Kosmikern« mehrere Varianten des Matriarchats-Mythos, die von einem distinkten antijüdischen Stereotyp begleitet wurden,[4] denn »die Juden« hatten in der damit verbundenen Geschichtskonstruktion eine Schlüsselposition inne: Der Monotheismus und die Propheten des Alten Testaments seien für die »Ausrottung«[5] der vorbiblischen matriarchalen Kulturen und Göttinnenreligionen und die Einführung des Patriarchats in die Weltgeschichte verantwortlich. »Die Juden« als »Mörder der Göttinnen« und Erfinder des monotheistischen Patriarchats werden zum Sündenbock für die Alleinherrschaft des »extrem-männlichen Pols«[6] gemacht, der Krieg, Gewalt und Zerstörung in das Abendland gebracht habe.

Das Stereotyp vom »Göttinnenmord« beruht auf einem tradierten antijudaistischen Bestandteil der christlichen Lehre, dem Bild vom »jüdischen Gottesmord« [vgl. dazu den Beitrag von K. E. Grözinger]. Es hat sich vor allem seit 1980 mit einem zweiten Bild verbunden, in dem Jesus in scharfem Kontrast zum »jüdischen Patriarchat« seiner Zeit, als dessen (weiblich konnotiertes) Opfer und sein »Kreuzgang« als »Abbild des weiblichen Kreuzganges durch die Geschichte des Patriarchats«[7] gedeutet wird – der »Gottesmord« eine symbolische Wiederholung des »Göttinnenmordes«?

Im folgenden werden für den deutschsprachigen Raum vom Anfang bis zum Ende des 20. Jahrhunderts drei Schwerpunkte dieses mit dem Matriarchats-Topos verwobenen Stereotyps skizziert, wobei mein Augenmerk den wechselnden geschlechtsspezifischen, kulturkritischen, ideologischen Perspektiven gilt: Seit der Jahrhundertwende tauchte es bis in die vierziger Jahre in Texten misogyner und antichristlicher Männer auf. Ab den zwanziger Jahren wurde es bis in die Vierziger für die Argumentation antichristlich-völkischer Frauen zentral. Seit den siebziger Jahren kursiert es bis heute in den Veröffentlichungen feministischer christlicher Frauen.[8]

**J. J. Bachofen**

Der geistige Vater der »kosmischen« Mutterverehrung Schulers und Klages' war der Basler Gelehrte J. J. Bachofen (1815–1887). Der Rechtshistoriker und Staatstheoretiker entwarf in seinem Hauptwerk »Das Mutterrecht« (1861) auf der Grundlage mythologischer Quellen ein evolutionäres Geschichtsmodell, demzufolge aus dem »regellosen Hetärismus«, der durch Unkenntnis von Vaterschaft und »wilde, ungeregelte Sumpfbegattung« gekennzeichneten »unwürdigen Kindheit« der Menschheitsgeschichte, die sexuell geordnetere eheliche oder demetrische Gynaikokratie hervorging, bis das dionysische Muttertum schließlich durch das apollinische Vaterrecht abgelöst wurde.[9] Bachofens dreistufiges Geschichtsmodell wurde durch die asymmetrische Dichotomie der neuzeitlich polarisierten Geschlechtscharaktere[10] strukturiert. Die Ablösung des stofflich gebundenen Mutterrechts durch das geistige Vaterrecht war damit geschichtsteleologisch als Übergang zu einer überlegenen, ja der höchsten Stufe der Menschheitsgeschichte bewertet. Dieses Modell implizierte eine zyklische Perspektive, die den »Rückfall« in die Herrschaft des mit dem »Zauber des Muttertums«, dem »Gesetz der Demokratie«, Liebe, Frieden, sinnlicher Geschlechtlichkeit assoziierten Weiblichen nicht ausschloß.[11] Schon diese Aufzählung beweist Ambivalenz; hier deutet sich einerseits die Faszinationskraft des matriarchalen »Friedensgemäldes«,[12] andererseits das spätere Thema Weiningers an, die Bedrohlichkeit des als dekadent empfundenen weiblichen Einflusses. Diese Ambivalenz Bachofens brachte Ernst Bloch auf den Punkt: »Bachofens Herz ist beim Matriarchat, sein Kopf beim Patriarchat«.[13]

Das »verwirrende Hin und Her zwischen Kopf und Herz«[14] war es denn auch, was Klages bei aller Verehrung an Bachofen störte. Er schrieb 1922: »Bachofen hat bis ins einzelne nachgewiesen, daß es durchaus ›jenseits von Gut und Böse‹ ein von keiner Gesetzeswillkür gestörtes ›Naturrecht‹ gab, welches den innigsten Zusammenhang sowohl des Menschen mit der Welt als auch der Menschen untereinander behütete.« Und trotzdem bringe er es fertig, »den Einbruch des friedenstörenden Gegenwillens als Übergang zu einer ›höheren Stufe‹ der Gesittung mißzuverstehen!«[15]

Ludwig Klages

Schon um die Jahrhundertwende war der Lebensphilosoph Klages Antisemit. Sein präfaschistischer[16] Judenhaß stand nicht beziehungslos neben seiner Sehnsucht nach der Magna Mater. Angesichts »jenes urzeitlichen *Bewußtseinszustandes*« müßten nämlich »ausnahmslos alle Glaubenslehren der *geschichtlichen* Menschheit im Lichte von Verdünnungen oder Zersetzungen des Urquells erscheinen!«[17] In seinem Hauptwerk »Der Geist als Widersacher der Seele« (1929–32) hatte Klages »neben dem ›Herakleismus‹ des klassischen Griechenland den jahwistischen Judaismus immerhin ›nur‹ als ›Mitanstifter‹«[18] des Prozesses angeklagt, in dem das weibliche Prinzip (Seele) dem männlichen Prinzip (Geist) zum Opfer fiel.

Wenige Jahre später, 1940, meinte er in der jüdischen Weltverschwörung die *alleinige* Ursache der »Zersetzung des Urquells« erkannt zu haben.[19] Erst jetzt, urteilte Klages, sei man wirklich »bis zum Mittelpunkt des Judaismus durch(gedrungen, E.-M.Z.). Teils wurden nur einzelne Wirkungsfelder abgesteckt, so der religiös geheiligte Wucher der Juden, ihre Geldmacht, die Herrschaft über die Presse, der Mädchenhandel, die Prostitution, planmäßige Blutsverseuchung, Ritualmord, teils wurde *nicht* erkannt, daß ungeachtet der von Juden geflissentlich, von der Mehrzahl der Christen unabsichtlich geübten Verschleierung des Sachverhalts das sog. Christentum in jeder Gestalt nur eines der *Werkzeuge* Judas war und ist.«[20] Inzwischen jedoch seien »die Völkerversklavungspläne Judas« das »Gemeingut deutscher Bildung«[21]. Überschrieben hatte er diese Gedanken mit einem Motto aus Schulers »EPILOGIS. JAHWE-MOLOCH«: »Ans Herz des Lebens schlich der Marder Juda. Zwei Jahrtausende tilgte er das heiße, pochende, schäumende, träumende Mutterherz. Bei diesem Schlurfe nicht ertappt zu werden, hat er alle Wege zum Herzen verrammelt. Das Herz der Erde als Hölle der Christen –«.[22] Die Erlösung vom »Jahwismus« als »Lehre« und »Blutsbeschaffenheit« konnte für Klages nur in der Befolgung des Leitgedankens von »Blut und Boden« liegen, den er als »Rückkehr« zur »gebärenden und wieder zurücknehmenden Macht« der Magna Mater deutete.[23]

Ernst Bergmann

Um Mütter, nicht aber Klages' Magna Mater, ging es einem weiteren Zeitgenossen, dem »deutschgläubigen« völkischen Leipziger Philosophieprofessor Ernst Bergmann (1881–1945). Seine Matriarchatsideen waren im Unterschied zu Klages mit konkreten Vorstellungen verknüpft, in denen er in der Umbruchphase von der rassenhygienischen Bewegung der Weimarer Zeit zur Institutionalisierung der Rassenhygiene durch die Nazis wesentliche der antinatalistischen[24] (geburtsfeindlichen) Elemente der NS-Diktatur vorwegnahm.

Zwischen 1932–34 war er den Nachweis zu führen bemüht, daß das Vaterrecht »griechisch-römisch-christliche Unnatur, eine Ambition des entnaturalisierten Erkenntnisgeistes« sei. Römer- und Christentum seien nahezu homogen, das Griechentum habe dem römischen Christentum vorgearbeitet, und all das sei letztendlich jüdisch, da das Christentum aus dem Judentum komme. Die daraus resultierende Alleinherrschaft des Männlichen habe welthistorisch zu Verfall und »Entartung« geführt.[25]

Auch hier liegt die Erlösung von der »Entartung« im Weiblichen, in »Mutterreligion« und »Mutterehe«. Bergmanns darin anklingende Verherrlichung von Mutterschaft vermittelt einen irreführenden Eindruck, denn die Verhinderung von Mutterschaft war für diese sog. Mutterherrschaft nicht weniger zentral als der Zwang zur Mutterschaft, je nachdem, um welche Frauen es ging: Durch Eheverbote und Zwangssterilisationen sollte die Geburt »kranker«, »erbminderwertiger« und »erlösungsbedürftiger« Menschen verhindert werden; nur »erbgesunden Menschen« sei die Fortpflanzung zu gestatten, da der »Menschenschutt« zur Bildung eines neuen »Menschentums« in Deutschland »aussterben« müsse.[26] Die gewaltsame Verhinderung der Mutterschaft von aufgrund rassistischer und sozialer Kriterien als »minderwertig« eingestuften Frauen wurde durch Bergmanns Forderung der Erfüllung der weiblichen »Naturpflicht der Frau aufs Muttertum« durch alle als »wertvoll« geltende Frauen ergänzt. Sie sollten nach dem Prinzip der »naturgewollten« Promiskuität leben, weil Monogamie »ausleseverhindernd« sei. Alle sog. »wertvollen« Frauen aber, die diesen »Muttergeist wider alles Naturrecht in sich freiwillig unterdrücken, sind in einem Mutterrechtsstaat die wahren Ausgestoßenen und Verfemten ... Sie sind unnatürliche Zwitterwesen, in denen die gesunde Lebenskraft, deren wir zur Gründung des ›dritten Reiches‹ der Menschheit bedürfen, erloschen ist. Sie sind ... Kranke und Entartete ... Das beste wäre, sie zwangsweise zu begatten, um sie zu kurieren, müßte man nicht fürchten, daß sie ihre Entartung auf die Nachkommenschaft vererben.«[27] Ihre Unterdrückung des Muttergeistes« sei ebenfalls jüdisch: »Denn der größte Feind des Muttergedankens war der Jude Paulus.«[28]

In seiner Rassenhygiene-Mission identifizierte Bergmann sich mit Jesus, dem »zur Wiedervereinigung mit dem Göttlichen (der Mutter) zurückstrebenden Brudersohngatten. Ihm widerstreitet der naturhaft mörderische, antisoziale Kampfgeist der Ichdurchsetzung der männlichen Individualität.«[29] Bergmann selbst wollte »Christus sein« und als »Christus handeln«: »In der Tat bedarf die Menschheit dringend der Erlösung vom Christentum und vom bloßen Heiland aus dem Jenseits. Und der Arzt und Volkswohltäter Jesus von Nazareth, wenn er heute wiederkehrte, würde wohl zuerst das falsche Christusbild, das die Menschen von ihm aufgerichtet haben, aus seiner Kirche vertreiben, so wie er damals die Wechsler und Wucherer aus dem Tempel vertrieb. Er würde heruntersteigen vom Kreuz, an das ihn eine falsche Christusauffassung heute nagelt, und lebendig werden im modernen Volksarzt und Erbgesundheitslehrer, der die Menschen erlöst, ehe sie geboren werden, nicht ehe sie sterben.«[30] Jesus, der christlich-antijudaistischer Auslegung gemäß als Überwinder des Judentums seiner Zeit galt, wurde bei Bergmann zum *rassenhygienischen* Überwinder des Judentums.

***Abb. 33** Die Zeichnung von »Typen« wird zur Sucht, eine katalogisierte Welt schiebt sich als Schutzwand vor die Wahrnehmung der Realität. Zeichnungen von »Fips« im NS-Blatt »Der Stürmer«.*

Bachofen hatte die Gynaikokratie zwar schwärmerisch als »die Poesie der Geschichte«[31] bezeichnet, aber unstreitig im Sieg des Vaterrechts den Fortschritt zum höheren Prinzip gesehen. Bei Klages' oder Bergmann war es genau umgekehrt, und beide hatten – unterschiedliche – rückwärtsgewandte Utopien darauf aufgebaut, deren Kern die Schuld »des Juden« bildete.

Fälschlich hatte der Schriftsteller Thomas Mann 1926 einem anderen Bachofen-Kenner, dem Philosophen Alfred Baeumler (1887–1968), unter-

stellt, derselben obskurantistischen Sehnsucht, »dem großen ›Zurück‹« nach der »mütterlich-nächtigen Idee der Vergangenheit«[32], anheimgefallen zu sein, und ihn damit zugleich in die Nähe der kulturpessimistischen, demokratiefeindlichen Rechten Deutschlands gerückt. Als Mann diesen Vorwurf erhob, stand Baeumler, damals Philosophieprofessor in Dresden, den Rechten bzw. der NSDAP jedoch noch nicht besonders nahe. Mann bezog sich auf die 1926 erschienene Bachofen-Edition, für die Baeumler eine ausführ-

**Alfred Baeumler**

liche Einleitung verfaßt hatte.[33] Tatsächlich hatte Baeumler dort das genaue Gegenteil gesagt: Ihm zufolge drohten gegenwärtig »in der Tat alle Züge einer mutterrechtlichen Epoche ... Innerhalb einer späten, verfallenden Zivilisation erheben sich wieder die Tempel der Isis und Astarte, jener asiatischen Muttergottheiten, denen man in Orgiasmus und Zuchtlosigkeit, mit dem Gefühl hoffnungsloser Verlorenheit inmitten sinnlicher Schwelgerei dient.«[34] Diese mütterlich-sinnlichen Mächte seien nicht auf ewig gebrochen – es sei vielmehr Aufgabe des überlegenen männlich-apollinischen Prinzips, sie immer wieder erneut zu besiegen: »Es gibt keinen endgültigen Sieg. *Wohl* aber gibt es siegreiche Kräfte: Immer von neuem gebiert die Mutter den Sohn, immer wieder von neuem taucht die Sonne aus dem Dunkel, immer von neuem wird der Orient vom Okzident überwunden.«[35]

Thomas Mann hatte nicht recht, aber er *behielt* recht, wenn auch nur hinsichtlich Baeumlers politischer Entwicklung. 1933 wurde dieser Mitglied der NSDAP, und im selben Jahr auf den Lehrstuhl für Politische Erziehung an der Universität Berlin berufen. Mann hatte Baeumlers spätere Hinwendung zu den Nazis vorhergesehen. Auch dann aber bestand Baeumlers Sinneswandel interessanterweise *nicht* in der von Thomas Mann so abschreckend gezeichneten und unwillkürlich mit der völkischen Rechten assoziierten Hinwendung zur Magna Mater. Baeumler übertrug den paradigmatischen ewigen Kampf zwischen dem weiblichen und dem männlichen Prinzip vielmehr auf den übergeschichtlichen Kampf der »Rassen«, in dem das weibliche Prinzip den dekadenten jüdischen, das männliche Prinzip den überlegenen germanischen »Rassencharakter« symbolisierte.

Der Irrtum Manns ist also kompliziert, denn in dieser Frage repräsentierte gerade Baeumlers Position schon eher den völkisch-nationalsozialistischen »mainstream« als die rückwärtsgewandten Sehnsüchte mancher männlicher Mutterrechts-Schwärmer. Die »weltanschauliche« Elastizität der Nazis machte die Integration widerstreitender, selbst extrem sektiererischer Positionen in den ersten Jahren der NS-Diktatur wohl möglich, doch letztlich stand die Deutung der »nordischen Rassenseele« als vaterrechtlich, die schon Weininger vorweggenommen hatte, auch für andere wichtige Ideologieträger des »Dritten Reiches« – etwa Alfred Rosenberg, Ernst Krieck, Hans F. K. Günther – nicht in Frage.

**Die »weltanschauliche« Elastizität der Nazis**

Dennoch sind beide Positionen – das Stereotyp vom Juden als dem Vernichter des Weiblichen und Erfinder des Patriarchats versus dem vom Juden als weiblich konnotierter Bedrohung des Patriarchats, von der Erlösung vom Jüdischen *durch* das Weibliche versus der Erlösung vom Jüdischen durch *die Überwindung* des Weiblichen – nicht so antithetisch, wie es vielleicht scheint. Die ihnen im Hinblick auf das Weibliche zugrunde liegende Ambivalenz kennzeichnete schon Bachofen. Für die Angst vor der Magna Mater spielte deren sehnsuchtsvolle Evokation eine komplementäre Rolle. Beiden Modellen aber war die Ontologisierung [= Wesensbestimmung] der »Geschlechtscharaktere« als überzeitlichen anthropologischen Konstanten gemeinsam, die auf sich bekämpfende »Rassencharaktere« projiziert wurden.[36]

**Völkische Autorinnen**

Auch Vertreterinnen des weiblichen Geschlechts interessierten sich seit den zwanziger Jahren zunehmend für das Mutterrecht, vor allem einige völkisch-antichristliche Gegnerinnen der Weimarer Demokratie, die 1933 die Machtübergabe an die NSDAP bejahten und daran konkrete politische Hoffnungen knüpften. Nicht Bachofen bildete ihre wichtigste Argumentationsgrundlage, sondern Tacitus, die Edda und die isländischen Sagen.

Die Schriftstellerin Margarete Kurlbaum-Siebert schrieb 1933: »In allen Urkulturen, in allen Urreichen, in jedem Urvolkstum, vor allem bei unsern deutschen Vorvätern war das Weib priesterlich ... Die Frau besaß priesterliche Würde kraft ihres Seins als die große Mutter. Als die leibhaftige Darstellung aller natürlichen Schöpferkraft. Als die Darstellung mütterlich ordnenden Geistes aller pflegenden Kultur.«[37] Diese »hohe Wertung« des »Weibes« sei, so auch Lena Wellinghusen, eine Anhängerin Mathilde Ludendorffs (1877–1966), charakteristisch für die vorchristliche Zeit, »als der ›römische Herkules‹ noch nicht ›vom orientalischen Gift verzehrt war‹, wie der Jude Heine in seiner ›Geschichte zur Religion‹ triumphierend ausplaudert.«[38] Während letztere den Terminus »Mutterrecht« nicht gebrauchte, hob Dorothea Klaje-Wenzel in ihrer Definition des Begriffes weiterführende Aspekte hervor: »Bei den Völkern, die Mutterrecht haben, beherrscht und lenkt die Frau den Staat. Die Frauen senden die Männer zum Kriege aus, beschließen über den Frieden, verteilen die Beute.«[39] Frauen verfügten über alle Besitztümer, vererbten an ihre Töchter, leisteten alle »produktive Arbeit« und bekleideten die höchsten Ämter in Kunst, Rechtspflege und Religion. »Der Mann lebt am Rande dieses Lebenskreises, als zufälliger Samenträger«.[40] Sophie Rogge-Börner (1878–1955), eine Exponentin der sog. »völkischen Frauenbewegung«, ging noch darüber hinaus: »Waffenkampf« und »Blutrache« seien für Frauen eine Selbstverständlichkeit gewesen.[41]

Erst »Juda« habe dieses Frauenparadies zerstört: »Da bildete Juda seine Religion aus. Der jüdische Mann erhob sich und nahm dem Weibe das Priestertum. Der jüdische Mann erdachte die Religion, die die große weibliche Schöpferkraft außerhalb jeder Anerkennung und damit in Wahrheit außerhalb aller Wirkungsmöglichkeit über den engsten, familienhaften Kreis hinaussetzte. Für den Kosmos, für den Staat, für alle öffentliche Kultur ward die weibliche Schöpferkraft damit unwirksam, ward verbannt, verfehmt (sic!).«[42] Kurlbaum-Siebert stellte stärker als jede andere hier genannte Autorin die mystifizierende Beschwörung von »Muttermacht« in den Mittelpunkt. Ihre Überzeugung von der Überlegenheit des Weiblichen bezog sie aus der weiblichen Fähigkeit, Leben zu geben, aus der die »Priestermacht« und der »reiche, wahre Anteil« der Frau am »Göttlichen« folge. Rogge-Börner hielt diesen »sentimentalen Weiblichkeitsbegriff« und die »romantische Mutterverehrung« hingegen für übertrieben, beides »sei nicht nordischen, sondern orientalischen Ursprungs«.[43] Trotz solcher Unterschiede aber stellte sich allen das Jüdische als Ursache der Zerstörung des Urzustands dar.

»Die Juden« konnten die »nordischen Völker« nur *durch* die Zerstörung der Frauenmacht »zersetzen«, denn »ein Volk mit solchen Frauen war unüberwindlich. Das wußte Rom und das erkannte der Jude, der schon zu jener Zeit ›das Ferment der nationalen Decomposition‹ war, wie der Geschichtsforscher Mommsen ihn nennt«.[44] Um die »nordischen« Menschen zu besiegen, mußte das »verjudete« Rom »ihre Seelen morden«. Die »geistige Waffe« dazu sei das Alte Testament gewesen, die »Juda« zum »Beherrscher der Welt« machte.[45]

Mit dem Alten Testament sei »die Deutsche Frau« unter das »Synagogengesetz« gestellt, und der Lehre des »Juden Paulus« zufolge für »minderwertig, erbsündig, unrein«[46] erklärt worden. Wellinghusen wollte deshalb wie Kurlbaum-Siebert oder Rogge-Börner den vollständigen Bruch mit dem »jüdischen Christentum«, auch mit der »Jüdin Maria« und dem »Juden Jesus«. Nur Klaje-Wenzel hielt an der Vorstellung fest, daß sich »nach der wahren Gemeinschaft der ersten Christen«[47] das Christentum erst durch den fremden Einfluß männerrechtlich entwickelt habe. Alle waren überzeugt, daß man, um Frauen zu unreinen Wesen zu erklären, »die Sumpfphantasie des Orients haben (muß, E.-M.Z.), die ja denn auch folgert, daß Geburt etwas Unreines sei«.[48] Aus Angst der jüdisch-christlichen Kirche vor dem »Erberinnern« der Frauen an ihren als »teuflisch« verleumdeten »Anteil an dem kosmischen Sein der Welt« kam es zu den Hexenprozessen, die eine »planmäßige Vernichtung« der »blonden Frauen der nordisch bestimmten Länder« darstellten.[49]

Die von den Juden in die Weltgeschichte eingeführte Männerherrschaft leitete eine »furchtbare Zerspaltung der Welt« ein, und es »mußte sich rächen, daß die zweigeschlechtlich geschaffene Welt eingeschlechtlich geführt wurde, daß man damit göttlichem Wollen zuwider wirkte, daß man dem Volke die Mutter nahm. Das konnte ... zu nichts anderem führen als zum Verfall auf allen Gebieten: politisch, wirtschaftlich, kulturell und vor allem auch glaubensmäßig.«[50] Besonders hart wirkte sich die rein männliche Herrschaft auf die »nordischen« Völker aus, weil die Geschlechterbeziehungen an die »rassische Wesenheit«, das »Blut« eines »Volkes« gebunden und diese »Geschlechterhalbheit« dem »deutschen Blut« eben fremd sei.[51]

All diese Varianten des Mutterrechts-Topos dienten der Legitimation der Forderung nach Besser- oder Gleichstellung von – in einem rassistischen Sinn »deutsch« genannten – Frauen und schlossen zugleich die Forderung nach Gleichberechtigung *aller* Frauen ungeachtet rassistischer Kategorien dezidiert aus. Der Adressat war Hitler: »Du, lieber Führer Adolf Hitler, ringst mit allen Menschenkräften, die es nur auf der Welt gibt, um die Wiedergeburt des deutschen Volkes ... So gib nun Deutschland die Befreiung von dem schwersten Joch, das ihm orientalisches Sein und Wesen auferlegte, von der jüdischen Minderwertigkeitserklärung des Weibes ... Stelle die deutsche Frau durch Gesetz in Rat und Entscheidung neben den deutschen Mann«.[52]

Die Grundlage der Argumentation bildete bei allen genannten Frauen ein asymmetrisches Gegensatzpaar, das durch die Entgegensetzung »des jüdischen Mannes« zum »weiblichen Selbst« strukturiert war. Das Ich – das Weibliche – war dem völkischen Code entsprechend unzweideutig positiv konnotiert: organisch, im erdhaften Einklang mit der Natur, fruchtbar, schöpferisch, irrational, friedlich, ganzheitlich. Damit war es zugleich nicht jüdisch. Im Gegensatz dazu war das Männliche negativ besetzt: künstlich, zivilisiert, technisch, destruktiv, atomisiert, rational, gewalttätig, demokratisch, sexuell ausschweifend, gespalten. Die letzteren Eigenschaften – das typische Arsenal kulturpessimistischer Topoi – wurden auf ein externes »Anderes« projiziert, auf das aus weiblicher Perspektive »andere Geschlecht« *und* die »andere Rasse«: Das »Jüdische« und das »Männliche« verschmolzen im Stereotyp vom »jüdischen Mann«. Jüdische Frauen kamen kaum vor. Diese Zuschreibungen galten ebenso für die Geschlechter wie für die den jeweiligen Geschlechterstereotypen zugeordneten Epochen des Mutter- und des Vaterrechts.

Otto Weininger hatte »dem Juden« einen größeren »Anteil an Weiblichkeit« als »dem Arier« zugeschrieben.[53] Trotz mancher Unterschiede, die er zwischen »den Frauen« und »den Juden« sah, ging es ihm um den Nachweis der »Homologie zwischen beiden«.[54] Christina von Braun zufolge wurden »die Frau« und »der Jude« für Weininger zum »Maßstab der Selbstdefinition, das ›Nicht-Ich‹, an dem sich das Ich mißt«.[55] Die oben analysierten Frauen hatten sich aus weiblicher Perspektive ebenfalls aufgrund der Assoziation von »Rasse« und »Geschlecht« definiert.

Im Vergleich der libidinösen Besetzung der Thematik wird wohl am deutlichsten, inwiefern das Weibliche bzw. das Mutterrecht und das Männliche bzw. das Vaterrecht bei den jeweiligen Geschlechtern unterschiedlich konnotiert waren: Während sich die Assoziation des »Anderen«, des »Jüdischen« und des »Männlichen«, mit sexuellen Ausschweifungen wie ein roter Faden durch die genannten Texte der Frauen zieht, zeichneten sich sowohl Bergmann und Klages als auch Baeumler durch die libidinöse Besetzung des Weiblichen aus, wobei Baeumler das negativ und jüdisch besetzte Weibliche mit »Zuchtlosigkeit« und »hoffnungsloser Verlorenheit inmitten sinnlicher Schwelgerei« assoziierte.

Mit ihren um das Stereotyp vom »jüdischen Mann« zentrierten Vorstellungen standen die genannten Frauen wie Klages und Bergmann nicht nur abseits vom männlichen »mainstream« der Nazis, sondern unterschieden sich auch von vielen völkisch-nationalsozialistischen Frauen. Aber anders als Bergmann und Klages wollten sie einen antidemokratischen Führerstaat, von dem sie sich soziale und politische Besserstellung, ja reale Macht versprachen. Rogge-Börner beispielsweise wollte nicht »zurück zum Mutterrecht«, sondern die »Wiederherstellung« der ausgewogenen »Geschlechterganzheit« des männlichen und weiblichen »Pols« nach dem Vorbild des Kulturphilosophen Otfried Eberz (1878–1958).[56] »Mutterrecht« bei Bergmann oder Klages schloß hingegen politische Macht von Frauen von vornherein aus und das unverändert »Patriarchalische« ein, denn ihr Mutterrecht berührte die strukturelle Besserstellung des männlichen Geschlechtes gar nicht.[57] Darin dachten sie nicht anders als der Nazi-»mainstream«, was Rogge-Börner übrigens nicht entging: »Es ist schon beinahe tragisch zu nennen, daß der Mann (Bergmann, E.-M.Z.), der gegen den verderbenbringenden Androkratismus [= Männerherrschaft] unseres Zeitalters in schwerer Rüstung berechtigterweise zu Felde zieht, sich im letzten Grunde als ein Prototyp eben jenes Androkratismus kenntlich macht«.[58]

Trotz der Differenzen – all diese Varianten des Stereotyps vom Juden als Erfinder des Patriarchats und »Mörder der Göttinnen« waren in ihrem Kern antisemitische Verschwörungstheorien, mit denen Frauen und Männer die in den Völkermord von Millionen von jüdischen Frauen und Männern führende NS-Rassenpolitik legitimierten.

**Das Stereotyp im Kontext der Neuen Sozialen Bewegungen**

Das Stereotyp vom Juden als »Mörder der Göttinnen« und Erfinder des Patriarchats überdauerte den deutschen Völkermord. Als es in den siebziger Jahren wieder auftauchte, geschah dies im Rahmen der Infragestellung überkommener androzentrischer Denkmuster der christlichen Kirchen durch Feministinnen aus der katholischen und evangelischen Theologie, der Tiefenpsychologie und der Matriarchatsforschung, von denen manche zu den deutschen Bestseller-Autorinnen zählen. Damit war es erneut an einen kulturkritischen Matriarchats-Diskurs gebunden – diesmal im Kontext der sich als fortschrittlich definierenden Neuen Sozialen Bewegungen, zu denen neben der Frauenbewegung zum Beispiel auch die Friedens- und die Ökobewegung gehören.

Den theoretischen Bezugsrahmen der in diesem Zusammenhang wichtigsten Autorinnen – Christa Mulack, Gerda Weiler, Hanna Wolff, Elisabeth Moltmann-Wendel – bildete die Tiefenpsychologie C. G. Jungs.[59] Mit Ausnahme des völkischen Katholiken Otfried Eberz, den sowohl Rogge-Börner als auch Mulack rezipierten, beruhte die neue Konjunktur dieses antijüdischen Stereotyps *nicht* auf der Rezeption der oben genannten völkischen Autoren und Autorinnen.[60]

Den Ausgangspunkt der feministischen Bibelkritik bildete die Suche nach dem »verborgenen Matriarchat im Alten Testament«.[61] Die evangelische Theologin Christa Mulack ging in ihrer Abhandlung über »Die Weiblichkeit Gottes« (1983) von einer auf einem antijüdischen Dekadenztheorem beruhenden, kulturpessimistischen Geschichtskonstruktion aus: »Der Abstieg von der Magna Mater des Matriarchats bis hin zum Materialismus des Patriarchats, das ist der Sturz der Schlange, der Fluch Jahwes.«[62] Sie wollte zeigen, daß mit »der Verselbständigung des Männlichen ... die Teilung des Androgyn, des ursprünglichen Menschenbildes, das die Große Göttin repräsentierte«[63], endgültig vollzogen war. Die ursprüngliche Einheit des männlichen und weiblichen Pols, Kennzeichen des Göttlichen, sei durch den »jüdischen« Gott des Alten Testaments zerstört worden: »Jahwe ist ein tyrannischer Stammesgott und von einer ›eifersüchtig über seine Göttlichkeit wachende(n) und alle Versuche menschlicher Wesen, sich etwas von ihr anzueignen, entschlossen abwehrende(n) Art‹. Er ist nicht nur eifersüchtig, sondern auch rachsüchtig ... Seine größten Feinde sind weibliche Gottheiten«, die »auszurotten« ihm jedoch nicht gelang.[64] Die Katholikin Gerda Weiler verfolgte einen ähnlichen Ansatz (1983): »Herausgelöst aus seinem Urgrund, verläßt dieses Volk die tolerante Weltanschauung seiner Mütter, verteufelt die alles durchdringende Liebe der matriarchalen Religion, spaltet zerstörerische Aggressionen ab und erkämpft mit einem brutalen ›Ausmordungsprogramm‹ die Vormacht im Vorderen Orient. Auf der Kehrseite der Macht wartet die Ohnmacht. Israel wird verwüstet und hört als Staat auf zu existieren.«[65]

In direktem Zusammenhang zu der These vom »Mord an den Göttinnen« durch die »jüdische Patriarchatsgesellschaft«[66] stand ein zweites Thema: Jesus. Für die evangelische Theologin Elisabeth Moltmann-Wendel war Jesus der erste Mann, der die Gleichberechtigung von Frauen gelebt und gewollt[67], und der »das Weibliche in sich nicht verdrängt«[68] habe.

Damit ist die innere Beziehung Jesu zum Weiblichen nicht erschöpft. Das Gottesbild Jesu war der Tiefenpsychologin Hanna Wolff zufolge »das erste heile Gottesbild der Weltgeschichte«.[69] Als erster »heiler«, »anima-integrierter« Mann war Jesus weiblich konnotiert – eine Dimension, die noch ausgeprägter in folgender Passage Mulacks zum Ausdruck kommt: »Genau wie die Frau wurde nach den Aussagen des Johannes also auch Jesus vom Männlichen durchbohrt. Dadurch erhält er eine Wunde, aus der Blut und Wasser fließt.«[70] Die Wundmale Jesu gleichen den weiblichen »Wunden«.

Hanna Wolff ging weiter: Jesus, heißt es, habe mit der jüdischen »Bundesfrömmigkeit« gebrochen, doch »jüdische Selbstidentität« heiße »*grundsätzlich Bundesidentität*. Anders gesagt, jüdische Selbstidentität kann nur in Anspruch nehmen, wer sich zugleich zur Bundesidentität bekennt.«[71] Damit stellte sie die These auf, daß der (weibliche) Jesus kein Jude gewesen sei.

Die Herrschaft des verselbständigten Männlichen führte Mulack zufolge in die Katastrophe: »Wo aber Liebe, Macht und Recht nicht mehr eine Einheit bilden, sondern getrennt und auf die Geschlechter verteilt werden, da verliert echte Autorität ihren Boden, da muß das Regime zwangsläufig autoritär werden, so daß Macht und Recht zu absoluten Größen heranwachsen.«[72] Die »letzte Konsequenz dieses Prozesses« präsentiere sich im Nazi-System, »das ›deutsche Söhne‹ dazu abrichtete, jüdische Mütter, Kinder und Väter zu drangsalieren und umzubringen«.[73] Nicht nur Mulack, auch Wolff und Weiler formulierten in etwas abweichenden Varianten diese These von der Schuld des Patriarchats an Auschwitz.[74] Dies implizierte, daß »die Juden« – als Erfinder des Patriarchats – letztlich *selbst* den Mord an den Juden verursachten: »Wir erleben am Schicksal des ›auserwählten Volkes‹, wohin der Weg des Menschen führt, der Aggressionen abspaltet und die Ordnungen der Großen Herrin des Lebens verläßt. Israel hat sich auf das Geschäft mit der Macht eingelassen. *Dafür* wird es ›verwüstet am Tage der Bestrafung‹.«[75]

**Eine Neuauflage von Judenhaß**

Diese zynische Neuauflage von Judenhaß, die »die Juden« zum Sündenbock für den deutschen Mord an den Juden macht, sollte in Zusammenhang mit dem seit 1986 geführten Historikerstreit um die Relativierung der deutschen Schuld gesehen werden. Im selben Jahr, 1986, setzte in der Bundesrepublik eine umfangreiche Debatte um antijüdische Stereotype in der feministischen deutschen Gegenwartsliteratur ein.[76] Jüdische und christliche Feministinnen – z. B. Susannah Heschel, Judith Plaskow, Katharina von Kellenbach, Leonore Siegele-Wenschkewitz und Marie-Theres Wacker – leiteten eine bis heute dauernde Diskussion um den »feministischen ›Sündenfall‹« ein.[77] Sowohl die matriarchale Geschichtskonstruktion als auch das Jesus-Bild wurden als »feministisch gewendete Reformulierung«[78] dreier christlich-antijudaistischer Motive erkannt: des Vorwurfs des »Gottesmordes«, der abwertenden Gleichsetzung der jüdischen Religion mit Gesetzesreligion, und der Erniedrigung des Judentums durch die Aufwertung Jesu, der in extremem Kontrast zum Judentum seiner Zeit, ja als »dessen grundsätzlicher Überwinder« dargestellt wird.[79] Dem Bestreben Mulacks, Weilers, Wolffs und anderer um weibliche »Erlösung« vom jüdisch besetzten Patriarchat dienten die rückwärtsgewandte Utopie vom Matriarchat und der »weiblich-ganzheitliche« Jesus als Legitimation.

Der christliche Antijudaismus gehört selbstverständlich auch zu der Vorgeschichte des rassistischen Antisemitismus der Völkischen. Trotz der Prämisse vom Christentum als »Fremdreligion« waren sie von bestimmten christlich-antijudaistischen Motiven beeinflußt. In dieser Tradition standen manche, aber nicht alle der folgenden Topoi, die von der Jahrhundertwende bis in die vierziger Jahre *und* in der Gegenwart auftauchen: die Darstellung Jesu als nicht männlich und nicht jüdisch, des »Juden Paulus« als Frauenfeind,[80] der christlichen Hexenverbrennungen als Eskalation »jüdischen« Frauenhasses,[81] der »sexuellen Verfemung« des Weiblichen durch das »jüdische Patriarchat«[82] und die Assoziation des »jüdischen Mannes« mit »sexueller Maßlosigkeit«[83].

Den völkischen Modellen war die Ontologisierung von »Geschlechtscharakteren« als überzeitlichen Konstanten weitgehend gemeinsam, die auf sich bekämpfende »Rassencharaktere« übertragen und Paradigma eines ewigen »Rassenkampfes« wurden. Das Verbindende zwischen den alten und neuen Varianten des Stereotyps liegt jedoch *nicht* in der Ontologisierung der »Geschlechtscharaktere«: Die Theologin Susanne Heine hat in differenzierter Weise gezeigt, daß zwar manche Feministinnen geschlechtsontologisch (Mulack, Weiler) argumentieren, andere jedoch (etwa die amerikanische Autorin Elisabeth Schüssler-Fiorenza), die sich am Egalitätsprinzip orientieren und weibliches bzw. männliches Wesen nicht dualistisch voneinander abgrenzen, ebenfalls antijüdische Vorurteile reproduzieren.[84]

In einem von der Theologin Susannah Heschel hervorgehobenen Charakteristikum der feministisch-antijüdischen Stereotype liegt einer der Schlüssel zu dem Problem. Sie wies in ihrer Analyse Moltmann-Wendels darauf hin, daß das Wort »Juden« im Wortsinn von »jüdischen Männern« verwendet wird: »In feministischen Texten finden sich viele subtile Hinweise darauf, daß alle Feministinnen Christinnen und alle Juden Männer sind.«[85] Heschels Gedanke verweist auf die dualistische »Schwarz-Weiß«-Struktur, die die neueren Texte durchzieht. Auch bei den völkischen Frauen und Männern strukturierten solche asymmetrischen Gegensatzpaare die Gedankengänge. Sie gingen alle von einem Grundgegensatz aus, der sich dadurch kennzeichnet, daß er jeweils eine ganze Kette von Assoziationen hervorrief, die im Code dem einen oder anderen eindeutig zugeordnet waren. Der Schlüssel zu dem Stereotyp vom »jüdischen Mann« als »Mörder der Göttinnen« und Erfinder des Patriarchats liegt nicht im »*Inhalt*« des Stereotyps oder des Matriarchats-Topos – er liegt in der *Vorurteilsstruktur.* Dies erklärt nicht zuletzt die Leichtigkeit, mit der sich Perspektiven – vom Völkischen zu den Neuen Sozialen Bewegungen, von antichristlich zu christlich, von antifeministisch zu feministisch, von männlich zu weiblich – und Wertungen – die »den Juden« als zutiefst männlich, aber auch zutiefst weiblich diffamieren – im Zusammenhang mit diesem Stereotyp haben umkehren lassen, das die antijüdischen Verschwörungstheorien im Jahrhundert des deutschen Völkermordes an den Juden begleitet hat.

## Anmerkungen

1 Christina von Braun: »Der Jude« und »Das Weib«: Zwei Stereotypen des »Anderen« in der Moderne. In: Metis 1992 (2), S. 6–28, S. 6.

2 Georg Fritz: Das Zeitalter der Verweiberung und Entartung. In: Erhard F. W. Eberhard (Hrsg.): Geschlechtscharakter und Volkskraft. Grundprobleme des Feminismus. Darmstadt, Leipzig 1930, S. 176–197.

3 Zu dem Schwabinger Dichterkreis der »Kosmiker« gehörten vor allem noch Stefan George (1868–1933) und Karl Wolfskehl (1869–1948). Siehe: Richard Faber: Männerrunde mit Gräfin. Die »Kosmiker« Derleth, George, Klages, Schuler, Wolfskehl und Franziska zu Reventlow. Frankfurt a.M. 1994.

4 Auf Vorläufer z.B. in Cady Stantons »Women's Bible« aus dem 19. Jahrhundert weist hin: Susannah Heschel: Jüdisch-feministische Theologie und Antijudaismus in christlich-feministischer Theologie. In: Leonore Siegele-Wenschkewitz (Hrsg.): Verdrängte Vergangenheit, die uns bedrängt. Feministische Theologie in der Verantwortung für die Geschichte. München 1988, S. 54–103, S. 88 f.

5 Vgl. Christa Mulack: Die Weiblichkeit Gottes. Matriarchale Voraussetzungen des Gottesbildes. 5. Aufl. Stuttgart 1989, S. 275.

6 Ebd. S. 102.

7 Ebd. S. 309.

8 Damit kann kein Anspruch auf Vollständigkeit bestehen. Zentrale Personen wie O. Gross, H. Wirth oder M. Vaerting einzubeziehen, hätte jedoch den Rahmen dieses Überblicks gesprengt.

9 Johann Jakob Bachofen: Das Mutterrecht. Eine Untersuchung über die Gynaikokratie der alten Welt nach ihrer religiösen und rechtlichen Natur. 1861, – Auswahl hg. von H. H. Heinrichs, 8. Aufl. Frankfurt a. M. 1993. Vgl. S. 29, S. 39 ff., S. 95.

10 Darauf hat Beate Wagner-Hasel hingewiesen. Vgl. allgemein Karin Hausen: Die Polarisierung der Geschlechtscharaktere. Eine Spiegelung der Dissoziation von Erwerbs- und Familienleben. In: Werner Conze (Hrsg.): Sozialgeschichte der Familie in der Neuzeit Europas. Stuttgart 1976, S. 363–393.

11 Vgl. Bachofen wie Anm. 9. S. 12, S. 40.

12 Beate Wagner-Hasel: Rationalitätskritik und Weiblichkeitskonzeptionen. In: Dies. (Hrsg.): Matriarchatstheorien der Altertumswissenschaft. Darmstadt 1992, S. 295–372, S. 319.

13 Ernst Bloch: Bachofen, Gaia-Themis und Naturrecht. Auszug aus: Naturrecht und menschliche Würde. In: Hans-Jürgen Heinrichs (Hrsg.): Materialien zu Bachofens ›Das Mutterrecht‹. Frankfurt a.M. 1975, S. 356–369, S. 360.

14 Ludwig Klages: Vom kosmogonischen Eros. Auszug. 1922, – In: Hans-Jürgen Heinrichs (Hrsg.): Materialien (wie Anm. 18), S. 111–113, wie Anm. 13, S. 113.

15 Klages: Vom kosmogonischen Eros. Wie Anm. 14, S. 113.

16 Vgl. Faber, wie Anm. 3, S. 54.

17 Klages: Vom kosmogonischen Eros, wie Anm. 14, S. 111.
18 Marie-Theres & Bernd Wacker: Matriarchale Bibelkritik – ein antijudaistisches Konzept? In: Siegele-Wenschkewitz, wie Anm. 4, S. 181–242, S. 208.
19 Ludwig Klages: Einführung zu Schuler: Fragmente und Vorträge aus dem Nachlaß. Leipzig 1940, S. 1–119, S. 43 f.
20 Klages: Einführung. Ebd., S. 44.
21 Klages: Einführung. Ebd., S. 46.
22 Alfred Schuler: Fragmente und Vorträge aus dem Nachlaß. Mit einer Einführung von Ludwig Klages. Leipzig 1940. S. 151.
23 Vgl. Klages: Einführung. a.a.O. S. 49, S. 57.
24 Siehe zum Verhältnis von Anti- und Pronatalismus in der NS-Diktatur: Gisela Bock, Frauen und Geschlechterbeziehungen in der nationalsozialistischen Rassenpolitik. In: Theresa Wobbe (Hrsg.): Nach Osten. Verdeckte Spuren nationalsozialistischer Verbrechen. Frankfurt a. M. 1992, S. 99–133, bes. S. 117 f.
25 Vgl. Ernst Bergmann: Erkenntnisgeist und Muttergeist. Eine Soziosophie der Geschlechter. Breslau 1932, S. 259 ff., S. 339–342.
26 Vgl. ders.: Deutschland, das Bildungsland der neuen Menschheit. Breslau 1933, S. 22 ff.
27 Bergmann, Erkenntnisgeist, wie Anm. 25. S. 404. Der pronatalistische Teil seiner Erwartungen erfüllte sich im NS nicht.
28 Ernst Bergmann: Die 25 Thesen der Deutschreligion. Ein Katechismus. Breslau 1934, S. 82.
29 Bergmann: Erkenntnisgeist, wie Anm. 25. S. 183.
30 Bergmann: Thesen, wie Anm. 28. S. 67.
31 Bachofen, wie Anm. 9. S. 17.
32 Thomas Mann: Pariser Rechenschaft. 1926, – Auszug in: Marianne Baeumler / Hubert Brunträger / Hermann Kurzke (Hrsg.): Thomas Mann und Alfred Baeumler. Eine Dokumentation. Würzburg 1989, S. 155.
33 Alfred Baeumler: Bachofen, der Mythologe der Romantik. In: Manfred Schröter (Hrsg.): Der Mythus von Orient und Occident. Eine Metaphysik der alten Welt. Aus den Werken von J. J. Bachofen. München 1926, S. CLXXXVI–CXCVI.
34 Baeumler, ebd., S. CCXCI.
35 Ebd. S. CCXCIV.
36 Vgl. Wagner-Hasel, wie Anm. 12, S. 320: Das Matriarchat wurde am Vorabend des NS *gegen* die Frauenemanzipation ins Feld geführt.
37 Margarethe Kurlbaum-Sieber (sic!): Nur das jüdische Gesetz nahm dem Weibe das Priestertum. In: Irmgard Reichenau (Hrsg.): Deutsche Frauen an Adolf Hitler. Leipzig 1933, S. 54–58, S. 56. Richtig lautet der Name Margarete Kurlbaum-Siebert.
38 Lena Wellinghusen: Die Deutsche Frau. Dienerin oder Gefährtin. München 1933, S. 13.
39 Dorothea Klaje-Wenzel: Die Frau in der Volksgemeinschaft. Leipzig 1934, S. 8.
40 Ebd.
41 Vgl. Sophie Rogge-Börner: Denkschrift an den Kanzler des Deutschen Reiches Herrn Adolf Hitler und an den Vizekanzler Herrn Franz von Papen (18.2.1933). In: Irmgard Reichenau (Hrsg.): Deutsche Frauen an Adolf Hitler. Leipzig 1933, S. 7–11, S. 8.
42 Kurlbaum-Siebert, wie Anm. 37, S. 57.
43 Vgl. beide ebd. S. 56 ff. und S. 8.
44 Wellinghusen, wie Anm. 38, S. 23.
45 Vgl. ebd. S. 23 f.
46 Vgl. ebd. S. 30.
47 Klaje-Wenzel, wie Anm. 39, S. 13 ff.
48 Ebd. S. 28 f.
49 Vgl. z. B. Kurlbaum-Siebert, S. 57 und Wellinghusen, S. 44.
50 Kurlbaum-Siebert, S. 57 und Wellinghusen, S. 5.
51 Rogge-Börner: Denkschrift. a.a.O. S. 7.
52 Kurlbaum-Siebert, wie Anm. 41, S. 57.
53 Otto Weininger: Geschlecht und Charakter. Eine prinzipielle Untersuchung. Wien 1903, – München 1980, S. 409.
54 Ebd. S. 414.
55 Braun, wie Anm. 1, S. 6.
56 Vgl. Sophie Rogge-Börner: Zurück zum Mutterrecht? Studie zu Professor Ernst Bergmann: »Erkenntnisgeist und Muttergeist«. Leipzig 1932, S. 76. Siehe z. B. Otfried Eberz: Vom Aufgang und Niedergang des männlichen Weltalters. Gedanken über das Zweigeschlechterwesen. 1. Aufl. Breslau 1931, 3. Aufl. München 1973.
57 Vgl. hingegen B. Wacker, wie Anm. 18, S. 205.
58 Rogge-Börner: Zurück zum Mutterrecht?, wie Anm. 56, S. 7.
59 Vgl. Doris Brockmann: Ganze Menschen – Ganze Götter. Kritik der Jung-Rezeption im Kontext feministisch-theologischer Theoriebildung. Paderborn, München, Wien 1991.
60 Vgl. Katharina von Kellenbach: Antisemitismus in biblischer Matriarchatsforschung? Rezension von Weilers »Ich verwerfe im Lande die Kriege«. In: Berliner Theologische Zeitschrift 3. Jg. (1) 1986, S. 144–147. Kellenbach hat belegt, daß ein großer Teil der von Weiler verwendeten Literatur von 1870–1960 und vor allem während des NS verfaßt wurde. Ebd. S. 147.
61 Vgl. Gerda Weiler: Ich verwerfe im Lande die

Kriege. Das verborgene Matriarchat im Alten Testament. 2. Aufl. München 1986.

62 Mulack, wie Anm. 5, S. 156.

63 Vgl. ebd. S. 249 f. Damit referiert Mulack Eberz (Anm. 56) 1973, S. 135 ff.

64 Ebd. S. 144. Vgl. Elisabeth Moltmann-Wendel: Ein eigener Mensch werden. Frauen um Jesus. 7. Aufl. Gütersloh 1981, S. 102.

65 Weiler, wie Anm. 61, S. 33.

66 Vgl. Mulack, wie Anm. 5, S. 274.

67 Moltmann-Wendel, wie Anm. 64, S. 126.

68 So der Schüler Wolffs und Mulacks, Franz Alt: Jesus – der erste neue Mann. 8. Aufl. München Zürich 1991, S. 14. Vgl. dazu Micha Brumlik: Die Angst vor dem Vater. Judenfeindliche Tendenzen im Umkreis neuer sozialer Bewegungen. In: Alphons Silbermann / Julius H. Schoeps (Hrsg.): Antisemitismus nach dem Holocaust. Bestandsaufnahme und Erscheinungsform in deutschsprachigen Ländern. Köln 1986, S. 133–162, S. 136 ff.

69 Vgl. Wolff, S. 165.

70 Mulack, S. 314.

71 Wolff, S. 120.

72 Mulack, S. 248. Auf die bemerkenswerte Umfälschung der NS-Diktatur in ein System, in dem »Macht« und »Recht« herrschten, verwies zu Recht: Brumlik, wie Anm. 68, S. 145.

73 Vgl. ebd. S. 248.

74 Vgl. Weiler, S. 345, Wolff, S. 54 ff., S. 178 f.

75 Weiler, S. 345.

76 In den USA begann die Debatte bereits Ende der siebziger Jahre. Siehe Susanne Heine: Die feministische Diffamierung der Juden. In: Charlotte Kohn-Ley / Ilse Korotin (Hrsg.): Der Feministische ›Sündenfall‹? Antisemitische Vorurteile in der Frauenbewegung. Wien 1994, S. 15–59 und Anita Natmessnig: Antisemitismus und feministische Theologie. In: Kohn-Ley / Korotin, S. 185–208.

77 Vgl. Judith Plaskow: Blaming the Jews for the Birth of Patriarchy. In: Journal of Feminist Studies in Religion. Herbst 1991, Bd. 7, Heft 2, S. 99–108. Siehe auch »Jüdische Allgemeine« 1986, »taz« 1987 und die feministisch-theologische Zeitschrift »Schlangenbrut« Nr. 16, 17, 18 (1987).

78 Brockmann, S. 188.

79 Vgl. Heine, S. 22.

80 Vgl. Mulack, S. 159.

81 Vgl. ebd. S. 325, Weiler, S. 32.

82 Vgl. Hanna Wolff: Jesus der Mann. Die Gestalt Jesu in tiefenpsychologischer Sicht. 4. Aufl. Stuttgart 1979, S. 80 ff. Vgl. Mulack, S. 93, Weiler, S. 19.

83 Vgl. Hanna Wolff: Jesus, S. 82, Weiler, S. 19, Mulack, S. 93.

84 Vgl. Heine, S. 21 f.

85 Heschel: Jüdisch-feministische Theologie, S. 81.

## Literatur

Gisela Bock: Frauen und Geschlechterbeziehungen in der nationalsozialistischen Rassenpolitik. In: Theresa Wobbe (Hrsg.): Nach Osten. Verdeckte Spuren nationalsozialistischer Verbrechen. Frankfurt a. M. 1992, S. 99–133.

Christina von Braun: »Der Jude« und »Das Weib«: Zwei Stereotypen des »Anderen« in der Moderne. In: Metis 1992 (2), S. 6–28.

Erich Fromm: Die sozialpsychologische Bedeutung der Mutterrechtstheorie. 1934. In: Ders.: Liebe, Sexualität und Matriarchat. Beiträge zur Geschlechterfrage. München 1994, S. 32–67.

Hans-Jürgen Heinrichs (Hrsg.): Materialien zu Bachofens ›Das Mutterrecht‹. Frankfurt a.M. 1975.

Charlotte Kohn-Ley, Ilse Korotin (Hrsg.): Der Feministische ›Sündenfall‹? Antisemitische Vorurteile in der Frauenbewegung. Wien 1994.

Leonore Siegele-Wenschkewitz (Hrsg.): Verdrängte Vergangenheit, die uns bedrängt. Feministische Theologie in der Verantwortung für die Geschichte. München 1988.

Beate Wagner-Hasel: Rationalitätskritik und Weiblichkeitskonzeptionen. In: Dies. (Hrsg.): Matriarchatstheorien der Altertumswissenschaft. Darmstadt 1992, S. 295–374.

*Jeanette Jakubowski*

# *Vierzehntes Bild:* »Die Jüdin«

## Darstellungen in deutschen antisemitischen Schriften von 1700 bis zum Nationalsozialismus

Die Hauptwerke antisemitischer Literatur wurden von nichtjüdischen Männern geschrieben; formale Bildung war zum Abfassen dieser Schriften notwendig, und diese war in der patriarchalischen Kultur der Zeit zwischen 1700 und 1900 und darüber hinaus vor allem eine Sache von Männern. Männlich-christliche Wunsch- und Angstvorstellungen prägten daher die Darstellung jüdischer Frauen und prägen sie bis in die Gegenwart.

Die christlich tradierte Antithese von Eva und Maria wird darin auf den Gegensatz Jüdin (Eva) – nichtjüdische Frau (Maria) übertragen, sozusagen säkularisiert.[1] Jüdinnen verkörpern das christliche Sündenbild der aus ihr in der Genesis zugewiesenen Rolle – nach der sich die Frau dem Mann unterzuordnen hatte – ausbrechenden Frau.

Sind in Romanen, die sich an ein hauptsächlich weibliches Leserpublikum wandten, sehr häufig als Hauptgestalten ambivalent gezeichnete erotisch attraktive »schöne« Jüdinnen zu finden,[2] so ist in den judenfeindlichen Schriften der Textanteil, der sich auf Frauen bezieht, gering und häufig auch verstreut. Die Verfasser bekannter antisemitischer Schriften – Angehörige einer akademisch gebildeten Oberschicht wie die gelehrten Orientalisten Eisenmenger und Schudt oder später der Privatgelehrte Chamberlain – schrieben ihre dickleibigen Kompendien für ein gelehrtes Publikum, erstrebten wissenschaftliche Ehren, oder bezogen als Theaterautoren oder Publizisten seit dem 18. Jahrhundert politische Positionen in der Tagesdiskussion um die Judenemanzipation. Sie wandten sich an eine von Männern bestimmte patriarchalische Öffentlichkeit. Gleichwohl sind frauenfeindliche Äußerungen ein permanenter Teil des über die Jahrhunderte weitergegebenen judenfeindlichen Codes. Zum literarischen Topos der sündhaft »verkehrten Welt«, den die Antisemiten speziell auf die jüdische Minderheit bezogen, gehörten natürlich auch die jüdischen Frauen. Ihre Funktion war jedoch nicht eigenständig, sondern Teil der Darstellung des jüdischen Mannes, denn über eine negative Darstellung der Frau konnten die männlichen Repräsentanten der jüdischen Gemeinden diffamiert werden. Galt doch seit altersher der Mann, der seine Frau nicht im Zaum hielt, als verlachenswerter Hahnrei, der seinen von Gott bestimmten Pflichten nicht genügte.

**Christliche Sündenmetaphern**

All den folgenden Darstellungen jüdischer Frauen liegen im Kern christliche Sündenmetaphern zugrunde: die weibliche Umkehr der Geschlechtsrollen, d.h. das Erstreben der männlichen, überlegenen Rolle durch die Frau,[3] die sexuelle Hemmungslosigkeit, die traditionell besonders Frauen zugeschrieben wurde und für sie den Verlust ihrer Ehre zur Folge hatte, und die Geldgier – paradigmatisch im Bild der Prostituierten. In allen drei Fällen wurden solche Bilder oft mit Darstellungen des Teufels, des Teuflischen verknüpft.[4] Antisemitische Texte, befragt auf die Darstellung des Geschlechterverhältnisses und die Rolle der Frau darin, zeichnen daher in für die jüdische Minderheit diffamierender Form das Gegenbild christlicher Ehevorstellungen und häuslicher Intimität. Dagegen sind die traditionellen Darstellungen des männlichen Juden, z. B. als Wucherer und Händler, insbesondere auf eine Außenwelt ökonomischer Beziehungen gerichtet. An dieses christliche Grundmuster jüdinnenfeindlicher Frauendarstellung und der Beschreibung des Geschlechterverhältnisses wurden in der Folge neue Aspekte angehängt. Sie folgten neuen literarischen Entwicklungen und den Veränderungen im Status der jüdischen Minderheit, wie sie sich durch die Emanzipation abzeichneten, und überformten auch das überlieferte Bild der Jüdin. Ebenso wie die Projektion des sexuell hemmungslosen Juden spiegelte dabei die der sexuell hemmungslosen jüdischen Frau – auf einer individuellen psychologischen Ebene – durchaus auch sexuelle Wünsche und gewalttätige erotische Phantasien der nichtjüdischen Verfasser, sowie eine verzerrte Neugier am Exotischen, Fremden der jüdischen Minderheit wider.

Das Ende des 17. Jahrhunderts, gekennzeichnet durch ein neues pietistisches Interesse an den jüdischen Schriften und eine sanfte Judenmission, wird bereits als voraufklärerisch bezeichnet. Während in zeitgenössischen Romanen zum ersten Mal in Gestalt der bekehrungswilligen schönen Jüdin ein positives Judenbild erscheint, führte Johann Andrea Eisenmengers (1654–1704) »Entdecktes Judenthum«[5], ein Klassiker der Judenfeindlichkeit, eine antisemitische Tradition im Geiste Luthers fort.

**Sexualmoral und Körperfeindlichkeit**

Das 8. Kapitel seines Buches enthält das überkommene Bild des sexuell hemmungslosen Juden und der ebenso hemmungslosen jüdischen Frau. Beide Stereotype spiegelten vor allem die repressive Sexualmoral der Kirche, die sich in den absolutistischen Staaten der frühen Neuzeit in der staatlichen Gesetzgebung und insbesondere in der sozialen Kontrolle der Städte erfolgreich durchsetzte. Die nur in geringem Maße andersartige jüdische Sexualmoral, die allerdings etwas weniger körperfeindlich war, bildete Eisenmengers Angriffsziel. Zumeist sind jüdische Frauen bei Eisenmenger nur Stichwortgeberinnen des Mannes, dessen unzüchtiges Verhalten in der Folge enthüllt wird, dennoch tritt die Jüdin bei ihm auch als aktive Figur auf. »In allen denjenigen hundert uff dreyssig jahren/in welchen sich der Adam von seiner frau abgesondert hatt/« – so zitiert Eisenmenger eine jüdische Schrift – »seind die weiblein der Geister von ihm erhitzet/ und beschlaffen worden/ und haben männlein gebohren/ die männliche geister aber seind von der Frauen erhitzet worden/ und haben weiblein gezeuget.«[6]

In dieser Darstellung der jüdischen Frau konnte Eisenmenger an das verbreitete antisemitische Motiv der Judensau anknüpfen und an die antisemitischen Darstellungen jüdischer Hexen, vor allem an die Abbildung der jüdischen Hexe im Bild der Frankfurter Judensau.[7] Sinnbild der teuflischen Sexualität der jüdischen Frau wird Eva. Sie ist in der christlichen Tradition die Verführerin Adams und damit Hauptschuldige an der Erbsünde. Im

***Abb.* 34** *Mit dieser Darstellung einer »alten Jüdin« knüpft der Zeichner an Hexendarstellungen an – eine Gedankenassoziation mit suggestiver Kraft. »Eine alte Jüdin«, satirische Illustration, Berlin 1894.*

*Hexenhammer,* dem Handbuch der Hexenverfolger, verkörperte sie das Negativbild der Frau par excellence. Im christlichen Hexenglauben können Hexen mit dem Teufel Kinder, wurmähnliche Elben, zeugen. Entsprechend vollzieht Eva – bei Eisenmenger – wie Adam den Beischlaf mit Teufeln, gebiert Teufel und ist damit hexenhaft sexuell aktiv. Die Hexe war das zeitgenössische Gegenbild zum Frauenideal seit der Reformation, der treuen Ehefrau und Mutter. Noch 1775 fand der letzte Hexenprozeß in Deutschland statt. So läßt sich ermessen, welche suggestive Kraft Eisenmengers Gedankenassoziation haben mußte, auch wenn seit der Reformation der Teufelsglaube eher Teil der politischen Polemik, des Volksglaubens und des literarischen Repertoires – und nicht mehr Teil theologischer Erörterungen – war und Juden und jüdische Frauen durchaus nicht zu seinen Hauptangriffszielen gehörten.

**Anknüpfung an den Hexenglauben**

Deutlicher sind die Anspielungen bei Eisenmengers Zeitgenossen Johann Jacob Schudt (1664–1722) gestaltet. Seine »Jüdischen Merkwürdigkeiten«[8] waren zwar im Gegensatz zu Eisenmengers »Entdecktem Judenthum« von einem aufklärerischen Pietismus geprägt und Schudt gestand so auch zu, daß jüdische Moral durchaus genauso streng wie christliche die Prostitution ablehne, doch beschreibt er häufig Jüdinnen stereotyp als Prostituierte. Die sich mit ihrer Kleidung hoffärtig über ihre Mitmenschen erhebenden, Herrscherkleidung anlegenden, mit zauberischen Künsten begabten, jüdischen Frauen der Türkei tragen bei Schudt Hosen:

> »... der jüdischen Weiber Tracht unter den Türcken stellt uns Sandys p. 325. also vor: »Die alten verhüllen die Häupter mit Leinwand/ woran ihnen die Knöpfte hinten abhangen. Etliche tragen hohe Mützen von dünem Blech/ deren ich etliche von geschlagenem Gold gesehen habe. Sie tragen lange Brust-Röcke und unterhalb Hosen/ im Sommer von Leinwand/ im Winter aber von Tuch. Wann sie ausgehen/ haben sie weite Purpurfarbe Mäntel um. Was Pracht und Hoffart die Juden/ sonderlich die Jüdische Weiber da treiben/ ist nicht zu sagen/ der Türckische Kayser ließ anno 1577. im Septemb. drey Tage nach einander in Constandtinopel öffentlich bey grosser Straff ausruffen/ daß kein Christ oder Jud Seiden oder zarte Tücher tragen sollte; solches hat verursachte ein Jüdisches Weib/ welche bey 40000. Ducaten Perlen und Edelgestein am Halß getragen: auch Jüdische Männer/ welche im Sammet und Seiden gegangen/ Gerlach Tag-Buch f. 381. a.«[9]

Der zeitgenössische christliche Leser mußte mit dieser Beschreibung die Hexe und die sündhaft die christliche »ordo« verkehrende Frau assoziieren, die den Geschlechterstreit um die Hosen gewonnen hatte und die männliche Rolle erstrebte.

Mit den aufklärerischen Schriften Christian Wilhelm Dohms und Theodor Gottlieb von Hippels über die »bürgerliche Verbesserung« der Juden bzw. der Frauen war es zum Ende des 18. Jahrhunderts zum ersten Mal in Deutschland möglich geworden, die Emanzipation von Juden und Frauen zu denken.[10] Nur wenig später – um 1800 – gestalteten antisemitische Intellektuelle die antifeministische Komponente als Reaktion auf weibliche Emanzipationsbestrebungen, die im tonangebenden deutschen Bildungsbürgertum besonders rigide mit der Zementierung des Frau-Mann-Gegensatzes in der Ideologie der Geschlechterpolaritäten beantwortet wurde, und auf die Anfänge der Judenemanzipation aus. Der in den jüdischen Salons von Berlin, den in der Aufklärungstradition wurzelnden Treffpunkten jüdischer und nichtjüdischer Intellektueller, nunmehr mögliche engere Kontakte zu jüdischen Frauen führte nicht selten zur kritischen Bewertung dieser Frauen in der Öffentlichkeit. Stärker als zuvor wurden sie nunmehr wahrgenommen. In dieser Zeit liegen wohl die Wurzeln des Stereotyps der sexuell gierigen jüdischen Intellektuellen.

Der Berliner Carl Wilhelm Friedrich Grattenauer (1773–1838), ein Notar und Justizkommissär, war Besucher der jüdischen Salons in der preußischen Hauptstadt, zugleich Vertreter eines frühen rassischen Antisemitismus und wohl der aggressivste Kriktiker der modernen intellektuellen jüdischen Frauen. Um 1803 verfaßte er seine antisemitischen Hauptschriften.[11]

In seine Darstellung der Jüdin gehen verschiedene literarische und publizistische Frauenbilder ein:
– die Vorstellung von der weiblichen Jakobinerin, einem Pendant zum männlichen Jakobiner, dem blutrünstigen Fanatiker und opportunistischen Lebemann der deutschen Publizistik.
– das Bild der »Buhlteufelin« aus M. G. Lewis beliebtem zeitgenössischen Schauerroman »The monk«. Diese Teufelin verführt den frommen Abt zum Bruch des Keuschheitsgelübdes und zu Verbrechen.
– die Darstellung politisch aktiver Frauen in englischen und französischen Pamphleten, z. B. der französischen Königin Marie Antoinette; solche Frauen wurden als sexuell aggressiv und hemmungslos dargestellt.

Der Jurist polemisierte gegen den ›unweiblichen‹ hohen Bildungsstand der Salonjüdinnen, der nur adeligen Frauen zukäme. Bei Jüdinnen sei er hingegen eine künstliche »Appretur«[12], erworben bei einem kapitalistisch-materialistischen Bildungsgeschäft«, bei dem ihre »Weiblichkeit … vernichtet«[13] würde. Im überkommenen Bild des »Judengestankes«, das die angebliche Sündhaftigkeit der Juden symbolisierte, zieh Grattenauer wohl gerade deshalb speziell Jüdinnen der sexuellen Ausschweifung und Gier. Und er deutete in seiner ironischen Anspielung auf Jesaiah 3,16 wiederum an, daß jüdische Frauen Prostituierte seien:

> »Die Jüdinnen, die gelehrten, die poetischen, die musikalischen, die schönen Töchter Israels! Auch sie sollen auf mich böse seyn! Ich stehe nicht in dem Rufe eines Weiberfeindes, und man beschuldigt mich sogar mancher Galanterien. Ich hätte aus dem kanonischen Rechte von den Umarmungen einer Jüdin viel Unangenehmes anführen können, es war aber besser zu schweigen, als von unnatürlichen Sünden zu reden. Die Toiletten der Jüdinnen sind sehr elegant, und ich habe mich oft bei dem Anblick des unbeschreiblichen Apparats von Riechflaschen, Bisambüchsen, Essigkrügen, und Schwammdosen des Gedankens nicht enthalten können, daß einmal ein boshafter Mensch auf die Idee verfallen werde, zu behaupten, die schönen Kinder bilden sich ein, daß sie alle diese Vorrichtungen wirklich nicht nötig hätten, weil ihr eigentümlicher Geruch nicht der angenehmste sey.«[14]

**Rahel Varnhagen**

Rahel Varnhagen ist implizit eines der Hauptangriffsziele Grattenauers. Seine Darstellung reflektierte jedoch mehr noch in verzerrter Form die Problematik der jüdischen Ghettoexistenz aus der Voremanzipationszeit, in der die jüdischen Quartiere häufig neben den Bordellen im gleichen Stadtviertel angesiedelt worden waren. Schließlich spiegelt sie nicht nur die prekäre Hof- und Adelsnähe der kleinen jüdischen Oberschicht, sondern auch die neuen Aufstiegsmöglichkeiten einer Elite Berliner Jüdinnen, begünstigt durch ein zeitweilig judenfreundliches Klima in Berlin. Von 31 Salonbesucherinnen waren nämlich – nach Deborah Hertz[15] – mindestens 12 Jüdinnen, von denen wiederum neun eigene Salons führten. Um 1800 waren unter ihnen – ein enormer sozialer Aufstieg – bereits vier mit Adeligen verheiratet, eine mit einem bürgerlichen Nichtjuden.

In einem Klima wirtschaftlicher und politischer Depression während und nach der französischen Besetzung Deutschlands durch Napoleon und den folgenden Befreiungskriegen verstärkten sich dann die antisemitischen Ressentiments. Der Aufstieg der jüdisch-deutschen Bankiersfamilie Rothschild aus dem Frankfurter Getto bildete einen Angriffspunkt; ebenso der Gegensatz zwischen dem seit dem Ende des 18. Jahrhunderts entstehenden bildungsbürgerlichen Ideal der gebildeten, keinesfalls gelehrten Nur-Hausfrau und Mutter und der zumeist im Betrieb des jüdischen Kleinhändlers und Kaufmanns mithelfenden jüdischen Frau. Die Bilder der geldgierigen jüdischen Prostituierten und der angeblich besonders aggressiven, vermännlichten jüdischen Frau der Oberschicht verschärften sich, u. a. in Karl Sessas (1786–1813 oder 1818) noch im 3. Reich wiederaufgelegten antisemitischen Erfolgsstück »Unser Verkehr«[16] von 1817. Sessas Lydie, die Karikatur der Salonière, spielte mit ihrem Namen nicht nur auf die Bekehrung vieler jüdischer »Salonièren« zum Christentum an, sondern insbesondere auch auf Friedrich Schlegels als obszön geschmähten Roman »Lucinde« – mit dessen Heldin wurde die älteste Mendelssohntochter Dorothea, Geliebte und Frau Friedrich Schlegels, assoziiert.

Die antisemitischen Schriften der Zeit griffen aber auch Gestalten aus dem Alten Testament auf. Für Juden in aller Welt ist die mutige jüdische Königin Esther die Hauptgestalt im populären Purim-Fest, denn gerade für Juden in der Diaspora hat die Retterin der persischen Juden identitätsstiftende Bedeutung. Verfolgung und Rettung sind in jüdischer Erinnerung mit der Geschichte Esthers verbunden. Für jüdische Feministinnen heute ist die politisch aktive Frau eine wichtige Figur, denn zu Purim ist es traditionell für jüdische Frauen verpflichtend, in der Synagoge die Megillat-Esther zu hören und sie können ausnahmsweise zum Minjan gezählt werden.[17]

**Esther**

Die Königin Esther des Juristen und tagespolitischen Schriftstellers Hundt-Radowsky (1759–1835) aus seinem »Judenspiegel«[18] von 1819 ist dagegen eine Gestalt der Literatur; die Verkörperung des Machtweibs des Sturm und Drang, vielleicht sogar der »Juliette« de Sades nachempfunden, einer französischen Libertine, die aus Lust am Verbrechen ihre eigene Tochter ins Feuer wirft. Die Esther Hundt-Radowskys ist rach- und mordgierig und natürlich sexuell hemmungslos. – Sie teilt damit alle negativen Eigenschaften des angeblichen »jüdischen Volkscharakters«. Als fortwirkendes Symbol jüdischen Machtwillens erscheint sie noch in der antisemitischen Literatur der Kaiserzeit.

**Antisemitismus und Antifeminismus**

Auch die antisemitischen Schriften der Kaiserzeit vertraten ein konservatives Frauenbild. Die antifeministischen Aspekte spiegeln die zeitgenössische Stellung und Sichtweise der Frau. Sie reflektieren die Forderungen der Frauenbewegung und Gegenreaktionen ebenso wie die emanzipatorischen Theorien der Sozialisten und den Aufstieg der jüdischen Minderheit ins Bürgertum. Eben dieser Aufstieg zeigte sich auch in einer ganzen Anzahl jüdischer Frauenrechtlerinnen oder doch Frauen jüdischer Herkunft, wie Fanny Lewald-Stahr, Lina Morgenstern, Hedwig Dohm, Jeannette Schwerin, Jenny Hirsch u. a., die zu den expliziten Angriffszielen antisemitischer Publizistik wurden.

Schon 1877 vermutete der Berliner Hofprediger und Politiker Adolf Stoecker (1835–1909), die Gedanken Sessas und Hundt-Radowskys aufgreifend, in deutschen Jüdinnen einen wirtschaftlich selbständigen alttestamentarischen Frauentyp.[19] Heftig reagierte er später auf den hohen Anteil jüdischer Mädchen an den Höheren Töchterschulen in den Großstädten. Jüdische Mädchen verkörperten für ihn den – nur scheinbar im Widerspruch zum Bild der jüdischen Intellektuellen stehenden – alten Topos der »typisch jüdischen« geringeren intellektuellen Fähigkeiten und den von ihm (seit Bismarcks Kirchenkampf) bekämpften angeblich »jüdischen« Atheismus an den Schulen.[20] Heftig angegriffen wurden von seiner nur kurzfristig erfolgreichen antisemitischen »Christlich-sozialen Arbeiterpartei« bereits die von Lina Morgenstern erstmalig in Berlin ins Leben gerufenen sozialen Einrichtungen der Volkssuppenküchen. Die von Schwerin und Alice Salomon gegründeten überkonfessionellen »Mädchen- und Frauengruppen für Sozialarbeit« sah Stoecker nicht zu unrecht als Konkurrenz für seine Versuche an, Frauen für die Sozialarbeit der inneren Mission anzuwerben. Sie symbolisierten für ihn daher in einer polemischen Rede von 1904 die Bedrohung durch den Atheismus in der »sozialen Frauensorge.«[21]

**Sarah Bernhardt**

»Sarah's Reisebriefe aus drei Welttheilen«, vom Würzburger Verlag Kreßner herausgegeben,[22] folgten einer seit der Salonepoche nachweisbaren Tradition der Jüdinnendarstellung als Mäzenin bzw. Künstlerin mit der damit verbundenen erotischen Freizügigkeit und dem undezenten Verhalten, das gerade dem diffamierten Stand der Künstler und Schauspieler nachgesagt wurde. Der jüdischen Frauen zugesprochene Aufstiegswille und die ihnen ebenfalls zugesprochenen unweiblichen Züge kumulierten in der polemischen Darstellung der damals weltberühmten, exzentrischen zeitgenössischen Schauspielerin Sarah Bernhardt. Um 1880 steht damit wohl zum ersten Mal eine Jüdin im Mittelpunkt einer aggressiven antisemitischen Polemik,[23] welche die angeblichen Weltherrschaftsbestrebungen geschlechtsspezifisch für jüdische Männer und Frauen ausmalt. Sarah Bernhardt konvertierte bereits als Kind zum katholischen Glauben und dennoch gilt sie in den »Reisebriefen«, eine beliebte antisemitische Diffamierungsmethode, als Jüdin. Die Schauspielerin, im Buch »Sarah« genannt, ist erneut durch Geldgier und Promiskuität gekennzeichnet. »Sarahs« Herkunft aus dem Pariser Sündenbabel verstärkt noch das antisemitische Stereotyp. Die alte sündhafte Umkehr der Geschlechtsrollen verlagerte sich dabei in das physische Erscheinungsbild der jüdischen Frau: Sarah verkörpert auch das Mannweib, ein Negativstereotyp, das sich seit dem Vormärz in Abgrenzung zu weiblichen Emanzipationsbestrebungen entwickelte, Ende der 60er Jahre des 18. Jahrhunderts in die Wiederentdeckung der lesbischen Frau in sexualwissenschaftlichen Theorien mündete, und letztlich dem alten Stereotyp der sündhaften, die »ordo« verkehrenden Frau auf seine Weise entsprach. Sarah ist in den »Reisebriefen« häßlich, unweiblich dünn und unfähig in ihren »männlichen« künstlerischen Ambitionen als Malerin und Bildhauerin. Natürlich ist sie eine schlechte Schauspielerin, und sie imitiert die Männer im Rauchen, Trinken und Bajonettfechten. Schon im barocken Denken war Krankheit Strafe und Ausdruck für sündhaftes Leben, und so ist »Sarah« mit der als »jüdisch« angesehenen Geschlechtskrankheit der Syphilis behaftet.[24]

**Das Bild der Frau, die die Ordnung umkehrt**

Aus dem Vormärz – aus einer Rede des konservativen Junkers Bismarck vor dem Vereinigten Landtag in Preußen von 1847 – stammte bereits die Vorstellung einer Interessenkoalition emanzipierter Juden und Frauenrechtlerinnen.

Emanzipationsbestrebungen sind auch in »Sarah's Reisebriefen« eine jüdische Erfindung. Vor allem Jüdinnen leiten Nichtjüdinnen zu solchem »unweiblichen« Verhalten an, gekennzeichnet durch kapitalistische Geldgier und sexuelle Promiskuität. Eugen Dühring (1833–1921), der radikale Antisemit, ehemalige Sozialist und Privatdozent, der zunächst einige Zeit als Lehrbeauftragter am Berliner Viktoria-Lyzeum wirkte und hier mit den bürgerlichen Frauenrechtlerinnen sympathisiert hatte, griff diese Vorstellung auf. In seiner »Judenfrage als Racen-, Sitten und Culturfrage«[25] von 1881 meinte er, auch in dieser Hinsicht ein früher Vorläufer nationalsozialistischer Ideologen,[26] Juden hätten die Frauenbewegung zu einer »Geschäftsagitation niedrigster Sorte verkehrt«. Dadurch seien die »besseren Frauen« abgeschreckt worden. In den späteren Jahren verschärfte sich

*Abb. 35 Mit Sarah Bernhardt stand um 1880 wohl zum ersten Mal eine Jüdin im Mittelpunkt einer aggressiven antisemitischen Polemik: Die Schauspielerin wurde als »Mannweib«, als geldgierig und sündhaft dargestellt. »Sarahs Reisebriefe aus drei Welttheilen«, Buchtitel um 1880.*

dann mit den ersten bescheidenen Erfolgen der Frauenbewegung Dührings Frauenhaß. Die Frauenbewegung »äffe« nur die Fehler der Männer nach mit ihrer Forderung nach Zugang zu den traditionellen Bildungseinrichtungen. Die Verantwortlichen sind nun auch schnell ausgemacht: jüdische Frauenrechtlerinnen.

Bis in die Gegenwart hält sich in der theologisch-feministischen Diskussion der undifferenzierte und diffamierende Vorwurf der besonderen Frauenfeindlichkeit des Judentums im Vergleich zum Christentum, zum Teil erscheint dieser Vorwurf auch in der historischen Frauenforschung.[27] Offenbar geht er weit ins 19. Jahrhundert zurück und ist mit der Abwehr erster frauenpolitischer Forderungen verbunden. Nicht nur als Täterin, sondern vor allem als Opfer des jüdischen Mannes hatte zu Beginn des Jahrhunderts der Antisemit Hundt-Radowsky jüdische Frauen beschrieben, dies entsprach dem zeitgenössischen bürgerlichen Frauenideal, einer literarischen Tradition, die schöne Jüdinnen als begehrenswerte Konvertitinnen darstellte. Das konnte aber natürlich auch mit überkommenen christlichen Vorstellungen von der Frauenrolle in Einklang gebracht werden. Aggressivere Ausdeutungen fanden dann die Antisemiten der Kaiserzeit. Theologen, aber auch Antisemiten betonten die schlechte Stellung der Frau im jüdischen Recht. So erklärte etwa der Antisemit Nordmann in seiner Schrift »Die Juden und der deutsche Staat« von 1861:

> »Weil Jehova und Moses männlich sind, kommt das Weib ebenfalls um sein Recht. Sie ist nur Eigentum des Mannes und demselben willenlos unterworfen. Die Vielweiberei versteht sich von selbst.«[28]

**Chamberlain**

Und auch Houston Stewart Chamberlain (1855–1927) hebt in seinen »Grundlagen des 19. Jahrhunderts«, die zwischen 1896 und 1899 entstanden, die »hochgeachtete Stellung der Frau« in »unserer Civilisation« gegenüber der »semitischen« und »asiatischen« hervor. [29] Letztlich wirkten auch hier die im Alten Testament gegebenen Sündenvorstellungen fort. Gott hatte schließlich in der Genesis die Frau zur – wenn auch dem Mann untergeordneten – Gefährtin gemacht. Die Darstellung der jüdischen Frau als rechtlos sollte wohl bewußt solche Vorstellungen evozieren und zugleich weibliche Emanzipationsforderungen in die Schranken weisen.

Mit der Machtübernahme der Nationalsozialisten wurden Rassismus und Antisemitismus von einer wissenschaftlichen Lehre, Weltanschauung und einem Parteiprogramm zur offiziellen Staatsideologie und Politik erhoben, wobei die NS-Propagandisten gerade auch die pornographischen Aspekte des Antisemitismus verschärften.[30] Das Bild der sexuell hemmungslosen, unmoralischen jüdischen Frau und Prostituierten existierte fort, genauso wie modernere Varianten der die Geschlechtsrollen verkehrenden sündhaften Jüdin. Die Jüdin als Prostituierte, Flintenweib und Partisanin gehörte mit in die NS-Vorstellungen.[31] In Veit Harlans (1899–1964) populärem und berüchtigten Film »Jud Süß« von 1940 z. B. tritt sie als Nebenfigur auf, die laszive, erotisch-aktive, bedrohliche Jüdin.[32] Und wenn der NS-Rassetheoretiker Hans F. K. Günther (1891–1968) von der »sexuellen Applanation« der ethnisch ›minderwertigen Rasse‹ der Juden spricht und die körperliche und seelische Vermännlichung jüdischer Frauen konstatiert,[33] kann er auf eine lange Tradition jüdinnenfeindlicher Vorstellungen zurückgreifen. Christliche Sündenvorstellungen waren dabei in rassistischen NS-Schriften weiterhin präsent und verwiesen auf die alten Wurzeln des Judenhasses. In Hans Zöberleins (1895–1964) Roman »Der Befehl des Gewissens« von 1937, einem Bestseller nationalsozialistischer Propagandaliteratur, erkennt der arische Held, der junge Architekt Hans Krafft, in der »Halbjüdin« Miriam, einem mit der »Judenpest« der Syphilis behafteten, intellektuellen, »mannshungrigen«[34] und arsensüchtigen Vamp, das Urbild der Sünde:

**NS-Ideologie greift traditionelle jüdinnenfeindliche Vorstellungen auf**

> »Irgendwo hat er einmal ein Bild gesehen, ein nacktes Weib, von einer Schlange den schimmernd weißen Körper umwunden, mit Augen, die einen nicht loslassen wollten vor lockender Gewalt. Ein Bild, aus dem einen das unsagbare Grauen schaudernd anhauchte und doch eine lockende Süße ins Blut griff. »Die Sünde«, hieß es. Miriam könnte das Modell dazu gewesen sein. Und wenn Sie sprach, war es wie das blitzschnelle Züngeln einer Schlange, die ihr Opfer im Bann des hypnotischen Blickes hält und dabei leise den gleitenden Körper heranschiebt. Da muß er an die Worte des Apothekers denken: Hier hilft nur ein ganz gewaltiger Ekel.«[35]

Dieser Ekel setzt denn auch bei Krafft prompt ein. Kraffts Braut Berta Schön ist dagegen die arische und antisemitische, entsprechend der in den 20er Jahren aufgekommenen Nacktkörperkultur durchaus nicht prüde, aber treue und zurückhaltende moderne Büroangestellte, eine »Madonna im blauen Mantel«[36] und hingebungsvolle Mutter, keine Intellektuelle, sondern »immer nur eine mittlere Schülerin.«[37]

Sowohl das Bild der durch ein extremes jüdisches Patriarchat versklavten Jüdin wie auch das Bild der rebellierenden jüdischen Frau, die die gesetzte christliche Ordnung aktiv sündhaft verkehrt, leisteten in ihren verschiedenen modernen Abwandlungen und Veränderungen einen nicht unwesentlichen ideologischen Beitrag zur Vernichtung der Juden im Nationalsozialismus. Letztlich dienten beide Bilder jüdischer Frauen, die häufig in der gleichen antisemitischen Schrift an verschiedenen Stellen auftauchen konnten, zur Diffamierung der jüdischen Minderheit in einem traditionellen Kontext christlicher Sündenvorstellungen. Schon lange vor der Ausprägung eines rassischen Antisemitismus enthielten diese Bilder eine vernichtende Qualität.

## Anmerkungen

1 Die Darstellung jüdischer Frauen als Opfer des Holocaust und Symbol für die Vernichtung des europäischen Judentums in bundesdeutschen Medien bedeutet demgegenüber allerdings einen entscheidenden Bruch, eine neue Qualität, die nicht mehr mit christlichen Prägungen zu erklären ist, sondern der Tatsache der Vernichtung Rechnung trägt. Zum Jüdinnenbild der Gegenwart siehe insbes.: Gabriele Hannen: Ansichten der Anderen. Zur fotografischen Darstellung jüdischer Frauen in

bundesdeutschen Medien. In: Alte Synagoge (Hrsg.): »Mit dem Gebetsmantel zum Gegenangriff« – Juden im Bild der Bundesrepublik. Begleitbuch zur Ausstellung, Essen 1994, S. 83–96; weiterhin: Knili, Friedrich: Die Judendarstellungen in den deutschen Medien. In: Alphons Silbermann u. Julius H. Schoeps: Antisemitismus nach dem Holocaust, Bestandsaufnahme und Erscheinungsformen in deutschsprachigen Ländern. Köln 1986, S. 115 bis 132; Günther B. Ginzel: »... und er brüstet sich frech und lästert wild ...«. Über Antisemiten und Antisemitismus in Deutschland oder Trotz alledem – es ist eine Lust Jude zu sein. In: ders. (Hrsg.): Antisemitismus. Erscheinungsformen der Judenfeindschaft gestern und heute. Bielefeld 1991, S. 21f.

2 Florian Krobb: Die schöne Jüdin. Jüdische Frauengestalten in der deutschsprachigen Erzählliteratur vom 17. Jahrhundert bis zum Ersten Weltkrieg. Tübingen 1993, S. 23ff.

3 Roberto Zapperi: Der schwangere Mann. München 1984, S 184ff.; Heide Wunder: »Er ist die Sonn', sie ist der Mond«. München 1992, S. 191 bis 203; Sigrid Schade: Schadenzauber und die Magie des Körpers. Hexenbilder der frühen Neuzeit. Worms 1983.

4 Zur Verbindung Juden-Teufel in der antisemitischen Darstellung siehe insbes.: Joshua Trachtenberg: The devil and the jews. The medieval conception of the Jew and its relation to modern antisemitism. Cleveland/New York/Philadelphia 1961; Bernhard Lang: Der Teufel und die Juden. In: Herbert Haag (Hrsg.): Teufelsglaube. Tübingen 1974, S. 477–489; Robert Bonfil: The devil and the Jews in the Christian Conciousness of the Middle Ages. In: Shmuel Almog (Hrsg.): Antisemitism through the ages. Oxford/New York/Beijing/Frankfurt/Sao Paulo/Sydney/Tokyo/Toronto 1980, S. 91–98.

5 Johann Andrea Eisenmenger: Professoris der Orientalischen Sprachen bey der Universität Heydelberg: Entdecktes Judenthum oder: Gründlicher und wahrhafter Bericht, Welchergestalt die verstockten Juden Die Hochheilige Dreyeinigkeit/ Gott/Vater/, Sohn und Heiliger Geist, erschrecklicher Weise lästern und verunehren, die Heil. Mutter Christi verschmähen, das Neue Testament, die Evangelisten und Apostel, die christliche Religion spöttisch durchziehen, und die ganze Christenheit auf das äusserste verachten und verfluchen. 2 Bde., o. O., 1700.

6 Ebd.: Bd. 1, S. 374.

7 Zur Judensau siehe vor allem: Isaiah Shachar: The Judensau, a medieval Anti-Jewish motif and it's history (Warburg Institute Surveys 5). London 1974.

8 Johann Jacob Schudt: Jüdische Merkwürdigkeiten. Vorstellende, was sich curieuses und denckwürdiges in den neuern Zeiten bei einigen Jahrhunderten mit denen in allen IV. Theilen der Welt/sonderlich durch Teutschland/ zerstreuten Juden zugetragen/ Sammt einer vollständigen Franckfurter Judenchronik. Darinnen der zu Franckfurt am Main wohnenden Juden/ von einigen Jahrhunderten/ bis auff unsere Zeiten Merckwürdigste Begebenheiten enthalten. Benebst einigen/zur Erläuterung beygefügten Kupfern und Figuren. Mit historischer Feder in drey Theilen beschrieben von/ Johann Jacob Schudt/ des Gymnasium Moeno-Francof. Con-Rector. Mit Ihro königl. Majest. in Polen und Churfürstl. Durchl. in Sachen allergnädigsten Privilegio. Th. 1–4, Frankfurt und Leipzig 1714–1717.

9 Ebd., Bd. 1, S. 72.

10 Christian Wilhelm Dohm: Über die bürgerliche Verbesserung der Juden. Berlin 1781; Theodor Gottlieb von Hippel: Über die bürgerliche Verbesserung der Weiber. ND Vaduz 1981.

11 C. W. Fr. Grattenauer: Wider die Juden, ein Wort der Warnung an alle unsere christlichen Mitbürger. Dritte unveränderte Auflage, Berlin. 1803; ders.: Erklärung an das Publikum über meine Schrift: Wider die Juden, zweite Auflage, Berlin 1803; ders.: Erster Nachtrag zu seiner Erklärung über seine Schrift: Wider die Juden. Ein Anhang zur fünften Auflage, Berlin 1803.

12 Hinter diesem Ausdruck verbirgt sich wohl eine polemische Anspielung auf Moses Mendelssohns offizielle kritische Anmerkungen zu Farbinspektor Mayets Memorandum über die Verbesserung der Seidenproduktion, die unter anderem die Mängel in der Appretur der brandenburgischen Seidenstoffe kritisierte. Siehe zu Mendelssohn: Erika Herzfeld: Moses Mendelssohn als Seidenmanufakturunternehmer. In: Hermann Simon (Hrsg.): »... Und lehrt sie: Gedächtnis!«. Katalog der Ausstellung im Ephraim-Palais vom 16. 10. 1988, Berlin 1988, S. 54.

13 Grattenauer: Erster Nachtrag, S. 49f.

14 Grattenauer: Erklärung, S. 10f.

15 Deborah Hertz: Jewish high society in old regime Berlin. New Haven/London 1988.

16 Karl Alexander Borromäus Sessa: Unser Verkehr. Ein Posse in einem Akte. Nach der Handschrift des Verfassers. Berlin: Expedition des dramaturgischen Wochenblatts, 1815.

17 Marianne Wallach-Falter: Veränderungen im Status der jüdischen Frau, ein geschichtlicher Überblick. In: Judaica. Beiträge zum Verständnis des jüdischen Schicksals in Vergangenheit und Gegenwart, Jg. 41, H. 3, Basel 1985, S. 157f., 163.

18 Hartwig von Hundt-Radowsky: Judenspiegel, ein Schand- und Sittengemälde alter und neuer Zeit. Würzburg 1819.

19 Adolf Stoecker: Frauenerwerb und Frauenbildung. In: Neue Evangelische Kirchenzeitung vom 3. 2. 1877, Berlin, S. 72f.

20 Adolf Stoecker: Christlich-sozial. Reden u. Aufsätze. 2. Aufl., Berlin 1890, S. 491.

21 Reinhold Seeberg (Hrsg.): Adolf Stoecker. Reden und Aufsätze. Mit einer biographischen Einleitung, Leipzig 1913, S. 234.

22 Kikeriki: Sarah's Reisebriefe aus drei Welttheilen (Amerika, Europa und Skobolessia). Würzburg o. J.

23 Mit seiner als Briefroman konzipierten judenfeindlichen Schrift konnte der mutmaßliche Autor, der Nestroy-Epigone, österreichische Schriftsteller und Journalist Ottokar Franz Ebersberg (1833–1886), an die Tradition der Jüdinnendarstellungen in Romanen seit dem Barock anknüpfen. Dies mag es ihm erleichtert haben, eine Jüdin zur Hauptfigur zu wählen.

24 Sander L. Gilman: Salome, Syphilis, Sarah Bernhardt und the »Modern Jewess«. In: The german quarterly, Ohio/Washington 1993, S. 204ff.

25 Dühring, Eugen: Die Judenfrage als Racen-, Sitten- und Culturfrage, mit einer weltgeschichtlichen Antwort. Karlsruhe und Leipzig 1881.

26 Noch 1934 sollte Hitler in einer Rede vor der NS-Frauenschaft vom »Wort von der Frauen-Emanzipation« als einem »vom jüdischen Intellekt erfundene Wort« sprechen. (Max Domarus (Hrsg.): Hitler. Reden und Proklamationen 1932–1945. München 1965, Bd. 1/1, S. 450f.). Siehe auch: Alfred Rosenberg: Der Mythus des 20. Jahrhunderts. Eine Wertung der seelisch-geistigen Gestaltenkämpfe unserer Zeit. 71–74. Aufl., München 1993, S. 511; ders.: Blut und Ehre. Ein Kampf für deutsche Wiedergeburt. Reden und Aufsätze von 1919–1933. Hrsg. von Thilo von Trotha. München 1934, S. 222.

27 In ihrem verdienstvollen Aufsatz über den Antisemitismus im Bund deutscher Frauenvereine vermutet Marlis Dürkop, daß jüdische Frauen mehr als nichtjüdische um ihre Emanzipation hätten kämpfen müssen, da die »patriarchalischen Strukturen des Judentums »noch gefestigter« gewesen wären. (Marlis Dürkop: Erscheinungsformen des Antisemitismus im Bund deutscher Frauenvereine. In: Feministische Studien, Nr. 1, Weinheim 1984, S. 142.)

28 H. G. Nordmann: Die Juden und der deutsche Staat. o. O. 1891, S. 9.

29 Houston Stewart Chamberlain: Die Grundlagen des 19. Jahrhunderts. 2 Bde., München 1901. Bd. 1, S. 325 u. S. 339 Anmerkung).

30 Zu den pornographischen Aspekten der nationalsozialistischen Propaganda siehe u. a.: Edward J. Bristow: Prostitution and Prejudice. The Jewish fight against White Slavery 1870–1939. Oxford 1982, S. 304; Christina von Braun: Und der Feind ist Fleisch geworden. Der rassische Antisemitismus. In: C. v. B. u. Ludger Heid (Hrsg.): Der ewige Judenhaß. Stuttgart/Bonn 1990, S. 149–213, insbes. S. 193ff.; Hanno Loewy: »Man bleibt doch immer noch ein bißchen«. Von einem vergeßlichen Chefredakteur und den Fragen, die ihm sein Biograf nicht gestellt hat. In: Fotogeschichte, Heft 39, Frankfurt am Main 1991, S. 78, 79.

31 Siehe z.B. Reichsführer SS/SS-Schulungsamt (Hrsg.): Der Untermensch, Berlin o.J. (um 1942), S. 13: »Und mit dem Juden in vorderster Linie stand die Jüdin als Flintenweib, als Partisane und als Dirne in einer Person«. Zitiert nach Gisela Bock: Gleichheit und Differenz in der nationalsozialistischen Rassenpolitik. In: Geschichte und Gesellschaft. Zeitschrift für Historische Sozialwissenschaft. 19. Jg. 1993/Heft 3, Göttingen 1993, S. 304. Weiterhin: Rosenberg: Mythus, S. 282; Die Darstellung der Elisabeth in Arthur Dinters Roman »Die Sünde wider das Blut. Ein Zeitroman« (14. Aufl., Leipzig und Hartenstein 1920); Gottfried Feder: Die Juden. München 1933, S. 58f., 75.

32 Linda Schulte-Sasse: Harlan's Jud Süß. In: The german quarterly, Ohio/Washington C. D., 1988, S. 34.

33 An anderer Stelle meint Günther, später übernommen vom NS-Anthropologen und Ahnenerbe-Forscher Dr. Bruno Beger, allerdings in jüdischen Frauen einen überweiblichen, massigen Typ mit besonders breiten Hüften und »massiger Ausbildung der Brüste« erkennen zu können, der auf »negerischen Einfluß« zurückgehe. Vgl.: H. F. K. Günther: Rassenkunde des jüdischen Volkes. München 1930, S. 74f. u. 272f.; ders.: Rassenkunde des jüdischen Volkes: Anhang zu ders. Rassenkunde des deutschen Volkes. München 1923, S. 374f., 421ff. Zu Beger siehe: Michael Kater: Das Ahnenerbe der SS 1935–1945. Ein Beitrag zur Kulturpolitik des Dritten Reiches. Stuttgart 1974,

S. 207f. Zum Stereotyp der übersexualisierten schwarzen Frau siehe: Sander L. Gilman: Hottentottin und Prostituierte. Zu einer Ikonographie der sexualisierten Frau. In: Rasse, Sexualität und Seuche. Stereotype aus der Innenwelt der westlichen Kultur. Reinbek bei Hamburg 1992, S. 119–154.

34 Hans Zöberlein: Der Befehl des Gewissens. Ein Roman von den Wirren der Nachkriegszeit und der ersten Erhebung. 2. Aufl., München 1937, S. 514f.

35 Ebd.: S. 503.

36 Ebd.: S. 617.

37 Ebd.: S. 296.

Literatur:

Hanns Bächtold-Stäubli: Handwörterbuch des deutschen Aberglaubens, Bd. 1 und 4, Berlin/Leipzig 1927 und 1931/32.

Becker-Cantarino, Barbara: »Frau Welt« und »Femme Fatale«: Die Geburt eines Frauenbildes aus dem Geist des Mittelalters. In: James F. Poag u. Gerhild Scholz-Williams (Hrsg.): Das Weiterleben des Mittelalters in der deutschen Literatur. Königsstein 1983, S. 61–73.

Böschenstein-Schäfer, Renate: Zeit- und Gesellschaftsromane. In: Horst Albert Glaser (Hrsg.): Deutsche Literatur. Eine Sozialgeschichte, Bd. 7. Reinbek bei Hamburg 1982, S. 101–123.

Bonfil, Robert: The devil and the Jews in the Christian Conciousness of the Middle Ages. In: Shmuel Almog (Hrsg.): Antisemitism through the ages. Oxford/New York/Beijing/Frankfurt/Sao Paulo/Sydney/Tokyo/Toronto 1980, S. 91–98.

Braun, Christina von: Und der Feind ist Fleisch geworden. Der rassische Antisemitismus. In: dies. u. Ludger Heid (Hrsg.): Der ewige Judenhaß. Stuttgart/Bonn 1990, S. 149–213, insbes. S. 193ff.

Bristow, Edward J.: Prostitution and Prejudice. The Jewish fight against White Slavery 1870–1939. Oxford 1982.

Diester, Manfred: Körpergeschichten. Eine Untersuchung zum Mythosbegriff am Beispiel der Darstellung von Mann und Frau in der Kriegsliteratur von 1939–43. Frankfurt am Main 1980.

Dürkop, Marlis: Erscheinungsformen des Antisemitismus im Bund deutscher Frauenvereine. In: Feministische Studien, Nr. 1. Weinheim 1984, S. 140–149.

Fassmann, Maja: Jüdinnen in der deutschen Frauenbewegung 1865–1919. In: Julius Carlebach (Hrsg.): Zur Geschichte der jüdischen Frau in Deutschland. Berlin 1993, S. 147–165.

Frevert, Ute: Die Innenwelt der Außenwelt. Modernitätserfahrungen von Frauen zwischen Gleichheit und Differenz. In: Shulamit Volkov (Hrsg.): Deutsches Judentum und die Moderne. München 1994, S. 75–94.

Gilman, Sander L.: Hottentottin und Prostituierte. Zu einer Ikonographie der sexualisierten Frau. In: ders.: Rasse, Sexualität und Seuche. Stereotype aus der Innenwelt der westlichen Kultur. Reinbek bei Hamburg 1992, S. 119–154.

Gilman, Sander L.: Salome, Syphilis, Sarah Bernhardt and the »Modern Jewess«. In: The german quarterly, Ohio/Washington C. D. 1993, S. 195–211.

Ginzel, Günther B.: »... und er brüstet sich frech und lästert wild...«. Über Antisemiten und Antisemitismus in Deutschland oder Trotz alledem – es ist eine Lust Jude zu sein. In: ders. (Hrsg.): Antisemitismus. Erscheinungsformen der Judenfeindschaft gestern und heute. Bielefeld 1991, S. 15–33.

Gisela Bock: Gleichheit und Differenz in der nationalsozialistischen Rassenpolitik. In: Geschichte und Gesellschaft. Zeitschrift für Historische Sozialwissenschaft, 19. Jg. 1993/Heft 3, Göttingen 1993, S. 311–331.

Hertz, Deborah: Jewish high society in old regime Berlin. New Haven/London 1988.

Holz, Jürgen: Im Halbschatten Mephistos. Literarische Teufelsgestalten von 1750 bis 1850. Frankfurt am Main/Bern/New York/Paris 1989.

Huerkamp, Claudia: Jüdische Akademikerinnen in Deutschland 1900–1938. In: Geschichte und Gesellschaft. Zeitschrift für Historische Sozialwissenschaft, 19. Jg. 1993/Heft 3, Göttingen 1993, S. 311–331.

Kaplan, Marion A.: The Making of the Jewish Middle Class: Women, Family, and Identity in Imperial Germany. New York/Oxford 1991.

Kaplan, Marion: Alltagsleben jüdischer Frauen in Deutschland 1933–1945. In: Leonore Siegele-Wenschkewitz u. Gerda Stuchlik (Hrsg.): Frauen und Faschismus in Europa. Pfaffenweiler 1990, S. 137 bis 149.

Kaplan, Marion: Die jüdische Frauenbewegung in Deutschland. Organisation und Ziele des Jüdischen Frauenbundes 1904–1938. Hamburg 1981.

Kater, Michael: Das Ahnenerbe der SS 1935–1945.

Ein Beitrag zur Kulturpolitik des Dritten Reiches. Stuttgart 1974.

Knili, Friedrich: Die Judendarstellungen in den deutschen Medien. In: Alphons Silbermann u. Julius H. Schoeps: Antisemitismus nach dem Holocaust, Bestandsaufnahme und Erscheinungsformen in deutschsprachigen Ländern. Köln 1986, S. 115 bis 1932.

Krobb, Florian: »La belle juive. Cunning in the men and beauty in the women. In: The jewish quarterly. London 1992, S. 5–11.

Krobb, Florian: Die schöne Jüdin. Jüdische Frauengestalten in der deutschsprachigen Erzählliteratur vom 17. Jahrhundert bis zum Ersten Weltkrieg. Tübingen 1993.

Lang, Bernhard: Der Teufel und die Juden. In: Herbert Haag (Hrsg.): Teufelsglaube, Tübingen 1974. S. 477 bis 489.

Loewy, Hanno: »Man bleibt doch immer noch ein bißchen«. Von einem vergeßlichen Chefredakteur und den Fragen, die ihm sein Biograf nicht gestellt hat. In: Fotogeschichte, Heft 39, Frankfurt am Main 1991, S. 76–80.

Paucker, Pauline: Bildnisse jüdischer Frauen 1789 bis 1991. Klischee und Wandel. In: Jutta Dick u. Barbara Hahn (Hrsg.): Von einer Welt in die andere. Jüdinnen im 19. und 20. Jahrhundert. Wien 1993, S. 29–46.

Paucker, Pauline: The image of the Jewish Woman in Germany: Idealisation, Stereotyp, Reality. In: Julius Carlebach (Hrsg.): Zur Geschichte der jüdischen Frau in Deutschland. Berlin 1993, S 237–266.

Praz, Mario: The romantic agony. Cleveland, New York 1956.

Richards, Monika: In Familie, Handel und Salon. Jüdische Frauen vor und nach der Emanzipation der deutschen Juden. In: Karin Hausen u. Heide Wunder (Hrsg.): Frauengeschichte – Geschlechtergeschichte. Frankfurt/New York 1992, S. 57–66.

Rohrbacher, Stefan u. Michael Schmidt: Judenbilder. Kulturgeschichte antijüdischer Mythen und antisemitischer Vorurteile. Reinbek bei Hamburg 1991.

Schade, Sigrid: Schadenzauber und die Magie des Körpers. Hexenbilder der frühen Neuzeit. Worms 1983.

Schulte-Sasse, Linda: Harlan's Jud Süß. In: The german quarterly. Ohio/Washington C. D. 1988, S. 22–49.

Schweitzer, Antonie u. Simone Sitte: Tugend, Opfer, Rebellion. Zum Bild der Frau im weiblichen Erziehungs- und Bildungsroman. In: Hiltrud Gnüg u. Renate Möhrmann (Hrsg.): Frauen Literaturgeschichte. Schreibende Frauen vom Mittelalter bis zur Gegenwart. o.O. 1989, S. 144–165.

Shachar, Isaiah: The Judensau, a medieval Anti-Jewish motif and it's history (Warburg Institute Surveys 5). London 1974.

Späth, Sybille: Väter und Töchter oder die Lehre von der ehelichen Liebe in Gellerts Lustspielen. In: Bernd Witte (Hrsg.). »Ein Lehrer der ganzen Nation.« Leben und Werk Christian Fürchtegott Gellerts. München 1990, S. 51–65.

Thalmann, Rita R.: Jüdische Frauen nach dem Pogrom 1938. In: Arnold Paucker (Hrsg.): Die Juden im nationalsozialistischen Deutschland, Tübingen 1986, S. 295–302.

Trachtenberg, Joshua: The devil and the jews. The medieval conception of the Jew and its relation to modern antisemitism. Cleveland/New York/Philadelphia 1961.

Wunder, Heide: »Er ist die Sonn', sie ist der Mond«. München 1992.

Zapperi, Roberto: Der schwangere Mann. München 1984.

*Volker Ullrich*

# *Fünfzehntes Bild:* »Drückeberger«

## Die Judenzählung im Ersten Weltkrieg

Am 12. Mai 1916 notierte der jüdische Unteroffizier Julius Marx, der seit August 1914 an der Westfront eingesetzt war, in sein Tagebuch: »Das hab ich nun doch nicht glauben wollen – aber die Sache scheint wahr zu sein: Kommt da vor wenigen Wochen ein neuer Oberleutnant zum Bataillon, ein guter Kompanieführer, ein tapferer Soldat. Bei Tisch bringt er das Gespräch auf die Juden. Sie seien von Natur aus feig und hätten ja auch gar nicht tapfer zu sein, dieses Handelsvolk – und ähnlichen Unsinn mehr. Nachmittags bei der Handgranatenübung, als ein Rekrut, der wohl noch nie so ein Ding angefaßt hatte, ein wenig zitterte, ließ sich der Herr Oberleutnant vernehmen: ›Natürlich, Schwarzberger, das scheint mir auch so ein Mosaiker zu sein. Sehen Sie, wie er zittert, dieser feige Kerl! Aber das ist ganz gut so – die Leute sollen selber sehen, was für feige Hunde die Juden sind!‹«[1]

*Abb. 36 Mit ihrer Propaganda gegen die »Drückeberger« konnten die antisemitischen Offiziere, Beamten und Politiker an eine traditionelle Darstellungsform anknüpfen. »Die sich bey Erlernung des Exercitium beklagende jüdische Rekruten«, Holzschnitt von Johann Georg Bullmann, 1788.*

Daß Juden »von Natur aus feige« seien und daher für den Kriegsdienst nicht taugten – dieses Vorurteil aus dem Arsenal antisemitischer Stereotype war auch noch im zweiten Jahr des Ersten Weltkriegs wirksam, obwohl die Haltung der deutschen Juden seit Kriegsbeginn es doch vielfach widerlegt hatte. Am 1. August 1914, dem Tag der Unterzeichnung des Mobilmachungsbefehls, hatten der »Centralverein deutscher Staatsbürger jüdischen Glaubens« und der »Verband der deutschen Juden« ihre Mitglieder dazu aufgerufen, »über das Maß der Pflicht hinaus« ihre »Kräfte dem Vaterland zu widmen«. Und auch die »Zionistische Vereinigung für Deutschland« sprach die Erwartung aus, »daß unsere Jugend freudigen Herzens zu den Fahnen eilt«.[2]

**Jüdische Kriegsfreiwillige**

Über zehntausend deutsche Juden folgten diesem Appell und meldeten sich freiwillig zum Kriegsdienst. Einer von ihnen, der sozialdemokratische Reichstagsabgeordnete Ludwig Frank, schrieb am 23. August 1914: »Jetzt ist für mich der einzig mögliche Platz in der Linie, in Reih und Glied, und ich gehe wie alle anderen freudig und siegessicher.«[3] Frank fiel am 3. September an der Westfront – einer von über 12000 Juden, die im Kriege ihr Leben für das deutsche Kaiserreich hergaben. »Ja, wir leben in einem Rausch des Gefühls«, so erinnerte sich ein anderer jüdischer Kriegsfreiwilliger, der Schriftsteller Ernst Toller, an die Augusttage 1914. »Die Worte Deutschland, Vaterland, Krieg haben magische Kraft, wenn wir sie aussprechen, verflüchtigen sie sich nicht, sie schweben in der Luft, kreisen um sich selbst, entzünden sich in uns.«[4]

**Hoffnung auf Zugehörigkeit**

Für viele Juden verband sich mit dem Kriegsbeginn die Hoffnung, durch bedingungslosen Patriotismus ihre volle Zugehörigkeit zur deutschen Nation unter Beweis stellen und damit endlich auch ihre Anerkennung als gleichberechtigte Bürger durchsetzen zu können. Tatsächlich schien diese Hoffnung in den ersten Kriegsmonaten in Erfüllung zu gehen. Es fielen die diskriminierenden Beschränkungen, die Juden bislang den Zugang zu höheren Positionen in Verwaltung und Militär verwehrt hatten. Mit Walther Rathenau, Albert Ballin, Franz Oppenheimer und Fritz Haber wurden prominente jüdische Unternehmer und Wissenschaftler in wichtige Stellungen in der Kriegs- und Rüstungswirtschaft berufen. Zum erstenmal seit Jahrzehnten wurden Juden auch bei Beförderungen zu Reserveoffizieren nicht mehr übergangen. Gerade der Ausschluß aus dem Offizierskorps aufgrund antisemitischer Vorurteile war vor 1914 als besonders schmerzliche Zurücksetzung empfunden worden.

Selbst in Kreisen der fanatischen Rassenantisemiten schien in den ersten Kriegswochen ein Umdenken stattzufinden. Houston Stewart Chamberlain, der Wagner-Verehrer und Rassentheoretiker, erklärte damals, die deutschen Juden seien »wie weggeputzt von der gewaltigen Erhebung; als ›Juden‹ nicht mehr auffindbar, denn sie tun ihre Pflicht als Deutsche vor dem Feinde oder daheim«.[5]

**In der Krise kommt das Vorurteil hoch**

Doch schon bald zeigte sich, daß die antisemitischen Animositäten mit Kriegsausbruch keineswegs verschwunden waren. Als die erwartete schnelle militärische Entscheidung ausblieb und zugleich die sozialen Spannungen im Innern aufgrund der zunehmenden Beschwernisse des Kriegsalltags sich verschärften, machte sich sehr bald auch wieder der traditionelle Antisemitismus in Armee und Gesellschaft des Kaiserreichs bemerkbar. Er äußerte sich jetzt in dem zeitgemäß abgewandelten Vorwurf, die deutschen Juden würden ihren patriotischen Pflichten nicht nachkommen, vielmehr mit allen Mitteln versuchen, sich von dem Dienst an der Front »zu drücken«.

Bereits Ende August 1914 forderte der 1912 gegründete Reichshammerbund, eine der radikalsten antisemitischen Organisationen, seine Mitglieder dazu auf, »Kriegsermittlungen« über die Juden anzustellen, und zwar sowohl was ihre Teilnahme am Krieg und ihre Verluste als auch ihre Leistungen für Einrichtungen der »öffentlichen Mildtätigkeit« betraf.[6] Auch an der Front war seit Herbst 1914 ein deutliches Anwachsen antisemitischer Ressentiments spürbar. In manchen Offizierskasinos gehörte es zum guten Ton, Witze über Juden zu erzählen. Es häuften sich die Fälle, in denen jüdische Soldaten beleidigt und zurückgesetzt wurden. »Seit einiger Zeit kann ich es ja mit Händen greifen, daß man mich als Juden scheel ansieht«, schrieb Julius Marx Anfang Oktober 1914. »Bei Kriegsbeginn schien jedes Vorurteil verschwunden, es gab nur noch Deutsche. Nun hört man wieder die alten, verhaßten Redensarten. Und plötzlich ist man einsam inmitten von Kameraden, deren Not man teilt, die einem ans Herz gewachsen sind, mit denen man für die gemeinsame Sache marschiert.«[7]

**Einsam inmitten von Kameraden**

Ziel der vom Reichshammerbund und den Alldeutschen gesteuerten antisemitischen Kampagne war es, die patriotische Haltung der deutschen Juden in Zweifel zu ziehen und damit ihrem Verlangen nach Gleichstellung einen Riegel vorzuschieben. Seit Ende 1915 wurde das preußische Kriegsministerium mit Beschwerden über »jüdische Drückeberger« geradezu überschüttet. Eine unverhältnismäßig große Zahl von wehrpflichtigen Angehörigen jüdischen Glaubens würde, so lautete der Tenor aller Anschuldigungen, Geld und gesellschaftliche Beziehungen dazu nutzen, um in Schreibstuben, Etappenkommandos oder in Kriegsgesellschaften unterzutauchen und dadurch gefahrlos durch den Krieg zu kommen. Mehr noch: Durch ihre Überrepräsentanz in den Kriegsgesellschaften würden sie auf das deutsche Wirtschaftsleben einen beherrschenden Einfluß ausüben – Alfred Roth, der Bundeswart des Reichshammerbundes prägte für diese absurde Unterstellung das Schlagwort vom »System Rathenau-Ballin«.[8] Während der deutsche Soldat an der Front das Vaterland verteidige, würde sich »der Jude« in der Heimat schamlos an der Not der Bevölkerung bereichern. Der Vorwurf der »Feigheit« und »Drückebergerei« verband sich auf diese Weise mit einem weiteren antisemitischen Klischee, dem des »Schacherers« und »Wucherers«. Walther Rathenau, der bereits Ende März 1915 aufgrund von Anfeindungen die Leitung der Kriegsrohstoffabteilung im preußischen Kriegsministerium niedergelegt hatte, schrieb im August 1916 unter dem Eindruck der wachsenden antisemitischen Welle: »Je mehr Juden in diesem Kriege fallen, desto nachhaltiger werden ihre Gegner beweisen, daß sie alle hinter der Front gesessen haben, um Kriegswucher zu betreiben. Der Haß wird sich verdoppeln und verdreifachen.«[9] Zu diesem Zeitpunkt hatte Rathenau bereits jede Hoffnung aufgegeben, der Antisemitismus werde sich durch Aufklärung und sachliche Information zurückdrängen lassen.

Rathenaus Skepsis war nur allzu berechtigt. Denn nur wenige Wochen später, am 11. Oktober 1916, verpflichtete der preußische Kriegsminister Wild von Hohenborn in einem Erlaß alle militärischen Dienststellen, »eine Nachweisung der beim Heer befindlichen wehrpflichtigen wie auch der noch nicht zur Einstellung gelangten, vom Waffendienst zurückgestellten und als dauernd oder zeitweilig dienstuntauglich befundenen Juden beizubringen«.[10] Begründet wurde diese »Judenzählung« mit der Absicht, die fortgesetzt beim Kriegsministerium eingehenden Klagen aus der Bevölkerung über die bevorzugte Freistellung der Juden vom Heeresdienst »nachzuprüfen und ihnen gegebenenfalls entgegentreten zu können«. Tatsächlich aber weisen Vorgeschichte und Durchführung des Erlasses in eine ganz andere Richtung: Es ging dem preußischen Kriegsministerium offenkundig nicht um eine Widerlegung der antisemitischen Anwürfe, sondern darum, Material für ihre Bestätigung in die Hand zu bekommen. »Mit dem Oktober-Erlaß gewann der Antisemitismus zum erstenmal seit dem Ausbruch des Krieges Einfluß auf die offizielle Politik.«[11]

**Antisemitismus gewinnt Einfluß auf die Politik**

Nur eine Woche später, am 19. Oktober 1916, brachte der Zentrumsabgeordnete Matthias Erzberger im Hauptausschuß des Reichstags einen Antrag ein, »den Herrn Reichskanzler zu ersuchen, dem Reichstag alsbald eine eingehende Übersicht über das gesamte Personal aller Kriegsgesellschaften zu unterbreiten, und zwar getrennt nach Geschlecht, militärpflichtigem Alter, Bezügen, Konfession«.[12] Auch wenn es zu dieser Zählung nach Konfession in den Kriegsgesellschaften aufgrund des Widerstands der sozialdemokratischen und fortschrittlichen Abgeordneten im Hauptausschuß nicht kam, so zeigt doch allein die Tatsache, daß ein prominenter Vertreter des Zentrums einen Zentralpunkt der antisemitischen Haßpropaganda aufgriff, wie groß deren Resonanz inzwischen war.

Erst durch die Debatten im Reichstag erfuhr eine breitere Öffentlichkeit vom Oktober-Erlaß des Kriegsministeriums. Die Wirkung auf die deutschen Juden war ungeheuer. Am 7. November 1916 protestierte einer der Vorsitzenden des Verbandes der deutschen Juden (einer privaten Gesellschaft, die sich in diesen Jahren der Heeresseelsorge widmete), Justizrat Oskar Cassel, »gegen Ausnahmebestimmungen für Juden, zu denen keine Veranlassung vorliegt und die die Aufopferungsfähigkeit unserer Glaubensgenossen im Felde und im Lande herabsetzen und herabwürdigen«. Die Erbitterung über den diskriminierenden Erlaß »gerade in den sehr gebildeten jüdischen Kreisen« sei schon jetzt »eine unbeschreibliche«.[13] Aufgrund der massiven Proteste sah sich das Kriegsministerium bereits am 11. November gezwungen, in einem ergänzenden Erlaß die militärischen Dienststellen zu ermahnen, Juden nicht »aus ihren bisher innegehabten Stellungen zu entfernen«[14], was offenbar in einigen Truppenteilen bereits geschehen war. Aber weder die

Intervention des Hamburger Bankiers Max M. Warburg noch die wiederholten Eingaben jüdischer Organisationen konnten das Kriegsministerium zu einer Rücknahme des Oktober-Erlasses oder zu einer deutlichen Äußerung der Anerkennung für das von deutschen Juden im Kriege Geleistete bewegen. Das einzige, wozu sich Kriegsminister von Stein, der Nachfolger des Ende Oktober 1916 entlassenen Wild von Hohenborn, durchringen mochte, war die Versicherung, »daß das Verhalten der jüdischen Soldaten und Mitbürger während des Krieges keine Veranlassung zu der Anordnung meiner Herren Vorgänger gegeben hat und damit nicht in Beziehung gebracht werden kann«.[15]

**Zu Soldaten zweiten Ranges degradiert**

Noch mehr Empörung als unter Juden in der Heimat löste die vom Kriegsminister angeordnete »Judenzählung« unter den jüdischen Kriegsteilnehmern aus. »Das nach 2 Jahren großer Zeit und völliger Hingabe an unsere Heimat! Mir ist, als hätte ich eben eine furchtbare Ohrfeige erhalten«, notierte Georg Meyer, Hauptmann und Batterieführer in einem bayerischen Feldartillerie-Regiment. »Im Frieden würde ich Abschied nehmen, jetzt muß ich natürlich erst recht aushalten.«[16] »Was soll denn dieser Unsinn?! Will man uns zu Soldaten zweiten Ranges degradieren, uns vor der ganzen Armee lächerlich machen?« rief erregt Vizefeldwebel Julius Marx aus, als sein Kompanieführer am 2. November 1916 seine Personalien für die »Judenstatistik« aufnehmen wollte. Und er schloß seine Tagebucheintragung vom selben Tage: »Pfui Teufel! Dazu also hält man für sein Land den Schädel

*Abb. 37 Rekruten und ihr Unteroffizier. Die Gegenüberstellung macht ein Prinzip der antisemitischen Darstellung, hier am Beispiel der Körperhaltung deutlich: Die Folie ist notwendig, vor der das »andere« erscheinen kann; die Darstellung dient der Herstellung eines Selbstbildes nicht weniger als der eines Fremdbildes. Federzeichnung, Österreich um 1920, Sammlung Schlaff im Jüdischen Museum der Stadt Wien.*

hin ...«[17] In der Reichstagsdebatte im November 1916 zitierte der Sprecher der Fortschrittlichen Volkspartei Ludwig Haas aus Briefen jüdischer Soldaten, in denen immer wieder die Wendung vorkam: »Nun sind wir gezeichnet.«[18]

Der Erlaß vom 11. Oktober 1916 markiert eine Zäsur in der Geschichte der deutsch-jüdischen Beziehungen. Viele Juden empfanden das Vorgehen des Kriegsministeriums zu Recht als eine infame Diskriminierung, als den »untilgbar schmählichsten Schimpf, der unsere Gemeinschaft seit ihrer Einbürgerung schändete«.[19] Für manchen Juden war mit dieser staatlich angeordneten gesonderten Behandlung endgültig klar geworden, daß die Hoffnung auf eine Eingliederung »in das Leben dieses fremden geliebten Volkes« auf einer »traumhaften Selbsttäuschung« beruhte, wie der Kriegsfreiwillige Ernst Simon im Rückblick schrieb. Die »Judenstatistik« habe den Beweis geliefert, »daß wir fremd waren, daß wir daneben standen, besonders rubriziert und gezählt, aufgeschrieben und behandelt werden müßten«.[20] Wie für Simon war auch für die »Zionistische Vereinigung für Deutschland« die Judenzählung im Heere die definitive Widerlegung einer Politik der Assimilation und die Bestätigung für die Notwendigkeit des zionistischen Programms: »Es gibt nur einen Weg zur wirksamen Bekämpfung des Judenhasses. Es ist der Weg der Erlösung der Juden aus ihrer Vereinzelung durch Konzentrierung auf einem gemeinsamen Territorium.«[21]

Andere Konsequenzen zogen freilich die liberalen jüdischen Abwehrorganisationen, der »Centralverein« und der Verband der deutschen Juden. Ihnen ging es vor allem darum, die erregten Gemüter zu beruhigen und die deutschen Juden weiterhin zur Loyalität gegenüber dem kriegführenden Deutschen Reich anzuhalten. Auf der Hauptversammlung des Centralvereins am 4. Februar 1917 schloß Cassel seinen Bericht über die Verhandlungen mit dem Kriegsminiser mit den Worten: »Wir werden alles tun, um für unsere Gleichberechtigung einzutreten, jetzt aber wollen wir zeigen, daß wir wahrhaft deutsche Juden sind und bleiben.«[22]

**Statistische Ungeheuerlichkeit**

Die »Judenzählung« von 1916 ist als »die größte statistische Ungeheuerlichkeit« bezeichnet worden, »deren sich eine Behörde jemals schuldig gemacht hat«.[23] Das Kriegsministerium weigerte sich, den Forderungen jüdischer Organisationen nachzukommen und die Ergebnisse der Erhebung zu veröffentlichen. So nährte es den Verdacht, die Veröffentlichung unterbleibe allein mit Rücksicht auf die Juden, denn die Zählung habe für diese »vernichtende Ergebnisse« zutage gefördert und den Vorwurf der »Drückebergerei« eindeutig bewiesen.[24] Diese direkte Begünstigung der antisemitischen Agitation setzte das preußische Kriegsministerium nach 1918 fort, als es einem ihrer übelsten Vertreter, Alfred Roth, Einblick in das gesammelte statistische Material nehmen ließ, das dieser anschließend zu zwei Hetz-Broschüren verarbeitete.[25] Es erübrigt sich, auf diese Machwerke näher einzugehen. Die Erhebungen des jüdischen Büros für Statistik, dazu das vom »Reichsbund jüdischer Frontsoldaten« veröffentlichte Material erlauben ein eindeutiges Urteil: Von den 550000 reichsdeutschen Juden nahmen rund

100 000 als Soldaten am Krieg teil, davon 78 000, also vier Fünftel, an der Front. Von diesen fielen 12 000, über 30 000 erhielten Tapferkeitsmedaillen. Das heißt, wie Jacob Segall festgestellt hat, daß die deutschen Juden sowohl an Opfern wie an Leistungen für den Krieg insgesamt »in einer dem Durchschnitt mindestens entsprechenden Weise teilgenommen« haben.[26]

Natürlich gab es unter den Soldaten, die sich auf verschiedene Weise dem Einsatz an der Front zu entziehen suchten, auch Juden – zumal nach dem Scheitern der letzten deutschen Offensive im Westen im Frühjahr 1918, als Gehorsamsverweigerungen und Desertionen sich in einem Maße häuften, daß man neuerdings in der Forschung sogar von einem »verdeckten Militärstreik« spricht.[27] Auch für diese Phase gilt indes, was Franz Oppenheimer für die gesamte Dauer des Krieges festgestellt hat: »daß es den deutschen Juden durchschnittlich viel schwerer gemacht worden sein dürfte, sich zu drücken, als den Nichtjuden. Denn der Verdacht der Feigheit hing unausgesprochen bis zum Beweise des Gegenteils und sogar darüber hinaus über jedem Gestellungspflichtigen jüdischer Konfession.«[28]

Dennoch blieb das Brandmal der »Drückebergerei« allein an den Juden hängen. Auch nachdem die Erregung über die »Judenstatistik« abgeklungen war, rissen die Klagen über Willkürmaßnahmen einzelner Militärbehörden nicht ab. So wurde im August 1917 im Bereich des stellvertretenden Generalkommandos des II. Armeekorps in Stettin ein Korpsbefehl erlassen, demzufolge alle jüdischen Heerespflichtigen, die vom Kriegsdienst freigestellt worden waren, noch einmal nachgemustert werden sollten. Diese erneute Ausgrenzung löste wiederum »Entrüstung und Verbitterung« unter den deutschen Juden aus.[29] Im Sommer 1918 wurden massenhaft antisemitische Flugblätter verteilt, in denen zu lesen war: »Überall grinst ihr Gesicht, nur im Schützengraben nicht.«[30]

**Die Eliten stehlen sich aus der Verantwortung**

Als Ende September 1918 die Oberste Heeresleitung sich gezwungen sah, mit ihrer Waffenstillstandsforderung die militärische Niederlage des Kaiserreichs einzugestehen, verband sich die Agitation gegen »jüdische Drückeberger« und »Kriegsgewinnler« mit der Dolchstoß-Legende – also der Behauptung, das deutsche Heer sei durch die Wühlarbeit »der Linken« und »der Juden« in der Heimat entscheidend geschwächt und um die Früchte des Sieges betrogen worden. Mit dieser Geschichtslüge suchten sich die gesellschaftlichen Führungsschichten, die das Kaiserreich ins Verderben gestürzt hatten, aus ihrer Verantwortung zu stehlen und sie anderen aufzubürden. Wie immer waren es vor allem die Juden, denen die Rolle des Sündenbocks zugedacht war. Auf der Sitzung der alldeutschen Verbandsführung am 19. und 20. Oktober 1918 forderte Konstantin Frhr. von Gebsattel seine Gesinnungsgenossen dazu auf, »die Lage zu Fanfaren gegen das Judentum und die Juden als Blitzableiter für alles Unrecht zu benutzen«. Und der Verbandsvorsitzende Heinrich Claß sekundierte: »Ich werde vor keinem Mittel zurückschrecken und mich in dieser Hinsicht an den Ausspruch Heinrich von Kleists, der auf die Franzosen gemünzt war, halten: Schlagt sie tot, das Weltgericht fragt Euch nach den Gründen nicht!«[31]

So zeichnete sich bereits vor dem endgültigen Zusammenbruch des Kaiserreichs die neue antisemitische Stoßrichtung der Nachkriegszeit ab. Die Kampagne gegen die »jüdischen Drückeberger« im Krieg hatte dafür die Grundlage geschaffen.

## Anmerkungen

1 Julius Marx: Kriegstagebuch eines Juden. 2. Aufl., Frankfurt am Main 1964, S. 112.
2 Zit. nach Egmont Zechlin: Die deutsche Politik und die Juden im Ersten Weltkrieg. Göttingen 1969, S. 87, 90.
3 Abgedr. in: Kriegsbriefe gefallener deutscher Juden. Hrsg. vom Reichsbund jüdischer Frontsoldaten. Berlin 1935, S. 21.
4 Ernst Toller: Eine Jugend in Deutschland. In: ders.: Prosa, Briefe, Dramen, Gedichte. Hamburg 1961, S. 60.
5 Houston Stewart Chamberlain: Kriegsaufsätze. 4. Aufl., München 1914, S. 46.
6 Vgl. Werner Jochmann: Gesellschaftskrise und Judenfeindschaft in Deutschland 1870–1945. Hamburg 1988, S. 101.
7 J. Marx (wie Anm. 1), S. 32.
8 Otto Arnim (d. i. Alfred Roth): Die Juden in den Kriegsgesellschaften. München 1921, S. 14.
9 Zit. nach W. Jochmann (wie Anm. 6), S. 111. Vgl. auch Clemens Picht: »Er will der Messias der Juden werden«. Walther Rathenau zwischen Antisemitismus und jüdischer Prophetie. In: Hans Wilderotter (Hrsg.): Walther Rathenau 1867–1922. Berlin 1993, S. 123 f.
10 Werner T. Angress: Das deutsche Militär und die Juden im Ersten Weltkrieg. In: Militärgeschichtliche Mitteilungen Jg. 19 (1976), S. 77 ff. – dort auch S. 97 f. der Wortlaut des Erlasses und des Nachweisungsformulars (auch für das folgende Zitat).
11 Helmut Berding: Moderner Antisemitismus in Deutschland. Frankfurt am Main 1988, S. 169.
12 E. Zechlin (wie Anm. 2), S. 525.
13 Schreiben Cassels an Oberst Hoffmann, Direktor des Zentraldepartements des preußischen Kriegsministeriums 7. 11. 1916; W. T. Angress (wie Anm. 10), S. 99–102 (Zitate S. 101/102).
14 Ergänzungserlaß des Kriegsministers von Stein, 11. 10. 1916; T. W. Angress (wie Anm. 10), S. 103.
15 Schreiben von Steins an Cassel, 20. 1. 1917; T. W. Angress (wie Anm. 10), S. 120 f.
16 Zit. in ebda., S. 99.
17 J. Marx (wie Anm. 1), S. 138.
18 Vgl. E. Zechlin (wie Anm. 2), S. 533. – Vgl. auch Georg Salzberger: Aus meinem Kriegstagebuch. Frankfurt am Main 1916, S. 131: »Die Kluft zwischen Juden und Christen, die überbrückt gewesen war, tat sich von neuem auf. Der Jude fühlte sich als Gezeichneter.«
19 R. Lewin: Der Krieg als jüdisches Erlebnis. In: Monatsschrift für Geschichte und Wissenschaft des Judentums 63 (1919), S. 9; zit. nach H. Berding (wie Anm. 11), S. 169.
20 Ernst Simon: Unser Kriegserlebnis (1919), wieder abgedr. in: Ernst Simon: Gesammelte Aufsätze. Heidelberg 1965, S. 20 f.
21 Jüdische Rundschau 21. Jg. Nr. 43 v. 27. 10. 1916, S. 351; zit. nach Clemens Picht: Zwischen Vaterland und Volk. Das deutsche Judentum im Ersten Weltkrieg. In: Wolfgang Michalka (Hrsg.): Der Erste Weltkrieg. Wirkung–Wahrnehmung–Analyse, München-Zürich 1994, S. 748.
22 Zit. nach E. Zechlin (wie Anm. 2), S. 537.
23 Franz Oppenheimer: Die Judenstatistik des preußischen Kriegsministeriums. München 1922, S. 14.
24 Vgl. ebd., S. 5.
25 Otto Arnim (d. i. Alfred Roth): Die Juden im Heer. München 1919; ders.: Die Juden in den Kriegsgesellschaften (wie Anm. 8).
26 Jacob Segall: Die deutschen Juden als Soldaten im Kriege 1914–1918. Eine statistische Studie, Berlin 1921; vgl. auch E. Zechlin (wie Anm. 2), S. 538 f.
27 Vgl. Wilhelm Deist: Verdeckter Militärstreik im Kriegsjahr 1918? In: Wolfram Wette (Hrsg.): Der Krieg des kleinen Mannes. Eine Militärgeschichte von unten. München–Zürich 1992, S. 146 ff.; Volker Ullrich: Als der Thron ins Wanken kam. Das Ende des Hohenzollernreiches 1890–1918. Bremen 1993, S. 172 f.
28 F. Oppenheimer (wie Anm. 23), S. 45.
29 Schreiben Cassels an von Stein, 7. 9. 1917; W. T. Angress (wie Anm. 10), S. 128 f.
30 Zit. nach ebda., S. 77.
31 Zit. nach Uwe Lohalm: Völkischer Radikalismus. Die Geschichte des Deutschvölkischen Schutz- und Trutz-Bundes 1919–1923. Hamburg 1970, S. 53.

*Erhard Stölting*

# *Sechzehntes Bild:* »Der Verräter«

»Der Jude kann nur jüdisch denken.
Schreibt er deutsch, dann lügt er.
Der Deutsche, der deutsch schreibt,
aber undeutsch denkt, ist ein Verräter! Der Student,
der undeutsch spricht und schreibt, ist außerdem
gedankenlos und wird seiner Sache untreu.«[1]

Der soziologische Typus des Verräters steht zum Antisemitismus in einem widerspruchsvollen Verhältnis. Auf der einen Seite erscheint er als einer seiner »natürlichen« Bestandteile, denn er weckt wie fast alle antisemitischen Stereotype Abscheu und Verachtung. Auf der anderen Seite scheint er sich gegen die Einbindung zu sperren. Denn wenn die »Juden« negativ als Fremde oder gar antithetisch zur »eigenen« Gruppe konstruiert werden, läßt sich der Vorwurf eines Verrats kaum erheben. Verraten kann doch nur derjenige, der der verratenen Gruppe angehört. Nur die »eigene« soziale Gruppe läßt sich verraten.

**Der Typus**

In den Typen des Verrats und des Verräters sind soziale Beziehungen mitgedacht, die auf Vertrauen basieren. Die Würde, das Wohlergehen oder die Existenz der anderen hängen von der Treue des potentiellen Verräters ab. Oder anders: Vertrauensbeziehungen sind solche, die verraten werden können. Nicht jedem wird vertraut. Die Grenze zwischen »uns« und den »anderen« ist auch eine zwischen prinzipiellem Vertrauen und prinzipiellem Mißtrauen.

Präzisieren läßt sich der Typus des Verräters, wenn man ihn von dem des »Spions« unterscheidet, der sich verstellt und tut, als gehöre er zu »uns«. Seine Täuschung ist gefährlich, und es ist gut, vor seinesgleichen auf der Hut zu sein. Aber er hat nie zu »uns« gehört. Er hat die Gruppe, in die er sich einschlich, in feindlicher Absicht getäuscht; aber er hat sie nicht in einem moralischen Sinne verraten. Das Vertrauen bewies nur Vertrauensseligkeit, Naivität, Ungeschick. So teuflisch und böse, so hassenswert der Spion mithin sein kann, er ist nicht verächtlich. Wenn die Figur des Spions in antisemitischen Diskursen erscheint, dann weil Verstellung, Schauspielerei, als jüdischer Wesenszug erscheint, wie der antisemitische Pamphletist Werner Sombart anschaulich behauptete.[2] Verstellung aber ist ein Mittel des teuflischen Feindes, nicht des Verräters.

Das Vertrauen unterstellt Selbstlosigkeit. Die Gruppe erwartet Selbstlosigkeit von ihren Mitgliedern – in einer Liebesbeziehung, einer Familie, einem Verein, einer Gang oder einer Nation. Das Motiv des möglichen Verrats ist damit vorgegeben: egoistische Selbstsucht, derentwegen die Existenz der Gruppe aufs Spiel gesetzt wird. Je wertvoller die Gemeinschaft ist, die von der Selbstlosigkeit ihrer Mitglieder lebt, desto verächtlicher ist dies Motiv des Verrats und desto verabscheuungswürdiger der Verräter.

Von der individuellen Sozialbeziehung zur kollektiven besteht dabei ein sich von zwei Polen her ergänzendes und wechselseitig interpretierendes Kontinuum. Vertrauen wird erstens als Moment einer persönlichen Beziehung gedacht. Die Konnotierung dieser Beziehung als »heilig« ermöglicht es, abstrakte Kollektiva in ethische Postulate zu transformieren.

Die verratenen Beziehungen erscheinen als oder wie persönliche, wo immer von Verrat die Rede ist. Auch Herrschaftsbeziehungen, die von Verrat bedroht werden können, werden entsprechend nicht als formelle im modernen Sinne, sondern als persönliche interpretiert, wie in der feudalen Gesellschaft des mittelalterlichen Europa.[3] Aber nicht nur dort.

In wohl allen Gesellschaften, die primär nach Familien- und Verwandtschaftsbeziehungen strukturiert sind, ist der Verrat ein besonders entsetzliches Verbrechen. Der Abscheu vor ihm verstärkt soziale Kohäsion. Das macht plausibel, warum selbst bei abstrakten Kollektiva die Begriffe der Treue und des Verrats zur Stimulierung selbstloser Hingabe eingesetzt werden. Obwohl sie nicht auf der Basis von primären verwandtschaftlichen Beziehungen organisiert sind, beziehen sich ihre Mitglieder quasi-verwandtschaftlich aufeinander, um den Wert der Treue bzw. der selbstlosen Hingabe zu betonen. So reden sich die Mitglieder vieler religiöser und sozialer Sekten und Bewegungen mit »Bruder« oder »Schwester« an. Sinngemäß gilt das auch für kriminelle und nicht-kriminelle Geheimorganisationen.

Entsprechend ist auch gegenüber abstrakten Kollektiva, den sozialen Bewegungen, Parteien, Nationen, Staaten das persönliche Treuegebot wirksam, mittels dessen diese sakralisiert werden. Der Verrat ist nicht nur verächtlich, sondern auch blasphemisch. Die profane Welt dagegen kann nicht verraten werden. Der Verrat an der Nation ist verbrecherischer als der an einem Kegelklub. Je heiliger das Verratene, desto niedriger ist das Motiv des Verrats, desto schwerer wiegt der Verrat und desto abscheulicher ist der Verräter.

Wie jeder begriffliche Typus kann allerdings auch der des Verrats variiert werden. So kann etwa die verratene Ausgangsgruppe in moralischer Perspektive verkehrt werden. Der Renegat gilt dann als besonders vertrauenswürdig. Darauf hat insbesondere Georg Simmel hingewiesen.[4] Der Übergang wird in diesem Falle als besonders positiv empfunden, der »Verrat« aber typischerweise durch Anführungszeichen ironisiert. Die heitere Selbstbezichtigung des »Klassenverrats« gehörte zu fast jeder Autobiographie kommunistischer Intellektueller.

Immer ist die Figur des Verräters dynamisch. Denn der Verräter muß Mitglied der Gemeinschaft gewesen sein. Er läßt sich erst nach dem Verrat als absolutes Gegenprinzip konstruieren. Der Verräter ist dann der Apostat. Ihre letzte Steigerung erhalten Verrat und Verräter aber in der Polarisierung von Heiligem und Profanem. Streng genommen könnte der Verrat als blasphemischer Einbruch profaner Motive in die sakrale Sphäre gedacht werden. Je heiliger die verratene Beziehung, desto schändlicher der Verrat und desto verächtlicher der Verräter. Der Verrat am sakralisierten Vaterland kann etwa dem Verrat an Gott gleichgesetzt werden.

Die immanenten Konstruktionsprobleme des soziologischen Typus finden sich gebündelt bei der literarischen Urgestalt des Verräters, bei dem Judas Ischariot des Neuen Testaments.

**Judas**

Eindeutig ist Judas einer der zwölf Jünger von Jesus. Er verrät Jesus an seine Gegner. Genauer: Er verrät, wo Jesus zu finden ist, ohne daß der sich versteckt hätte, und erhält dafür dreißig Silberlinge, den »Judaslohn«, die ihm von den Hohenpriestern und den Pharisäern versprochen worden waren. Er führt daraufhin die Häscher in den Garten Gethsemane am Ölberg, wo Jesus und die anderen Jünger eben die Nacht verbracht haben und kennzeichnet seinen »Meister« durch einen Kuß, den »Judaskuß«.[5] Diese Geschichte gehört zum religiösen Grundwissen des christlichen Europa und hat sich idiomatisch festgesetzt. Vor allem das Johannes-Evangelium lieferte einen einflußreichen Begriff des Verräters Judas.[5]

In Abendmahlsdarstellungen erscheint das Motiv des Gegensatzes von Treue und Verrat, personifiziert in Johannes, der sich an die Brust Jesu lehnt und Judas, der sich meist abwendet, in der Hand einen Geldsack. Meistens hat Judas rotblondes oder rotbraunes Haar und ein gelbes Gewand, als Kennzeichen des Neides. Wird den Jüngern ein Heiligenschein zugebilligt, dann nicht dem Judas.

Den Jüngern fiel es gleichwohl offenbar schwer, Judas als das zu erkennen, was er werden würde. Im biblischen Text hat er keine besonderen Kennzeichen. Er war einfach einer der Jünger, und nicht einmal er selbst scheint vor dem Verrat von seiner künftigen Sonderrolle gewußt zu haben. Nur Jesus wußte, wer sein Verräter sein würde. Als er während des Abendmahles entsprechende Andeutungen macht, dringen die Jünger auf Auskunft. Schließlich leben sie in einer Gemeinschaft, die Mißtrauen gerade ausschließt. Selbst der Akt, in dem Jesus den Judas als Verräter kennzeichnet, konnotiert vertrauensvolle Gemeinschaft: Jesus taucht einen Bissen in Wein und reicht ihn Judas als Erkennungszeichen.

Die Motive des Verrats kontrastieren mit der Göttlichkeit von Christus. Sie heben diese Göttlichkeit hervor und müssen dafür als absolutes Gegenteil gefaßt werden. Allerdings ist es schwierig, gegen das Heilige bzw. das Göttliche zu rebellieren, wenn es als solches erkannt ist.

Eine Möglichkeit besteht darin, den Teufel als den Widersacher Gottes ins Spiel zu bringen. Johannes zufolge, fährt Satan genau in dem Augenblick in Judas hinein, als Jesus das Brot mit ihm teilt.[7] Der folgende Satz des allwissenden Jesus, »Was du tust, das tue bald!«, läßt sich fast schon als eine Anweisung zum Verrat lesen. Auch Lukas zufolge fuhr Satan in Judas.[8] Bei Johannes wird Judas sogar unmittelbar als Teufel identifiziert.[9]

Das Besessensein durch Satan vereinfacht zwar die Erklärung des Verrats. Es bedarf dann eigentlich keiner weiteren Suche nach Gründen. Zugleich macht diese Erklärung Judas zum eigentlich schuldlosen Instrument des göttlichen Heilsplans. Seine Gestalt ist dann eher tragisch als verächtlich. auf der anderen Seite ermöglicht die Identifikation mit dem Teufel, in Judas alle denkbaren Scheußlichkeiten zu bündeln. Insofern er mit den Juden identifiziert würde, wäre er der absolute Feind schlechthin. Dieser Diskurs ist zweifelsohne in den großen Pogromen des Mittelalters vor allem von den Bettelmönchen geführt worden.[10]

Es gibt aber auch eine weniger dramatische Variante des Typus, die das Motiv von »innen« erklären könnte, den »Judaslohn«. Wenn das Motiv des Verrats Habsucht, Geldgier oder Geiz wäre, dann wäre sowohl eine Übereinstimmung mit dem mittelalterlichen Judenstereotyp gefunden, wie die Möglichkeit, das Profane mit dem Heiligen zu kontrastieren. Auch dafür gibt es Anhaltspunkte.

**»Judaslohn«**

Judas war Schatzmeister der Jünger.[11] Und er war – Johannes zufolge – ein Dieb. Als Jesus im Hause des wiedererweckten Lazarus zu Gast ist, salbt Maria seine Füße mit »köstlicher Narde«. Judas tadelt die Verschwendung. Geiz und egoistischer Diebstahl liegen offenbar eng beieinander – die Salbe hätte nach Judas für dreihundert Silbergroschen verkauft werden können. Immanent gesehen verweist dieser Einwand von Judas aber allenfalls auf Sparsamkeit, nicht auf Verrat. Hinzukommt, daß andere Versionen der Geschichte dieses Motiv nicht sehen. Matthäus zufolge hielt sich Jesus im Hause Simons des Aussätzigen in Bethanien auf. Hier gießt »eine Frau« Duftwasser auf das Haupt von Jesus. Nicht Judas tadelt in dieser Szene die Verschwendung, sondern die Jünger gemeinsam.[12] Bei Markus sind die Tadler am gleichen Ort und aus gleichem Anlaß: »etliche«.[13] Das Motiv der weltlichen Sparsamkeit fungiert hier offenbar doch primär als Kontrast zum lehrenden Jesus. Die Schwäche der Jünger besteht darin, daß sie die Besonderheit von Christus nicht erkennen. Seine Sparsamkeit isoliert Judas nicht von den übrigen Jüngern.

Der Zusammenhang zwischen der Zugehörigkeit zu einer Gemeinschaft und dem möglichen Verrat wird in den Abendmahlsszenen besonders deutlich. Gerade das gemeinsame Essen stellt symbolisch eine Gemeinschaft her, die Voraussetzung für den Verrat ist.[14] Hier verwies Jesus auf den künftigen Verrat und verkündete dem Verräter Unheil.[15]

Für einen Verrat von eschatologischer Dimension wirkt das Motiv des Geizes oder der Sparsamkeit, wie es im Neuen Testament erscheint, schwach. Ein wesentliches Charakteristikum des Verrats und des Verräters kommt aber genau in diesem Mißverhältnis zum Ausdruck. Die Größe von Jesus und der niedrige Preis, für den er verraten wird, stehen in keinem angemessenen Verhältnis. Die heilige Gemeinschaft ist dem Verräter nichts wert. Er gehört nicht dazu, weil er die sakrale Größe nicht erkennen kann. Aber auch diese Blindheit wird Judas offenbar nicht allein zugeschrieben. Bei Johannes geschieht der Abfall kollektiv. Es sind viele Anhänger, die Jesus im Stich lassen; Judas ist kein Einzelfall. Das Motiv, das schon in der Frage des Geizes auftauchte, wiederholt sich hier.

Abfall, Verrat auf der einen Seite, Treue auf der anderen sind aber notwendige Elemente der Christuserzählung. Ohne den Verrat wäre Jesus nicht gekreuzigt und die Welt nicht errettet worden. Der Teufel, der den hilflosen Judas erfaßt, ist selbst ambivalent. Schließlich dringt er, Johannes zufolge, im Augenblick höchster Gemeinschaftlichkeit in Judas ein. Es erstaunt nicht, daß es nach der Apostelgeschichte der heilige Geist selbst war, der durch Judas gesprochen hat, damit die Prophezeiung erfüllt werde.[16]

So uneindeutig die Person vor dem Verrat war, so eindeutig wird sie durch ihr Schicksal danach. Sie gehört nicht mehr dazu und wird für ihren Verrat bestraft. Die schrecklichen Berichte häufen sich: Judas habe einen Acker für das Geld gekauft. Dort sei er hingestürzt und »mitten entzweigeborsten« und habe seine Eingeweide ausgeschüttet. Daher der Name Blutacker.[17] Nach Matthäus erkennt Judas, daß er falsch gehandelt hat und bringt das Geld zu den »Hohenpriestern und Ältesten« zurück; aber die nehmen es nicht an. Er wirft das Geld in den Tempel, geht fort und erhängt sich.[18] Einer späteren Legende nach tut er dies am Judasbaum. Diese Geschichten zeigen, daß der Verräter noch immer sehr wohl einer moralischen Regung und der Reue fähig ist. Ein Spion wäre es nicht gewesen, weil er nicht verraten hat.

Damit erscheint es wiederum schwierig, die Figur des Judas als Gegenpol des Heiligen und Guten zu konstruieren. Die Judasgeschichte steht unter Erzählzwang, der Widersprüche beheben soll.

In der Legenda Aurea des Jakob von Voragine ist Judas das Kind von Cyborea, der Frau des Ruben vom Stamme Dan, die des Nachts von einem Schlangengeist heimgesucht worden war.[19] Die künftige Mutter weiß, daß sie ein verderbtes Kind zur Welt bringen wird, das die Ursache des Untergangs ihres Volkes sein wird. Da die Eltern das Kind, nachdem es geboren ist, weder aufziehen noch töten wollen, setzen sie es in einem Schilfkörbchen auf dem Meer aus, wo es auf der Insel Skarioth angetrieben wird. Die kinderlose Königin der Insel findet das Kind, läßt es heimlich nähren und täuscht eine Schwangerschaft vor. Schließlich erklärt sie, ein Kind geboren zu haben. Kurze Zeit danach bekommt die Königin noch ein Kind von ihrem Mann, dem König. Beide Kinder wachsen gemeinsam auf. Als die Tatsache bekannt wird, daß Judas nicht der rechtmäßige Erbe ist, tötet er den rechtmäßigen Erben und flieht nach Jerusalem an den Hof von Pilatus. Pilatus favorisiert ihn. In seinem Auftrag soll Judas Äpfel im Nachbargarten stehlen. Judas erschlägt den Besitzer des Gartens, als er ihn beim Stehlen ertappt. Dabei weiß er nicht, daß der Erschlagene sein leiblicher Vater war. Judas erhält von Pilatus die Erbschaft Rubens und er heiratet dessen Frau, seine eigene Mutter.

Nun erst mündet die tragische Ödipusgeschichte in die Christusgeschichte ein. Als er von seinem Frevel erfährt, geht Judas voller Verzweiflung zu Jesus und bittet ihn um Vergebung seiner Sünden. Der macht ihn zu seinem Jünger und vertraut ihm. Aber Judas kann seinem Schicksal nicht entgegen handeln. Er stiehlt das Geld, das ihm zur Verwaltung anvertraut war, verrät Christus und hängt sich am Judasbaum auf. Der Bauch platzt ihm. In der Luft wird Judas den Dämonen in den Lüften zugeordnet. Denn weder auf der Erde in Gemeinschaft der Menschen noch in Gemeinschaft der Engel findet er einen Platz.

Die Widersprüchlichkeit der Judaserzählung erscheint unaufhebbar. Er ist entweder besessen und damit eine unschuldige oder tragische Figur, oder er ist schuldig, dann aber voller Gewissenspein: also eher ein schwacher Sünder als ein Verbrecher. Nur ex post läßt er sich widerspruchsfrei zur negativen Kontrastfigur steigern.

Als solche erscheint er bei Dante. In der Göttlichen Komödie hat Judas im 9. und letzten Kreis der Hölle, dem Ort der Verräter, seinen Platz. In der vierten und letzten Zone dieses Kreises sind Judas, Brutus und Cassius gefangen. Satan befindet sich dort mit drei Gesichtern. Das rechte und das linke haben Brutus und Cassius halb verschlungen, nur ihre Oberkörper ragen noch aus beiden Mäulern. Die beiden Römer verrieten Caesar und damit das Imperium und den Kaiser. Das mittlere Gesicht verschlingt Judas, sein Kopf ist bereits verschwunden. Er hat Jesus und damit die heilige Kirche verraten.

Judas als historisch-moralischer Typus war für anti-jüdische Zuordnungen offen. Mindestens ebenso wichtig aber blieben die Zuordnungen des Typus zu Verrätern überhaupt. Der Verrat wurde in den Begriffen der Judaserzählung gedacht. Der Name zu einem, auch in Zusammensetzungen einsetzbaren, Schimpfwort.

**Im Widerspruch von Ausschluß und Zugehörigkeit**

»Judas« als literarische Figur blieb uneinheitlich. In vielen mittelalterlichen Darstellungen war er eindeutig als Jude gekennzeichnet, in vielen anderen nicht. Widersprüchlichkeit zeigte sich auch in populären Beschimpfungen. Das Schimpfwort »Judas« etwa bezeichnete den Verräter, das Schimpfwort »Jude« bezog sich eher auf Personen mit einem unlauteren oder skrupellosen Geschäftsgebaren. Die klangliche Ähnlichkeit ist aber eine deutsche Spezialität.[20]

Der moderne Einsatz des Verräter-Typus ist von seinen – schon in der Judas-Figur enthaltenen immanenten Problemen – mit bestimmt. Wenn Juden als die absolut anderen konstruiert werden, taugen sie nicht als Verräter. Sind sie Verräter, dann haben sie zumindest bis zum Zeitpunkt des Verrats zur Gemeinschaft gehört. Die moderne antisemitische Verwendung muß daher im Zusammenhang mit der Emanzipation gesehen werden, also jener Entwicklung, in der Juden gleichberechtigte Staatsbürger und als solche ununterscheidbare Teile der Nation wurden oder werden sollten. Wo in den antisemitischen Diskursen die Andersartigkeit der Juden betont wurde, erschienen diese vielleicht als Spione, die sich eingeschlichen haben, aber nicht als Verräter. Verräter waren jene Nicht-Juden, die mit ihnen zusammenarbeiteten, sie unterstützten oder gegen den Antisemitismus Stellung bezogen. In diesem Sinne war nicht so sehr Alfred Dreyfus als vielmehr Emile Zola Verräter.

Wo der Verratsvorwurf gegen Juden erhoben wurde, wurde ihr Aufgehen in der Nation zumindest implizit anerkannt. Es ging dann darum, dieses Aufgehen rückgängig zu machen oder, wo es noch nicht vollendet war, es zu verhindern. Als Teil des modernen Antisemitismus kann der Vorwurf des Verrats mithin als Instrument im Kampf gegen die Emanzipation gesehen werden – und dabei vor allem als Kampfmittel, eine schon gelungene Emanzipation rückgängig zu machen. In diesem Sinne gehört der Verratsvorwurf zum Kern des modernen Antisemitismus. Er ordnet sich dann insbesondere dem Topos der Zersetzung ein, der Zerstörung der ursprünglichen und natürlichen Kraft, der Dekadenz.[21]

**Instrument im Kampf gegen die Emanzipation**

Vom älteren Antijudaismus war dabei das Motiv der Geldgier, des Geizes und des egoistischen Gewinnstrebens, das in der Judasgeschichte aufgetaucht war, in die moderne Konstruktion transponierbar. Der Verräter verriet die heilige Nation aus kleinlichen und profanen Motiven – wo die Geldgier nicht zu teuflichen Dimensionen aufgeblasen wurde. Die angebliche jüdische Unfähigkeit, sich selbstlos mit dem nationalen Gemeinwesen zu identifizieren, konnte ebenso Folge ihrer »fremden« Religion wie ihrer profanen Mentalität sein. Die Definition Preußens als protestantischer Staat schloß z. B. die Katholiken aus. Preußen bzw. Deutschland als christlicher Nationalstaat schloß die Juden aus.[22] Bis zu Treitschke blieb die antisemitische Forderung auf die Taufe bzw. den Austritt aus dem Judentum als Voraussetzung für Aufnahme in die deutsche Nation beschränkt. Aber nach der Taufe war immer noch jener Vorwurf möglich, der im 15. und 16. Jahrhundert gegen die Marranen gerichtet worden war, das Christentum nur zum Schein angenommen zu haben. Der mögliche Verrat erschien dann als zwangsläufige Folge der Integration.

**»Verrat« als Muster des modernen Antisemitismus**

Das Muster des modernen westeuropäischen Antisemitismus enthielt also nicht mehr so sehr die Vorwürfe der Hostienschändung, des Gottesmords oder des Bunds mit dem Antichrist, sondern den Verrat. Ganz eindeutig wurde er eingesetzt, um den Emanzipations- und Integrationsprozeß rückgängig zu machen.

Paradigmatisch für diesen Zusammenhang wäre die Gestalt von Alfred Dreyfus und die politischen Frontstellungen, die sich an seiner Verurteilung bildeten und bis heute fortwirken.[23] Das Grundmuster der antisemitischen Argumentation war einfach: Juden können nicht wirkliche Franzosen sein. Werden sie als Franzosen anerkannt, erringen sie gar Positionen, die Macht verleihen und Loyalität voraussetzen, so werden sie zu Verrätern. Die Armee war eine besonders geeignete Institution, einen gefälschten Verratsvorwurf zu erheben, denn sie repräsentierte – in Frankreich wie in anderen Nationalstaaten des 19. Jahrhunderts – die Nation selbst. Auch wenn die »Dreyfusards« die antirepublikanisch-klerikale Hegemonie brachen, die politische Konstellation blieb nach der Dreyfus-Affäre in Frankreich erhalten. Ihre Argumente wiederholten sich, wie Winock gezeigt hat, in den dreißiger Jahren und in der Zeit der Vichy-Regierung, als Léon Blum von den Antisemiten zum Typus des jüdischen Verräters aufgebaut wurde. Das wiederholte

**Frankreich**

sich nach dem Zweiten Weltkrieg zur Zeit des Algerienkrieges in der Agitation gegen Pierre Mendès-France.[24]

**Deutschland**

In Deutschland war die diskursive Konstellation nahezu gleich. Das nach 1871 von Bismarck geprägte Schimpfwort »Reichsfeinde« richtete sich anfangs zwar primär gegen Katholiken und Polen. Wo sie an die Macht kämen, würden sie zweifellos Verrat am deutschen Staat begehen. Der Vorwurf war aber leicht auf die Juden übertragbar. Zunächst waren zwar nur Konvertiten zum christlichen Glauben prädestiniert, »Verräter« zu werden.

***Abb.** 38 Alfred Dreyfus, der »Verräter«, dargestellt als Hydra, als mythologisches Monster: ein Kennzeichen totalitärer Denksysteme, der Aufruf zum immerwährenden Kampf, zur nie nachlassenden Suche nach dem Verräter. »Le traitre«. Musée des Horreurs, 1900.*

Die rassistische Version des Antisemitismus verallgemeinerte diese Möglichkeit.

Die Naturkategorie »Rasse« machte den Verrat nahezu unvermeidlich. Sie nahm damit jenen Platz ein, den in der Judasgeschichte die göttliche Allmacht oder Satan gehabt hatten. Die Juden wurden tragisches Werkzeug der Geschichte. Das rettete sie nicht vor den Vernichtungswünschen der Antisemiten.

Da vor dem Ersten Weltkrieg der Staatsdienst in Preußen Juden verschlossen war, und der bereits in jener Zeit virulente Antisemitismus auch getaufte Juden diskriminierte, wäre ein preußischer Fall Dreyfus schwierig gewesen. Der Fall Dreyfus war mithin paradoxerweise Indiz dafür, wieweit die Emanzipation in Frankreich bereits fortgeschritten war. Nach 1918 ließ sich der Vorwurf des Verrats auch in Deutschland antisemitisch systematisieren. Der »Dolchstoß«, der die Kampfkraft der im Felde unbesiegten deutschen Heere zerstört habe, die Unterzeichnung des Versailler Vertrages, die Konstitution der demokratischen Republik, der angeblich herrschende internationalistische Sozialismus, der die Zerstörung der echten deutschen Kultur zum Ziel hatte, waren eindeutig antisemitisch konnotiert und richteten sich gegen die Emanzipation. Die Rede von der »jüdischen Revolution« und dann der »Judenrepublik« enthielt immer auch den Vorwurf des Verrats.[25] Dessen grundlegende Ambivalenz aber bestand hier fort: Wurde er gegen Juden erhoben, dann war die angenommene Schwere des Verbrechens im Kontrast zur Heiligkeit der Nation instrumentalisierbar. Wurde auf die vorgebliche Andersartigkeit der Juden abgehoben, dann richtete sich der Verratsvorwurf primär gegen Nichtjuden.

**Rußland**

In ihrer modernen Ambivalenz erschien die Unterstellung des Verrats schließlich auch im russischen Kontext. Vor der Revolution war er schwer zu erheben. Der Antisemitismus folgte primär seinem mittelalterlichen Typus – es ging um vergiftete Brunnen, geschändete Hostien und vor allem um geschächtete Kinder. Nach dem Oktoberputsch der Bolschewiki hatte sich die Situation geändert. Unter Hinweis auf die vielen führenden Bolschewiki jüdischer Herkunft konnte die Rechte die bolschewikische Herrschaft insgesamt als antirussische jüdische Verschwörung geißeln. Lenin selbst wurde immer wieder verdächtigt, Jude zu sein. Stalin nutzte antisemitische Ressentiments in der Bevölkerung, aber auch in der Partei selbst, um nach Lenins Tod die alte Führung zu entmachten und zu vernichten. Allerdings äußerte sich dieser Antisemitismus überwiegend in Anspielungen und in Reizen zu antisemitischem Assoziieren, wenn etwa der als jüdisch erkennbare Geburtsname dem angenommenen politischen Namen beigefügt wurde.

Der Verratsvorwurf traf aber nicht nur Juden, und er trug die ursprünglichen Ambivalenzen des Typus weiter: Waren die Verräter, die in der »Großen Säuberung« entlarvt und gerichtet wurden, immer schon Verräter gewesen, waren sie von Anbeginn Agenten einer fremden Macht? Auf jeden Fall hatten sich die »Judasse« in die Spitze der Partei eingeschlichen.[26] Der

**Verratsvorwürfe nach dem Ende des Kommunismus**

Verratsvorwurf tauchte in Rußland nach 1985 innerhalb der sich formierenden Rechten wieder auf: Der Kommunismus sei eine jüdische Verschwörung gewesen.[27] Die Verratsprozesse in den nach 1945 neu gegründeten Volksdemokratien Osteuropas, vor allem der Rajk-Prozeß in Ungarn und der Slánský-Prozeß in der Tschechoslowakei griffen auf das Judas-Motiv in seiner antisemitischen Version zurück.[28]

Der soziologische Typus des Verräters konnte und kann also innerhalb des Antisemitismus eingesetzt werden, ohne in ihm aufzugehen. Er taucht auf, wo immer es in modernen Gesellschaften um soziale Gemeinschaften geht, die ihren Zusammenhalt moralisch-sakral zu überhöhen trachten, bzw. sich durch möglichen »Verrat« in ihrer Existenz bedroht sehen. Die großen antisemitisch aufgeladenen politischen Diskurse von nationalem Verrat, wie sie etwa in Frankreich, Deutschland oder Rußland geführt wurden, können durch Säkularisierung der Politik und der nationalen Identifikationen entdramatisiert werden. Auch in seiner antisemitischen Version welkt der Verräter dahin.

Andererseits jedoch bleibt der Topos auch in derart säkularisierter Gesellschaft im Verhältnis zu sozialen Bewegungen und zu Sekten präsent. Zur Steigerung der Kohäsion greifen sie vielfach auf die Sakralisierung ihrer Gemeinschaft und auf deren Bedrohung durch Verräter zurück. Das Einfallstor des Antisemitismus – auch des linken Antisemitismus – bleibt an dieser Stelle offen.

## Anmerkungen

1 Aus dem Aufruf der Deutschen Studentenschaft »Wider den undeutschen Geist!«, 1933.
2 Werner Sombart: Die Juden und das Wirtschaftsleben. Leipzig 1911, S. 410 ff.
3 Marc Bloch: Feudal Society. Chicago 1970, S. 145–162.
4 Vgl. den »Exkurs über Treue und Dankbarkeit«. In: Georg Simmel: Soziologie. Untersuchungen über Formen der Vergesellschaftung. Berlin 1968, S. 441.
5 Joh. 12,4: »Da sprach seiner Jünger einer, Judas Ischarioth, der ihn hernach verriet: Warum ist diese Salbe nicht verkauft um dreihundert Silbergroschen und den Armen gegeben. Das aber sagte er nicht, weil er nach den Armen fragte, sondern er war ein Dieb und hatte den Beutel und nahm an sich, was gegeben ward«.
6 Rudolf K. Goldschmit-Jentner: Jesus und Judas. In: Die Begegnung mit dem Genius. Darstellungen und Betrachtungen. Hamburg 1946, S. 302–324.
7 Joh. 13,27.
8 Luk. 22,3.
9 Joh. 6,70-71.
10 R. W. Southern: Western Society and the Church in the Middle Ages. Harmondsworth 1978, S. 304–309.
11 Joh. 12,4.
12 Mat. 26,6-13.
13 Mark. 14,3-5.
14 Mat. 26,21, 26,23: »Der die Hand mit mir in die Schüssel getaucht hat, der wird mich verraten.« 24: »Des Menschen Sohn geht zwar dahin, wie von ihm geschrieben steht; doch weh dem Menschen, durch welchen des Menschen Sohn verraten wird! Es wäre ihm besser, daß derselbe Mensch nie geboren wäre. Da antwortete Judas, der ihn verriet, und sprach: Bin ich's Rabbi? Er sprach zu ihm: Du sagst es.«
15 Mat. 26,20-25.
16 Apg. 1,16.
17 Apg. 1,15-26.
18 Mat. 27,3-10.
19 Jacques de Voragine: La légende dorée. Paris 1967, Bd. 1, Saint Mathias, S. 214–216.
20 Trotzki z. B. wurde von seinen stalinistischen Verfolgern als »Judas« bezeichnet oder gar als

»Juduschka« (Judaslein). Zu den antisemitischen Beschimpfungen, die auch gegen ihn gerichtet wurden, gehörte der Judas-Vorwurf allerdings nicht. Das russische Wort für »Jude« ist »Jevrej«, das Schimpfwort »Žid«, vgl. dazu: Gerd Koenen: Mythus des 21. Jahrhunderts? Vom russischen zum Sowjet-Antisemitismus – ein historischer Abriß. In: Gerd Koenen, Karla Hielscher: Die schwarze Front. Der neue Antisemitismus in der Sowjetunion. Reinbek 1991, S. 119.

21 Georges Sorel: La Révolution dreyfusienne. Paris 1909; Zeev Sternhell, Mario Sznajder, Maia Asheri: The Birth of Fascist Ideology. Princeton 1994, S. 79.

22 Zu diesem Zusammenhang seit Fichte, vgl. Friedrich Battenberg: Das Europäische Zeitalter der Juden. Darmstadt 1990, S. 129.

23 Maria Matray: Dreyfus. Ein französisches Trauma. München/Wien 1986; Sternhell et al., S. 80 ff.

24 Michel Winock: Nationalisme, antisémitisme et fascisme en France. Paris 1990, S. 157–185, 199–207.

25 Heinrich August Winkler: Deutsche Gesellschaft in der Weimarer Republik und der Antisemitismus. In: Bernd Martin, Ernst Schulin (Hrsg.): Die Juden als Minderheit in der Geschichte. München 1982, S. 271–289; Friedrich Battenberg: Das europäische Zeitalter der Juden. Darmstadt 1990, S. 230–257.

26 Robert Conquest: The Great Terror. A Reassessment. New York 1990, S. 71–108, 341–398.

27 Oder gar des »Juduschka«. Die Alliteration zum Wort »Jude« existiert im Russischen allerdings nicht. G. Koenen, ebd. S. 159.

28 François Fejtö: Die Geschichte der Volksdemokratien, Band 1. Frankfurt a.M. 1988, S. 272–301; Georg Hermann Hodos: Schauprozesse. Stalinistische Säuberungen in Osteuropa 1948–54. Frankfurt a.M. und New York 1988.

*Joachim Schlör*

# *Siebzehntes Bild:* »Der Urbantyp«

## Stadtbewohner par excellence

> »Städtebewohner wurden sie – ob freiwillig, ob zwangsweise, bleibt sich gleich, Städtebewohner sind sie bis auf den heutigen Tag geblieben.«
> (Werner Sombart 1911[1])

> »Man braucht bloß zu beobachten, wie das städtische Milieu heute auf die Menschen wirkt, wie sich der Landbewohner unter seinem Einfluß verändert, und dann in Betracht zu ziehen, daß die Juden das einzige Volk der Erde sind, das seit rund zwei Jahrtausenden eine rein städtische Bevölkerung bildet, und die Erklärung der jüdischen Eigenart ergibt sich zwangslos. Sie ist die auf die Spitze getriebene Eigenart des Städters. (...) Der Jude ist der Stadtbewohner par excellence geworden.« (Karl Kautsky 1942)

Zwei Stimmen, unterschiedlicher Herkunft, Bestandteil einer Debatte, die als spezifische Erscheinungsform einer in die Krise geratenen Moderne gelesen werden kann: Im Bild des jüdischen Stadtbewohners verdichten sich Furcht und Elend einer Gesellschaft, die sich nicht mehr wiedererkennt. Das Stereotyp reißt zwei historische Formationen auf, setzt sie miteinander in Beziehung und »komponiert« einen engen Zusammenhang: jüdische Kultur(en) in der Moderne hier, Großstadtkultur und Großstadtleben in der Moderne da. Eine Analyse, eine Dekomposition der Formel und ihrer einzelnen Bestandteile muß sich in das Spannungsfeld wagen, das vom Stereotyp vorgegeben wird. Von da aus soll, was einleuchtend und eindeutig erscheint, in Frage gestellt werden. Ein bloßes Zurückweisen der Formel als ahistorisch, als oberflächlich oder als undifferenziert – was alles wohl berechtigt wäre – schafft deshalb wenig Klarheit, weil die Gleichsetzung keineswegs nur in Texten aus dem antisemitischen Umfeld erscheint.

»Ein spezifischer Zug des jüdischen Lebens ist sein fast ausschließlich städtischer Charakter«, schreibt der Berliner Rabbiner Joachim Prinz, »die Juden sind das konzentrierteste Großstadtvolk«, heißt es bei dem Statistiker und nachmaligen Leiter des Palästina-Amtes in Jaffa, Arthur Ruppin, und selbst eine exakte Historikerin beginnt einen Aufsatz zum Thema mit dem Satz: »Das Leben in der Stadt war für Juden seit eh und je eine gewohnte Existenzform«[3] – als wäre nähere Erläuterung nicht mehr nötig. Auf der anderen Seite ist in Darstellungen zur Geschichte der modernen Großstädte häufig vom »wesentlichen Beitrag« der Juden zur Entwicklung dieser oder jener Stadt, zur Herausbildung einer bestimmten städtischen Eigenart die

Rede, bis hin zur These, erst die Anwesenheit jüdischer Kaufleute oder Bankiers verleihe einer Ansiedlung den Charakter des Städtischen.[4]

Gerade letztere Formel verweist auf die Herkunft des Stereotyps aus vormoderner Zeit. Seine Brisanz erhält es aber erst durch die Existenz der modernen Großstädte und mit der Modernisierung des Judentums in Europa. »Moderne« (oder antimoderne) Großstadtfeindschaft und moderner Antisemitismus bedienen sich eines bereits vorhandenen Vorurteils, sie schmieden es zum Instrument der gesellschaftlichen Auseinandersetzung um den Weg der Moderne. Es ist eine Debatte über ein Thema, das in den Grundkonflikt der Moderne führt. Die allgemeine Debatte über den *Ort* des Judentums, ebenso wie lokal gebundene Auseinandersetzungen über das Verhältnis der Juden zu »ihrer« Stadt, über das Verhältnis der Stadt zu »ihren« Juden, induziert, provoziert Debatten über die *Einrichtung* der modernen Gesellschaft an dem Ort, an dem sie sich selbst findet (und entdeckt und fürchtet), in der großen Stadt.

**Antisemitismus und Großstadtfeindschaft**

Eine sachlich und mit aufklärerischem Interesse geführte Debatte hätte durchaus wichtige Fragen zu beantworten: Welchen Platz in diesem sich verändernden, sich bewegenden Koordinatensystem der werdenden Großstädte finden die jüdischen Gemeinden, welcher Platz wird ihnen zugewiesen? Wie verändern und entwickeln sich Alltag und Lebensweise der jüdischen Gemeinden im Zuge der Urbanisierung? Aber die Debatte wird seit ihrem Beginn von einer Fülle von judenfeindlichen Bildern vergiftet. In der Summe ergeben diese Bilder (manche von ihnen werden in den anderen Aufsätzen unseres Bandes vorgestellt und analysiert) ein neues Bild der Deckungsgleichheit von jüdischer Kultur und Stadtkultur. Die idealtypische Formel ist dreigliedrig, in Karl Kautskys Worten: »Der Jude ist der Stadtbewohner par excellence geworden«, in noch stärker verkürzter Form: *Juden sind Städter.* Alle drei Bestandteile der Formel sind Festlegungen, Setzungen, die damit auch sämtlich der genaueren Nachfrage bedürfen. Wie unzulässig es ist, in irgendeinem Zusammenhang »die Juden« als Träger einer bestimmten Eigenschaft zu kennzeichnen, soll dieses ganze Buch zeigen; historische und kulturwissenschaftliche Forschungen zum Prozeß der äußeren und inneren Urbanisierung, die hier nur ansatzweise referiert werden können, auf die aber verwiesen sei[5], zeigen, daß auch das Wort »sind« so nicht stehenbleiben kann.

**Widerspruch zur historischen Entwicklung**

Hier konstruiert das Vorurteil eine historische Kontinuität von den deutschen städtischen Siedlungen des Mittelalters (oder gar von den großen Städten der jüdischen Kultur in Spanien oder womöglich sogar von Jerusalem her) bis zu den Großstädten des 19. und 20. Jahrhunderts und läßt dabei alle Brüche außer acht, die die Geschichte der Städte selbst erlebte und die gerade die jüdischen Gemeinden betrafen – zwischen den Vertreibungen des 15. und 16. Jahrhunderts und dem »Zug in die Städte« nach 1870 liegt eine lange Epoche des Landjudentums, die in manchen Regionen Deutschlands bis in die zwanziger Jahre dieses Jahrhunderts andauerte.[6]

Die Urbanisierung der Juden in Deutschland vollzog sich wohl »schneller und in weit größerem Umfang als die der übrigen Reichsbevölkerung«, wohnten 1871 bereits 20% der Juden, aber nur 5% der Gesamtbevölkerung in Großstädten, waren es 1910 27% der Gesamtbevölkerung, aber 67% der Juden. Monika Richarz hat darauf hingewiesen, daß in diesem Zeitraum das allgemeine Bevölkerungswachstum aber sehr viel höher war als das der jüdischen Minderheit: »Diese negative demographische Entwicklung trat nicht in das Bewußtsein der Öffentlichkeit, da die Juden durch ihre Konzentrierung in den Städten und in einzelnen Berufsgruppen sowie durch die ostjüdische Zuwanderung eher *an Sichtbarkeit zugenommen* hatten.«[7] Das Stereotyp bedient sich dieses Eindrucks; daß er von der Statistik relativiert oder in Teilen auch widerlegt werden könnte, beeinträchtigt die Wirksamkeit des Stereotyps nicht. »Although it is often assumed that the Jews were a predominantly urban element, this characteristic is only partially true for the first half of the nineteenth-century in Central and Eastern Europe. Institutional constraints such as general settlement laws (in Germany on the books until 1848), special discriminatory legislation against Jewish migration or settlement, and lack of civil rights, etc., were still operative during the first half of the nineteenth century.«[8] Arcadius Kahan zieht aus dieser Tatsache den Schluß, »therefore, the Jewish migration to the cities, which took place during the 1850s and 1860s, should be considered as the effect of removal of discriminatory legislation and institutional constraints of the earlier period«, als Ausgleich, als Nachholprozeß.

Genau diese Epoche bietet aber den Hintergrund für die Entstehung der modernen Version des überlieferten Stereotyps. Die Begründung einer deutschen Volkskunde und Nationalökonomie im Jahrhundert der Industrialisierung ist, wie Klaus Bergmann gezeigt hat, eng mit dem Begriffspaar »Agrarromantik und Großstadtfeindschaft«[9] verbunden. Die Romantisierung des Lebens auf dem Lande, die Verherrlichung des Bauernstands, der dörflichen Sitten und Gebräuche, die Idealisierung der Familie und des »trauten Heims« – das sind Motive, die in der Literatur wie in der Wissenschaft gerade dann in den Vordergrund drängen, als ihre materielle Grundlage, die agrarische Gesellschaft der deutschen Kleinstaaten, verlorengeht. Im Prozeß der nationalen Einigung und der industriellen Revolution werden die Unterschiede eingeebnet, der Ort, der als »Laboratorium der Moderne« angesehen – und angeklagt – wird, ist die große Stadt, ist vor allem: Berlin.

Diese großstadtfeindliche Denkrichtung, die in Deutschland mehr als anderswo wirksam war, bedient sich im weiten Feld der Vorurteile; ihre Vertreter identifizieren wirkliche und eingebildete »Stadtbewohner« – das Proletariat, die »gefährlichen Klassen« und eben auch das Judentum – mit ihrem Schreckbild Stadt. Im Nationalsozialismus wird daran angeknüpft. Eine 1938 veröffentlichte Tabelle, die für 1925 den »Anteil der Israeliten an der Wohnbevölkerung« zeigt – und die vor allem zeigt, daß dieser vielberedete »Anteil« in keiner deutschen Provinz über 1,72 (Hamburg) und 1,51% (Hessen) hinausging, während sie sonst weit unter dieser Marge blieb und im Reich bei 0,90% lag – soll beweisen, »daß das Judentum mehr die Stadt und die Großstadt bevorzugt, während es das flache Land meidet«. Die Tat-

**Schreckbild Stadt**

sache, daß für Preußen 1925 »von 10 Juden 7 in der Großstadt und 3 in der Kleinstadt und auf dem Lande [wohnten], während bei der übrigen Bevölkerung das Verhältnis genau umgekehrt war insofern, als bei ihr 7 auf dem Lande und nur 3 in der Großstadt wohnten«, wird richtig als »das Ergebnis eines Entwicklungsprozesses, der sich auf die letzten 50 Jahre erstreckt«, gekennzeichnet, aber untergründig wird dabei mit der verbreiteten Angst vor den allenthalben stattfindenden und eben die gesamte Bevölkerung betreffenden Modernisierungsprozessen gespielt:

> »*Es hat sich also in dem letzten halben Jahrhundert eine kaum glaubliche Binnenwanderung des preußischen Judentums vollzogen* [im Original gesperrt]. Dieses ist von den ländlichen Bezirken abgewandert und in die Industriezentren vorgestoßen [!]. So ist es dahin gekommen, daß in ganz Preußen die Judenschaft auf dem platten Land auf etwa 50000, also auf ein Zehntel der jüdischen Gesamtbevölkerung, herabgesunken ist. Das Hauptziel dieser Binnenwanderung aber war die größte Großstadt im deutschen Reiche, die Reichshauptstadt Berlin, mit ihren 4,5 Millionen Menschen.«[10]

**Berlin** Und noch einmal: die »Speerspitze« des jüdischen »Vorstoßes« – der so unschwer als »Angriff« zu interpretieren ist – richtet sich auf Berlin:

> »Am klarsten aber zeigt sich der Zug der Entwicklung und das Wesen des Judentums an den Verhältnissen in der Reichshauptstadt Berlin. Hier in der Metropole des Reichs, in der das geschäftliche und kulturelle Leben des ganzen Reichs zusammenströmt, hier hat das Judentum seine Hochburg aufgeschlagen. Hier hat es seine Natur auch am reinsten entfaltet und offenbart.«[11]

Eine weitere Tabelle zeigt dann den Anteil der Juden an der Gesamtbevölkerung Berlins von 1750 bis 1925. »Diese Tabelle«, heißt es, »zeigt den unverbesserlichen Hang der Juden zur Großstadt, denn sie zeigt , daß das Judentum nicht nur für sich, sondern auch in seinem Anteil an der Gesamtbevölkerung der Reichshauptstadt außerordentlich gewachsen ist« – aber das zeigt sie nun gerade nicht. Den höchsten »Anteil« erreicht die jüdische Bevölkerung Berlins im Jahr 1895 mit 5,02%. 1925, in der Zeit der angeblich so großen Gefahr, erreicht sie einen Anteil von 4,29%, das ist – wenn auch jetzt vom 1920 geschaffenen »Groß-Berlin« die Rede ist – noch etwas niedriger als im Jahr 1871, als angeblich der große »Vorstoß« begonnen wurde ...

Immer mehr muß deshalb Berlin selbst in die Verantwortung gezogen werden: »Dann bleibt als exaktes Ergebnis, daß Berlin fast wie ein Schwamm einen großen Teil der über das Reich verteilten Juden und fast alle von außen über die Reichsgrenzen einwandernden Juden *immer mehr in sich aufgesogen* hat.«[12] »*Immer mehr in sich aufgesogen*« – das heißt mehr als nur: angezogen, wegen besserer Berufschancen oder aus irgendwelchen anderen Gründen – »*gemäß dem Zug zur Großstadt, der dem modernen Judentum im Blute liegt*«. Das heißt: Berlin »verjudet«, Berlin nimmt in sein Innerstes, in seine Seele, den jüdischen Geist auf; es sind, auch hier, Bilder der Krankheit, in denen dieser Prozeß offenbar nur geschildert werden kann:

> »Es ist offenkundig, daß die völlig einseitige Verteilung des Judentums in Deutschland, seine Zusammenballung in den Großstädten und vor allen Dingen in der Reichshauptstadt und seine Abwanderung vom flachen Lande *durchaus ungesund* war. (...) Das Judentum in Deutschland war nicht, wie es einem gesunden Bevölkerungsaufbau entspricht, mit starken und tiefen Wurzeln in dem Ur- und Mutterboden des Landes verankert. sondern es entwickelte sich immer mehr zu einem Baum, dessen Wurzeln in der Luft hingen und dessen Zweige *vom Verdorren bedroht* waren. Wir werden sehen, daß die berufliche Struktur des Judentums an einer ähnlich *ungesunden Einseitigkeit* litt.«[13]

Damit ist der Feind benannt: Das undeutliche Gefühl der Bedrohung, das von den Zahlenspielen ausgehen mag, kann der antijüdischen Propaganda nicht genügen; sie konstruiert eine *Sozialfigur,* den Stadtbewohner, den Städter, den aus einer Fülle unterschiedlicher und widersprüchlicher Mentalitätszuschnitte herausmodellierten »Urbantyp«.

**»Städter«**

Wodurch sollte der »Urbantyp« sich auszeichnen, was macht ihn erkennbar? Es ist der, soviel läßt sich dem Vorurteil entnehmen, der sich in der Stadt zurechtfindet, der auf ihre Aussage zustimmend reagiert, der sich ihren Bewegungen, ihren Geschwindigkeiten, ihren wechselnden Rhythmen anpassen kann. Er ist der Fremde, der mit einem Dasein als Fremder, als Unvertrauter umgehen kann, ja, der seinen Vorteil daraus zieht. Es macht ihm nichts aus, unerkannt in der Menge zu verschwinden. Er findet sich in

*Abb. 39 Der Stadtbewohner ist auf dem Land ein Fremder, aber selbst »der Jude auf dem Lande ist ein auf dem Lande wohnender Städter«, so sieht es die absurde Logik des Antisemitismus vor. »Fünf wandernde Touristen«, Federzeichnung von Makarovsky 1899, Sammlung Schlaff im Jüdischen Museum der Stadt Wien.*

jeder Situation zurecht, er erkennt Gefahrenmomente schneller als andere und versteht es, sich ihnen rechtzeitig zu entziehen. Er weiß, wie die Stadt funktioniert und ist bereit, seine Bewegungsabläufe, sein Zeitbudget, seine Stimmungslage denen der Stadt einzufügen. Er geht nicht unter, er schwimmt immer obenauf. Er erkennt die Gelegenheiten und nutzt sie sofort. Er hat überall seine Leute.

Dieses Konstrukt hat ein Autor wie Peter-Heinz Seraphim im Sinn, wenn er, 1938, aus nationalsozialistischer Sicht den Städter charakterisiert:

> »Es ist nicht der ›Zug in die Stadt‹ im üblichen Sinne, nicht der Anreiz, den die Städte, besonders die Großstädte, auf eine ländliche Bevölkerung ausüben. *Der Jude auf dem Lande war von vornherein ein auf dem Lande wohnender Städter.* Er braucht nicht wie der Bauer sich von einer ihn familienhaft oder sippenmäßig festhaltenden Umgebung zu lösen, nicht einen Berufswechsel vorzunehmen. (...) Während jedes andere Volk mit dem Lande, auf dem es lebt, also mit der Scholle verbunden ist (...), ist der Jude, der *an sich überall ein ›Fremder‹* ist, innerlich nicht irgendwie bedeutsam an der Umwelt als solcher interessiert.«[14]

Erst im Zusammenhang mit der Kritik an der Stadt entfaltet das Stereotyp seine Sprengkraft. Das wird deutlich, wenn wir Texte betrachten, in denen jüdische Autoren, unbefangen und im Vertrauen auf die Zuverlässigkeit dieser modernen Gesellschaft, die Ankunft des Judentums in der Gegenwart bestätigen. Besonders ein Text des Demographen Jakob Lestschinsky, auf den sich auch Arthur Ruppin in seiner *Soziologie der Juden* beruft, feiert geradezu die städtische Eigenart der Juden – und die moderne Gesellschaft, die dem Städter endlich seinen angemessenen Platz zuweist: »Die Revolution in Technik und Industrie, die im Verlaufe des neunzehnten Jahrhunderts das Antlitz der ganzen Welt von Grund aus veränderte, neue Verkehrsmittel in großer Fülle schuf, Verbindungen zwischen den entferntesten Gegenden der Welt herstellte, das Zentrum des wirtschaftlichen Lebens vom flachen Lande in die Stadt verlegte und die städtischen Klassen zu Hauptträgern der menschlichen Geschichte machte – diese Revolution bewirkte gleichzeitig die Ausbreitung der Juden über die ganze Welt, ihre Urbanisierung und ihre Konzentration in kompakten Massen.« In diesem Zusammenhang heißt es dann:

> »Diese Urbanisierungsrevolution bewirkte die Erhöhung des Einflusses der ältesten und ohnehin schon am stärksten urbanisierten Nation Europas, eröffnete weitestgehende Möglichkeiten für die im Judentum aufgespeicherten finanziellen und kommerziellen Potenzen und Erfahrungen und schuf ein mächtig ausgedehntes Betätigungsfeld für die jüdische Beweglichkeit und geistige Regsamkeit.
> Nach Hunderten von Jahren, in denen es das an Irrungen und Drangsalen reiche Leben *eines fremden städtischen Volkes* mitten unter agrarischen ländlichen Volksstämmen, eines wandernden Vermittlervolkes mitten unter bodenständigen, wenig beweglichen, an die Scholle gefesselten und aus ihr ihren Lebensunterhalt schöpfenden bäuerlichen Völkern geführt hatte, *fand sich schließlich das jüdische Volk im neunzehnten Jahrhundert in der modernen Stadt wie in seinem eigenen Element,* in seinem eigenen Aktionskreis zurecht.«[15]

Erst in den großen Städten stellte sich ein Gefühl nicht nur der wachsenden Gleichberechtigung, sondern selbst der »Heimatlichkeit« ein, die Berufe, die Juden ausübten, die »verachteten Erwerbsquellen und Beschäftigungen«, wurden nunmehr wertvoll; das umgebende Leben, sagt Lestschinsky, wurde »verjüdischt«: beweglich, regsam, anpassungsfähig, wandelbar, fließend und strömend.

> »Auf dem Hintergrund des erstarrten statischen, agrarisch-bäuerlichen Lebens machte die dynamische Figur des handeltreibenden Juden einen absonderlichen Eindruck, der aufreizend und beunruhigend wirken mußte. In dem modernen, brausenden Getriebe der Stadt dagegen ist diese dynamische Figur eine harmonische Erscheinung, und alles ringsum ist bestrebt, ihr ähnlich zu werden, sie einzuholen und zu überholen.«

Aufgrund seiner statistischen Arbeiten kommt Lestschinsky[16] dann zu einem Schluß, den auch Arthur Ruppin fast wortgleich in einen Text über das Stadtjudentum übernehmen sollte; danach

> »stellen die Juden das großstädtischste und konzentrierteste Volk dar: sie haben sich zu großen kompakten Gemeinden in den größten Städten der Welt, in den Nervenknoten des wirtschaftlichen, kulturellen und politischen Lebens der Jetztzeit zusammengeschlossen.«[17]

Das Stichwort »Nervenknoten« schlägt – in zustimmender Form, so wie die Formel von den »Fremden« bei Seraphim negativ zu lesen ist – eine Brücke zu den Überlegungen Georg Simmels zum großstädtischen Geistesleben. Mit ihrem Typus des »jüdischen Städters« entwerfen die Autoren zugleich ein Bild des modernen Menschen. Auch Ruppin spricht von einer besonderen »geistigen Eigenart« der Juden und findet dafür Begriffe wie Findigkeit, Spürsinn, Kombinationsgabe, Zielstrebigkeit in praktischen Dingen, geistige Beweglichkeit, Leichtigkeit der Auffassung in theoretischen Dingen, Rationalismus in religiösen Dingen, kurz: eine »Fähigkeit zu schneller Ideenassoziation«. Das sind Eigenschaften, die von den *Stadtbewohnern* eingeübt wurden, Eigenschaften, die ihre Träger zu Großstadtbewohnern qualifizieren. Das Leben in den großen Städten, so Ruppin, erfordere »eine *ständige Wachbereitschaft* des Verstandes«, so wie die Tätigkeit im Handel *geistige Beweglichkeit* bedinge, so wie die Erfahrung, als »schädliches Fremdvolk« angesehen zu werden, »*Vorsicht und Klugheit* im Umgang mit dem Nachbarn« voraussetzen. Immer wieder verläßt der Statistiker den sicheren Boden seiner Daten und betritt das Feld der Spekulation. Die Städter, die Händler, die Fremdlinge, sie sind »reizbar«, »nervös«, ihr Lebenstempo ist »schneller«, ihre Lebensführung »intensiver«: »Der Jude sucht mit Hast aus dem Leben möglichst viel herauszuschlagen und schafft sich aus eigener Initiative Sensationen.«[18] Hier ist der Umschlag von der Beobachtung ins Bild, von der Konstruktion eines Typus zum verzeichneten Stereotyp schnell erreicht, und gerade in der zionistischen Debatte finden sich propagandistische Karikaturen großstädtischen Lebens, mit deren Hilfe die Rückkehr zum Land, zum Bauerntum, zum »Muskeljudentum« (Nordau) befördert werden soll.[19]

Damit soll die zionistische Debatte aber nicht mit der antisemitischen gleichgesetzt werden. Während hier der Versuch unternommen wird, die »Städter«, die zu Städtern Gewordenen, neu zu orientieren, ihnen eine andere Perspektive zu öffnen – aus einem Mißtrauen gegen die Tragfähigkeit der modernen Errungenschaften, das sich als durchaus begründet erwies –, geht es der nazistischen Propaganda darum, den Typ des Stadtbewohners als Fremdling zu isolieren und die Gesellschaft darauf einzustimmen, daß sie seine Entfernung, schließlich seine physische Vernichtung eines Tages toleriert.

»Großstadt« ist mehr als die Zusammenballung vieler Menschen auf engem Raum, und »großstädtisch« ist mehr als ein Eigenschaftswort zur Kennzeichnung derjenigen, die in Großstädten wohnen. Es ist nun – und hier ist die Grenze der Demographie, wohl auch die der Soziologie erreicht – genau dieses »mehr«, das gemeint ist, wenn von den jüdischen Städtern, Großstädtern, Stadtbewohnern die Rede geht, ein »mehr« an Haltung, Einstellung, Lebensgefühl, ein »mehr« an durch das Leben in der Stadt geprägter Eigenart, ein städtischer Eigen-Sinn, eine städtische Mentalität. Freilich tun sich die Rassekundler schwer damit, den »Urbantyp« darzustellen. Theodor Fritsch schreibt in seinem *Handbuch der Judenfrage,* die »nordische Rasse« könne, etwa in Schweden, einigermaßen leicht identifiziert werden. »Brächten wir demgegenüber wahllos etwa 1000 Juden einer deutschen Großstadt zusammen, so würden wir hochgewachsene und niedriggewachsene, schlanke und untersetzte, breitgesichtige und schmalgesichtige, dunkelhaarige und blonde Menschen nebeneinander finden.« Daran schließt sich allerdings eine Wendung an, wie sie im antisemitischen Denken besonders beliebt ist: »Daraus zu schließen, daß die Juden somit keine Rasse wären, geht aber nicht an; denn wir sehen ohne weiteres, daß der Mehrzahl dieser Juden zweifellos etwas Gemeinsames eignet, *freilich etwas, was sich nicht leicht beschreiben läßt.*«[20]

**Die Erfindung einer »seelischen Rasse«**

Es handele sich, so Fritsch, um eine »seelische Rasse« – das ist sehr geschickt gedacht, denn wenn bestimmte körperliche Merkmale ›den‹ Juden kaum zugeschrieben werden können, ist solche Zuschreibung von »seelischen« oder »charakterlichen« Eigenarten, weil erst recht nicht überprüfbar, eher möglich. Zu beachten sei also, so Fritsch,

> »daß schließlich immer der Jude am weitesten kam, der sich auf das Leben als Gast in fremder Umgebung verstand, der also folgende Fähigkeiten besaß: Einfühlung in fremdes Seelenleben, umsichtiges Auftreten, Gewandtheit der Rede, Berechnung der Verhältnisse in Gegenwart und Zukunft, ferner eine Art Schlagfertigkeit und Spitzfindigkeit. Nicht vergessen werden darf auch der Einfluß des Talmud. Einen weiteren Schlüssel findet man, wenn man die Berufe betrachtet, denen sich der Jude mit Vorliebe zuwendet. Nach Lenz (München) handelt es sich um Berufe, bei denen das Eingehen auf die jeweiligen Neigungen des Publikums

und deren Lenkung Erfolg bringt. Das sind etwa folgende Berufe: Kaufmann, Händler, Geldverleiher, Zeitungsschreiber, Schriftsteller, Verleger, Politiker, Schauspieler, Musiker, Rechtsanwalt und Arzt. (...) Man vergißt hierbei, daß der Jude die neuzeitliche Entwicklung vielfach erst in Bahnen gelenkt hat, wo er seine Überlegenheit zeigen kann: Sensation um jeden Preis, Reklame, Mache auf allen Gebieten, die neuzeitliche Entwicklung des Verkehrs- und Nachrichtenwesens, ein unstetiges und unsicheres Wirtschaftsleben schaffen eine Umwelt, in der der Jude sich immer wohler fühlen wird als der Nichtjude. Sinn und Sinnen des Juden sind mehr als die des Nichtjuden auf die Gegenwart und ›das Nächstliegende‹ gerichtet; soweit er in die Zukunft blickt, denkt er nur an das, was ihn angeht und ihm von Nutzen sein könnte.«[21]

Und immer wieder: Berlin. »Der Einbruch des Judentums in unser Schrifttum hat *Berlin zu einer Judenstadt* gemacht. Hier vor allem entwickelte sich die seichte Oberflächlichkeit und Alleswisserei, die Überheblichkeit und Schnoddrigkeit. Berlin war das Neu-Jerusalem für die ›Reformjuden‹, für die anmaßenden ›Aufklärer‹, die weder jemals Deutsche werden können noch wollen.«[22] Peter Gay hat diese Haltung Berlin gegenüber einer genaueren Nachprüfung unterzogen: »Of course the very conviction that Berlin was a Jewish city made a difference to the way the city was perceived and experienced: it is the nature of men's mental sets to see that which they seek. All in all, then, in imagination, in distortion, in reality, the Jew was woven into the very texture of Berlin, and made part – significant part – of its style.«[23]

Der Angriff des Antisemitismus richtete sich deshalb sowohl gegen Berlin wie gegen die Juden; der Haß auf die Stadt und der Haß auf den stereotyp

*Abb. 40 Stadtfeindschaft und Judenfeindschaft gehen Hand in Hand. In der antisemitischen Propaganda symbolisiert die Austreibung der Juden zugleich die Vertreibung aller Probleme, die das moderne Leben gebracht hat. Karikatur auf die Zunahme der jüdischen Bevölkerung in Berlin und Wien in den letzten 100 Jahren. Bildarchiv Preußischer Kulturbesitz.*

definierten Städter gehören zusammen. Diese Verbindung ist nach wie vor aktuell. Mit dem »Antisemitismus als City-Haß« hat sich auch Gordon W. Allport befaßt. Der Text, in dem er sich auf Arnold Rose bezieht[24], macht zumindest eins deutlich: daß es nicht genügen kann, den Antisemitismus allein zu bekämpfen; in der Regel steht ein zweites Vorurteil, ein weiteres Haßobjekt bereit, das mit dem antisemitischen Bild verbunden wird und dieses bekräftigen oder »mitziehen« soll. Allport schreibt:

**Heutige Bedeutung des Vorurteils »Städter«**

> »Obgleich die Menschen friedliche und freundliche Beziehungen zu anderen wünschen, ist dieses Streben durch unsere heutige technische Kultur – besonders durch *die Kultur der Städte, die die Gemüter der Menschen mit Unsicherheit und Unbestimmtheit überwältigt* – unglücklich gestört. In den Städten sind die persönlichen Kontakte verringert. Buchstäblich und wirklich beherrscht uns das Gesetz der großen Zahl. Zentrale Verwaltungen ersetzen immer mehr bekannte, durchsichtige Verwaltungsarten. Die Werbung beherrscht unseren Lebensstandard und unsere Wünsche. (...) Angst vor den großen undurchsichtigen Mächten befällt uns. Das Leben in den Großstädten erscheint uns unmenschlich, unpersönlich und gefährlich. Wir fürchten und hassen unser hilfloses Ausgeliefertsein.
> Was hat diese städtische Unsicherheit mit dem Vorurteil zu tun? Erstens, als Massenmenschen folgen wir den zeitbedingten Konventionen. Der Snob-Appeal der Werbung (Verlockung zum Prestigegewinn) trifft uns tief. Wir wünschen uns mehr schöne Sachen, mehr Luxus, mehr Status. (...)
> Aber während wir einerseits die materialistischen städtischen Werte übernehmen, hassen wir andererseits die Stadt, die sie erzeugt. Wir hassen die Herrschaft von Finanz- und unehrlicher Politik. Wir verachten die Eigenschaften, die sich im heutigen städtischen Wettbewerb entwickeln. Wir verabscheuen alle, die kriecherisch, unehrlich, selbstsüchtig, zu geschickt, zu ehrgeizig sind, die vulgär, laut und betriebsam sind und nur wenig von den altmodischen Tugenden an sich haben. *Diese urbanen Charaktereigenschaften wurden im Juden personifiziert.* ›Die Juden werden heute gehaßt‹, schreibt Arnold Rose, ›weil sie in erster Linie ein Symbol für das Stadtleben sind‹. Sie sind Symbole vor allem für das ungeheure, allesbeherrschende, so gefürchtete New York. Die City hat uns unsere Männlichkeit genommen. Dafür hassen wir das Symbol der City, den Juden.«[25]

Mag sein, daß ein Vorurteil auf solche Weise (mit) entstehen kann; aber der Denkfehler liegt bereits in der Voraussetzung, die als selbstverständlich hinstellt, was schon Vorurteil ist: daß etwa Kriechertum, Selbstsucht oder Vulgarität »urbane Charaktereigenschaften« seien. Die Scheu vor einer Auseinandersetzung mit der Stadt, die Sehnsucht nach dem »einfachen« Leben und den »einfachen« Verhältnissen bietet jedenfalls einen guten Nährboden für Vorurteile. Sie wurden an denen festgemacht, die sich vielleicht tatsächlich der Herausforderung Stadt mit größerer Intensität, mit größerem Engagement gestellt hatten. Heute sind die großen Städte erneut in der Kritik; wieder verweigern sich Teile der städtischen Bevölkerung, Teile der Medien, auch der Politik, der notwendigen Auseinandersetzung mit den Chancen und Risiken des Lebens in den großen Städten, und wieder (dieser Text wird in Berlin geschrieben) greift antistädtische Propaganda auf altvertraute Klischeebilder von der Ordnung und ihrer angeblichen Gefährdung zurück.

**Abb. 41** *Immer einen Schritt voraus, immer ein Maß zuviel: Die Angst vor der »jüdischen Avantgarde«, die Angst vor dem Neuen verrät sich selbst in der hochmütigen Karikatur. »Ein jüdischer Elegant«, Karikatur von 1804.*

## Anmerkungen

1 Werner Sombart: Die Juden und das Wirtschaftsleben. München 1911, S. 414.

2 Karl Kautsky: Rasse und Judentum. Ergänzungshefte zur *Neuen Zeit,* Nr. 20, 1914/15, ausgegeben am 30. Oktober 1914, S. 56. Utz Jeggle eröffnete seine Studie über die *Judendörfer in Württemberg* mit genau diesem Zitat – mit dem Ziel, die vergessene Existenz der »Judendörfer« diesem selbstverständlichen Stereotyp entgegenzusetzen.

3 Stefi Jersch-Wenzel: Juden als Stadtbewohner. In: Informationen zur Modernen Stadtgeschichte 1987, Heft 1: Themenschwerpunkt: Juden und Stadt. Berlin [Deutsches Institut für Urbanistik] 1987, S. 1–5.

4 H. Preuss: Die Entwicklung des deutschen Städtewesens. Leipzig 1906, schreibt (S. 63), daß »erst durch die Ansiedlung von Juden eine Niederlassung wirklich städtischen Charakter erhielt«.

5 In erster Linie der grundlegende Aufsatz meines Lehrers Gottfried Korff: Mentalität und Kommunikation in der Großstadt. Berliner Notizen zur ›inneren Urbanisierung‹. In: Großstadt. Aspekte empirischer Kulturforschung. Hg. im Auftrag der Deutschen Gesellschaft für Volkskunde v. Theodor Kohlmann u. Hermann Bausinger. Berlin 1985, S. 343–361; darin weitere Literatur.

6 Das Yearbook des Londoner Leo-Baeck-Instituts veröffentlicht in diesem Jahr die Ergebnisse einer Bielefelder Tagung zum Landjudentum (Herausgeber Monika Richarz u. Reinhard Rürup).

7 Bürger auf Widerruf. Lebenszeugnisse deutscher Juden 1780–1945. Hg. v. Monika Richarz. München 1989. Einleitung, S. 11–55; hier S. 20.

8 Arcadius Kahan: The Urbanization Process of the Jews in Nineteenth Century Europe. In: Essays in Jewish Social and Economic History. Ed. by Roger Weiss. Chicago and London o. J., S. 70–81, hier S. 70 f.

9 Klaus Bergmann: Agrarromantik und Großstadtfeindschaft. Meisenheim am Glan 1970.

10 Die Juden in Deutschland. Herausgegeben vom Institut zum Studium der Judenfrage. München 1938, S. 28.

11 Ebd., S. 29.

12 Ebd., S. 32.

13 Ebd., S. 37.

14 Peter-Heinz Seraphim: Das Judentum im osteuropäischen Raum. Essen 1938, S. 427.

15 Jakob Lestschinsky: Die Umsiedlung und Umschichtung des jüdischen Volkes im Laufe des letzten Jahrhunderts. In: Weltwirtschaftliches Archiv, 30. Band (1929 II), S. 123–156; hier S. 124.

16 Vgl. zu Lestschinskys Werk den Nachruf von Paul Glikson: Jacob Lestschinsky: A Bibliographical Survey. The Jewish Journal of Sociology. Volume IX, No. 1, June 1967, S. 48–57. Darin zählt Glikson insgesamt 118 Bücher und Aufsätze in englischer, französischer, deutscher, polnischer, rumänischer, russischer, hebräischer und jiddischer Sprache auf.

17 Lestschinsky, Die Umsiedlung ..., S. 147.

18 Arthur Ruppin: Soziologie der Juden. Band I, Zweiundzwanzigstes Kapitel: Der Handel. Berlin 1930, S. 465–486; hier S. 469.

19 Der interessanteste Fokus dieser Debatte bildet sich in der Stadt (und in den Diskussionen um die Stadt) Tel-Aviv. Vgl. dazu Joachim Schlör: »... das Großstadtleben nicht entbehren«. Berlin in Tel-Aviv: Großstadtpioniere auf der Suche nach Heimat. In: Jahrbuch für Exilforschung 1995.

20 Handbuch der Judenfrage. Die wichtigsten Tatsachen zur Beurteilung des jüdischen Volkes, zusammengestellt und hrsg. v. Theodor Fritsch. 34. Aufl. Leipzig 1933, S. 19.

21 Handbuch der Judenfrage, S. 28 f.

22 Ebd., S. 87.

23 Peter Gay: The Berlin-Jewish spirit. A dogma in search of some doubt, S. 7.

24 Arnold Rose: Anti-Semitism's root in city-hatred. In: Commentary, 1948, 6, S. 374–378; ebenfalls in A. Rose (Hg.): Race Prejudice and Discrimination. New York: Alfred Knopf 1951; 49. Kapitel.

25 Gordon W. Allport: Die Natur des Vorurteils. Köln 1971, S. 219 f.

26 Peter Gay: Sigmund Freud. Ein Deutscher und sein Unbehagen. In: Freud, Juden und andere Deutsche. Herren und Opfer in der modernen Kultur. München 1989, S. 51–115: hier S. 99.

27 Ebd., S. 111.

*Ludger Heid*

# *Achtzehntes Bild:* »Der Ostjude«

Der Begriff »Ostjude« ist erst seit der Wende zum 20. Jahrhundert verbreitet und wurde von Nathan Birnbaum erstmals gebraucht.[1] Birnbaum stand nicht im Verdacht, seiner Wortschöpfung einen negativen Beiklang geben zu wollen. Die durch die Pogrombewegung im zaristischen Rußland seit den 1880er Jahren in größerem Umfang nach Deutschland einwandernden osteuropäischen Juden nannte man einfach »Ausländer« oder genauer »russische«, »polnische« oder »galizi(ani)sche Juden«, aber auch »Pollacken« oder »Schnorrer«. Die Bezeichnung »Ostjude« faßt zwei negativ konnotierte Begriffe mit eindeutig antisemitischer Besetzung zusammen: Der Osten und der Jude – beides Wörter, die Abgrenzung, Verdrängung und Ausschluß signalisieren. Der zusammenfassende Oberbegriff setzte sich erst im Ersten Weltkrieg im Zusammenhang mit der deutschen Okkupation Polens durch, vor allem auch in den Verbindungen »Ostjudengefahr« und »Ostjudenfrage«.

**Zwei Angstbegriffe: »der Osten« und »die Juden«**

Ostjuden galten als schmutzig, laut, roh, unsittlich, kulturell rückständig – Vertreter des Ghettos, die das Gegenbild des »modernen«, emanzipierten und akkulturierten deutschen Juden waren. Bereits der Name *Ostjude* rief einen ganzen Komplex negativer Assoziationen hervor. Die Antisemiten verknüpften den Begriff mit der Gesamtheit deutscher Juden, um damit deutlich zu machen, daß auch die jüdischen Bürger des Deutschen Reiches für sie letztlich nur »Ostjuden« oder allenfalls deren nur äußerlich angepaßte Nachfahren waren. Andererseits mißbrauchten die Antisemiten die Gruppen deutsch-jüdischer »Stammesverwandten«, die ebenfalls eine ablehnende oder kritische Haltung gegenüber den Ostjuden artikulierten, als Kronzeugen gegen die Glaubensbrüder aus dem Osten, um damit die Agitation gegen eine ostjüdische Zuwanderung zu rechtfertigen.

Das Ostjudenbild in Deutschland bildete sich Mitte des 19. Jahrhunderts heraus. Parallel zur Emanzipationsbewegung läßt sich in der Belletristik ein negativ verzerrtes Bild vom Juden nachweisen, das stereotype Urteile aus der christlichen Tradition aufnahm und mit neuen Überzeichnungen popularisierte. Juden verkörpern in Romanen wie auch in Karikaturen häufig das dunkle Gegenstück zu den lichteren christlich-germanischen Gestalten (z. B. in Gustav Freytags »Soll und Haben«, in Wilhelm Raabes »Hungerpastor«, in Felix Dahns »Ein Kampf um Rom« oder in Wilhelm Buschs »gutmütigen« Illustrationen): den jüdischen Wucherer, den Streber, den herzlosen Ausbeuter und den fremden, »Jargon« sprechenden, also »mauschelnden« Juden. Hinzu kommt der jüdische Revolutionär, der alles Bestehende verneint und eine Gefahr für die öffentliche Ordnung darstellt.

Mit einem programmatischen Artikel legte der nationalistische Historiker Heinrich von Treitschke im November 1879 die »Aussichten« dar, die Deutschland durch eine ostjüdische Zuwanderung drohten: Bei den Juden, die aus der »unerschöpflichen polnischen Wiege« nach Deutschland eindrängen, befürchtete er, handele es sich um eine »Schar strebsamer hosenverkaufender Jünglinge«, deren Kinder und Kindeskinder dereinst Deutschlands Börsen und Zeitungen beherrschen würden. Für v. Treitschke war der Ostjude der Jude mit Bart und Schläfenlocken, Käppchen und Kaftan und in einen Gebetsschal gehüllt. Dieser verkörperte jene nationale Einzigartigkeit, die von vielen deutschen Juden verdrängt, wenn nicht verleugnet wurde. Hier fanden die Antisemiten die kollektive Unterschiedlichkeit des jüdischen Volkes. Und damit setzte v. Treitschke den Anfang des weltlichen Angriffs auf das deutsche Judentum. Mit seiner Parole »Die Juden sind unser Unglück!« gab er das Signal für den modernen rassistisch begründeten Antisemitismus in Deutschland.[2]

Der moderne Antisemitismus formierte sich im politisch-gesellschaftlichen Bereich und fand als integraler Bestandteil seit den 1880er Jahren Eingang in die Parteiprogramme. Hier manifestierte sich eine fortschritts- und demokratiefeindliche Ideologie, die bewußtseinsstiftend auf die nachfolgenden Jahrzehnte wirkte. Der Antisemitismus zog sich als Allgemeingut durch alle gesellschaftlichen Schichten, er war die nationale Klammer – konstitutiv für *die* politische Kultur. Wenn der Abgeordnete Reinhard Mumm (der Schwiegersohn Adolf Stöckers) im Dezember 1919 in der Deutschen Nationalversammlung über die »Schmeie-Tinkeles-Rasse« herzog, konnte er sich nicht nur des zustimmenden Schmunzelns oder schenkelklopfenden Lachens der Parlamentsmehrheit gewiß sein, sondern auch voraussetzen, daß seine »geistreiche« Anspielung aus der klassischen deutschen Literatur von allen im Plenum verstanden wurde.[3] Der Jude aus Brody mit Namen Schmeie Tinkeles in Gustav Freytags »Soll und Haben« gehörte wie der Roman selbst sozusagen zum Allgemeinwissen des deutschen Bildungsbürgertums. Treitschkes griffiges Bild von den strebsamen, hosenverkaufenden ostjüdischen Jünglingen auf dem Berliner Mühlendamm, fand seine Fortsetzung in Witzen und Karikaturen, die spätestens in den 1890er Jahren so verbreitet waren, daß Parlamentsabgeordnete mit ihren Anspielungen Heiterkeitserfolge erzielen konnten.

**Antisemitismus als nationale Klammer**

»Es ist nicht so, daß der Antisemitismus eine Folgeerscheinung des Auftretens dieser neuen national-sozialen Partei ist, sondern es ist so, daß der Antisemitismus zu seiner Blüte gelangt ist gerade infolge dieses starken Einströmens unerwünschter Elemente [...] Das sind schwere politische Verirrungen, die unseren sonst schon kranken Volkskörper durchzucken, diese antisemitische Radauwelle, die sich letzthin wieder hier geltend macht«. Nichts charakterisiert die Bedeutung der »Ostjudenfrage« für die Innenpolitik Deutschlands klarer als dieses Zitat des rechtsliberalen Abgeordneten Hans von Eynern in der großen »Ostjudendebatte« des Preußischen Landtags am 29. November 1922. Diese Aussage traf den Kern der öffentlichen Auseinandersetzung um die Anwesenheit der Ostjuden in Deutschland. Die Feststellungen des DVP-Abgeordneten verdienen auch deswegen Beachtung, weil er bereits zu Beginn der Weimarer Jahre eine Entwicklung vorhersagte, die elf Jahre später offizielle staatliche Politik wurde. »Ganz von selber entstehen große Bewegungen nicht«, hatte er seine Rede mit Blick auf die Abgeordneten der Linksparteien fortgesetzt, »und ich glaube, die Herren gerade von der Linken sind sich vielleicht doch nicht ganz darüber klar, wie gefährlich, geradezu staatsgefährlich der Antisemitismus in der letzten Zeit angewachsen ist«. Die hervorstechende Ursache dafür, diagnostizierte von Eynern, sei zweifellos die starke Einwanderung »ostjüdischer Elemente«, die sich nicht in das deutsche »Leben und Treiben« einfügen könnten.[4]

Seit dem 19. Jahrhundert waren Ostjuden Zielscheibe von Schmähungen in Deutschland. Für breite Bevölkerungsschichten stellten sie ein öffentliches Ärgernis dar, eine ständige Provokation, die sich vermeintlich nach und nach zu einer »Gefahr« entwickelte. Zu einer »Frage« wurden sie jedoch erst im Laufe des Ersten Weltkriegs. Die Ostjuden standen wie ein »Karthagergespenst vor dem Osttor«, meinte Gustav Landauer 1916 und gewisse Bevölkerungspolitiker, meinte er weiter, fürchteten sich vor diesem »wimmelnde(n) wehrlose(n) Heer« keineswegs wegen seiner Kläglichkeit in der Gegenwart, sondern »wegen der Möglichkeiten«, die in diesen Menschen schlummerten.[5]

**Ausbeutung osteuropäischer Juden im Ersten Weltkrieg**

Zum antisemitischen Ostjudenbild gehört das Stereotyp vom »faulen«, »arbeitsscheuen« und »unproduktiven« Juden. In der deutschen Nationalversammlung entlarvte der Wirtschaftsminister und Gewerkschaftsfunktionär Robert Schmidt die scheinheilige antisemitische Agitation. Er erinnerte den deutschnationalen Interpellanten Mumm daran, daß er und seine Partei zur Beschäftigung ausländischer Arbeiter während des Krieges geschwiegen und die »jämmerliche(n) soziale(n) Stellung« dieser Arbeiter übersehen hätten, weil deren Einsatz für die Kriegsindustrie seinen und seiner Partei materiellen Interessen gedient habe. Damals habe man sich sogar mit antisemitischen Äußerungen zurückgehalten, stellte Schmidt in einer Parlamentsrede im Dezember 1919 fest.[6]

In den Akten des Referenten für jüdisch-politische Angelegenheiten im Auswärtigen Amt, Moritz Sobernheim, findet sich ein Rundschreiben Theodor Fritschs, einem der Wortführer der deutschen Antisemiten, der seinen paranoid-antijüdischen Affekten ungehemmt freien Lauf ließ, die in ihrer Absurdität eher abwegig erschienen, wüßte man nicht um den weiteren Verlauf der Geschichte: »Der Jude ist *Chaosmacher von Beruf* – aus angeborenem Instinkt«.[7]

In der öffentlichen Diskussion um die »Ostjudenfrage« tauchen stereotype, gegen die Ostjuden gerichtete Vorurteile auf, die sich in drei Gruppen einteilen lassen – volkswirtschaftliche, politische und kulturelle Gründe: »Schieber« und »Schleichhändler« waren nach dem Weltkrieg synonym verwendete Begriffe in Deutschland, und jedem war klar, wer und was damit

***Abb.* 42** *Und selbst im Gegenbild, in dem des ostjüdischen Einwanderers, wird die Angst vor dessen Beweglichkeit und Initiative spürbar. »Der Schnorrer oder Der neueingewanderte Staatsbürger«, Postkarte.*

gemeint war. »Diese Fremdlinge pflegen durch ihre geschäftliche Unmoral schnell zu Wohlstand zu gelangen, [...] hier muß schonungslos durchgegriffen werden, wenn das deutsche Volk von dieser Landplage befreit werden soll«, heißt es beispielsweise in einem Lokalbericht der Duisburger *Rhein- und Ruhrzeitung* im November 1919. Dies war ein typischer Artikel zum Thema »Lästige Ausländer«, in dem es an drastischen Formulierungen wie »kulturell tiefstehende, aber in allen Korruptionswegen wohl erfahrene Ausländer«[8] nicht mangelte. Auch wenn Ostjuden namentlich nicht erwähnt werden, wußte doch der emotionalisierte zeitgenössische Zeitungsleser nur zu genau, welche ausländischen Kreise gemeint waren und wen der Bannstrahl des Lokalreporters treffen sollte. Das eigentliche Vorurteil der Antisemiten lag in dem Vorwurf, daß *alle* Ostjuden so waren wie *ein* ostjüdischer Schieber, das Vorurteil lag in dem Vorwurf, *jeden* Juden an den negativen Eigenschaften *einzelner* Juden zu messen, während der »arische« Deutsche an den deutschen Kulturträgern *insgesamt* gemessen wurde.

Das Jahr 1920 erlebte den Höhepunkt der anti-ostjüdischen Kampagne. Die »Ostjudenfrage« war eines der beherrschenden innenpolitischen Themen in Parlament und Publizistik, wobei die öffentliche Meinung durch die militante Agitation der deutsch-völkischen Bewegung *systematisch* beeinflußt wurde. Mit größter Offenheit wurde die »Ostjudenfrage« auf allen Ebenen des gesellschaftlichen Lebens diskutiert und Vorschläge zu ihrer Lösung gemacht. Das anti-ostjüdische traf mit dem anti-republikanischen und anti-sozialistischen Vorurteil zusammen, und beide verstärkten sich gegenseitig.

**Ausländerfeindlichkeit wird mobilisiert**

Im Sommer 1920 initiierte der *Deutschvölkische Schutz- und Trutzbund* eine Kampagne für eine Volksabstimmung über die »Ostjudenfrage«. Er setzte zu diesem Zweck tausende und abertausende von Rundschreiben, Flugblättern und Unterschriftsbögen in Umlauf. Die Aufforderung zur Unterschrift wurde folgendermaßen begründet: »Durch Volksabstimmung muß darüber entschieden werden, ob noch weitere *Millionen Juden* aus dem Osten nach Deutschland einwandern dürfen, da diese durch ihre uns fremde

Lebensauffassung eine wirtschaftliche und kulturelle Gefahr bedeuten. Deutsches Land soll den deutschen Menschen als Heimat und Vaterland erhalten bleiben. Darum fordern wir *Verbot der Einwanderung der Juden. Deutschland den Deutschen!*«[9]

Wie sehr das innenpolitische Klima durch die antisemitische Agitation vergiftet war, belegt die fanatische Zuschrift an einen alldeutschen Führer am Ende des Weltkriegs: »Die Männer, die seit Jahren im Schützengraben mit Handgranate und Dolch zu arbeiten gewohnt sind, [...] die werden sich an niemand kehren, wenn es gilt, daheim Rache zu nehmen [...]«[10].

Dem militärischen war der wirtschaftliche Zusammenbruch gefolgt und in diesem gesellschaftspolitischen Umfeld bis 1923 konnte sich der organisierte Antisemitismus in Deutschland formieren. Dabei dienten die Ostjuden als eine Art Katalysator. An ihrer Existenz wurden Weltkriegsniederlage, wirtschaftliche Depression, politische Krisen festgemacht und damit zusammenhängende Fragen ventiliert: Die Bezeichnung »Ostjude« wurde im antisemitischen Sprachgebrauch zum Synonym für Schieber, Hamsterer, Spekulant, Wucherer, Preistreiber, Kriegsgewinnler. Wohnungsnot in den Großstädten, wachsende Arbeitslosigkeit und hohe Inflationsraten waren die Problemfelder, an denen – laut antisemitischer Hetzkampagnen – vor allem die Ostjuden Schuld trügen.

**Antisemitismus bei staatlichen Organen**

Wie sehr latenter Antisemitismus in manifesten auch bei staatlichen Organen umgeschlagen war, läßt sich aus einem Schreiben des Reichsbankdirektoriums an den Reichsminister des Innern vom 1. Februar 1919 herauslesen. Darin werden »geeignete Maßnahmen« gegen die »galizischen und polnischen Juden« im Berliner Scheunenviertel verlangt und folgendermaßen begründet: »Für uns besteht nicht der geringste Zweifel an der überaus großen Gefährlichkeit dieser Elemente. Da sie es bei ihrem Raffinement, bei ihren Verbindungen untereinander und mit Dritten und bei ihrer Geschicklichkeit, Ausnahmebestimmungen auszunutzen, anscheinend sehr gut verstehen, die gesetzlichen Vorschriften zu umgehen, so ist trotz aller hie und da verhängten Strafen und sonstigen Nachteilen gegen das Unwesen ein durchgreifender Erfolg kaum zu erhoffen, wenn es sich nicht ermöglichen läßt, die unerwünschten ausländischen Gäste, deren Anwesenheit für uns auch aus politischen wie aus Ernährungs- und Wohnungsrücksichten nicht gerade von Vorteil sein dürfte, von Deutschland fernzuhalten.«[11]

**Eine Belastung für die Weimarer Demokratie**

Mit der Sperrung der östlichen Grenzen zur Verhinderung einer ostjüdischen Zuwanderung bereits zur Kriegszeit, der Verweigerung der Einbürgerung, Internierung von Ostjuden in schon damals so genannte Konzentrationslager wurden zu Beginn der demokratischen Jahre von Weimar antisemitische Forderungen in staatliche Politik umgesetzt. Dabei war der administrative Antisemitismus das Fundament: in ihm bündelte sich die tiefverwurzelte Abneigung breitester Volksschichten gegen die Juden, die in den Ostjuden das negative Zerrbild eines »undeutschen« Menschen sahen. Beim kaisertreuen und anti-republikanischen deutschen Beamten, der häufig der gleiche war, der vor und während des Krieges seinen behördlich protegierten Antisemitismus lanciert hatte, beim Polizeisergeanten auf dem Polizeirevier wie beim obersten Vortragenden Rat oder beim Minister war ein inhärenter Antisemitismus selbstverständich. Nichts charakterisiert den administrativen Antisemitismus treffender als ein Zitat aus einem Aufsatz Theodor Behrs in der von Martin Buber herausgegebenen angesehenen Zeitschrift *Der Jude*, wenn es heißt: »Man brüstet sich in Deutschland gern mit dem Wort, daß die Zeit der Gefühlspolitik für Deutschland vorbei sei. Nun, in der Behandlung der [Ost-]Judenfrage durch die deutschen Behörden herrscht eine Gefühlspolitik noch uneingeschränkt. Hier schaltet und waltet einzig die antisemitische Abneigung des betreffenden Organs, sei es Wachtmeister, sei es Geheimrat«.[12]

Die staatlichen Exekutivorgane sahen in den Ostjuden ein »ständig fluktuierendes« und »außerordentlich schwer zu überwachendes Element«. Die Fremdenpolizei beklagte die Mobilität der Ostjuden, die in den großstädtischen Zentren von Handel und Verkehr »Unterschlupf« fänden, wo sie nach Bedarf nicht nur die Wohnung, sondern auch den Namen und die Legitimationspapiere wechselten. Festzuhalten ist, daß solche vorurteilsbehafteten Ängste regierungsamtliche Konsequenzen nach sich zogen: In einem Schreiben des Reichsinnenministers an sämtliche preußischen Minister, in dem es um die Kritik am »Ostjuden«-Erlaß des preußischen Innenministers Wolfgang Heine vom 1. November 1919 ging, liest sich die Einschätzung der Ostjuden durch die Reichsregierung so: »Die Erfahrungen des Berliner Polizeipräsidiums und vieler anderer Dienststellen ergeben, daß sich unter ihnen zahlreiche, zu ungesetzlichem Handel neigende Elemente befinden, die der inländischen Bevölkerung nicht nur durch Inanspruchnahme der ohnehin knappen Wohnräume und Nahrungsmittel zur Last fallen, sondern als Schädlinge im deutschen Wirtschaftsleben zu bezeichnen sind«.[13]

*Abb. 43 Im Bild des Berliner »Scheunenviertels« fließen Bilder von »Unterwelt«, Kriminalität und Prostitution mit dem Bild der jüdischen Stadt zusammen; dieser Mythos ist – in folkloristischer Form – bis heute lebendig. Karl Arnold, Berliner Bilder: Grenadierstraße. Karikatur im Simplicissimus 1921.*

Es gab eine spannungsgeladene Debatte um die »Ostjudenfrage« zwischen der Reichsregierung und der sozialdemokratisch geführten preußischen Regierung, namentlich den Innenministern, denen eine zu lasche Haltung in dieser Frage vorgeworfen wurde und die durch humanitäre Erwägungen der weiteren Zuwanderung Vorschub leisteten. Dazu stellte der Reichsinnenminister klar: »Mit umso größerem Unwillen wird jede weitere Spannung der Lage durch die Aufnahme fremd*ländischer* Ausländer empfunden, denen gegenüber eine dringende Verpflichtung zur Gewährung von Obdach und Nahrung nicht vorliegt«. Weiter heißt es dann: »Dazu kommen die schweren Mißstände in unserem Wirtschafts- und Erwerbsleben, die durch Wucher, Hehlerei, Schiebergeschäfte und andere Arten des ungesetzlichen Handels hervorgerufen werden. Auch diese Mißstände werden durch die ostjüdische Einwanderung verschärft, da erfahrungsgemäß ein großer Teil der Ostjuden zu unlauterem geschäftlichen Vorgehen neigt«.[14]

Bei der Beurteilung der »Ostjudenfrage« sollte nicht übersehen werden, daß es sich nach Schätzungen des Berliner Arbeiterfürsorgeamtes der jüdischen Organisationen Deutschlands bei den Ostjuden in Deutschland im Jahre 1920 um 60–70.000 Menschen handelte, von denen 15–20.000 Arbeiter waren.[15] In der öffentlichen Meinung wurde dagegen diskutiert, als sei der Schleichhandel eine ostjüdische Erfindung, das Schiebertum erst nach Kriegsende nach Deutschland gebracht worden. Die Antisemiten sahen in den Ostjuden eine homogene Gruppe, gleichermaßen behaftet mit unveränderlichen negativen Eigenschaften, die sich in Kriminalität, kulturellen und biologisch-körperlichen Rückständigkeiten äußerten. Bezeichnenderweise spielten religiöse Aspekte in der Ablehnung von Ostjuden seitens rechtsgerichteter Deutscher – im Gegensatz zu den autochthonen deutschen »Westjuden« – keine Rolle. So gesehen tritt hier sehr deutlich die rassistische Komponente des Antisemitismus zutage.

Für die Weimarer Zeit kann man in Deutschland von einer xenophoben Grundeinstellung mit einem nach Völkern und Rassen abgestuften, weit verbreiteten Rassismus mit antisemitischer Stoßrichtung sprechen, der gegenüber den Ostjuden umfassender und krasser als gegenüber anderen Minderheiten zutage trat. Ja, angesichts der so fremd wirkenden Ostjuden fielen die Bedenken fort, die viele Deutsche gegen die antisemitische Propaganda – sofern deutsche Juden betroffen waren – bisher gehegt hatten. Die eigentliche Bedeutung der Ostjudeneinwanderung für die Ausbreitung des Antisemitismus hat Trude Maurer auf die schlüssige Formel gebracht: »Die Haltung der Nicht-Antisemiten oder der selbsterklärten Gegner des Antisemitismus war nicht so gefestigt, daß sie nicht [...] ins Wanken gebracht werden konnte.«[16] Und da dies auch für einzelne Liberale wie für Sozialdemokraten galt, stimmt die lapidare Feststellung, daß dem Antisemitismus in Deutschland zu wenig Widerstand entgegengesetzt wurde.

Die deutschen Behörden blieben selbst angesichts offensichtlicher Not äußerst mißtrauisch und ablehnend gegenüber der Zuwanderung aus dem Osten, die durch die politische Neugestaltung Osteuropas am Ende des Weltkrieges verursacht und von einer blutigen Pogrombewegung begleitet wurde. Als Beispiele antisemitischer Intervention und des Geistes, der unter Verwaltungsbeamten deutscher Behörden herrschte, stehen der Brief des *Zweckverbandes Ost,* einer Organisation, die sich erklärtermaßen an die Spitze einer Bewegung gegen Korruption und Schiebertum gestellt hatte, an den preußischen Innenminister und die diesbezügliche Stellungnahme des Berliner Polizeipräsidenten vom Frühjahr 1920. Beide Schreiben sind exemplarisch für einen radikal offenen, selbstbewußten Antisemitismus, der sich gezielt gegen die Ostjuden in Deutschland richtete. Hier finden sich sämtliche antisemitischen Stereotypen und Klischees, die, vorgetragen von einer rechtsradikalen völkischen Organisation, von einer staatlichen Stelle voll akzeptiert und in bemerkenswerter Offenheit auf Sympathie und Unterstützung trafen. Eine kurze Analyse und ein direkter Vergleich spiegeln anschaulich das gefährliche geistige Klima, in dem der administrative Antisemitismus gedeihen konnte: Der deutsche »Volkskörper« sei durch die schrankenund wahllose Zulassung des Ostjudentums »moralisch widerstandslos« und in seinen moralischen Hemmungen »furchtbar geschwächt« – so der Zweckverband. Während die deutschen Gewerbetreibenden »seriös und ehrenhaft« seien, handele es sich bei den Ostjuden um land- und volksfremde Elemente, »unterirdische Kräfte des Schiebertums«, die sich »hochschmarotzten«, denn sie seien zersetzend, revolutionär und korrupt. Der spezifische Antisemitismus wird unmißverständlich klar, wenn es heißt: »Jenes Parasitentum ist vollkommen und umgrenzbar. Es setzt sich ausschließlich (sic!) aus kulturlosen Ostjuden niederer Zivilisation zusammen.«[17]

**Krankheitsbilder**

Im Antwortschreiben des Berliner Polizeipräsidiums war man nicht weniger nuancenreich: Die überhandnehmende »Ostjudenplage«, diese »am Volksmark saugenden ausländischen Parasiten« seien nicht nur lästig und gemeingefährlich, sondern stellten in politischer, wirtschaftlicher und gesundheitlicher Hinsicht eine ernste Bedrohung dar: Daß der Berliner Polizeipräsident darüber hinaus ausgerechnet das deutsche Judentum als Kronzeugen für seine Initiative mißbrauchte, verstärkte noch den Stellenwert seiner antijüdischen Sentiments: »Diese Auffassung, die mit antisemitischen Bestrebungen nicht das geringste zu tun hat, wird übrigens auch von einwandfreien deutschen Juden geteilt, die sich mit aller Entschiedenheit gegen den weiteren Zustrom dieser verkommenen, fast ausschließlich den niedrigsten Bevölkerungsschichten angehörenden Glaubensgenossen verwahren.«[18]

Die rücksichtsloseste Politik gegen die Ostjuden wurde in Bayern praktiziert, wo der antisemitische maßgebliche Politiker Gustav von Kahr 1920 und 1923 Massenausweisungen verfügte, nachdem er einen regelrechten »Kreuzzug gegen tatsächliche und vermeintliche [...] Laster der Zeit«, als deren Träger er die Ostjuden ansah, veranstaltet hatte. Nach einem vorliegenden Augenzeugenbericht waren mehr als 70 ostjüdische Familien von den Ausweisungen betroffen.[19]

**Aufforderung zum Mord**

In Nürnberg, einer nationalsozialistischen Hochburg, waren im Oktober/November 1923 Litfaßsäulen plakatiert mit Aufrufen, Juden »wie Hunde totzuschlagen«. Der Kampfparole folgten Taten und zurück blieben einige schwerverletzte niedergestochene Pogromopfer.[20]

Die »mittelalterlichen Judenaustreibungen« waren ein Grund, weshalb sich die SPD zum Austritt aus der »Großen Koalition« veranlaßt sah, und dies führte zum vorzeitigen Ende des zweiten Kabinetts Stresemann im November 1923. Darüber hinaus ergaben sich aus den Ausweisungen der in

Bayern zum Teil schon viele Jahre lebenden Ostjuden ernste außenpolitische Spannungen mit Polen.[21] Im November 1923 kam es in Berlin, Oldenburg und Bayern zu antisemitistischen Exzessen. Ausgelöst wurden die antijüdischen Ausschreitungen in Berlin am 5. November 1923, nachdem sich in den Reihen Arbeitsloser vor dem Arbeitsamt in der Gormannstraße Provokateure unter die Wartenden gemischt und begonnen hatten, jüdische Passanten anzurempeln und zu beleidigen. Als dann bekannt wurde, daß kein Geld mehr zur Auszahlung der Unterstützungsbeträge vorhanden sei, kam es zur Erregung und zu Protesten unter der wartenden Menge. Die Agitatoren der völkischen Verbände verbreiteten die Behauptung, ein Jude hätte an der Münz-/ Ecke Grenadierstraße das wertbeständige Notgeld von Erwerbslosen unter seinem amtlichen Kurs gegen Papiergeld eingetauscht. In Berlin konzentrierten sich daraufhin pogromähnliche Ausschreitungen zunächst auf das sogenannte Scheunenviertel. Geschäfte wurden geplündert und Ostjuden mit den Rufen »Schlagt die Juden tot!« nackt durch die Grenadierstraße »gepeitscht«.[22] Begleitet wurden diese Vorfälle von weiteren antisemitischen Demonstrationen im Stadtteil Charlottenburg, wo die Polizisten, nachdem einige von ihnen den Plünderungen und Mißhandlungen tatenlos zugesehen hatten, mit aufgepflanzten Seitengewehren gegen die »Pogrombanditen« einschreiten mußten.[23]

Das Bild des Ostjuden, wie es in der antisemitischen Publizistik jener Jahre entworfen wurde, schuf die Voraussetzungen für das, was Jahre später in Auschwitz grausige Realität wurde. In der Sprache der Völkischen wird die »Gefahr«, die von den Ostjuden ausgehen soll, auf sinnliche Weise konkretisiert: (Ost-)Juden, als Ungeziefer und Schmarotzer dargestellt, gelte es zu vernichten. Vergleiche mit größeren Tieren – wie im völkischen *Hammer* – kamen seltener vor: »Ein grauenvoller Anblick, diese Raubtier-Gesichter: in ihnen ist keine Spur menschlicher Regungen; das Opfer erspähen, anschleichen, anspringen, abwürgen.«[24] Ausdrücke wie »Ostjudenplage« und »am Volksmark saugende ausländische Parasiten«, »Krebsgeschwüre« und andere biologistische Formulierungen waren auch im amtlichen Sprachgebrauch geläufige Stereotypen. Ungestraft konnte der *Hammer* 1922 kommentieren: »Es wird sich auch nicht vollständig verhindern lassen, daß dieses Gesindel eines Tages totgeschlagen wird, da die ›Regierung‹ *für* diese Fremdlinge *gegen* das Volk Partei nimmt.«[25] Und in den *Deutschvölkischen Blättern* wurde im gleichen Jahr die Frage gestellt, wann endlich der Tag komme, an dem die Juden »mit Peitschen aus Deutschland ausgetrieben« würden.[26]

Die ohnehin schwache rechtliche Stellung der Ostjuden war in den Anfangsjahren der Weimarer Republik zunehmend unsicherer geworden. Über ihnen schwebte ständig das Damoklesschwert der Ausweisung, wenn sie sich nach Meinung der jeweiligen Polizeibehörde »lästig« gemacht hatten oder einfach nur »unerwünscht« waren. Polnische Juden wurden proportional häufiger ausgewiesen als polnische Christen. Mit der Zunahme der ostjüdischen Einwanderung steigerte sich die Revolutionsfurcht der

Behörden. Die revolutionären Aktivitäten einiger Prominenter jüdischen Ursprungs – vor allem innerhalb des Spartakusbundes – wie beispielsweise Rosa Luxemburg, Leo Jogiches, Paul Levi, August Thalheimer oder wie in der Münchener Räterepublik – Kurt Eisner, Erich Mühsam, Eugen Leviné, Ernst Toller – bildeten nur eine Komponente des komplexen antisemitischen Gesamtbildes.

Die völkische Prophezeiung aus dem Jahre 1922 wurde im Oktober 1938 Wirklichkeit, als Tausende von Ostjuden aus Deutschland ausgetrieben wurden – das Vorspiel für das Drama des Novemberpogroms im gleichen Jahr und all seiner Folgen.

## Anmerkungen

1 Nathan Birnbaum: Was sind Ostjuden? Zur ersten Information. Wien 1916, S. 4.

2 Heinrich von Treitschke: Unsere Aussichten. In: Preußische Jahrbücher, November 1879, zit. nach: Der Berliner Antisemitismusstreit. Hrsg. v. Walter Boehlich. Frankfurt/M. 1965, S. 11.

3 Rede des Abg. Mumm. Nationalversammlung, Stenographische Berichte (StB), 19. Dezember 1919.

4 Rede des Abg. Hans von Eynern (DVP), PLT, StB, 29. November 1922, Sp. 13575.

5 Gustav Landauer. Ostjuden und deutsches Reich. In: *Der Jude* I (1916), S. 436.

6 Nationalversammlung, StB, 19. Dezember 1919.

7 Theodor Fritsch: An die Maßgeblichen und Verantwortlichen. Leipzig, 26. Februar 1919, Politisches Archiv des Auswärtigen Amtes, Bonn (PA AA), Int. Ang., Nr. 3, Bd. 1.

8 Rhein- und Ruhrzeitung Nr. 517, 1. November 1919.

9 Forschungsstelle für die Geschichte des Nationalsozialismus, HH, 412 Propaganda.

10 Zit. nach: Werner Jochmann: Die Ausbreitung des Antisemitismus. In: Werner E. Mosse (Hrsg.): Deutsches Judentum in Krieg und Revolution 1916–1923. Tübingen 1971, S. 440. ND. In: Ders.: Gesellschaftskrise und Judenfeindschaft in Deutschland 1870–1945. Hamburg 1988, S. 121.

11 Deutsches Zentral-Archiv Potsdam, Reichsminister des Innern (RMdI), Nr. 14051/1, 1. Februar 1919, zit. nach: Walter Mohrmann: Antisemitismus. Ideologie und Geschichte im Kaiserreich und in der Weimarer Republik. Berlin/DDR 1972, S. 176 f.

12 Theodor Behr: Grenzschutz. In: *Der Jude* III, Heft 8 (1918), S. 249.

13 RMdI an sämtliche preußischen Minister, Berlin, 31. Mai 1920, Geheimes Staats-Archiv Berlin, Rep. 84a Nr. 15.

14 Ebd. – Eine Beamtenhandschrift hatte das Wort »fremdländischer« in »fremd*stämmiger*« verändert. (Hervorhebung v. Verf.)

15 Die Volkszählung von 1925 ermittelte 90000 Ostjuden in Deutschland, was einem Anteil von etwa 15 Prozent der gesamtjüdischen Bevölkerung entsprach.

16 Trude Maurer: Ostjuden in Deutschland 1918 bis 1933. Hamburg 1986, S. 491.

17 Zweckverband Ost, Berlin, 20. April 1920, Bundesarchiv Koblenz, R 43 I/2192. – Dieses Schreiben sowie die Eingabe des Berliner Polizeipräsidenten sind im vollen Wortlaut abgedruckt in: Ludger Heid: Die Pestbeule Deutschlands. Bedingungen ostjüdischen Lebens in Berlin zwischen Weltkrieg und Novemberrevolution. In: Wolfgang Dreßen (Hrsg.): Jüdisches Leben (= Berliner Topografien 4). Berlin 1985, S. 42–43.

18 Polizei-Präsident Berlin an Preußischer Minister des Innern, Berlin, 5. Juni 1920, zit. nach: Ebda.

19 Vgl. Bericht eines Augenzeugen aus München, o.D. PA AA, Jüd. Pol. 1, Allg. Bd. 5.

20 Vgl. Jüdische Rundschau (JR) Nr. 95, 6. November 1923.

21 Vgl. dazu: Reiner Pommerin: Die Ausweisung von »Ostjuden« aus Bayern. Ein Beitrag zum Krisenjahr der Weimarer Republik. In: *Vierteljahresheft für Zeitgeschichte,* 3. Heft, (1986), S. 311–340, hier: S. 334 u. 311 f.

22 Vgl. JR Nr. 97, 20. November 1923.

23 Ebd. – Am 13. November 1923 fand in Berlin eine von der SPD veranstaltete Protestversammlung gegen die antisemitischen Exzesse statt.

24 *Hammer,* 15. Dez. 1919, S. 486.

25 Ebd., 1. Febr. 1922, S. 67.

26 *Deutschvölkische Blätter,* 13. Mai 1922.

## Literatur

Schalom Adler-Rudel: Ostjuden in Deutschland 1880 bis 1940. Zugleich eine Geschichte der Organisationen, die sie betreuten. Tübingen 1959.

Steven E. Aschheim: Brothers and Strangers. The East European Jews 1880–1923. Madison/Wisc. 1982.

Ludger Heid: Maloche – nicht Mildtätigkeit. Ostjüdischer Arbeiter in Deutschland 1914–1923. Hildesheim, Zürich, New York.

Trude Maurer: Ostjuden in Deutschland 1918–1933. Hamburg 1986.

Jack Wertheimer: Unwelcome Strangers. East European Jews in Imperial Germany. New York/Oxford 1987.

*Ingeborg Nordmann*

# *Neunzehntes Bild:* »Der Intellektuelle«

## Ein Phantasma

Es gibt Ereignisse, in denen sich brennpunktartig geschichtliche Tendenzen ankündigen, die einem ganzen Zeitalter ihren Stempel aufdrücken werden. Ein solches Ereignis war die Dreyfus-Affäre, die – wenn auch nur als »Farce« (Hannah Arendt) – spezifische Elemente des modernen Antisemitismus herausbildete. Die Dreyfus-Affäre war ebenso die Geburtsstunde des Begriffs des »Intellektuellen«, und zwar in der ganzen Spannbreite seiner Bedeutungen, welche ihn zu einem zentralen Focus politischer Auseinandersetzungen in der Moderne machen sollten. Auf der einen Seite standen die Dreyfusards, die mit ihrer Parteinahme für den unschuldig verurteilten jüdischen Offizier Dreyfus den Rechtsstaat und die Demokratie verteidigten. Sie verstanden sich bewußt als Intellektuelle, für die politische Verantwortung und die Universalität der Menschenrechte konstitutive Haltungen waren. Auf der anderen Seite die Nationalisten und die proto-faschistische »Action française«, für die der Jude Dreyfus und die Intellektuellen darin gleich waren, daß sie »kein Vaterland« besitzen und daher national als unzuverlässig zu gelten haben. Während der Intellektuelle aufgrund seiner Privilegierung des Abstrakten und Universellen gegenüber dem heimatlichen Boden zur nationalen Identifikation unfähig sei, werde Dreyfus aufgrund seiner »Rasse« notwendig zum Verräter.[1] Das ideologische Muster Jüdischsein und Intellektuell-sein war jedoch noch eine offene Konstellation. Erst in der nationalsozialistischen Ideologie nahm das Stereotyp vom »überspitzten jüdischen Intellektualismus« (Goebbels) jene geschlossene Struktur an, die weder durch Erfahrung noch wissenschaftliche Erkenntnis irritierbar ist.

**Die Dreyfus-Affäre**

In der Auseinandersetzung um Dreyfus' Rehabilitierung errangen die Dreyfusards insofern einen Sieg, als sie die Revision des Urteils erwirkten. Aber die tiefe Krise, die Frankreich erschütterte, war damit keineswegs beseitigt. Was dem Haß auf den Juden und auf den Intellektuellen symptomatische Bedeutung verlieh, war das Auseinandertreten von Menschenrechten und Nation. Der »jakobinische Patriotismus, für den die Menschenrechte immer Teil des Ruhmes gerade der Nation waren und dessen letzter Vertreter Clemenceau war«, hatte Frankreich zwar »vor der Schande eines einheimischen Faschismus bewahrt«[2], aber er verlor seine konsensstiftende Kraft. Im Unterschied zu Frankreich hat es in Deutschland nie eine Bewegung gegeben, welche die Werte des nur der Wahrheit und den Menschenrechten verpflichteten Universalismus und der politischen Verantwortung uneingeschränkt verteidigt hätte.

**Der Begriff »intellektuell«**

Wie Dietz Bering in seiner Begriffsgeschichte darlegt, taucht das Wort »intellektuell« in der deutschsprachigen Kultur bereits im 18. Jahrhundert auf, seine für die Moderne gültige Bedeutung datiert jedoch vom Ende des 19. Jahrhunderts und muß im Kontext der Rezeption der Dreyfus-Affäre gesehen werden. Die Übernahme verlief jedoch nicht eindeutig und gradlinig. Gerade die Auseinandersetzung um die politische Bedeutung und Rolle des Intellektuellen für die Verteidigung der Demokratie fand kein Echo. Das Wort »Intellektueller« wurde Teil des Sprachschatzes, aber als undifferenzierter Bodensatz, um im Moment politischer Opportunität als Projektionsfläche zur Verfügung zu stehen, und zwar in einer spezifischen, durch die deutsche Tradition geprägten Variante. In dieser Variante wurde das Wort intellektuell durch das Wort Geist, der universale Aspekt durch das Deutsch-sein ersetzt. Der deutsche Geist, aufgeladen mit allen Merkmalen, die als Errungenschaften der deutschen Kultur galten: Musik, Metaphysik, Seele, Leben, faustische Tiefe und Georgescher Tiefsinn, entwickelte sich zu einer Fundamental-Metapher, die sich mit allen politischen Richtungen verbinden ließ und verbunden hat. Sie sollte die wesentliche Andersheit des Deutschseins zum Ausdruck bringen und zugleich gegen das Abstrakte, Oberflächliche, die kalte Rationalität und das »stählerne Gehäuse« (Max Weber) der kapitalistischen Zivilisation protestieren. An diesem ideologischen Feld arbeiteten sowohl Oswald Spenglers »Der Untergang des Abendlandes« (1918/22) als auch Ernst Curtius' »Deutscher Geist in Gefahr« (1932). Spengler, dessen Buch von großer Wirkung war, präparierte den feindlichen Gegensatz von Kultur als dem Lebendigen, Schöpferischen, Ursprünglichen und Zivilisation als dem Toten, Versteinerten und Künstlichen bestimmend heraus. Der Aufklärer und Humanist Ernst Curtius verband zwar mit seinem völkerpsychologischen Konzept den Wunsch nach Verständigung, vor allem mit dem französischen Nachbarn, dessen Kultur in gleicher Weise wie die deutsche durch den Begriff Geist umschrieben wurde. Der Begriff des deutschen Geistes enthielt aber einen Anspruch auf Allgemeingültigkeit, die tendenziell den nationalen Kontext imperial überschritt. Er wurde nämlich als Sprachrohr des *wahren* Denkens verstanden, in dem Wissen, Fühlen und Erleben wieder eine organische Einheit bilden. Was diese globale Perspektive so problematisch und gefährlich machte, war weniger das beinahe religiöse Pathos seiner metaphysischen und lebensphilosophischen Bilder, als vielmehr die ihm immanente Tendenz, gar keine Differenzen und Grenzen mehr wahrzunehmen und zu respektieren.[3] Die Matrix des »deutschen Geistes« war nicht Eindeutigkeit, sondern Zweideutigkeit, die es erlaubte, zwischen den gegensätzlichen Polen des Ganzheitlichen bzw. Organischen und der jeden festen Standort übersteigenden Maßlosigkeit zu oszillieren, ohne sich mit der Realität in ihrer tatsächlichen Verschiedenheit auseinandersetzen zu müssen.

**Kulturelle Eigenart und Universalismus**

Gegenüber dem Desiderat einer politischen Kultur, in der kulturelle Eigenart und Universalismus jenseits eines auf die Ethnie bezogenen Denkens in ein Verhältnis gesetzt werden können, herrschte weitgehendes Unverständnis, wenn nicht eindeutige Gegnerschaft. Als ein repräsentatives Beispiel für diese Haltung können Thomas Manns »Betrachtungen eines Unpolitischen« bewertet werden, die

1918 erschienen. Dort wird die »Demokratisierung Deutschlands« als »Entdeutschung« verunglimpft: »Es handelt sich um die Politisierung, Literarisierung, Intellektualisierung, Radikalisierung Deutschlands, es gilt seine ›Vermenschlichung‹ im lateinisch-politischen Sinne und seine Enthumanisierung in deutschem, es gilt, nun das Lieblingswort, den Kriegs- und Jubelruf der Zivilisationsliteraten zu brauchen, die Demokratisierung Deutschlands, oder, um alles zusammenzufassen und auf den Generalnenner zu bringen: es gilt seine Entdeutschung.«[4] Obwohl Thomas Mann sich später positiv zur Demokratie bekannte, blieb seine Distanz gegenüber dem, was er als Zivilisation und »Zivilisationsliteraten« verstand. Mit dem »Abstrakten und Intellektuellen«, fern von den »Quellen des Lebens« und der »natürlichen Realität der Dinge« war genau das gemeint, was Zivilisation im Sinne demokratischer Kultur bedeutet: nämlich die Schaffung eines Projekts von Gemeinsamkeit, das nicht auf Verwurzelung gründet, sondern auf der freien Entscheidung von Individuen. Angesichts dieser Haltung, die eben nicht nur die Rechte und die Linke, sondern auch die der Aufklärung Nahestehenden charakterisierte, konstituierte die dem deutschen Geist immanente Zweideutigkeit ein kulturelles Milieu, in dem sich die Fähigkeit, Differenz und Andersheit wahrzunehmen und zu akzeptieren, nicht nur nicht entwickeln konnte, sondern tendenziell auch zerstört werden mußte. Dennoch erscheint es nicht richtig, auf der Grundlage von Affinitäten eine lineare Folgerichtigkeit zur Ideologie des Nationalsozialismus zu konstruieren. Vielmehr hat das lebensphilosophische und metaphysische Geraune um den deutschen Geist die Möglichkeiten des geistigen Widerstands gegen den Nationalsozialismus reduziert. Dem Durcheinander der vielen kulturellen Positionen, die sich zum Teil in unerbittlichen Auseinandersetzungen manifestierten, entsprach keine reale Vielfalt, sondern, so paradox das anmuten mag, eine geistige Homogenisierung.

**Linke Intellektuellenfeindschaft**

Mit anderen Kategorien und politischen Zielen hat auch die Linke ihren Teil zur Homogenisierung beigetragen.[5] Was den Intellektuellen in den Augen der SPD und der späteren KPD so verdächtig machte, war seine soziale Zwischenstellung, die bereits in Marx' Kommunistischem Manifest anhand des Kleinbürgertums als die gesellschaftliche Ursache von schwankender Haltung, Unzuverlässigkeit und Neigung zu spekulativem Denken gewertet worden war. Die Literatur aus kommunistischer Feder zu diesem Thema war schärfer in der Kritik und stand in einem systematischen Zusammenhang mit dem dialektischen Materialismus. Fast alle prominenten Kommunisten und mit der kommunistischen Bewegung sympathisierenden Schriftsteller äußerten sich einschlägig zu diesem Thema: Lenin, Lukács, Johannes R. Becher oder auch Brecht. Im Gegensatz zur SPD verband die KPD die Kritik am kleinbürgerlichen Individualismus des Intellektuellen mit einer prinzipiellen Kritik am Liberalismus und der parlamentarischen Demokratie. Was jedoch für beide Parteien zutraf, war, daß die Kultur funktionalistisch dem Sozialen zugeordnet wurde. Aus dieser Abhängigkeit resultierten die Erfindungen des Parteischriftstellers und »organischen Intel-

*Abb.* 44 *Die Demokratie – als Gesellschaftsform, die Unterschiede zuläßt und ermutigt – ist der eigentliche Gegner. Antisemitische Phantasie konstruiert eine angebliche »Judenherrschaft«, weil sie die demokratische Auseinandersetzung nicht ertragen kann. Goebbels/Mjoelnir: »Das Buch Isidor« (1928).*

lektuellen« (Gramsci), für den Kultur sich durch ihre gesellschaftliche Nützlichkeit ausweisen mußte und der seine »ungewisse Klassenherkunft« (Lenin) durch die dezisionistische Entscheidung für die richtige Sache kompensierte. Daneben existierte eine biologistische Ebene der Argumentation, die in der Verwendung der Metaphern *gesund*, *kraftvoll* und *produktiv* für den Arbeiter und *pathologisch*, *schwächlich* und *zersetzend* für den Intellektuellen zum Ausdruck kam. Dennoch funktionierte in der kommunistischen Ideologie das Stereotyp des Intellektuellen als natürlichem Verräter nicht vermittels des Biologismus, sondern einer bestimmten Auffassung von Geschichte, nach der sich die gesellschaftlichen Prozesse gleich überindividuellen Gesetzen vollziehen, welche allein die Partei zu interpretieren befugt ist. Der Intellektuelle stand jenseits der Feststellung individueller Schuld immer im Verdacht, das Entwicklungsgesetz der Geschichte zu verfehlen, a priori Außenseiter, Fremder und Schädling zu sein. Daß Menschen jenseits ihrer individuellen Schuld allein durch ihre Zugehörigkeit zu einer Klasse oder Rasse vorab verurteilt waren, gehörte zur Herrschaftsausübung des Stalinismus ebenso wie des Nationalsozialismus.

**»Der Intellektuelle ist der Jude«**

Das Stereotyp des Jüdischen Intellektuellen existierte zwar schon während des Dreyfus-Prozesses, aber erst die nationalsozialistische Propaganda transformierte es zu einer Ideologie, die unabhängig von der Realität funktionierte, weil sie nach der inneren Logik des Rassismus zwangsläufig richtig war. Die Entstehung des Stereotyps »Jüdischer Intellektueller« erscheint zunächst als eine einfache Zusammenfügung von negativen Eigenschaften:

*entwurzelt*, *schwankend*, *rationalistisch*, *naturentfremdet*, *überzüchtet*, *blutleer*, *pathologisch*, die sowohl auf den Intellektuellen als auch auf den Juden projiziert wurden. »Eine der größten Gefahren unserer Tage ist der Intellektualismus, der besonders stark in der jüdischen Rasse ausgeprägt ist.«[6] »Nicht in den intellektuellen Gaben liegt die Ursache der kulturbildenden und -aufbauenden Fähigkeiten des Ariers (...) Den gewaltigen Gegensatz zum Arier bildet der Jude.«[7] Daneben blieb »der Intellektuelle« als eigenständiges Schimpfwort weiter bestehen. Dennoch konstituierte die Verschmelzung beider Diffamierungsfelder eine neue Qualität: der jüdische Intellektuelle wurde zum Phantasma des Fremden schlechthin, das der Rechtfertigung durch die Realität nicht mehr bedurfte. Der Erfolg des Begriffs stand in direktem Zusammenhang mit seiner Verselbständigung. Während die Rasse als mythischer Vorstellungskomplex die essentialistische Begründung lieferte, stellte das Intellektuelle das moderne ideologische Instrumentarium zur Verfügung, mit dessen Hilfe demonstriert werden konnte, daß Juden den lebendigen Volkskörper zersetzen und zerstören. Im ritualisierten Stakkato sich ständig wiederholender Attribuierungen, die sich wechselseitig aufeinander bezogen und emphatisch bestätigten, funktionierte Ideologie wie ein materieller Körper, dessen Wirkung nicht in seiner Beweisführung, sondern in seiner Schwerkraft lag: erregend und unaufhaltsam vorwärtsdrängend wie das Leben selbst. Das Motiv des sozialen Neids angesichts der Tatsache, daß seit Beginn des 20. Jahrhunderts die jüdische Minderheit überproportional erfolgreich in den geistigen Berufen tätig war, war dabei nur der Ausgangspunkt. Das Thema des jüdischen Intellektuellen war durchgängig präsent in der NS-Propaganda, obwohl jüdische Intellektuelle durch die Berufsverbote bereits zu Beginn der Nazi-Diktatur aus dem öffentlichen Leben vertrieben worden waren. Das weist auf einen größeren Problemkomplex hin.

Michel Foucault hat die »Verstaatlichung des Biologischen« als den Einschnitt herausgestellt, der die Macht der Moderne von der Disziplinarmacht unterscheidet und damit die Funktionsweise des Rassismus im Totalitarismus präzisiert.[8] Der Rassismus steht nicht nur im Zentrum der Ideologie, sondern ist in die Strukturen des Staates eingeschrieben. Die Disziplinarmacht kannte nur das Individuum und die durch den Vertrag zustandegekommene Gesellschaft. Ihre Machttechniken bezogen sich auf den einzelnen Körper, und die Macht des Souveräns zeigte sich darin, daß er über das Recht zu töten verfügte. Die biopolitische Macht, die seit dem 18. Jahrhundert die Disziplinarmacht ergänzte, überlagerte und modifizierte, hat den »Körper mit unzähligen Köpfen«, den Volkskörper zum Gegenstand. Sie reguliert globale Prozesse des Lebens, die sie durch »Gleichgewicht und Regelmäßigkeit« zu ordnen sucht. Sie dringt in alle Bereiche ein, die sich mit dem Biologischen und Organischen befassen. Sie ist Macht, die Leben gestaltet, Tod und Krankheit disqualifiziert und aus dem öffentlichen in das private Leben zurückdrängt. Mit dem Eindringen des Rassismus in die Mechanismen des Staates findet eine qualitative Verschiebung der Funktio-

***Abb. 45** Noch unerträglicher für das antisemitische Weltbild ist die Vielfalt der großen Stadt. Joseph Goebbels begann eine gezielte Eroberungsstrategie: den »Kampf um Berlin«. Goebbels/Mjoelnir: »Das Buch Isidor« (1928).*

nen der Bio-Macht statt. Denn der Rassismus organisiert und reguliert nicht nur das Leben, er bestimmt, wer leben darf und wer sterben muß, und zwar mit Hilfe der Biologie: Je mehr minderwertige Rassen und anomale Individuen eliminiert werden, desto stärker, gesünder und reiner ist das Leben. Die Eigenart der rassistischen Macht ist somit nicht in erster Linie an die politische Lüge oder an die Mentalität gebunden, sondern an die perfekte Technologie im Dienste der Reinhaltung der eigenen Rasse und der Ausmerzung der fremden Rasse.

Mit der rassistischen Symbiose aus einem Volkskörper ohne Differenzierung und der zwingenden Logik bürokratischer Machbarkeit hatten die Nationalsozialisten einen Entwurf realisiert, der wie kein anderer den modernen Perfektionierungsdrang zu verwirklichen versprach und der gerade unter den Intellektuellen die größte Anziehungskraft besaß. Alles Widerständige, die irreduzible Verschiedenheit der Menschen, ihrer kulturellen Einrichtungen und historischen Erfahrungen, wurde als veränderbare Masse dem Gestaltungswillen zur Verfügung gestellt. Der moderne Staat war kraft seiner bürokratischen Apparate in der Lage, die anmaßenden Planungen auch dort weiterzuführen, wo die Ideologie nicht mehr hinreichte: »Die Bürokratie hat die Angst vor rassischer Unterwanderung und die Säuberungshysterie nicht hervorgebracht, dazu bedurfte es der Demagogen. Aber die Bürokratie nahm ihre Fäden dort auf, wo die Vision nicht mehr weiterführte. Die Bürokratie schuf den Holocaust nach ihrem eigenen Bild.«[9] Der eklektische und bewegliche Charakter der NS-Ideologie, die sich aus verschiedenen Traditionen und kulturellen Strömungen Versatzstücke

**Bürokratie und Ideologie**

aneignete, entsprach der Notwendigkeit, den reibungslosen Ausscheidungsprozeß aufrechtzuerhalten und zu beschleunigen. Aus dieser Zwangsgesetzlichkeit resultierte, daß immer neue Elemente gefunden werden mußten, sollte der Prozeß nicht zum Stillstand kommen. Die Diffamierungsketten wurden je nach Interesse anders zusammengesetzt und erweitert. So folgte der Verknüpfung bzw. Identifizierung von intellektuell und jüdisch die Erweiterung durch das Schimpfwort Marxismus, des »intellektuellen Hetzers«, dessen Idealtyp wiederum der Jude war. Das Stereotyp des jüdischen Intellektuellen funktionierte logisch nur innerhalb der rassistischen Machttechnologie, es hatte nicht den Status einer Metapher, die eine Beziehung zur Realität aufrechterhält, sondern eines Instruments, das nach den Notwendigkeiten der Bewegung aufgegriffen oder verworfen wurde. Die Existenz jüdischer Intellektueller war demgegenüber zweitrangig: »Wenn es das Gesetz der Natur ist, Schädliches und Lebensuntaugliches zu eliminieren, so wäre es das Ende der Natur überhaupt, wenn neue Kategorien von Schädlichem und Lebensuntauglichem nicht gefunden würden. (...) Mit anderen Worten, das Gesetz des Tötens, wonach totalitäre Bewegungen die Macht antreten, bleibt bestehen als ein Gesetz der Bewegung, selbst wenn es ihnen je gelingen sollte, die ganze Menschheit unter ihre Herrschaft zu zwingen. Die Menschheit selbst wird die Verkörperung des Prozesses, also ein ständig sich in seiner Gesamtheit Veränderndes und Bewegendes, in welchem die permanente Ausscheidung des Überflüssigen und Schädlichen nun gleichsam automatisch vor sich geht.«[10]

Anmerkungen

1 Vgl. dazu Dietz Bering: Die Intellektuellen. Geschichte eines Schimpfwortes. Stuttgart 1978, S. 49.

2 Hannah Arendt: Elemente und Ursprünge totaler Herrschaft. München 1986, S. 170.

3 Erst der Nationalsozialismus schuf die Bedingungen für eine Symbiose von national fixierbarem Volkskörper und grenzenloser Bewegung, indem er in sie die Vorstellung der Rasse einschrieb. Daß der NS jegliche Besonderheit und Differenz, auch die nationale, zerstört, hat Ernst Curtius hellsichtig erkannt: »Was hat nun der neue Nationalismus, abgesehen von wirtschaftstechnischen Programmen, der Nation zu bieten? Von dem ›Mythos der neuen Nation‹ erfahren wir nämlich nichts weiter, als ›daß das Volk, nachdem die letzten Organisationen zusammengebrochen sein werden, nur noch Bewegung und nichts als das sein wird. Nichts kann für einen substanzlosen Intellektualismus bezeichnender sein als eine solche Formel. Wenn man alles Konkrete mit großem Aufwand weganalysiert hat, kann logischerweise nichts mehr übrigbleiben als das gehalt- und gestaltlose Schema der leeren Bewegung: ein begriffliches Abstraktum, das nur verwegenste Dialektik mit der Synthese von ›national‹ und ›sozial‹, von ›rechts‹ und ›links‹ gleichsetzen und als Mythos ausgeben kann.« (In: Deutscher Geist in Gefahr. Stuttgart, Berlin 1932, S. 39).

4 Thomas Mann: Betrachtungen eines Unpolitischen. Frankfurt/M. 1991, S. 60.

5 Bezeichnenderweise war der SPD-Parteitag von 1903 das Forum, auf dem das erste öffentliche Mißtrauensvotum gegen die Intellektuellen geäußert wurde. In den Worten August Bebels: »Seht euch jeden Parteigenossen an, aber wenn es ein Akademiker oder ein Intellektueller ist, dann seht ihn euch doppelt und dreifach an.« Zit. nach Dietz Bering, wie Anm. 1, S. 30.

6 Eugen Diederichs: Die deutsche Revolution. In: Die Tat 10, 1918/19, S. 726.
Zum Schimpfwort »Jüdischer Intellektueller« vgl. ebenso: Joseph Goebbels: Der Intellektuelle. Leit-

artikel in: Der Völkische Beobachter v. 4. 2., 11. 2., 13. 2. 1939; ders.: Der geistige Arbeiter im Schicksalskampf des Reiches. Rede vor der Heidelberger Universität, München 1943; Der Völkische Beobachter »Sondernummer gegen die jüdisch-marxistische Pressekanaille«, Sept. 1925; Max Domarus: Hitler, Reden und Proklamationen 1932–1945. Bd. 1–4, München 1965.

7 Adolf Hitler: Mein Kampf. München 1943, S. 326/329.

8 Michel Foucault: Leben machen und sterben lassen. Zur Genealogie des Rassismus. In: Lettre International, Jg. 93, Ht. 20, S. 62 ff.

9 Zygmunt Baumann: Dialektik der Ordnung. Die Moderne und der Holocaust. Hamburg 1992, S. 120.

10 Hannah Arendt: Elemente und Ursprünge totaler Herrschaft. München 1986, S. 709 f.

## Literatur

Hannah Arendt: Elemente und Ursprünge totaler Herrschaft. München 1986.

Zygmunt Baumann: Dialektik der Ordnung. Die Moderne und der Holocaust. Hamburg 1992.

Dietz Bering: Die Intellektuellen. Geschichte eines Schimpfwortes. Stuttgart 1978 (mit einer ausführlichen Bibliographie zum Thema).

Theodor Eschenburg: »Aus dem Universitätsleben vor 1933«. In: Deutsches Geistesleben und Nationalsozialismus. Hg. v. Andreas Flitner. Tübingen 1965, S. 24–46.

Jean Pierre Faye: Theorie der Erzählung. Einführung in die »totalitären Sprachen«. Frankfurt/M. 1977.

Dirk Hoeges: Kontroverse am Abgrund: Ernst Robert Curtius und Karl Mannheim. Intellektuelle und »freischwebende Intelligenz« in der Weimarer Republik. Frankfurt/M. 1994.

Siegfried Kracauer: »Aufruhr der Mittelschichten. Eine Auseinandersetzung mit dem Tat-Kreis«. In: Das Ornament der Masse. Frankfurt/M. 1977.

Thomas Mann: Betrachtungen eines Unpolitischen. Frankfurt/M. 1991.

Fritz K. Ringer: Die Gelehrten. Der Niedergang der deutschen Mandarine 1890–1933. Stuttgart 1987.

Kurt Sontheimer: Antidemokratisches Denken in der Weimarer Republik. München 1962.

Michael Stark (Hrsg.): Deutsche Intelligenz 1910–1933. Heidelberg 1984.

*Richard Faber*

# *Zwanzigstes Bild* »Der Zersetzer«

»Das Zeitalter eines überspitzten jüdischen Intellektualismus ist nun zu Ende«. Mit diesem Satz beginnt die Haßtirade eines der prominentesten und ›erfolgreichsten‹ Antisemiten: des NS-Propagandaministers Josef Goebbels Rede zur Berliner Bücherverbrennung vom 10. Mai 1933.[1] Nicht zuletzt dieser Rede*anlaß* ist von Bedeutung, hat doch bereits Heinrich Heine prophezeit – freilich von der kirchlichen Inquisitionsgeschichte belehrt: »Dort, wo man Bücher verbrennt, verbrennt man auch am Ende Menschen.«[2]

**Heinrich Heine als Prototyp**

Heine gilt (nicht nur Goebbels) als Prototyp »überspitzten« und damit »jüdischen Intellektualismus«:

– aufgrund seiner ›Kälte‹ bei gleichzeitigem ›Fanatismus‹, seiner analytischen alias ›zersetzenden‹ Kraft, die dennoch oder gerade deshalb eine ›aufhetzende Gewalt‹ beinhaltet;

– aufgrund seines ironischen und satirischen bis polemischen Talents, das entlarvt, anklagt und *geistig* hinrichtet (nicht anders als der spätere und Heine gar nicht wohl gesonnene Karl Kraus);

– aufgrund seines Revolutionarismus und Utopismus, den ›Kulturbolschewismus‹ zu nennen rückblickend nahe lag;

– aufgrund seines Erotizismus, der für Reaktionäre jeder Art und aller Zeiten Inbegriff des ›dekadenten‹ und ›entarteten‹ Emanzipationsstrebens ist.

Nicht nur in diesem vorzüglichen Punkt kann sich (in Deutschland) der antijüdische Effekt mit einem z. B. antifranzösischen verbinden und völkische Autochthonie gegen *jeglichen* Kosmopolitismus ausspielen, der *stets* intellektuell-jüdisch oder jüdisch-intellektuell konnotiert ist, nicht anders als Erotizismus, Liberalismus, Sozialismus und Revolution bzw. Emanzipation generell. – Das ›Volk‹ von sich aus und das deutsche speziell ist ›sauber‹, ›brav‹, ›gläubig‹, ›arglos‹ usw., doch eben deswegen verführbar und aufwiegelbar von dem »Lügner« und Aufhetzer »von Anbeginn«: »dem (ewigen) Juden« (in welch hochmythischem Singular z. B. Adolf Hitler allein spricht und schreibt).

»Der (intellektuelle) Jude« wird (nicht anders als der ›scharf kalkulierende‹ Finanzjude) verteufelt und allein schon dadurch mörderischer Verfolgung anheimgegeben, wie gerade auch Heine wußte – (nicht nur) die jahrtausendelange kirchliche Verfolgung in Erinnerung. Jener hatte der jüdische »Lügner« und Verräter »von Anbeginn« als prototypisch *Ungläubiger* gegolten, als derartig ›verstockt‹ und ›halsstarrig‹, daß die *spanische* Inquisition der *Neuzeit* zur fast schon rassistischen Auffassung kam – selbst in ›Ketzerei‹ verfallend: gegen die jüdische Abstammung sei sogar das Taufsakrament machtlos. Speziell den Rabbinern wurde jene ›Rabulistik‹ unterstellt, die unter demselben Namen, aber natürlich auch als ›Sophistik‹ oder ›Dialektik‹ noch den liberalen oder sozialistischen, jedenfalls laizistischen Intellektuellen vorgeworfen werden sollte und nicht nur den jüdischen. Ein kritischer, also ›zersetzender‹ und ›aufhetzender‹ Intellektueller ist (bis heute) schnell als Jude oder wenigstens ›Judengenosse‹: als ›*Geistes*jude‹ abgestempelt; denn für Antiintellektuelle bzw. Antisemiten sind in letzter Konsequenz Intellekt und Geist, Ratio und Analyse (die Psychoanalyse!) *an sich* jüdischer Provenienz.

Vom »Gewissen« und damit der Moral behauptete Hitler, sie sei »eine jüdische *Erfindung*«; Moralisten seien also – wenigstens genotypisch – Juden. Natürlich dachte Hitler dabei an den Dekalog, die Propheten und den Talmud, aber noch intensiver, weil ihm viel näher liegend, an die kirchliche und damit christliche Gewissensbildung, die tatsächlich ohne ihre jüdischen Voraussetzungen undenkbar ist. Gerade auch die Mitleidsethik, von Faschisten aller Couleur als »Humanitarismus« bzw. »Humanitätsduselei« denunziert, ist – christlichem Antijudaismus entgegen – jüdischer Provenienz. Es gab und gibt *von Anfang an,* wie einen griechischen und römischen, so auch einen jüdischen Humanismus, der mit den beiden anderen wesentlich zur Konstituierung des christlichen beigetragen hat. Diese Tatsache *erschwert* die ›Schuld‹ des Judentums schon in den Augen eines Friedrich Nietzsche, dessen »Antichrist« eigentlich ein ›Antijude‹ ist.

Im Christentum wird – gerade in seiner profan-humanistischen ›Weiterentwicklung‹ – das hierin eigentlich erst zu seinem »nihilistischen« Ziel gelangte *Judentum* bekämpft. Man ist Antijudaist bzw. Antisemit des zeitgenössischen Liberalismus, Sozialismus und Anarchismus wegen oder auch – wenigstens subjektiv: Man ist antiliberal und antisozial, weil antijüdisch. Man ist schließlich antijüdisch, weil antiintellektuell; denn die Intellektuellen gelten (nicht zu unrecht) als die Vorkämpfer und Repräsentanten der insgesamt abgelehnten modernen Zivilisation, die »insgesamt« für jüdisch oder wenigstens ›verjudet‹ erachtet wird. Unter anderem Ausdrücke wie »jüdischer Asphaltliterat«[3] aber auch schon ›Zeitungsjude(ntum)‹ konnotieren diesen Antimodernismus, diese Zivilisationsfeindschaft. Nicht zuletzt jene Vokabeln identifizieren die »Heines« als Vorkämpfer und Repräsentanten der verhaßten und zu bekämpfenden Moderne.

**Kampf gegen die Moderne**

In der Moderne endet ein angeblich tausende von Jahren alter Traditionalismus, orientiert am kosmischen bzw. natürlichen Zyklus des Jahresablaufs. ›Garantiert‹ durch die Gesetze der »Großen Mutter« (Natur) soll in den – positiv verstandenen – heidnischen (Ur-)Kulturen eine unerschütterliche Dauer der Riten und Gebräuche, Sitten und Institutionen bestanden haben. In diesen »kalten« Gesellschaften – wieder positiv verstanden – soll sozialer Wandel nahezu ausgeschlossen gewesen sein. Nur *eine* Kultur bzw. Religion sei ausgeschert, um sich – durch das Christentum vermittelt – eines Tages weltweit durchzusetzen: die jüdische. Sie allein habe immer schon geschichtlich und – noch schlimmer – fortschrittlich gedacht bzw. gehandelt, sei – aufgrund ihres Messianismus – utopisch programmiert gewesen und gerade auch in politicis.

Nicht zuletzt und ausführlich ist all das nachzulesen im religionsphilosophischen Hauptwerk des seit den 50er Jahren höchst einflußreichen (ehemaligen rumänischen Faschisten) Mircea Eliade, »Kosmos und Geschichte«. Kurz und bündig hieß es bereits 1917 bei dem »Konservativen Revolutionär« Rudolf Pannwitz, Israel habe »das abendland *zersetzt*«, seitdem es »den mythos des heldenalters« und »kosmos des morgenlandes« kreuzigte: »könig saul« und »babylon«.[4] Doch solche Thesen sind, wie gesagt, nicht von (vor-)gestern oder das Monopol der Erben der alten »Konservativen Revolution«, der »Neuen Rechten« in Frankreich etwa; auch ein neokonservativer Liberaler wie der einflußreiche bundesdeutsche Philosoph Odo Marquard hält im Zug seines »Lobs des Polytheismus« – eines dezidiert »*politischen* Polytheismus« – fest, daß der Geist der Kritik ein jüdischer sei: Zuerst habe, altjüdisch, Gott über die Menschen zu Gericht gesessen, dann habe der Mensch – in Form der Theodizee – Gott den Prozeß gemacht und schließlich – in den Revolutionen – andere Menschen verurteilt.[5] Deswegen will der gegenrevolutionäre Marquard – genealogisch – anstelle des einen Gottes wieder viele Götter setzen: ein ›pluralistisches‹ Pantheon. Doch ob diese Konsequenz gezogen wird oder eine andere, klar ist, daß für alle hier behandelten und verwandten Autoren vom jüdischen Monotheismus und Prophetismus (über den christlichen Chiliasmus) ein unmittelbarer Weg zur bürgerlichen, sozialistischen und kommunistischen Utopie führt – die des Satans sei. – Für Hitler, der Paulus und Marx in einem Atemzug nannte[6], gewann er die (im »Stürmer« technisch reproduzierte) Fratze des »jüdischen (Bolschewisten-)Kommissars«.

**Zusammenhang mit Verschwörungstheorien**

So wie für den Nationalsozialismus hinter den intellektuellen ›Internationalen‹ der Bolschewisten, Freimaurer und Jesuiten »der (internationale) Jude« stand, dessen bloße Handpuppen die ersten drei sein sollten, so galten auch Bolschewismus und Kapitalismus nur als zwei Seiten ein und derselben, sprich »jüdischen« Medaille. Die Moderne insgesamt wurde (und wird teilweise immer noch) beherrscht gesehen von der Weltverschwörung der »*Weisen* von Zion«, diesen geheimen ›Drahtziehern‹ aller »internationalen Mächte« (Ludendorff) – und hießen sie zunächst ›nur‹ Kosmopolitismus, Liberalismus oder Rationalismus. – Man brauchte nicht an die ›alles entscheidenden Erbanlagen‹ der (jüdischen) Rasse zu glauben, um, wie im Fin de siècle Alfred Schuler, bereits Horaz und Seneca, zwei Nicht-Juden, als Mitglieder einer »verdeckten Jahwe-Loge« ansehen zu ›können‹. Der Präfaschist verwirft schon die griechisch-römische Stoa als »Prä-Christentum« und damit als »Weltgift«. Schuler lehnt *alles* Christliche mit Schärfe ab und will nicht mit denen verwechselt werden, die – wie leider auch der verehrte J. J. Bachofen – in der einen Hand die Geheimnisse des Uranos, in der anderen die Bibel darbieten. Während im Geschichtsverständnis des christlichen *Humanismus* von Clemens Alexandrinus, Justin und Origenes bis zu Theodor Haecker die Antike gern neben dem alttestamentlichen Judentum als Vorspiel des Heils, als Propädeutik und Antizipation der Offenbarung gedeutet wurde, stilisiert Schuler zwischen Christentum und griechisch-römischer Welt einen *absoluten* Gegensatz. Ja, konsequenterweise verneint er – wie schon Nietzsche – alle Züge im Bild des Altertums, die wenn auch noch so entfernt, ›christlich‹ sind oder – das ist entscheidend – ›kryptojüdisch‹. Denn: »An das Herz des Lebens schlich der Marder *Juda.*«[7]

Dieser machte das »Herz der Erde« zur »Hölle der Christen«[8]. Schuler läßt keinen Zweifel: Sein Anti-Christentum – und das aller Gestesverwandten – ist zuerst und zuletzt eines des Antijudaismus wegen, weil das Christentum als fortlebendes, ja soziales, universales und damit *gesteigertes* Judentum gilt, das in Liberalismus, Sozialismus und Anarchismus sein Telos findet. ›Jetzt‹, um 1900, scheint es erreicht, die ›Krise‹ auf ihrem Höhepunkt angelangt zu sein und deswegen auch mit ihrer *neopaganen* Überwindung begonnen werden zu können: mit einer *faschistischen* (End-)Lösung.

1933 werden die Produkte eines »überspitzten, jüdischen Intellektuelismus« verbrannt, dann auch die Buchautoren – die Juden generell: so, wie Schuler es prophezeit (und gefordert) hat: »Die Intellektuellen wischt man mit dem Scheuerlappen weg.«[9] Schon für Schuler waren sie offensichtlich der »Unflat«, von dem Goebbels in seiner Bücherverbrennungs-Rede 1933 sprechen wird.[10]

## Anmerkungen

1 Joseph Goebbels, zit. nach »Das war ein Vorspiel nur ...«. Bücherverbrennung Deutschland 1933: Voraussetzungen und Folgen. Ausstellung der [Berliner] Akademie der Künste vom 8. Mai bis 3. Juli 1983, S. 197.
2 Heinrich Heine: Sämtliche Werke, Band S.W. 2. Leipzig/Wien o.J. S. 259.
3 Joseph Goebbels, wie Anm. 1.
4 R. Pannwitz: Flugblätter 1–8, Nürnberg 1919/20, Flugblatt 5.
5 Vgl. Odo Marquard: Exile der Heiterkeit: In: W. Preisedanz / R. Warning (Hrsg.): Das Komische. München 1976, S. 146.
6 Vgl. H. Picker: Hitlers Tischgespräche im Führerhauptquartier. Stuttgart 1976 (3. Aufl.). S. 106; ausführlicher: ebd., S. 79 ff.
7 A. Schuler: Fragmente und Vorträge aus dem Nachlaß. Leipzig 1940, S. 151.
8 Ebd.
9 Ebd., S. 54.
10 Joseph Goebbels, wie Anm. 1, S. 198.

## Literatur

*1. Dokumente*

Alain de Benoist: Heide sein. Zu einem neuen Anfang. Die europäische Glaubensalternative. Tübingen 1982.
Gerd Bergfleth u.a.: Zur Kritik der palavernden Aufklärung. München 1984.
Mircea Eliade: Kosmos und Geschichte. Der Mythos der ewigen Wiederkehr. Reinbek 1966.
Ludwig Klages: Der Geist als Widersacher der Seele. Bonn 1972 (5. Aufl.).
Odo Marquard: Lob des Polytheismus. Über Monomythie und Polymythie. In: ders.: Abschied vom Prinzipiellen. Philosophische Studien. Stuttgart

1981, S. 91 ff.; Aufgeklärter Polytheismus – auch eine politische Theologie. In: J. Taubes (Hrsg.): Der Fürst dieser Welt. Carl Schmitt und die Folgen. München 1985 (2. Aufl.), S. 77 ff.

Armin Mohler: Die Konservative Revolution in Deutschland 1918–1932. Ein Handbuch. Darmstadt 1972.

Friedrich Nietzsche: Zur Genealogie der Moral. S.W. Kritische Studienausgabe 5. München 1980. S. 245 ff.; Der Antichrist. S.W. ... 6, S. 165 ff.

Ernst Nolte: Streitpunkte. Heutige und künftige Kontroversen um den Nationalsozialismus. Berlin 1994.

»Das Schwarze Korps«: »Weiße Juden« in der Wissenschaft, 15. Juli 1937, S. 6.

Hans Jürgen Syberberg: Vom Unglück und Glück der Kunst in Deutschland nach dem letzten Krieg. München 1990.

2. *Kritische Sekundärliteratur*

Dietz Bering: Die Intellektuellen. Geschichte eines Schimpfwortes. Frankfurt/Berlin/Wien 1982.

J. R. v. Bieberstein: Die These von der Verschwörung 1776–1945. Philosophen, Freimaurer, Juden, Liberale und Sozialisten als Verschwörer gegen die Sozialordnung. Bern/Frankfurt 1976.

Micha Brumlik: Geisteswissenschaftlicher Revisionismus [Ernst Noltes] – auch eine Verharmlosung des Nationalsozialismus. In: R. Faber u.a. (Hrsg.). Rechtsextremismus – Ideologie und Gewalt. Berlin 1995.

Hubert Cancik: »Judentum in zweiter Potenz«. Ein Beitrag zur Interpretation von Friedrich Nietzsches »Der Antichrist«, in: J. Mertin / D. Neuhaus / M. Weinrich (Hrsg.): »Mit unsrer Macht ist nichts getan ...«. Festschrift für Dieter Schellong zum 65. Geburtstag. Frankfurt 1993, S. 55 ff.

Norman Cohn: Die Protokolle der Weisen von Zion. Der Mythos von der jüdischen Weltverschwörung. Köln/Berlin 1969.

J. Ebach, Antisemitismus. In: H. Cancik u.a. (Hrsg.): Handbuch religionswissenschaftlicher Grundbegriffe I. Stuttgart 1988, S. 495 ff.

Umberto Eco: Das Foucaultsche Pendel. Roman. München 1989.

Richard Faber: Männerrunde mit Gräfin. Die »Kosmiker« Derleth, George, Klages, Schuler, Wolfskehl und Franziska zu Reventlow. Frankfurt 1994; Religiöse, laizistische und neureligiöse (Anti-)Intellektuelle. Ansätze zu einer Realtypologie. In: ders. (Hrsg.), Rechtsextremismus – Ideologie und Gewalt. Berlin 1995; Rome contre la Judée. La Judée contre Rome. Critique du nietzschéisme noir, in: D. Bourel / J. Le Rider (Hrsg.): De Sils-Maria à Jérusalem. Nietzsche et le judaisme. Les intellectuelles juifs et Nietzsche. Paris 1991, S. 247 ff.

R. Faber / R. Schlesier (Hrsg.): Die Restauration der Götter. Antike Religion und Neo-Paganismus. Würzburg 1986.

Hermann Greive: Geschichte des modernen Antisemitismus in Deutschland. Darmstadt 1983.

Fridrich Heer: Der Glaube des Adolf Hitler. Anatomie einer politischen Religiosität. München und Eßlingen 1968; Gottes erste Liebe. Zweitausend Jahre Judentum und Christentum. Genesis des österreichischen Katholiken Adolf Hitler. München und Eßlingen 1967.

Gerd-Klaus Kaltenbrunner: Der Haß gegen die Geschichte. Berauscht vom eschatologischen Denken: Alfred Schuler (1865–1923). In: Frankfurter Allgemeine Zeitung, 20. 11. 1965.

Ernst Nolte: Der Faschismus in seiner Epoche. Die Action française. Der italienische Faschismus. Der Nationalsozialismus. München 1965 (2. Aufl.).

Renate Schäfer: Zur Geschichte des Wortes »zersetzen«. In: Zschr. für Wortforschung 18 (1962) S. 40ff., bes. S. 58ff.

Yosef Hayim Yerushalmi: Assimilierung und rassischer Antisemitismus. Die iberischen und die deutschen Modelle. In: Ein Feld in Anatot. Versuche über jüdische Geschichte. Berlin 1993, S. 53 ff.

*Avraham Barkai*

# *Einundzwanzigstes Bild:* »Der Kapitalist«

Die Identifizierung der Juden mit der kapitalistischen Wirtschafts- und Gesellschaftsordnung gehört seit der Mitte des neunzehnten Jahrhunderts zu den Stereotypen des säkularisierten modernen Antisemitismus. Abwechselnd wurden entweder der Kapitalismus als »jüdisch« oder die Juden generell als »Kapitalisten« verrufen. Die gegen die Juden gerichtete antikapitalistische Argumentation tauchte ebenso in der frühen sozialistischen wie in der konservativen und völkischen Propaganda auf. Gemeinsam war diesen Richtungen die Ablehnung der liberalen freien Konkurrenz als Ursache der Verunsicherung und des sinkenden Einkommens breiter Bevölkerungsschichten. Die alternativ postulierten Systeme waren dagegen sehr unterschiedlich. Aber manche Politiker und Ideologen der verschiedenen, oft miteinander in scharfem Konflikt stehenden Richtungen, benutzten das christlich-traditionell eingewurzelte antijüdische Vorurteil, um das kapitalistische System zu diskreditieren. Antisemitischen Fanatikern andererseits diente die antikapitalistische Einstellung der betroffenen Gesellschaftsschichten als wirksames Instrument für die Mobilisierung ihrer Anhänger.

**Anfänge in Frankreich**

Bei dem sozialistischen Utopisten Charles Fourier (1772–1837) ist die Transformation der religiösen in die rationell argumentierende moderne Judenfeindschaft deutlich erkennbar. Fourier verurteilte die durch die Revolution vollzogene Emanzipation als verfrüht, weil die Juden sich aus religiöser Verbundenheit von der allgemeinen Gesellschaft absonderten. Sie würden keine von Christen zubereiteten Speisen essen und ihre christlichen Konkurrenten wirtschaftlich übervorteilen. In Fouriers utopischem Gesellschaftsmodell autarker »*Phalanstères*« waren Handel und Finanzberufe nicht vorgesehen, und die »Wucher treibenden« Juden betrachtete er als die ärgsten Vertreter dieser »unproduktiven« Berufe: »Nach nur einem Jahrhundert werden (die Juden) in jeder Stadt ihre Clique organisieren, nur untereinander verkehren ... und schließlich den französischen Bürgern ... alle Handelsberufe entwenden.«[1]

Der Schüler Fouriers, Alphonse Toussenel (1803–1855) veröffentlichte im Jahr 1845 sein Buch »Die Juden, Könige der Epoche«, in dem er den alles beherrschenden »Finanzfeudalismus« uneingeschränkt mit den Juden identifizierte. Er mußte zwar zugeben, daß es auch christliche Finanziers gab, erklärte jedoch, im Vorwort zur Erstauflage seines Buches, diese Identifizierung mit dem »populären Sprachgebrauch: Jude, Bankier, Händler.« Aber indem er die Übel der »Finanzherrschaft« auf das alte Testament der Juden zurückführte, appellierte Toussenel an das religiöse Vorurteil: »Alle Bibelleser ... mußten in ihren Gebetbüchern geschrieben finden, daß Gott den Die-

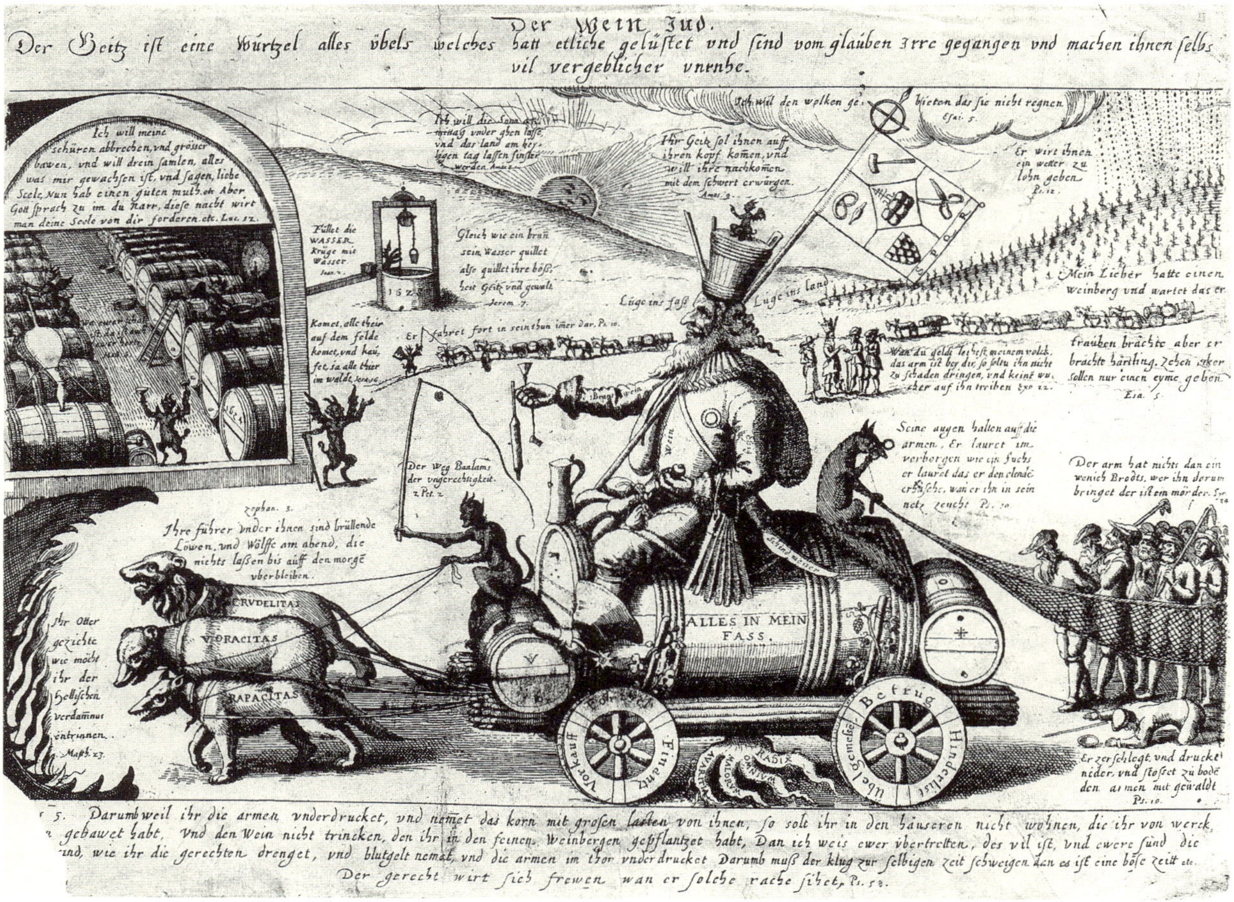


*Abb. 46* *»Alles in mein Faß«, verlangt der Reiche und läßt die Armen darben. Antisemitische Kapitalismuskritik (wie antikapitalistische Judenfeindschaft) kann an historischen Vorwürfen gegen den »Wucherer« anknüpfen. Kupferstich, 17. Jh. Jüdisches Museum der Stadt Wien.*

nern seines Gesetzes das Monopol zur Ausbeutung des Erdballs gegeben hat.«[2]

Hatte Fourier in seiner Polemik die kleinen jüdischen Händler im Elsaß angegriffen, so wandte sich Toussenel jetzt hauptsächlich gegen die assimilierten bürgerlichen Juden in Paris. Diese wurden seitdem zur Zielscheibe der antikapitalistischen Argumentation in einem großen Teil der damaligen sozialistischen Literatur. Die Familie Rothschild und andere jüdische Bankiers, die zu dieser Zeit eine bedeutende und sichtbare Rolle in der Entfaltung des französischen und europäischen Kapitalismus spielten, boten sich dabei fast von selbst als illustrative Beispiele für die Identifizierung von Judentum und Kapitalismus an.[3]

### Emanzipation und »Judenfrage« in Deutschland

In Frankreich lebten um 1850 etwa 70000 Juden, denen die Revolution die volle bürgerliche Gleichberechtigung gewährt hatte. Die mehr als 450000 Juden, die damals in den deutschen Ländern des späteren Reichsgebiets lebten, bildeten auch nur annähernd 1,3% der Gesamtbevölkerung, aber sie waren eine im Vergleich zu Frankreich weitaus größere Minderheitsgruppe, die seit Generationen in Tausenden von Gemeinden ansässig war. Dies erklärt das allgemeine öffentliche Interesse an den Diskussionen um die Emanzipation der Juden, die sich fast bis zur Reichsgründung von 1871 hinzogen. Im Verlauf dieser publizistischen und legislativen Auseinandersetzungen verwurzelten sich die antisemitischen Stereotypen, zu denen auch die negative Gleichsetzung von Juden und Judentum mit dem Kapitalismus gehört.

Den größten und am längsten wirksamen Einfluß hinterließ, im sozialistischen Lager und darüber hinaus, die 1844 erschienene Frühschrift von Karl Marx »Zur Judenfrage«. Obwohl Marx in dieser Polemik mit Bruno Bauer für die rechtliche Emanzipation der Juden eintrat, hatte er für den »wirklichen weltlichen Juden, nicht den Sabbatjuden« nur Worte tiefster Verachtung: »... der weltliche Grund des Judentums (ist) das praktische Bedürfnis, der Eigennutz ... der weltliche Kultus des Juden (ist) der Schacher ... sein weltlicher Gott (ist) das Geld ... Der Gott der Juden hat sich verweltlicht, er ist zum Weltgott geworden. Der Wechsel ist der wirkliche Gott der Juden ... Die schimärische Nationalität der Juden ist die Nationalität des Kaufmanns, überhaupt des Geldmenschen.«[4]

Daß Marx jüdischer Abstammung war, ist wie der Einfluß seiner persönlichen Lebenserfahrung im gegenwärtigen Zusammenhang ebenso unwichtig, wie der schwer verständliche philosophische Kontext dieser Zitate, der schnell vergessen war. Was blieb, war die stereotype Gleichsetzung des Judentums mit dem Geldwesen und aller Juden als eigennützige Kapitalisten, die die Ideologie und Politik der Arbeiterbewegung bis ins zwanzigste Jahrhundert beeinflußte. In Deutschland und mehr noch in Österreich glaubten sozialistische Parteiführer, daß »die Judenhetze doch einen hohen Grad sozialer Unzufriedenheit dokumentiert ... der schließlich uns zu Gute kommen wird.«[5] »Daß die Juden so getriebene Handelstreibende sind ist die Schuld der Christen selbst, die sie seit anderthalb Jahrtausenden zum Handel zwangen«, erklärte August Bebel 1893 auf dem Kölner Parteitag. Trotzdem würde der Antisemitismus »schließlich einzig der Sozialdemokratie dienen«, nachdem die »Schichten der Gesellschaft, die bisher zu den politisch trägsten und denkfaulsten gehörten ... erkennen, daß das kapitalistische Judentum nur ein Teil der kapitalistischen Gesellschaft ist, daß es sich nicht um eine Befreiung vom Judentum, sondern um eine solche vom Kapitalismus handelt, mit dem das kapitalistische Judentum steht und fällt.«[6]

Es war u.a. diese Art von Argumentation, die Friedrich Engels veranlaßte, die österreichischen Sozialisten, bei denen die antisemitischen Untertöne noch viel deutlicher waren, davor zu warnen, »ob Sie mit dem Antisemitismus nicht mehr Unglück als Gutes anrichten werden ...« Dieser sei ein Werkzeug in der Hand der alten Feudalklasse, die damit die »dem Untergang verfallenen ... Kleinbürger, Zunfthandwerker und Kleinkrämer« für ihre eigenen Zwecke mobilisiere. »Wenn aber das Kapital diese Klassen der Gesellschaft vernichtet, die durch und durch reaktionär sind, so tut es ... ein gutes Werk, einerlei, ob es nun semitisch oder arisch, beschnitten oder getauft ist.« Obwohl er in seinem Brief auf die »am meisten ausgebeuteten und allerelendsten« Massen jüdischer Proletarier in Osteuropa, England und Amerika hinwies, hatte auch Engels offensichtlich noch 1890 die Gleichung Juden = Kapital nicht völlig überwunden.[7]

Zwanzig Jahre später erhielt diese Gleichung die wissenschaftliche Sanktion durch einen renommierten Historiker. Werner Sombart erklärte die Juden in seinem Buch »Die Juden und das Wirtschaftsleben« zu den eigentlichen Begründern des Kapitalismus: »Wären sie alle im Orient geblieben ..., es wäre nie zu dem Knalleffekt der menschlichen Kultur: dem modernen Kapitalismus, gekommen.«[9] Da Sombart zu diesem Zeitpunkt den Kapitalismus und seine gesellschaftlichen Folgen sehr kritisch betrachtete, war dies keineswegs als Kompliment gemeint.

**Antisemitismus als »Antikapitalismus«**

Der nach der Reichsgründung in Deutschland erneut aufbrechende Antisemitismus war eine Reaktion auf die mit der Industrialisierung verbundenen wirtschaftlichen und gesellschaftlichen Krisenerscheinungen. Dies erklärt, warum antikapitalistische Argumente in der Agitation antisemitischer Publizisten und Politiker den ersten Platz einnahmen. Der sogenannte »Gründerkrach«, der 1873 die Berliner Börse erschütterte und die Krise einleitete, die zu einer längeren Periode wirtschaftlicher Depression führte, gab den ersten Anstoß. Der Journalist Otto Glagau veröffentlichte 1874 in dem weitverbreiteten Magazin »Die Gartenlaube« eine Artikelserie über den Börsenkrach, die 1876 in erweiterter Form auch als Buch erschien. Hier griff er nicht nur die unvorsichtig spekulierenden oder auch betrügerischen Unternehmer an, sondern das gesamte liberalkapitalistische Wirtschaftssystem. Die antisemitische Tendenz trat dabei erst allmählich hervor, durch die humoristisch-derogative Hervorherbung der jüdisch klingenden Namen oder der wirklichen oder vorgeblichen jüdischen Abstammung auch christlicher Unternehmer oder Börsenvermittler. Der hohe Anteil von Juden an der Börse war eine unbestrittene Tatsache, aber dies traf keineswegs auf die an den Gesellschaftsgründungen beteiligten Unternehmer zu. Trotzdem wurde Glagaus Behauptung, neunzig Prozent aller Gründer und Agenten, nicht nur an der Börse von Berlin, sondern in allen europäischen Großstädten, seien getaufte oder ungetaufte Juden weithin geglaubt.[9]

Seitdem wurde die Gleichsetzung der Juden mit dem Kapitalismus zum festen Bestandteil in der Propaganda antisemitischer Parteien und Verbände. Sie appelierte an die Enttäuschung und Verbitterung von Berufs- und Gesellschaftsgruppen, die sich durch die industrielle Entwicklung benachteiligt fühlten. Die »Christlich-Soziale Partei« des Berliner Hofpredigers Adolf Stoecker versuchte damit zuerst die Arbeiter und, als dies mißlang, mit viel mehr Erfolg den kleinen Mittelstand für ihre politischen Zwecke zu mobilisieren. Der »hessische Bauernkönig« Otto Boeckel gewann zeitweise bemerkenswerte Wahlerfolge durch seine Hetze gegen die als »Güterschlächter« angegriffenen jüdischen Händler auf dem Lande. Handwerker und Kleinhändler waren für die antisemitische Agitation gegen die »jüdischen Warenhäuser« anfällig, und der »Deutschnationale Handlungsgehilfenverband« kombinierte einen aggressiven völkischen Antisemitismus mit der

Interessenvertretung der Angestellten. Das politische Versagen des deutschen Liberalismus trat deutlich darin hervor, daß selbst das »Bildungsbürgertum« für antisemitische Propaganda anfällig war: Im Kaiserreich wie in der Weimarer Republik waren die Universitäten und Studentenverbände Hochburgen völkisch-romantischer Bewegungen, die die antisemitische Ideologie mit aggressivem Nationalismus und mit einem diffusen »Antikapitalismus« verbanden.[10]

Der Nationalsozialismus vereinigte schließlich alle diese Strömungen in seiner Ideologie und Organisation. Der Antisemitismus nahm eine autonome und zentrale Stelle im Weltbild Hitlers und seiner Bewegung ein und diente gleichzeitig als Instrument taktisch-politischer Manipulation, die breite Berufs- und Interessengruppen ansprach. Durch die Unterscheidung zwischen dem »schaffenden« Kapital in »arischem« Besitz und dem »raffenden« jüdischen Finanzkapital konnten die Nationalsozialisten sich »antikapitalistisch« gebärden und gleichzeitig die Unterstützung kapitalstarker und einflußreicher Unternehmerverbände genießen. Gottfried Feder, einer der frühen führenden Ideologen der NSDAP, hatte diese obstrusen Theorien bei sogenannten »Freigeldlern« abgesehen und entwickelte daraus eine wirksame Agitation gegen die imaginäre »Weltverschwörung der internationalen jüdischen Finanzoligarchie«. Hitler gab zwar nicht viel auf Feders »Zinsknechtschafts«-Theorie, aber er erkannte intuitiv ihre propagandistischen Möglichkeiten, »ohne zugleich mit dem Kampf gegen das Kapital überhaupt die Grundlage einer unabhängigen völkischen Selbsterhaltung zu bedrohen.«[11] Der Kampf gegen die »jüdischen« Warenhäuser und das »jüdische Finanzkapital« gehörten zum Parteiprogramm und waren permanente Propagandatopoi der NSDAP.

**Stereotyp und Wirklichkeit**

Man ginge fehl, aus der bisherigen Darstellung zu schließen, daß die Gleichsetzung von Juden und Kapitalisten ein völlig frei erfundenes Phantasiegebilde antisemitischer Ideologen und Politiker sei. Die Judenfeindschaft, die seit den 1870er Jahren als »Antisemitismus« auftrat, war seit dem Mittelalter im Bewußtsein der Bevölkerung verwurzelt und hatte immer, neben den religiösen, auch wirtschaftliche Beweggründe. Die Verfolgungen im Mittelalter bewirkten, als gezielte oder von ihren Konkurrenten habgierig wahrgenommene Begleiterscheinung, die Verdrängung der Juden aus den meisten wirtschaftlichen Betätigungen. Schließlich verblieben ihnen zum Lebensunterhalt nur der, den Christen durch das kirchliche Zinsverbot verschlossene, Geldverleih und wenige, von den Gilden verpönte, minderwertige Handelssparten offen. Die auf ihre Dienstleistungen angewiesene Bevölkerung ächtete die Juden als Wucherer und Hehler. Daß weltliche und kirchliche Territorialherren Münz- und Steuerrechte an jüdische Hoffaktoren verpachteten, um sich dann oft durch Konfiskation und Vertreibungen deren Vermögen anzueignen, verstärkte den gegen die Juden gerichteten Haß.

Als Ergebnis dieser jahrhundertelangen Entwicklung waren die Juden der europäischen Länder am Ende des 18. Jahrhunderts eine religiös und gesellschaftlich abgesonderte und rechtlich diskriminierte Minderheit, die sich auch durch eine spezifische Berufs- und Sozialstruktur von der Gesamtbevölkerung unterschied. Die überwiegende Mehrheit bestand aus kleinen Händlern und Hausierern, zu einem großen Teil ohne das Recht fester Niederlassung. Noch um 1830 waren in Deutschland etwa ein Drittel aller erwachsenen Juden herumziehende Bettler und Vaganten, die ihre Familien nur mühsam ernährten und dabei oft in die kriminelle Grauzone gerieten. Daneben gab es in einigen Städten eine dünne Schicht reicher Bankiers und Manufakturunternehmer. Diese waren besonders in Berlin, wo bis 1812 nur vermögende Juden wohnen durften, besonders auffallend.

Die Expansion der Marktwirtschaft und die Industrialisierung im 19. Jahrhundert ermöglichten den schnellen wirtschaftlichen Aufstieg der in den Handelsberufen konzentrierten und erfahrenen Juden. Aber die gleiche Wirtschaftsentwicklung untergrub die Existenzbasis vieler christlicher Handwerker, Bauern und Handelsleute, deren »Nahrung« bisher durch die gleiche ständische Zunft- und Gildenordnung geschützt gewesen war, die die Juden ausschloß und wirtschaftlich einschränkte. Dies erklärt den Widerstand dieser Schichten gegen die »liberalistische« freie Konkurrenz und ihre rückwärtsgewandte »antikapitalistische Sehnsucht«.

Bis 1873 kam die immer latent schwelende Mischung religiöser Vorurteile und wirtschaftlich motivierter Ressentiments nur in besonderen Krisensituationen zum Ausbruch. Am bekanntesten sind die sogenannten »Hep-Hep-Krawalle« von 1819 und die antijüdischen Ausschreitungen des Revolutionsjahres 1848. Die darauf folgenden Jahre der politischen Reaktion waren eine Zeit schnellen wirtschaftlichen Fortschritts und bis 1873 fast ununterbrochen steigender Konjunktur. Für die Juden West- und Mitteleuropas war es eine Periode wirtschaftlichen und kulturellen Aufstiegs und fortschreitender rechtlicher Emanzipation. Trotzdem blieb ihre besondere, gruppenspezifische Berufs- und Sozialstruktur, mit der Konzentration von etwa zwei Dritteln aller jüdischen Erwerbspersonen im Handels- und Verkehrssektor, fast unverändert.

***Abb.** 47 Der Börsenspekulant beherrscht die Gesetze der neuen Zeit. Er ist das Symbol der verhaßten Modernisierung. Er kennt alle Schliche. Er ist das perfekte Feindbild. Kerzenleuchter mit der Aufschrift »hausse«. Sammlung Schlaff im Jüdischen Museum der Stadt Wien.*

Obwohl sich die Wirtschaftslage fast aller Juden, zumindest in Deutschland und Westeuropa, erheblich verbessert hatte und ihr Durchschnittseinkommen jetzt über dem der Gesamtbevölkerung lag, waren keineswegs alle Juden, und nicht einmal ihre Mehrzahl, Kapitalisten. Die meisten waren mittelständische Besitzer kleiner Einzelhandels- oder Handwerksbetriebe, zu einem großen Teil in den Textil- und Bekleidungsbranchen konzentriert. Aber da diese Konzentration auffallend, und diese Branchen überbesetzt und besonders krisenanfällig waren, erregte dies den Berufsneid christlicher Konkurrenten. Das gleiche trifft auf diejenigen freien Berufe zu, die von akademisch ausgebildeten Juden, wegen der Möglichkeit selbständiger Betätigung, bevorzugt wurden. Unter den Ärzten und Rechtsanwälten war der jüdische Anteil zu Beginn des zwanzigsten Jahrhunderts besonders hoch. Dies erklärt zumindest teilweise die Anfälligkeit dieser Berufsgruppen und ihres studentischen Nachwuchses für die antisemitische Propaganda. Noch auffallender war die Konzentration der großbürgerlichen jüdischen Spitzengruppe im Bank- und Finanzwesen. Die meisten dieser Familien lebten in Berlin und einigen anderen Großstädten und es war leicht, sie als Repräsentanten des »Finanzjudentums« zu Feindbildern der, quasi »antikapitalistischen«, antisemitischen Propaganda zu machen.

**Anknüpfung an eingeübten Vorurteilen**

Aber die Voraussetzung dafür, daß man durch diese Gleichsetzung sowohl die Juden wie den Kapitalismus verabscheulichen konnte, war die jahrhundertelang eingewurzelte Abneigung gegen die Juden. Gleichgültig, ob bei dem oder jenem Politiker und Propagandisten der Judenhaß oder der Kampf gegen den Kapitalismus das primäre Motiv waren, ihre Agitation fiel auf den fruchtbaren Grund der latent schwelenden, ursprünglich religiös bedingten, Judenfeindschaft. Auch nach der fortgeschrittenen Akkulturation und der erreichten gesetzlichen Gleichberechtigung galten die Juden immer noch als Fremdlinge und bekamen es zu spüren, wie sehr sie auch ihre Treue zum Vaterland und ihre nationale Gesinnung beteuerten. Ihre, wie bei allen ethnischen Minderheiten unterschiedliche, gruppenspezifische Berufsstruktur und das Sozialprofil erleichterten dabei, besonders in politischen und sozialen Krisenzeiten, die Agitation, die zu virulenten Ausbrüchen antisemitischer Feindgefühle führte. Jacob Katz hat diesen Zusammenhang prägnant umrissen:

»Die Weiterexistenz einer jüdischen Gesellschaft als Gruppe mit eigener Struktur und Gestalt ... (haben) die Antisemiten nicht erfunden, obwohl sie ihr phantastische Vorstellungen zugefügt haben, die daraus ein Zentrum verschwörerischer Aktivitäten machten ... Diese Bilder wären nicht entstanden, wenn sie nicht wenigstens in ihrem Kern über das kulturelle Erbe von früheren Generationen überkommen wären. Und sie hätten nicht gedauert, sie wären nicht wieder neu aufpoliert worden, hätte die jüdische Gemeinschaft nicht als separate Einheit gegenüber der allgemeinen Gesellschaft bestanden. Die schwere Last der Vergangenheit lastet sowohl auf der Übertragung dieser außergewöhnlichen jüdischen Wirklichkeit in die moderne Gesellschaft als auch auf der Übertragung von Bildern, die in den Köpfen von Beobachtern damit verbunden sind. Der moderne Antisemitismus ist aus dem Zusammenkommen dieser beiden Faktoren entstanden.«[12]

## Anmerkungen:

1 Publication des manuscrits de Charles Fourier. Paris 1853–1856, vol. 3,36. Vgl. Jakob Katz: Vom Vorurteil bis zur Vernichtung (siehe Literaturverzeichnis), S. 120ff.
2 Alphonse Toussenel: Les Juifs, rois de l'époque: Histoire de la féodalité financière. Paris 1845, zit. nach Edmund Silberner: Sozialisten zur Judenfrage (siehe Literaturverzeichnis), S. 30.
3 Beispiele dazu: Katz, S. 123ff., und Silberner, S. 32f.
4 Karl Marx: Zur Judenfrage. In: Die Heilige Familie und andere philosophische Frühschriften. Berlin/DDR 1953, S. 59, 62f.
5 Der Sozialdemokrat, 9. Januar 1881, zit. nach Silberner, S. 203.
6 August Bebel: Sozialdemokratie und Antisemitismus. Rede auf dem IV. Parteitag der Sozialdemokratischen Partei, Berlin 1894. Vgl. Silberner, S. 204f.
7 Friedrich Engels: Brief an einen unbekannten Empfänger in Wien. Arbeiter-Zeitung, 9. Mai 1890. Vgl. Silberner, S. 153.
8 Werner Sombart: Die Juden und das Wirtschaftsleben, Berlin, Leipzig 1911, VIIf. Ausführlich dazu: A. Barkai: Juden, Judentum und Kapitalismus, Menora 5, (1994), 25–38.
9 Otto Glagau, Der Börsen- und Gründungsschwindel in Berlin, Berlin 1876, XXIII f.
10 Dazu ausführlich: Helmut Berding: Moderner Antisemitismus (siehe Literaturverzeichnis) bes. 110ff.
11 Hitler: Mein Kampf, 212. Vgl. A. Barkai, Das Wirtschaftssystem des Nationalsozialismus, Frankfurt 1988², 27ff.
12 Katz, 252f.

## Literatur:

Jacob Katz: Vom Vorurteil bis zur Vernichtung. Der Antisemitismus 1700–1933. München 1989.

Edmund Silberner: Sozialisten zur Judenfrage. Ein Beitrag zur Geschichte des Sozialismus vom Anfang des 19. Jahrhunderts bis 1914. Berlin 1962.

Helmut Berding: Moderner Antisemitismus in Deutschland. Frankfurt a. M. 1988.

Avraham Barkai: Jüdische Minderheit und Industrialisierung, Demographie, Berufe und Einkommen der Juden in Westdeutschland 1850–1914. Tübingen 1988.

*Peter Niedermüller*

# *Zweiundzwanzigstes Bild:* »Der Kommunist«

**Die Geschichte der Entstehung eines Vorurteils**

»Die Juden sind Kommunisten« oder »die Kommunisten sind Juden« – das ist ein Vorurteil. Aber es ist auch die feste Überzeugung vieler Menschen in Mitteleuropa, wo der Kommunismus, der »real existierende Sozialismus« die Geschichte der letzten vier, fünf Jahrzehnte bestimmte und prägte. Kann eine Analyse sich darauf beschränken, solche Sätze, die einem nach der politischen Wende des Jahres 1989 in Prag, in Budapest, in Moskau begegnen, einfach zurückzuweisen als »bloße Vorurteile«? Soll sie sich, andererseits, auf die Ebene des Vorurteils begeben und danach fragen, ob es einen besonderen historischen Zusammenhang, eine kennzeichnende intellektuelle Verbindung zwischen dem Judentum und dem Kommunismus gegeben hat? Empirische Forschungen und statistische Angaben stehen nicht zur Verfügung; und was würde es nützen, mit den Methoden der Antisemiten zu arbeiten und nachzuweisen, wer von den Symbolfiguren des mitteleuropäischen Kommunismus Jude war, wer nicht?

Es ist – wohl auch denen, die das Stereotyp verbreiten – ja nicht klar, was es bedeutet, in diesem Zusammenhang jemanden als Juden zu bezeichnen, zu identifizieren; welche Kriterien sollten hier gelten? Die jüdische »Abstammung«? die jüdische Kultur? die jüdische Religion? oder gar das jüdische »Aussehen«?

Aber wir wissen doch, daß in den Staaten des real existierenden Sozialismus die Religion zurückgedrängt wurde, bis hin zum Verbot der Religionsausübung in manchen Staaten und während bestimmter Epochen; wir wissen, daß die kulturellen Traditionen des Judentums ebenso verdrängt wurden wie andere minoritäre, nicht-proletarische, nicht-revolutionäre Kulturen; und wir wissen schließlich, daß der Antisemitismus auch im Sozialismus, im Kommunismus tiefe Wurzeln hat, daß die Verfolgung der Juden auch eine eigene »sozialistisch-kommunistische« Geschichte hat.[1] Wie konnte sich also dieses Bild von den *Juden als Kommunisten* durchsetzen, sich ausbreiten und erhalten?

Vorurteile können ohne Fakten, ohne objektive Gründe funktionieren und ihre Wirkung ausüben. Vorurteile sind Vorstellungen über *die anderen,* die sich aus einem Mosaik historischer und sozialer Erfahrungen zusammensetzen und über den sozialen Filter einer spezifischen – gebrochenen, einseitigen, unvollständigen – Wahrnehmung von Wirklichkeit funktionieren. Das heißt, Vorurteile haben auch ihre je eigene gruppenspezifische Geschichte. Die Analyse kann nichts anderes tun als zu versuchen, die mit diesem spezifischen Vorurteil zusammenhängenden sozialgeschichtlichen Erfahrungen zu interpretieren, eine Soziogenese dieses Vorurteils darzustellen.

**Verspätete Modernisierung in Mitteleuropa**

Es taucht erstmals im Zusammenhang mit der Modernisierung der mittel- und osteuropäischen Gesellschaften während der zweiten Hälfte des 19. Jahrhunderts auf. Der Begriff Modernisierung umfaßt hier nicht nur die wirtschaftlichen Umwälzungen, sondern auch die Veränderungen der kulturellen, mentalen und kognitiven Dimensionen des Alltagslebens. Diese Modernisierung erreichte Mitteleuropa verspätet und trug einige Kennzeichen, die zur Entstehung des Vorurteils beigetragen haben. Vor allem muß hier daran erinnert werden, daß in dieser Region die für die Modernisierung erforderlichen gesellschaftlichen Klassen und Schichten sich nicht – oder weniger – durch eine innere gesellschaftliche Entwicklung herausgebildet haben; die Gesellschaften Mittel- und Osteuropas wurden »von außen« kapitalisiert und auf den Weg der Modernisierung gebracht. Es wurde gezeigt, daß Industrialisierung und Urbanisierung, und damit einhergehend Prozesse der Verbürgerlichung, sich in engster Verbindung mit der Zuwanderung »fremder« – vor allem deutscher und jüdischer – Gruppen vollzogen.[2] Richtig ist auch, daß zur Zeit der Jahrhundertwende ein beträchtlicher Teil des neu entstandenen Großbürgertums, der Intelligenz und der bürgerlichen Mittelklasse – der Schichten also, die den Modernisierungsprozeß vorangetrieben hatten – jüdischer Abstammung war.[3] Obwohl das wichtigste politische und soziale Bestreben der Juden die schnelle kulturelle Assimilation war, mobilisierten die gesellschaftlichen Gruppen, die kein soziales, wirtschaftliches oder politisches Interesse an der Modernisierung hatten und ihr altes soziales Prestige, ihren politischen Status und Einfluß aufrechterhalten wollten – vor allem der ländliche Adel und das sich teilweise aus dem Adel herausbildende »nationale« Kleinbürgertum – gegen die »Fremden« und gegen die Juden als Fremde.

Diese Besonderheit der mitteleuropäischen Modernisierung ist deshalb von so großer Bedeutung, weil die Prozesse der Umwandlung und Umgestaltung dieser »noch-nicht-modernisierten« Gesellschaften Fragen der ethnischen und nationalen Zugehörigkeit aufgeworfen hatten. Anders gesagt, die Modernisierung entfachte auch einen symbolischen Kampf um Begriffe, um Ideologien und Identitäten, um das »Wir-Gefühl« und die Zugehörigkeit, um symbolische Herrschaft und um reale politische Macht, die darauf gründete. Die gegenüber dem modernen städtischen Bürgertum entworfenen Ideologien und Vorwürfe haben von Anfang an antisemitische »Argumente« enthalten. In diesem Kampf der Begriffe sind unterschied-

***Abb. 48*** *Antisemiten sehen sich umstellt. Greift von der einen Seite der Spekulant an, so lauern auf der anderen: »Die Kommunisten«, die Anarchisten, die Zerstörer der Ordnung. »Die Kommunisten«, Fliegende Blätter 1845/46.*

liche Vorurteile ebenfalls »modernisiert« und in neue Zusammenhänge und Verbindungen miteinander gebracht worden. Anfang des 20. Jahrhunderts finden wir zahlreiche Quellen, in denen der Antisemitismus sich mit der Modernisierungsfurcht und -feindlichkeit und mit dem aufkommenden Nationalismus verknüpft. Dieser zunächst gegen die moderne Bourgeoisie gerichtete und sich stetig verstärkende Antisemitismus hat dann durch die historischen und politischen Ereignisse des frühen 20. Jahrhunderts, etwa angesichts der zunehmenden Stärke sozialistischer Bewegungen, eine neue Dimension angenommen.

Nach dem Ersten Weltkrieg hat sich die Welt in Ost- und Mitteleuropa völlig verändert. Nach dem Zerfall der österreichisch-ungarischen Doppelmonarchie und als Resultat des Friedensvertrags von Trianon entstanden neue, kleine Staaten, in denen das Problem der nationalen Zugehörigkeit von hoher politischer Brisanz war. Gleichzeitig trat der Sozialismus als politische Alternative in den Vordergrund, in einigen Fällen wurden kurzlebige sozialistische Staaten wie etwa die ungarische Räterepublik von 1919 gegründet, wobei der Einfluß der jungen Sowjetunion ganz eindeutig zu erkennen war. Unter den Führern und den Teilnehmern der frühen sozialistischen Bewegungen in Mitteleuropa waren selbstverständlich auch Juden, Politiker und Ideologen jüdischer Abstammung. Die linksorientierte Politik, der mitteleuropäische »Frühsozialismus«, wurde von den bedeutendsten Denkern, Philosophen und Künstlern der Zeit unterstützt, und auch manche von ihnen waren jüdischer Herkunft.[4] Auf diesem Hintergrund wurde das Bild »Juden sind Kommunisten« zur subjektiven historischen Erfahrung des christlich-nationalen Mittelstands, der die eingeführten Bilder »Juden sind die Fremden«, »Juden sind die Motoren der Veränderung« nur leicht abzufärben brauchte. Anfang der 1920er Jahre war das Ende der kurzen Blütezeit des »Frühsozialismus« in Mitteleuropa gekommen. Rechtsorientierte Regierungen mit eher undemokratischen, nationalistischen Zielsetzungen kamen an die Macht, und neue Kämpfe brachen in dem Krieg um die Symbole aus. Während der gesamten Zwischenkriegszeit bestimmte ein *kulturelles Gefühl*[5] den symbolischen Raum der mitteleuropäischen Gesellschaften. Dieses kulturelle Gefühl setzte sich zusammen aus einer rechtsgerichteten Politik, aus Antisozialismus und Antikommunismus, aus nationaler Ideologie und einer Betonung der Höherwertigkeit der eigenen – ethnisch oder kulturell begriffenen – Nation, es war gekennzeichnet durch eine überspitzt dargestellte historische Rolle des christlich-nationalen Mittelstandes, es war gegen das Fremde und gegen die Fremden gerichtet und stellte damit ein massives Fundament für den sich ausbreitenden kulturellen und politischen Antisemitismus dar, der zur Verfolgung der Juden, zu gegen die Juden gerichteten Sondergesetzen und schließlich zur Kollaboration mit dem deutschen Vernichtungsfeldzug gegen das europäische Judentum führte.

**Ein Vorurteil kann auf einem anderen aufbauen**

Zunächst, bis zum Ende der dreißiger Jahre, hat das hier analysierte Vorurteil seine schleichende – noch nicht: offene – antisemitische Wirkung ausgeübt. Zwei wesentliche Dimensionen dieses Stereotyps ließen sich dabei

Das Eigene und das Fremde

politisch instrumentalisieren. Einerseits wirkte das Vorurteil im Kontext der Debatte um *das Eigene* und *das Fremde,* wobei sich eine symbolisch starke Gegenüberstellung von nationalen patriarchalischen Regimen hier und fremden Herrschaftsformen dort, und parallel vom christlich-nationalen Mittelstand hier und den Juden dort herauskristallisierte. In diesem Zusammenhang wurde dann erstmals formuliert, daß Sozialismus und Kommunismus für den – erst kürzlich erschaffenen! – Nationalcharakter, für die »nationale Seele« der mitteleuropäischen Völker völlig fremd seien, daß (bei allen sonstigen Unterschieden) »die« Polen, Slowaken oder Ungarn keine Sozialisten oder Kommunisten werden könnten – das könnten nur die fremden Juden. Auf diese Weise wurde die (in den heutigen Debatten um die Gründe für die Entstehung des sozialistischen Regimes so bedeutsame) Vorstellung des einzig von »Fremden« propagierten Kommunismus, der nur von »Fremden« ausgeübten kommunistischen Diktatur eingeführt.

Andererseits wurde dieses Vorurteil benutzt, um Judentum und Kommunismus miteinander und aneinander zu stigmatisieren. Der seit dem Beginn der Modernisierungsprozesse vorhandene, zunächst gegen das städtische Bürgertum gerichtete Antisemitismus wurde durch die neue Sozialfigur des (ebenfalls der Stadt zugerechneten) »kommunistischen Juden« oder »jüdischen Kommunisten« um eine weitere Dimension bereichert. Die Juden wurden durch den Vorwurf, Kommunisten zu sein, ebenso stigmatisiert wie die kommunistische Bewegung durch den Vorwurf, eine jüdische Ideologie, gar eine »jüdische Erfindung« zu sein. Rüdiger Wischenbart hat in seinem jüngst erschienenen Reisebuch diese historische Tradition der Zwischenkriegszeit am rumänischen Beispiel aufgezeigt: »Zwei Anschauungen verbanden in turbulenten Zeiten nahezu alle Lager: Vorstellungen von einem mythischen Rumänentum, das seine Wurzeln in der einzig wahrhaftigen Kultur der Dörfer habe, und zweitens ein Antisemitismus, der in den Juden ein als Parasit in den Städten angesiedeltes und dem Rumänentum feindliches Element ausmachte, das es zu bekämpfen galt.«[6] In diesem Vorurteil vermengten sich Antisemitismus, Stadtfeindschaft und Antikommunismus zu einer gefährlichen Mischung, deren Wirkung heute wieder bemerkbar ist.

Nach dem Ende des Zweiten Weltkrieges, nach der fast vollständigen Vernichtung des europäischen Judentums, und mit dem Sieg des Sozialismus in den Ländern Mittel- und Osteuropas hat auch das Vorurteil von den »jüdischen Kommunisten« eine neue Dimension angenommen. Für viele Juden, die den Holocaust überlebt hatten, war die Sowjetunion der tatsächliche Befreier, und vielen von ihnen erschien der Sozialismus mit seinem Gleichheitsversprechen als einzig mögliche Orientierung für die Zukunft. Es ist vielen auch zur persönlichen Erfahrung geworden, daß – zunächst – eine Identifikation mit der kommunistischen Ideologie die Gefahr des Antisemitismus verringerte oder sogar beseitigte. Dementsprechend bedeutete für einen großen Teil der Überlebenden, aber auch für einen beträchtlichen Teil der Nachkriegsgeneration, der »Umtausch« ihrer jüdischen gegen eine kommunistische Identität den einzig sinnvollen Weg, Antisemitismus und Verfolgung vermeiden zu können.[7] Diese Erwartungen gingen aber nicht in Erfüllung. Der »real existierende Sozialismus« hat alle gesellschaftlichen Gruppen unterdrückt; der Antisemitismus hat sich in einigen Ländern immer wieder auch auf der öffentlichen Ebene des sozialen Lebens gezeigt[8], er hat sich aber vor allem (gerade dort, wo er offiziell nicht zulässig war) in die privaten und kulturellen Sphären des Alltagslebens zurückgezogen. Der Sozialismus hat das historische Problem des Antisemitismus wie jede Beschäftigung mit dem Judentum nicht aufgearbeitet, sondern einfach tabuisiert. Diese Tabuisierung hatte zwei Folgen. Einerseits hat sie den Juden Schutz und Verteidigung gegen offene Verfolgung angeboten – zum Preis des Schweigens; wenn es über das Judentum, über den Antisemitismus keinen öffentlichen Diskurs geben darf, dann, so hieß die Ideologie, wird auch das Problem verschwinden. Auch dieser Schutz des Schweigens, diese Vorteile einer verborgenen, verleugnenden Identität sind für die Juden Osteuropas zur lebensgeschichtlichen Erfahrung geworden.[9] Auf diese Weise *schien* das Vorurteil von den »kommunistischen Juden« zu verschwinden. Andererseits aber lebte es, ja verstärkte es sich in den nicht-öffentlichen Ebenen der mitteleuropäischen Gesellschaften – unausgesprochen, aber hartnäckig. Obwohl noch während der Herrschaft des Sozialismus einzelne – scheinbar unerhebliche – Erscheinungsformen des Vorurteils beobachtet werden konnten, wurde seine Kraft, seine tiefe Verankerung erst nach dem politischen Wandel erfahrbar.

**Antisemitische Vorurteile – scheinbar verschwunden**

Die Geschichte der politischen Opposition in den ehemals sozialistischen Ländern spiegelt einige Eigenarten aus der Zeit der Modernisierung im 19. Jahrhundert wider. Einerseits existierte eine national-konservative, andererseits aber eine liberale, demokratische Opposition, die ideologisch so weit voneinander entfernt waren, daß auch sie sich miteinander im Kampf um die symbolische Herrschaft befanden. Die früher erwähnte und in den Modernisierungsprozessen entstandene Mischung von Antikommunismus und Antisemitismus ist ein wichtiger, wenn auch häufig verborgener Bestandteil der nach der Wende in den meisten mitteleuropäischen Ländern an die Macht gekommenen Parteien national-konservativer Richtung geworden.[10] Zwar gibt es in diesen Ländern heute auch einen offenen Antisemitismus, der unter anderem mit dem Bild des »jüdischen Kommunisten« argumentiert, aber diese Gruppierungen haben keinen großen politischen Erfolg. Viel erfolgreicher waren diejenigen politischen Parteien, die die alten »Argumente« über den Sozialismus als Schöpfung, als Erfindung der »Fremden« wieder aufwärmten; ihnen genügt der symbolische Hinweis auf die alten, aber in bestimmten gesellschaftlichen Klassen und Gruppen wohlbekannten und tradierten Vorurteile. Mit dieser Politik, die sich der alten Symbole bediente, wurde nicht nur das hier zu analysierende Vorurteil mobilisiert, sondern mit ihm der dahinterstehende Vorgang gesellschaftlicher und politischer Stigmatisierung. Hier wird mit einer Auffassung von Geschichte argumentiert, die die Jahrzehnte des Sozialismus schlicht überspringt, die den Sozialismus als historische Sackgasse erscheinen läßt, indem man propagandistisch zum letzten historischen Augenblick vor der symbolischen und politischen Erstarrung der historischen Zeit zurückzukehren sucht. Dementsprechend wird der Sozialismus gar nicht mehr als Teil der nationalen Geschichte(n) wahrgenommen, sondern er erscheint als fremde Diktatur, als von Fremden gemachte Herrschaft. Gegen den Sozialismus zu kämpfen, heißt jetzt; gegen die Fremden zu kämpfen; und weil man aus der Geschichte das Bild übernimmt, daß diese »Fremden« vor allem Juden (später auch Russen) waren, muß zwangsläufig in der neuen Demokratie der Einfluß dieser Gruppen zurückgedrängt werden. Die historische und ideologische Kontinuität soll dort fortgesetzt werden, wo der Sozialismus sie zuvor unterbrochen hat. Es gibt keinen offenen Antisemitismus in dieser Argumentation; aber es ist klar zu sehen, daß der Preis für die Wiederaufnahme der historischen Kontinuität das Weiterleben der ihr zugehörigen Vorurteile ist. So bleibt das Stereotyp von den »jüdischen Kommunisten« als den Fremden weiterhin politisch instrumentalisierbar.

**Suche nach dem Fremden**

## Anmerkungen

1 Vgl. dazu Peter Bettelheim, Silvia Prohinig, Robert Streibel (Hrsg.): Antisemitismus in Osteuropa. Aspekte einer historischen Kontinuität. Wien 1992.

2 Vgl. dazu Vera Bácskai (Hrsg.): Bürgertum und bürgerliche Entwicklung in Mittel- und Osteuropa. 2 Bde, Budapest 1986; Péter Hanák: Ungarn in der Donaumonarchie. Probleme der bürgerlichen Umgestaltung eines Vielvölkerstaates. München 1984.

3 Zu Budapest vgl. etwa John Lukacs: Ungarn in Europa. Budapest um die Jahrhundertwende. Berlin 1990 [Budapest 1900. A Historical Portrait of a City and its Culture. New York 1988].

4 Vgl. dazu Carl E. Schorske: Fin-de-siècle Vienna. Politics and Culture. New York 1980.

5 Zu dem Begriff »kulturelles Gefühl« vgl. Renato Rosaldo: Culture and Truth. The Remaking of Social Analysis. Boston 1989, bes. S. 1–21.

6 Rüdiger Wischenbart: Canettis Angst. Erkundungen am Rande Europas. Klagenfurt, Salzburg 1994, S. 138.

7 Peter Niedermüller: Lebensgeschichtliches Erzählen als Quelle zur Gegenwartsvolkskunde in Südosteuropa: das Beispiel der jüdischen Kultur in Budapest. In: Klaus Roth (Hrsg.): Die Volkskultur Südosteuropas in der Moderne. München 1992, S. 321–342.

8 Vgl. z. B. Lukasz Hirszowicz: Antisemitismus als Instrument polnischer Innenpolitik. In: Herbert Strauss, Werner Bergmann, Christhard Hoffmann (Hrsg.): Der Antisemitismus der Gegenwart. Frankfurt am Main 1990, S. 185–213.

9 Niedermüller 1992 (wie Anm. 7).

10 Vgl. dazu exemplarisch Gabor Berenyi: Antisemitismus in Ungarn. Vermessung eines kulturellen Phänomens. In: Peter Bettelheim et al., Antisemitismus in Osteuropa (wie Anm. 1), S. 105–114.

*Nachum Orland*

# *Dreiundzwanzigstes Bild:* »Der Israeli«

## Antizionismus und Antisemitismus

> »Zahal – wie die Armee im Lande genannt wird – das sind die scharfkralligen Tatzen des israelischen Monopolkapitals von heute. Zwar gehört dieses in der Welt der Monopolkapitalisten nicht zu den Großkatzen, aber auch die kleineren Räuber, die immer hungrigen und gefräßigen, denen vor Kraft das eigene Fell zu eng erscheint, haben ihre rosigen Träume.« Diese Armee steht im Dienst von Politikern ganz spezifischer Art und von kaum vorstellbarer Demagogie – und diese Gruppe »wird auch weiter alles tun, zu jedem Trick greifen, um so lange wie nur irgend möglich daraus ihren Vorteil zu schlagen.«

Bei dieser Aussage handelt es sich nicht um einen Ausdruck momentaner Erregung oder Unbedachtheit. Hier manifestiert sich, in gedrängter Zusammenfassung, eine grundsätzliche Haltung. Dieses Zitat ist dem Buch »Israel intern – Ereignisse, Tatsachen, Zusammenhänge« von Arne Jörgensen entnommen, das im Militärverlag der Deutschen Demokratischen Republik im vorletzten Jahr des Bestehens dieses Staates, 1989, erschien. Man kann daher weder die Aussage noch den gesamten Inhalt des Buches relativieren, als die Haltung eines Einzelnen oder als Ausdruck freier Meinungsäußerung abtun – denn bis 1989 hat es das in der DDR nicht gegeben. Ein Buch, zudem eins über Israel und zudem eines, das im Militärverlag erschien, wurde strengen Prüfungen unterzogen, ehe es zur Veröffentlichung freigegeben wurde. Und dieses Manuskript fand die Zustimmung der Machthaber. Hier war sich die DDR selbst – allerdings im negativen Sinne – bis zum Schluß treu geblieben: aggressiv, zynisch, höhnisch und antiisraelisch.

**Geschichte des Staates Israel**

Der Staat Israel, der im April 1948 von David Ben Gurion proklamiert wurde, hat eine lange Vorgeschichte. Die moderne Einwanderung nach Palästina, in das Land Israel, setzte schon um 1882, nach heftigen antijüdischen Pogromen in Südrußland, ein. Seit dem Ende des 19. Jahrhunderts existierte die Zionistische Bewegung als Nationalbewegung eines Volkes, das es – trotz aller Versuche, seine Existenz zu leugnen – als Volk doch gab. Die Partei der Bolschewiki hatte schon vor 1917, in der Opposition, zu den Gegnern des Zionismus in Rußland gezählt und bekämpfte ihn nach der Revolution sowohl ideologisch wie mit anderen Mitteln. Gleich nach der Revolution wurde die Zionistische Bewegung in Rußland (ebenso wie der Gebrauch der hebräischen Sprache) verboten, es folgten Jahrzehnte der Diffamierung und Verfolgung – und diese Linie des Antizionismus, wie sie besonders unter Stalin vorgezeichnet wurde, wurde willig und mit innerer Überzeugung von den anderen kommunistischen Parteien, auch von der KPD, mitgetragen. Das hinderte die Machthaber nicht daran, wenn es ihnen opportun erschien, den Zionismus zu instrumentalisieren – eben 1948 und, wie zu zeigen sein wird, auch 1988/89 in der DDR. Obwohl Stalin und die Kommunisten weiß Gott keine innere Sympathie für das Anliegen des Zionismus hegten, förderten sie, aus weltpolitischen Überlegungen heraus, die Entstehung des Staates Israel. Das hing mit der Hoffnung zusammen, den britischen Einfluß im nahen Osten zu eliminieren und durch einen absehbaren Konflikt außenpolitischen Einfluß zu gewinnen. In der seit Februar 1948 kommunistisch regierten Tschechoslowakei wurde sogar eine Brigade von (nichtjüdischen) Freiwilligen zusammengestellt, um den bedrängten Juden zu helfen.

Es hat sich erübrigt. Die arabischen Staaten haben zwar, unmittelbar nach der Proklamation des Staates, Israel mit Krieg überzogen, aber durch harte Kämpfe wurden sie gestoppt. Im Januar 1949 fanden die ersten freien Wahlen zum Parlament statt. Die Bürger Israels haben sich für die Demokratie entschieden, für Parlamentarismus und eine freie Presse. Die Kommunistische Partei brachte nur sechs Abgeordnete in die 120 Sitze zählende Knesset, auch die andere linke Partei, Mapam, war nicht sonderlich erfolgreich.

Sowohl für die BRD wie für die DDR, die beide im folgenden Jahr als Staaten konstituiert wurden, war die Gründung Israels zunächst nicht von großer Bedeutung. Es war damals nicht vorhersehbar, daß diese beiden Staaten in relativ kurzer Zeit eine wichtige Bedeutung erlangen und »Nahost-Politik« betreiben würden. Allerdings war klar, daß für die beiden deutschen Staaten Israel nicht ein Land wie jedes andere sein konnte und daß sie ihre Verantwortung, die aus der Zeit des Nationalsozialismus resultierte, weder ignorieren konnten noch sollten, ja, daß es zu einer Beziehung besonderer Art kommen mußte.

**Eine Herausforderung für beide deutsche Staaten**

Wie haben nun die beiden deutschen Staaten auf diese moralische und politische Herausforderung reagiert? Die BRD hat ihre moralische Verantwortung Israel gegenüber erkannt. Man hätte sich in Bonn – das hob Nachum Goldmann, der langjährige Präsident des Jüdischen Weltkongresses, oft hervor – mit völkerrechtlichen Scheinargumenten vorbeimogeln können: Israel als Staat existierte während der NS-Zeit nicht, noch war Palästina (weil Rommel in El Alamein gestoppt wurde) von den Nazis erobert worden. Bundeskanzler Konrad Adenauer und Oppositionsführer Kurt Schumacher – in dieser Hinsicht hat es eine enge Zusammenarbeit zwischen CDU und SPD gegeben – haben Israel als Vertreter des jüdischen Volkes anerkannt und waren sich bewußt, daß dieser Staat, der die Integration der Einwanderer sowohl aus Europa (aus den Lagern für »Displaced Persons«, Überlebende der Shoah) wie aus den arabischen Ländern zu bewältigen hatte, Hilfe benötigt. Im Januar 1952 wurden die Wiedergutmachungs-Verträge vereinbart.

Die Folgen für die Bundesrepublik waren nicht nur wirtschaftlicher Natur. Deutschland hatte im Nahen Osten keine koloniale Vergangenheit. Die Führer der arabischen Staaten hatten mit England und Frankreich, den früheren Kolonialmächten, offene Rechnungen zu begleichen, und sie lehnten die Rückkehr der Juden nach Palästina ab. Innerhalb der arabischen Völker gab es latente »pro deutsche« Gefühle, die nicht auf die BRD oder die DDR als Staaten bezogen waren. Es gab so etwas wie eine »deutschlandfreundliche Gesinnung«, die wohl damit zu tun hatte, daß Deutschland erst wenige Jahre zuvor gegen Briten und Franzosen gekämpft hatte – und, bei einigen radikalen Sprechern, wohl auch mit der antijüdischen Politik dieses (nationalsozialistischen) Deutschland. Zugespitzt formuliert, war für manche arabischen Nationalisten jeder ermordete, vergaste Jude ein zionistischer Einwanderer weniger. Zu Nuancierungen zwischen »Juden« und »Zionisten« waren die arabischen Repräsentanten damals wenig geneigt, und sie spürten intuitiv – was an sich auch richtig ist –, daß es im Grunde keinen gravierenden Unterschied zwischen beiden gibt.

Die Bundesrepublik hatte damals, wie das ganze Deutschland heute, und wie jede große Industrie-, Handels- und Kulturnation, auch berechtigte Anliegen in der arabischen Welt. Ich gehöre zu denen, die keinen Widerspruch zwischen einem deutschen Engagement in arabischen Ländern und den Beziehungen mit Israel sehen – dies solange, wie die Deutschen sich die Grundempfindung zu eigen machen, daß nur, wer kein Feind der Juden ist, auch ihr Freund und Partner sein kann. Die Mehrheit der bundesdeutschen Politiker hat dies begriffen und auch eine Gefährdung der Freundschaft mit den Arabern durch die Unterstützung für Israel in Kauf genommen.

**Antisemitismus in der Sowjetunion**

Anders verhielt sich die DDR, und hier sollte man den Blick auf die Vorgänge in der Sowjetunion richten. Sie sah sich durch die Gründung Israels in ihren Hoffnungen enttäuscht. Die unterdrückten Juden in der UdSSR schöpften durch die bloße Existenz Israels Kraft und Zuversicht. Sie wurden zunehmend nationalbewußter. Stalin begann schon 1949 mit einer antizionistischen Kampagne, die nicht frei von rassistischen Untertönen und damit jedenfalls antisemitisch war, und die Ära von 1949 bis zu Stalins Tod 1953 war wohl die schlimmste für die Juden in der Sowjetunion. Es kam zur versuchten Liquidierung der Reste jüdischer Kultur, zur Ermordung jüdischer (vor allem: jiddisch schreibender) Schriftsteller 1952, und es kam schließlich, im Januar 1953, zu den Anschuldigungen einer »Ärzte-Verschwörung«. Jüdische Ärzte, »Mörder in weißen Kitteln«, wurden beschuldigt, nicht allein Stalin, sondern die ganze sowjetische Führung – im Auftrage des Zionismus und Amerikas – vergiftet haben zu wollen, was nur dank der Wachsamkeit des Sicherheitsdienstes hätte vereitelt werden können. In Rußland entstand eine Hysterie, die beinahe zu Pogromen geführt hätte. Die Lage entspannte sich etwas nach dem Tod Stalins im März 1953. Aber all dies hatte Auswirkungen auch auf andere sozialistische Staaten, vor allem auf die ČSSR und die DDR.

Die Kommunisten haben 1948 in der Tschechoslowakei ein Land übernommen, das von Kriegszerstörungen – vor allem bei der industriellen Kapazität – weitgehend verschont geblieben war; ein Land, das vor dem Krieg beinahe den schwedischen Lebensstandard und Entwicklungsgrad aufgewiesen hatte. Binnen kurzer Zeit wurde die Wirtschaft ruiniert, und natürlich gab es bei Tschechen und Slowaken eine Opposition gegen das neue, als aufgezwungen empfundene Regime. Um von inneren, systemimmanenten Schwierigkeiten abzulenken, wurde 1951 und 1952 nicht nur eine antizionistische, sondern auch eine antijüdische Kampagne entfacht. Man erklärte dem Volk, daß die Schwierigkeiten nur durch jüdische Sabotage entstanden seien. Der Generalsekretär der Kommunistischen Partei, Rudolf Slansky, der jüdischer Abstammung war, aber keine Bindung und Beziehungen zum Zionismus hatte, sowie andere führende Mitglieder von Partei und Regierung wurden verhaftet – von 14 Angeklagten waren 11 Juden – und beschuldigt, im Auftrage der CIA und des Zionismus eine Verschwörung gegen die Kommunistische Regierung und das Volk geplant zu haben. Die meisten wurden hingerichtet. Schimon Orenstein, der damals als offizieller Vertreter einer israelischen Handelsmission in der Tschechoslowakei weilte, wurde im Zuge der Prozesse verhaftet und für mehrere Jahre inhaftiert. Die beiden Bücher, die er darüber verfaßte, enthalten viel Hintergrundinformation und beschreiben auch seine persönlichen Empfindungen. Er betont den eindeutigen antisemitischen Charakter der Slansky-Prozesse. Die neue kommunistische Regierung reaktivierte, ja schürte sogar antijüdische Ressentiments, um eine »positive Identität« zwischen sich und dem Volk herzustellen. Das Volk wollte im Grunde eine Beteiligung am Marshall-Plan, das Volk hatte im Grunde eine positive Einstellung zur Marktwirtschaft und auch zu Amerika. Um all dem entgegenzuwirken, wurde das amerikanische System mit Zionismus und Judentum gleichgesetzt, der Kapitalismus mit negativen Merkmalen, die eindeutig jüdischen Charakter aufweisen – aus der Sicht derjenigen, die dies behaupteten, versteht sich – und als tödliche Gefahr für den nationalen Fortbestand des Volkes und seiner kulturellen Identität hingestellt. Antisemitismus und Antizionismus wurden politisch instrumentalisiert, um auch die Hinwendung zu der arabischen Welt zu untermauern. Man erklärte arabischen Gesprächspartnern, die die Waffenlieferungen an Israel 1948 nicht vergessen hatten, daß man selber ein Opfer zionistischer Verschwörung geworden war und man bot quasi als Ausgleich und Entschädigung nun den Arabern Waffenkäufe an.

**Der Slansky-Prozeß**

Der Prozeß gegen Slansky und die Mitangeklagten sowie die Linie von Moskau wurde – nach all dem, was wir heute wissen – auch aus innerer Überzeugung von Ulbricht übernommen. Die SED hieß die verhängten Urteile ausdrücklich gut und betonte: ›Von besonderer Bedeutung im Prozeß gegen die Slansky-Bande waren die Enthüllungen über die verbrecherischen Tätigkeiten der zionistischen Organisationen. Es wundert nicht, denn die »Zionistische Bewegung« hat nichts gemein mit Zielen der Humanität wahrhafter Menschlichkeit. Sie wird beherrscht, gelenkt und befehligt vom

USA-Imperialismus, dient ausschließlich seinen Interessen und den Interessen der jüdischen Kapitalisten«. Die Negation ist total. Der Zionismus wurde als nicht human erachtet und der Weg – gedanklich und anderweitig – zu seiner »Dehumanisierung« war vorgezeichnet. Die Verhältnisse in der DDR waren anders geartet als in der Tschechoslowakei – so viele jüdische Funktionäre gab es in der Partei und Regierung nicht. Aber dennoch, die DDR fand ihren Slansky in Gestalt von Paul Merker, Mitglied des ZK, kein Jude, der während der NS-Zeit ein Westimmigrant in Mexico war. Merker trat für eine Entschädigung für die Juden ein und verlangte auch eine objektivere Haltung Israel gegenüber. Er wurde als »König der Juden« verhöhnt, verhaftet und 1952 zu Zuchthaus verurteilt. Sicherlich spielten auch innere Machtkämpfe innerhalb der Führung der SED eine Rolle und auch der einsetzende Kampf gegen die »Westimmigranten«. Es ist allerdings bezeichnend, daß diese Westimmigranten stets verdächtigt wurden, mit den Juden und Zionisten zu konspirieren. Es setzte eine Atmosphäre des Mißtrauens gegen die Juden als solche ein, Stasi-Chef Mielke ordnete sogar an, Personen, die »Halb-Juden« waren, zu überwachen. Die DDR deutete die Wiedergutmachungsverträge zwischen Israel und der BRD als eine Verschwörung gegen sich. Sie lehnte die Rückerstattung jüdischen Eigentums, sowohl in Form von individuellen Entschädigungen und erst recht an den Staat Israel, vehement ab. Vielmehr begann man in der DDR, vor allem im Januar 1953, als die Ärzteverschwörung in Moskau bekanntgegeben wurde, mit einer antijüdischen Kampagne. Und sie wurde immer bedrohlicher. Es setzte eine Fluchtwelle von DDR-Juden in die BRD, vor allem nach Westberlin ein. Sogar der besonnene Heinz Galinski, stets darauf bedacht, alles zu unterlassen, was die Ostdeutschen provozieren könnte, sah sich veranlaßt, am 15. Januar 1953 die DDR-Juden aufzufordern, nach Westberlin zu flüchten. Man schätzt, daß von den etwa 4000 Juden der DDR die Hälfte ihr Land verließen. Sie flüchteten buchstäblich um ihr Leben. Wie sich all dies mit dem Selbstverständnis der DDR als einem »antifaschistischen Staat« vertrug, wird gleich zu analysieren sein; doch zunächst weiter zu dem spezifisch israelischen Aspekt.

**Paul Merker, ein Antifaschist wird ausgeschaltet**

In der Ära Chruschtschow wurden die innenpolitischen Folgen des Stalinismus zwar gemildert, aber – und das wurde bei der Bewertung seines, nämlich Chruschtschows, Wirken oft übersehen – der Kalte Krieg eskalierte. Es kam zu der Berlin-Krise 1958, es kam zu der Kuba-Krise, es kam zum Bau der Mauer. Es kam vor allem zu einem expansionistischen Drang im Nahen Osten, wobei »die israelische Aggression« als Grundlage, als Rechtfertigung hervorgehoben wurde. Durch massive Waffenlieferungen des Ostblocks an Ägypten unter Abdul Nasser, fühlte sich Israel bedroht und versuchte – zusammen mit Frankreich und England – während der Suezkrise, im November 1956, Abdul Nasser zu stürzen, was mißlang. Die DDR sah sich in ihrer anti-israelischen Haltung bestätigt und neben dem »Antifaschismus« wurde auch der »Antiimperialismus« und die »Friedenspolitik« als neues Fundament der Selbsteinschätzung und Wertung dem anderen hinzugefügt.

Daß der Sinai-Feldzug – vor allem das Zusammengehen mit England und Frankreich – ein Fehler war, das erkennen heute die Israelis voll und ganz an. Der ehemalige Militärsekretär von Mosche Dayan, Morale Bar On, der 1956 beim Schmieden des Sinai-Feldzuges beteiligt war, legt diese verhängnisvollen Entscheidungen in zwei Bänden, die er darüber in den letzten Jahren veröffentlichte, dar. Gerade an diesem Beispiel lohnt sich die Frage, wo die legitime Kritik an Israel endet und wo der latente, oft nicht eingestandene Antisemitismus beginnt. Es kommt darauf an, in welchem Zusammenhang die Kritik an Israel geäußert wird und welche Bestrebungen dieser Kritik zugrunde liegen. Die »anti-imperialistische Sicht« der DDR war sehr selektiv. In jenen Tagen, ja in jenen Stunden, als die Israelis zusammen mit den Franzosen und Briten versuchten Nasser zu stürzen, was die DDR empörte, walzten die sowjetischen Panzer den Ungarn-Aufstand nieder. Aber das wurde nicht als Imperialismus gesehen, sondern als Erfüllung einer »internationalistischen Pflicht« gepriesen. Die SED nahm auch nicht zur Kenntnis, daß es letztlich die Amerikaner waren, die die Israelis zur Räumung des Sinai zwangen und somit auch das politische Überleben Nassers ermöglichten.

Die Jahre vergingen. Die DDR wurde – vor allem was die Waffenproduktion anging – zu der zweitwichtigsten Industrie-Nation des Ostblocks. Jetzt ging es nicht darum, wie dieses Land über diese oder jene Vorgänge in Israel denkt. Die DDR war, und zwar in einer nicht zu unterschätzenden Weise, bereit zu *handeln*. Sie begann – im Auftrag des Ostblocks und aus eigenem Antrieb – die arabischen Länder Ägypten und Syrien, vor allem mit Waffen, zu beliefern. Ein paar Monate, nachdem Chruschtschow Ägypten besucht hatte, machte sich – zwischen dem 24. Februar und dem 3. März 1965 – Walter Ulbricht auf den Weg zu Nasser. Es war übrigens sein erster Staatsbesuch außerhalb des Ostblocks. Aus seinen Äußerungen ging hervor – und Nasser hörte dies gern –, daß er die bloße Existenz des Staates Israel – damals wohlbemerkt ohne die besetzten Gebiete – für illegitim hielt. Im März 1965 gab die Bundesrepublik bekannt, daß sie Israel diplomatisch anerkennt, was zur Folge hatte, daß die arabischen Länder ihre Beziehungen zu Bonn abbrachen. Dem Ostblock allgemein und Walter Ulbricht insbesondere war dies sehr gelegen. Die Unterstützung, sei sie moralisch, politisch, aber vor allem waffentechnisch, die der Ostblock den Arabern gewährte, führte dazu, daß sie sich siegesgewiß fühlten und planten, Israel zu schlagen. Es kam zum 6–Tage-Krieg, im Juni 1967, es kam zu Eroberungen arabischer Territorien, es kam zu der Besetzung, mit all ihren uns bekannten Folgen.

Ich erachte Jossi Belin, der immerhin heute als stellvertretender Außenminister seines Landes fungiert, in diesem Punkt als »geistigen Mentor« und Wegweiser. Belin kritisierte die Besetzung, das Festhalten an den Territorien, er war und ist stets besorgt über die moralische Verwerflichkeit, die das alles mit sich bringt. Er forderte, gegen einen echten Frieden, Räumung dieser Gebiete. Viele Israelis denken wie er. Aber das Problem muß in seiner

*Abb. 49 Das Bild von »den Israelis« als gute Schüler der Nazis ist kein geistiges Eigentum des SED-Regimes. Auch viele Linke in der Bundesrepublik wollten sich mit dieser Entlastungsstrategie nachträglich auf die Seite der Opfer oder des Widerstands schmuggeln. »Die Fahne des zionistischen Pöbels«, aus Pravda Vostoka, Dezember 1971.*

Gesamtheit gesehen werden. Das Problem waren damals nicht die besetzten Gebiete, die Israel vor dem 6. Juni 1967 nicht hatte, sondern das Problem war damals die grundsätzliche arabische Weigerung, Israels Existenz anzuerkennen. In dieser, letztendlich für die Araber selber verhängnisvollen, Haltung wurden sie bestätigt und ermutigt durch die Sowjet-Union und innerhalb des Ostblocks vor allem durch die DDR. Nirgends – und es wäre für Sprachwissenschaftler sicherlich sehr lohnend zu untersuchen – war die Propaganda gegen Israel giftiger, totalablehnend, ja vernichtender – in der Intention – als in der DDR. Daß dieses Land nicht in der Lage war, Israel anzugreifen, ist eine glückliche Fügung. Die Propaganda war schauderhaft. Gleich nach dem 6-Tage-Krieg wurde ein Gedicht von Rudi Riff in der DDR veröffentlicht.

**Antizionismus und der 6-Tage-Krieg**

O Israel, Du hast das Schwert geschliffen
Und Deinen Söhnen Raub und Mord gelehrt
Und dreist von fremdem Land Besitz ergriffen
Und fremde Taschen wie ein Dieb geleert.

Du hast den Frieden frech ans Kreuz geschlagen
Treibst täglich neue Nägel in sein Fleisch
Und eine Dornenkrone muß er tragen.

Der Frieden wird hier als Jesu dargestellt und die Israelis als die neuen Juden, als die Nachkommen derjenigen, die damals »kreuzigen, kreuzigen« schrien. Erneut schlagen diese neuen-alten Israeliten den Frieden ans Kreuz, treiben täglich neue Nägel in sein Fleisch. Der Antizionismus nimmt hier das tradierte Stereotyp von den »Gottesmördern« auf.

Kein Jehova wird Dich erretten
Vor der Vergeltung strengem Richterspruch

Ebenso wie der Antifaschismus der DDR sehr selektiver Natur war, so war auch das Friedensverständnis in diesem Land sehr selektiv. Die SED maßte sich an zu entscheiden, wer friedliebend ist und wer nicht.

Es begannen gerade nach dem 6-Tage-Krieg die massiven Unterstützungen für die arabischen Staaten, nicht nur durch Waffenlieferungen, sondern auch durch Gewährung von Infrastruktur und andere Hilfe an die Terroristen. Die DDR kam durch die Waffenlieferungen und die Ausbildung der Terroristen innerhalb des Ostblocks zur Geltung, ohne sich Gedanken zu machen, auf wessen Kosten dies geschieht. Was bedenklich an dem Ganzen ist, daß all dies nicht nur im Auftrage der Sowjet-Union geschah, sondern hier manifestierte sich in erstaunlicher Weise jener Spielraum, den sich die DDR innerhalb des Ostblocks erwarb. Der ehemalige israelische Botschafter in Bonn, Yohanan Meroz, hob in seinen Erinnerungen diesen Aspekt hervor. In ihrer Vehemenz gegen den Staat der Juden nahm die DDR eine Sonderstellung innerhalb des Ostblocks ein.

Interessant sind einige Veröffentlichungen der DDR über Israel im Nachhinein zu lesen – so Martin Robbes Buch »Scheidewege in Nahost«, welches 1982 im Militärverlag der Deutschen Demokratischen Republik erschien. Scheinbar war Israel für die DDR stets nur ein Militärproblem gewesen. Robbe kritisiert Julius H. Schoeps, weil es nach seiner, nämlich Schoeps' Meinung, im Nahost-Konflikt nicht nur um Israel geht, sondern um die Judenfrage überhaupt. Zwar sieht Schoeps das Problem differenzierter und erkennt auch, daß es im Zionismus nationalistische und expansionistische Tendenzen geben kann, dennoch sei er einem Grundfehler erlegen. Für Schoeps entstand der jüdische Staat nicht auf Grund imperialistischer Interessen, sondern weil die Juden durch die Feindseligkeiten der »Wirtsvölker« gezwungen waren, sich einen eigenen Staat zu errichten. Schoeps – klagt Martin Robbe – befürwortet den Fortbestand des Staates Israel als einen Nationalstaat der Juden. Die beschämende UNO- Resolution vom November 1975, die den Zionismus mit Rassismus gleichsetzt, wird von Robbe – auch fünf Jahre nach dieser Resolution – gutgeheißen. Als Sadat 1977/1978 das Vernünftigste tat, was er tun konnte – und erst heute erkennen die anderen arabischen Führer, wie weitsichtig das war –, nämlich Frieden mit Israel zu vereinbaren, nahm dies Robbe zum Anlaß, um darüber zu höhnen und die ägyptische Kapitulation zu beklagen. Inwiefern hat Sadat, der einen Frieden mit Israel vereinbarte, die Halbinsel Sinai zurückbekam und in die Lage versetzt wurde, alle Energien seines Landes in die Lösung innerer Probleme zu investieren, kapituliert? Sicherlich, nach dem selektiven Friedensverständnis der DDR kam dies einer Kapitulation gleich. Was Friedenspolitik ist, bestimmen nur wir. Und er zitiert auch denjenigen, der berufen ist darüber zu entscheiden, nämlich Leonid Breschnew; derjenige, der 1968 in die Tschechoslowakei einmarschieren ließ – die DDR war damals »in Erfüllung ihrer internationalen Pflicht« dabei; Breschnew, der 1979 Afghanistan besetzen ließ, derselbe Breschnew, der 1981 eine Intervention gegen Polen plante und dabei Erich Honecker und seinen Staat in diese Pläne einweihte und auf dessen Mitwirkung zählte: Breschnew lehnte die Vereinbarung von Camp David ab und »voll und ganz« pflichtet ihm Martin Robbe bei, daß diese Vereinbarung, die den Frieden zwischen Israel und Ägypten einleitete, doch keine Friedenspolitik sei.

Nicht anders Arne Jörgensen in dem bereits erwähnten Buch, in dem er über die israelische Wirtschaft folgendes feststellt:

> »Andererseits erwirbt man den Profit zum bedeutenden und weiter wachsenden Teil durch den militärisch industriellen Komplex. Insbesondere verleiht die enge Verflechtung des Staates und gewerkschaftsmonopolitischen Eigentums mit diesem Komplex dem Kapitalismus in Israel Züge eines äußerst reaktionären, staatsmonopolitischen Kriegskapitalismusses. Parasitäres, auf Geldspekulation schmarotzendes Finanzkapital und militärische Produktion sind zum Bestimmenden geworden«.

Ich bin nicht qualifiziert, über wirtschaftliche Effizienz, Produktivität und »Antiparasitentum« der DDR-Wirtschaft zu urteilen. Einiges aber darf dennoch nicht so unwidersprochen hingenommen werden. Es ist sicherlich bedauerlich, daß auch Israel zu einer waffenexportierenden Nation wurde und notgedrungen leider noch eine ist. Allerdings, diese Anklage aus dem Munde oder der Feder eines DDR-Autors ist mehr als befremdend. Wenn es ein Gebiet gab, auf dem die DDR Erfolge nachzuweisen hatte, so war es die Waffenproduktion. Die DDR hatte auch wenig Scheu, ihre Produkte in aller Welt zu preisen und sie vor allem an die Araber zu verkaufen, wohl wissend, wen diese Waffen zuallererst treffen würden. Auch die ganze Häme des Verfassers über den Hunger der Israelis nach Dollar ist unpassend. Sicherlich bedurfte und bedarf Israel der harten Valuta. Mir ist nicht bekannt, daß in »dem Staat der Schieber«, wie Israel von der DDR oft genannt wurde, Dollars gedruckt wurden. Aber, wenn es um das Ergattern harter Valuta ging, so war gerade die SED wahrlich so »flink wie Windhunde«. Was wurde in der DDR nicht gemacht, um diese zu bekommen. Bürger wurden genötigt, ihre Antiquitäten an den Staat zu veräußern, Häftlinge wurden verkauft, Passierscheine nur für Devisen erteilt und was noch alles. Problematisch wie die israelische Wirtschaft auch ist – vergriffen hat sich der Autor in diesem Punkt, wie in seiner Gesamtdarstellung, allemal.

**Kontakte DDR–Israel 1989/90**

In Bezug auf Israel war sich die DDR bis zum Schluß im negativen Sinne treu geblieben und doch – darüber haben sowohl Professor Michael Wolffsohn, als auch der bekannte israelische Historiker und Publizist, Tom Segev, einiges veröffentlicht – scheute gerade die SED, um ihren Fortbestand zu sichern, nicht davor zurück, sowohl die jüdische, als auch die israelische Karte zu spielen. In Israel regierte 1989/1990 die rechte Likud-Partei von Schamir. Ein Teil der Kritik, nicht nur aus kommunistischen Ländern, sondern auch von Amerika, ja weltweit, über die Unnachgiebigkeit und den Chauvinismus der israelischen Politik ist – bezogen auf die Regierung von Schamir – nicht von der Hand zu weisen. Schamir und überhaupt sein Likud – im deutlichen Gegensatz zu der Arbeiterpartei – haben ein tiefverwurzeltes, antideutsches Ressentiment. Es geht dabei nicht um BRD/DDR, sondern um Deutschland. In der Tiefe seines Herzens wollte Schamir die deutsche Einheit nicht, ohne daß er in der Lage war, sie zu verhindern. Ausgerechnet mit dieser Regierung und ihren Politikern versuchte die SED, eine gemeinsame Sprache zu finden. Sie wollte sich das antideutsche Ressentiment Schamirs zu Nutze machen und behauptete, daß ein einheitliches Deutschland zu einer Gefahr für das jüdische Volk werden könnte. Schamir hat sich auch in diesem Sinne geäußert. Die SED hoffte, daß Schamir mit all seiner Autorität als Jude und Regierungschef des Staates Israel die DDR anerkennen und eine Politik einleiten würde, die vielleicht in allerletzter Minute die Einheit verhindern könnte.

Es ist nicht lange her, daß Arafat zusammen mit Rabin und Peres den Friedensnobelpreis erhielt. Es gibt eine Verständigung zwischen Israelis und Palästinensern. Mittlerweile hörten die Kommentatoren auf nachzuzählen, wieviele Male sich Rabin, Peres und Arafat trafen. Das ist zur Gewohnheit geworden. Das mag verwirren, gerade im Zusammenhang mit der DDR. Soll man nicht posthum Honecker zustimmen und Mielke preisen, weil sie schon seit den 60er Jahren Arafat unterstützten? War all dies, was sie artikulierten, doch mit Weitsicht behaftet und ist nicht die Entwicklung in den letzten Jahren so etwa wie eine »posthume« Bestätigung der »Friedenspolitik« der DDR?

Es ist gerade das Gegenteil der Fall. Erst nachdem der Kalte Krieg überwunden wurde und die DDR ein Teil der BRD wurde – erst als die Begriffe wie Demokratie, Völkerrecht, Friede ihren wahren Inhalt und Bedeutung bekamen, konnte es überhaupt zum ersehnten Frieden kommen – ein Frieden, der nicht den Geist von Breschnew, sondern den Geist von Jimmy Carter und vor allem von Bill Clinton trägt. Sowohl Arafat als auch die anderen arabischen Staaten wissen, daß ihnen heute das aggressive Potential des sich aufgelösten Ostblocks nicht mehr zur Verfügung steht. Statt anti-israelischer Hetze, die sie in ihrer ablehnenden, unrealistischen Haltung nur bestärkte, bekommen sie heute andere Stimmen zu hören. Andere globale und regionale Faktoren kommen hinzu. All das fördert die Verständigung zwischen den Israelis und Arabern – trägt zum Frieden bei. Es ist noch lange nicht so weit, aber der Weg dorthin ist vorgezeichnet und wenn man gerade der DDR in diesem Geflecht der Beziehungen zwischen Juden und Arabern irgendwelchen Friedensdienst zubilligen soll, kann und auch muß, so ist es dieser, daß die DDR auf halbwegs harmonische Weise ein Teil der Bundesrepublik geworden ist. Was bisher gesagt wurde, gilt auch für »linke« Gruppen in der BRD, die – bewußt oder unbewußt – die offiziellen Standpunkte der DDR übernahmen.

Bis jetzt war von dem Verhältnis DDR-Israel die Rede, aber es gab auch einen anderen Aspekt, den man nicht davon trennen kann – die Haltung der DDR zu den Juden, und dies um so mehr, wenn man den Grundpfeiler der Staatsideologie dort berücksichtigt, nämlich den Antifaschismus.

Antifaschismus ist sicherlich an sich, in sich eine lobenswerte Grundhaltung, vorausgesetzt, daß man diesen Begriff mit den zu ihm gehörenden Kategorien und Inhalten versteht. Wie ein Fluch kam Hitler über dieses Land, über dieses Volk und riß alles, vor allem die Juden, mit in den Abgrund. Der Nationalsozialismus und der Faschismus wollten allerlei, phantasierten sich vieles, aber vor allem – hier verweise ich auf Eberhard Jäckels grundlegendes Buch über Hitlers Weltanschauung – war der Nationalsozialismus seinem Wesen nach antijüdisch und antisemitisch. Der Antisemitismus des Nationalsozialismus war vehementer, tieferverwurzelt, wesentlicher als der Antikommunismus dieser Bewegung und natürlich gab es auch einen antidemokratischen Impetus und es gab auch bei den Nationalsozialisten imperialistische Bestrebungen, weil hier Herrschaftsansprüche gegen andere Völker manifestiert wurden. Der Imperialismus der Nazis richtete sich im Grund fast gegen jeden Nachbarn Deutschlands, aber letztendlich scheiterte er an dem Versuch, Rußland zu erobern.

Eine Binsenwahrheit, möchte man meinen. Gewiß, aber es wundert doch, daß gerade die DDR große Schwierigkeiten hatte, ausgerechnet die ersten und absoluten Opfer des Faschismus – die Juden – als solche anzuerkennen und auch ihre Schwierigkeiten mit der Bewertung des Antisemitismus hatte. Hier manifestierte sich eine gewisse Kontinuität noch seit Anfang des Jahrhunderts bei den Kommunisten, die stets gegen den Antisemitismus, nach selektiver Sicht und Verständnis, waren und doch oft damit liebäugelten. Dies mit dem Hintergedanken, daß der Antisemitismus der Revolution dienlich sein könnte. Als in Rußland 1903–1905 Pogrome gegen die Juden stattfanden, lehnten dies die Revolutionäre ab, brandmarkten diese Ausschreitungen als reaktionär und primitiv und doch meinten sie – was für viele jüdische Revolutionäre schockierend war – daß diese antisemitischen Ausschreitungen die Initialzünder für eine Revolution sein könnten, gewollt oder ungewollt. Die Ablehnung des Antisemitismus war also differenzierter.

Dort, wo jüdisches Blut als Öl auf die Räder der Revolution fließen konnte oder sollte, gestand man dem Antisemitismus sogar eine progressive Funktion zu. »Wer gegen das Judenkapital aufruft, meine Herren, ist schon ein Klassenkämpfer, auch wenn er es nicht weiß«, rief Ruth Fischer von der KPD in der Weimarer Zeit bei einer Versammlung mit nationalen Studenten. Sie fügte voll Elan hinzu: »Tretet die Judenkapitalisten nieder, hängt sie an die Laternen, zertrampelt sie. Aber meine Herren, wie stehen Sie zu den Großkapitalen, den Stinnes' und Klöcknern?« Das heißt – der Antisemitismus, den Ruth Fischer und die KPD in seiner religiösen oder rassistischen Form natürlich ablehnten, konnte auch revolutionäre Dynamik enthalten. Zunächst nur gegen Juden und jüdische Kapitalisten, um dann gegen das Kapital als solches zu agieren. An dem Schicksal der Juden hatte Ruth Fischer, und das war damals die Linie, wenig Interesse.

**Antifaschismus geht mit Antizionismus nicht zusammen**

Die Kontinuität – in gewandelten Umständen versteht sich – und der Zwiespalt bei der Bewertung des Antifaschismus und Antisemitismus setzte sich bei der SED fort. Die Kämpfer gegen den Faschismus waren nur die Kommunisten – die Juden wurden sogar kaum als Opfer des Faschismus wahrgenommen, höchstens als zufällige Opfer oder wie es in einer Richtlinie heißt, »passive Opfer der NS-Kampfführung«. Man hat ihnen verdeutlicht, daß, wenn Hitler nicht so vehement gegen sie eingestellt gewesen wäre, sie liebend gerne mit ihm gemeinsame Sache gemacht hätten. Das waren die »wenn sie gedurft hätten« – Verdächtigungen. Die Verlogenheit, gerade von kommunistischer Seite, die sich durch dieses Argument manifestierte, ist unerträglich. Gerade die Sowjetunion verstand es sehr wohl, mit den Nazis zu kooperieren, solange der Nazismus noch nur antiwestlich, antidemokratisch und nur antisemitisch eingestellt war. Zwischen September 1939 und Juli 1941 – Hitler hat bereits Krieg gegen Polen, Frankreich und England geführt – hat Stalin in aller Ruhe halb Polen, Teile der Bokuwina, Bessarabien und die Baltischen Staaten annektiert. Molotow kam nach Berlin und versuchte, eine weitere Teilung zu vereinbaren. England brach nicht zusammen, Amerika trat in den Krieg ein, und Hitler, was natürlich töricht war, griff die Sowjet-Union an – und erst dann setzte in Europa der Widerstand der Kommunisten ein: ein Widerstand, den wir alle respektieren. Ohne jeden Zweifel. Gleichwohl, es kann nicht hingenommen werden, daß die Juden als nur zufällige Opfer, als passive Opfer der NS-Kampfführung betrachtet werden. Sie waren die bewußten Opfer, gegen sie zuallererst richtete sich die Mordmaschinerie der Nationalsozialisten. Paul Merker, der vorher im Zusammenhang mit dem Slansky-Prozeß erwähnt wurde, spürte diesen Widerspruch und schrieb, als er bereits inhaftiert war unter anderem wie folgt:

»Ich bin weder Jude noch Zionist. Ein Verbrechen wäre wohl keines von beiden. Ich hatte nie die Absicht, nach Palästina zu fliehen, ich habe lediglich die Auffassung zum Ausdruck gebracht, daß, nachdem die Juden durch den Hitlerfaschismus ausgeplündert, auf das tiefste beleidigt, aus ihren Heimatländern vertrieben und Millionen von ihnen, nur weil sie Juden waren, ermordet worden sind, daß zwischen den Juden der verschiedenen Länder das Gefühl engster Verbundenheit und das Sehnen nach einem eigenen jüdischen Land entstanden ist ... Und weiter – daß besonders wir Deutschen, da sich der Hitlerfaschismus unter uns herausgebildet hat und es uns nicht gelungen ist, durch Aktionen der werktätigen Massen die Errichtung seiner Herrschaft und damit seiner Verbrechen zu verhindern, dieses Gefühl der Juden, das der Ausdruck der aufs tiefste beleidigten und empörten war, und das ich als Stärkung des jüdischen Nationalgefühls bezeichne, nicht ignorieren oder gar bekämpfen dürfen«.

Goldene, richtige Worte – geschrieben im Kerker, in Aufregung und dabei die Grundfehler der DDR ansprechend. Dieses Land oder genau die SED hat die eigentlichen Opfer nicht zur Kenntnis genommen und war auch anderweitig in seiner Wahrnehmung selektiv. Man hat das Wesen des Faschismus nicht begriffen und versuchte, dies nur als ein Phänomen der westlich kapitalistischen Welt zu sehen. Die logische Folge war, daß sogar England, Frankreich, Amerika, Israel, ja jedes Land, das soziale Marktwirtschaft und Bürgertum hatte, entweder als bereits faschistisch oder als »könnte faschistisch werden« apostrophiert wurde. Im Gegensatz zu anderen osteuropäischen Staaten fehlte es der DDR nicht nur an demokratischer Legitimation – die hatten die anderen Staaten auch nicht – sondern auch an nationaler Legitimation. Deutschland war geteilt und es entstand der Wunsch nach Einheit. Weil die SED keine nationale Legitimation besaß, versuchte sie den legitimen Wunsch des Volkes als »faschistisch« zu diffamieren, ja sie erklärte sogar die Mauer zu einem »antifaschistischen Schutzwall« und auf diese Weise mißbrauchte man den Antifaschismus, dessen wahre Inhalte andere sind: Demokratie, geheime Wahlen, Parlamentarismus, Freie Presse, Antitotalitarismus und vor allem Selbstbestimmungsrecht der Völker. Ja, gerade der aufgeklärte Nationalismus kann der beste Weg sein, um den Ungeist des Faschismus zu überwinden. So gesehen, waren viele andere Länder der Welt, und vor allem die BRD, ihrem Wesen nach antifaschistisch, auch wenn sie nicht ständig darüber reflektierten, denn dies hatten sie nicht nötig – und auch wenn es in diesen Staaten antisemitische und neonazistische Bewegungen und Tendenzen gibt. Die SED war in ihrer antiimperialistischen Sicht sehr selektiv, sie war in ihrem Friedensverständnis sehr selektiv, und sie war auch in ihrem Antifaschismus selektiv. Daß dabei die eigentlichen Hauptopfer, die Juden, nicht als solche wahrgenommen wurden, weil sie zu diesem eingebildeten, zurechtgezimmerten, »antifaschistischen« Weltbild und Verständnis nicht paßten, wundert nicht. Die SED tat auch nichts, um den Juden, den real existierenden Juden in ihrem Land, entgegenzukommen. Die Abstraktion genügte ihr. Der Historiker Olaf Groehler hat in seinem vielbeachteten Artikel »Juden erkennen wir nicht an« in KONKRET vom März 1993 u.a. folgendes angeführt:

**Juden in der DDR**

»Wie gering in den fünfziger Jahren die Chancen der Jüdischen Gemeinden in der DDR gewesen sind, wenigstens ihr Kulturgut zu wahren, wie allgemeine Gleichgültigkeit und Ignoranz auch in den Mittelinstanzen von politischer und staatlicher Führung waren, sei in einem einzigen Beispiel demonstriert – Dessau«. Diese Stadt war im 18. und 19. Jahrhundert eines der Zentren des deutschen Judentums in Mitteldeutschland gewesen. Die SED knüpfte nicht daran an, eher das Gegenteil, man tat alles, um die Spuren jüdischen Lebens zu verwischen. Das Geburtshaus Moses Mendelssohns wurde 1952 abgerissen, 1957 entfernte man von dort eine Gedenktafel, der jüdische Friedhof in Dessau wurde eingeebnet und planiert, die als überflüssig gewerteten Grabsteine verwandte man zur Befestigung der Uferterrassen in einer Badeanstalt am Kühnauer See. Olaf Groehler fährt fort: »Als 1963 – im Zeichen des 750. Jahrestages der Stadt Dessau – der Stadtarchivar, Hans Harksen, vorschlug, eine Gedenkstätte auf dem Gelände der ehemaligen Synagoge einzurichten und im noch vorhandenen Kantorhaus ein Museum zur Geschichte der Juden in Anhalt einzurichten, wies die Kreisleitung der SED dieses Anliegen bzw. Vorhaben energisch zurück.«

Auch Konrad Weiss machte seine Erfahrungen. Er legte in einem Band, der mehrere Aufsätze zu den deutsch-israelischen Beziehungen enthält, seine Schwierigkeiten, ein Kulturprojekt über das Judentum zu verwirklichen, dar. Er spürte die Gleichgültigkeit, ja Verachtung seitens der Machthaber jüdischem Anliegen gegenüber. »Damals begriff ich, daß der Antizionismus der Realsozialisten in Wahrheit Antisemitismus war. Und schlimmer noch. Ich mußte erkennen, daß sich die DDR durch ihr Schweigen über alles Jüdische und durch ihren Haß gegen Israel zum Vollender des Holocaust machte. Ein Jüdisches Volk, einen Jüdischen Staat, jüdische Tradition und Kultur, jüdisches Leben, sollte es nach dem Willen der Realsozialisten nicht geben. Ein paar Hundert wehrlose Juden in den aussterbenden Gemeinden wurden geduldet, als Alibi, als Vorzeigejuden, ohne wirkliche Autonomie.«

Verlogenheit, Heuchelei, Anmaßung, Berechnung – das kennzeichnete das Verhältnis DDR zu Israel und damit zum Judentum. Zum Glück ist diese Berechnung nicht zum eigentlichen Zuge gekommen. Die Mauer fiel. Die Hinterlassenschaften und Trümmer, im wirtschaftlichen und sozialen Bereich, auch im Denken und Fühlen der Menschen, sind noch lange nicht beiseitegeräumt. Das bezieht sich auf viele Lebensbereiche, und unter anderem auch im Zusammenhang mit Israel. Aber die Bereitschaft, all das zu überwinden, zu bewältigen, ist vor allem bei der jungen Generation vorhanden und das läßt hoffen.

Literatur:

Erika Burgauer: Zwischen Erinnerung und Verdrängung – Juden in Deutschland nach 1945. Hamburg 1993.

Inge Deutschkron: Israel und die Deutschen. Köln 1970.

Julius H. Schoeps, Siegfried Theodor Arndt, Helmuth Eschwege, Peter Honigmann und Lothar Mertens (Hrsg.): Juden in der DDR, Geschichten, Probleme, Perspektiven. Duisburg 1988.

Die beiden DDR-Bücher über Israel sind: Martin Robbe: Scheidewege in Nahost. Berlin 1982 und Arne Jörgensen: Israel intern. Berlin 1989.

Ralph Giordano: Deutschland und Israel, Solidarität in der Bewährung. Gerlingen 1992.

Das Gedicht von Rudi Riff sowie das Zitat von Konrad Weiss sind aus diesem Buch entnommen, dort S. 78 und S. 73.

Olaf Graehler: SED, VVN und Juden in der sowjetischen Besatzungszone Deutschlands (1945–1949). In: Jahrbuch für Antisemitismusforschung Band 3. Frankfurt/M. 1994, S. 282–302.

*Heiner Lichtenstein*

## *Vierundzwanzigstes Bild:* **Die »Auschwitz-Lüge«**

Es ist eine schwere Hypothek, einem Volk anzugehören, das die Welt in diesem Jahrhundert in zwei Weltkriege gestürzt hat, das im zweiten dieser Kriege versucht hat, ein anderes Volk auszurotten – das zumindest dem versuchten Völkermord, an dem sämtliche Instanzen des Landes beteiligt waren, kaum Widerstand entgegengesetzt und die Prozesse der Ausgrenzung, Deportation und der Ermordung mit Gleichgültigkeit beobachtet hat. Vaterlandsliebe, Nationalstolz, Patriotismus: Begriffe, die für viele Völker selbstverständlich sind, müssen in Deutschland als belastet, als fragwürdig und unangebracht empfunden werden. Schon in den Jahren nach dem Ersten Weltkrieg waren die Kräfte, die sich für eine wirkliche Auseinandersetzung mit Deutschlands Mitverantwortung für den Ausbruch des Krieges und für eine Verständigung mit seinen Nachbarn einsetzten, in der Minderheit; statt ihrer bestimmten Nationalisten, Militaristen und Rechtsradikale die Tendenz der öffentlichen Debatten. Sie bestritten die Mitschuld Deutschlands am Krieg und brachten die Mär von der »Dolchstoßlegende« auf, mit der sie das Volk – letztlich wohl erfolgreich – glauben machen wollten, »einflußreiche« Teile der Bevölkerung: die Sozialdemokraten, die Juden, hätten die »im Felde unbesiegte« Wehrmacht im November 1918 hinterrücks erdolcht. Nicht die siegreiche Armee, die Heimat habe versagt.

Der politische Sieg des Nationalsozialismus 1933 nährte sich nicht zuletzt von dieser Legende. Wer die Wahrheit nicht wahrhaben wollte, konnte sich mit 1933 in seinem Trotz bestätigt fühlen, die antirepublikanische, antidemokratische (und das hieß immer auch: die antijüdische) Haltung hatte sich durchgesetzt. In der Nicht-Anerkennung der Niederlage im ersten Krieg lag der Keim für die Vorbereitung des zweiten, der alles Vorige ungeschehen machen sollte und in dem, ein für allemal, mit den Feinden im Äußern und im Innern, mit den Störern, den Kritikern, den »Zersetzern« und »Unruhestiftern« aufgeräumt werden sollte.

Völlig eindeutig war dieser zweite Krieg von Deutschland ausgegangen, eine zweite »Kriegsschuld«-Debatte schien 1945 ausgeschlossen. Die angestrebte, bürokratisch vorgeplante und unter Beteiligung aller Institutionen der Regierung, des Militärs und der Verwaltung, aber auch der privaten Industrie vollstreckte Vernichtung der Juden Europas – wie sollte diese Schuld geleugnet, anderen in die Schuhe geschoben werden? Zum ersten Mal in der Geschichte der Menschheit mußten sich vor einem internationalen Gericht Repräsentanten eines Regimes dafür verantworten, daß sie ein Volk nahezu ausgerottet hatten. Die Urteile von Nürnberg waren unzweideutig.

Und doch setzten bereits in den frühen 50er Jahren Versuche ein, sich, erneut und doch auf andere Art, von dieser »Hypothek« zu befreien. Die ersten Vorwürfe galten der Zusammensetzung des Internationalen Militärgerichtshofs zu Nürnberg, der über 24 hohe Militärs, Beamte und ehemalige Reichsminister zu Gericht gesessen hatte. Es habe sich dabei um ein »Siegertribunal« gehandelt, »Rachejustiz« sei geübt worden. Kriegsverbrechen gab es schließlich in jedem Krieg, auf allen Seiten. Bei dieser scheinbar logischen Argumentation kam den Revisionisten zugute, daß die in Nürnberg Beschuldigten mangels anderer Begriffe »Kriegsverbrecher« genannt wurden. Die meisten Anklagepunkte betrafen aber nicht Kriegsverbrechen, sondern Verbrechen gegen die Menschlichkeit und gegen die Menschheit. Zu ihnen gehörte an erster Stelle der Völkermord an den Juden. Bereits hier klingt, als zweite Etappe bei dem Versuch, die Autorität der Nürnberger Richter anzuzweifeln, ein bis heute wirksames Argument an: Der Völkermord wird zum Bestandteil der – gelegentlich eben brutalen, unangenehmen – Kriegführung heruntergeredet.

**Ansatzpunkt: Die Urteile von Nürnberg**

Schließlich hätte sich auch der Hauptgegner im Krieg, die Sowjetunion, nachgewiesener Kriegsverbrechen schuldig gemacht. Mit diesem dritten Argument, das im beginnenden Kalten Krieg auf öffentliche Resonanz rechnen durfte, wurde auch die Teilnahme der Sowjetunion am »Tribunal« von Nürnberg zum Einwand gegen die Kompetenz und Unabhängigkeit des Gerichts selbst.

War dieses Gericht damit in seiner Autorität demontiert, lag der nächste Schritt beim Abbau der Belastung nahe; jetzt wurde die Authentizität und Beweiskraft der beim Gerichtsverfahren verwendeten Dokumente angezweifelt – bis hin zu den Aussagen und schriftlichen Berichten des Kommandanten von Auschwitz, Rudolf Höss, der in diesen u. a. in polnischer Haft verfaßten Notizen ausführlich und mit buchhalterischer Akribie von den technischen und organisatorischen Aspekten der Menschenvernichtung berichtete.[1] Alles »Lüge«, so hieß es in rechtsextremen Publikationen, in kommunistischen Kerkern von den Zeugen erpreßt und deshalb untauglich. Die gar nicht vorhandenen Gräber der nach den Nürnberger Urteilen Hingerichteten in Landsberg wurden zu Wallfahrtsstätten für Rechtsradikale, die sich im Windschatten der antikommunistischen Politik Adenauers formieren konnten – in zahlreichen unterschiedlichen Gruppierungen, die durch ein gemeinsames Band vereint waren: Bestrebungen zur Wiederherstellung einer unbefleckten nationalen Ehre Deutschlands. Die wichtigste Voraussetzung dafür war die Verkleinerung der Schuld an der Shoah, die Verbreitung von Zweifeln an der Wahrheit der Vernichtung.

Der Begriff der »Lüge« war in der Welt. Daß seine Verwendung in einem antisemitischen Kontext gesehen werden muß, steht außer Zweifel. Hermann Greive schreibt in seinem Standardwerk über *Die Geschichte des modernen Antisemitismus in Deutschland:* »Der Haupttrend geht dahin, das nationalsozialistische Vorgehen gegen die Juden zu verharmlosen oder sogar bestimmte Verbrechen rundheraus zu leugnen. Diese ältere, weit verbreitete Tendenz ist in abgeschwächter Form nicht nur im ausgesprochen radikalen Lager anzutreffen. Wenn schon 1954 in der in Buenos Aires erscheinenden Monatschrift ›Der Weg‹ Gaskammer und Krematorium von Dachau als ›Greuel-Erfindung‹ der Amerikaner hingestellt werden, so gilt das Hauptinteresse nicht der zutreffenden Information, daß in Dachau keine Vergasungen stattgefunden haben, dann soll vielmehr der millionenfache Mord durch Vergasung überhaupt in Zweifel gezogen, oder doch die Dimension dieser Vorgänge unglaubwürdig gemacht werden. (...) Man kann diesen Trend zur Verharmlosung oder Leugnung bestimmter nationalsozialistischer Verbrechenskomplexe vielleicht ›sekundär-antisemitisch‹ nennen. Obwohl es sich um das gerade Gegenteil von direkten Angriffen gegen die Juden handelt, stehen diese Bemühungen doch im Dienste von Interessen und Gruppen, die aus ihrer judenfeindlichen Haltung keinen Hehl machen. Die Verkleinerung oder Verniedlichung des nationalsozialistischen Antisemitismus soll den Nationalsozialismus und dessen Antisemitismus akzeptabel machen, dient also der Rettung des Antisemitismus als einer möglichen, ja notwendigen Gegenwartseinstellung.«[2]

1972 erschien der Begriff »Auschwitz-Lüge« zum ersten Mal in schriftlicher Form als Buchtitel. Der Autor des Buchs »Die Auschwitz-Lüge« war ein SS-Mann aus Auschwitz, Thies Christophersen, der weit entfernt von Stammlager und Birkenau in einem großen Garten auf Befehl Himmlers Heilkräuter züchten mußte. Er behauptete, Auschwitz aus eigener Anschauung zu kennen; Gaskammern habe er gesucht, aber nicht gefunden. Das war Wasser auf die Mühlen derjenigen, die angeblich Deutschland von einer der zwei drückendsten Hypotheken »befreien« wollten und damit – durch die Begründung ihrer Propaganda vielleicht mehr als durch den Inhalt ihrer Darstellungen – öffentliche Aufmerksamkeit fanden. Den Völkermord, so hieß es nun zunächst in konspirativen Zirkeln, haben uns die Juden »angehängt«. Christophersens Broschüre wurde in der Bundesrepublik zwar verboten, dennoch gelangten wohl 100000 Exemplare in Verbreitung. Sieben Jahre später bekam der gelernte Landwirt akademische Unterstüzung. Ausgerechnet ein Jurist, Dr. Wilhelm Stäglich, bezweifelte in einem 467 Seiten starken Buch den Massenmord an Juden in Auschwitz. Sein »Auschwitz-Mythos« sorgte schnell für Schlagzeilen, zumal Stäglich in der Bundesrepublik zwanzig Jahre lang als Richter tätig gewesen war, bis man ihn endlich entließ. Aber mit seiner Person wurde die Rede von der »Auschwitz-Lüge« salonfähig – »wenn sogar ein Richter ...«

Hatte Christophersen noch darauf verzichtet, bestimmte Gruppen oder Personen der »Auschwitz-Lüge« zu zeihen, so zog Stäglich direkte Linien vor allem zu »den Zionisten«. Sie, also die Juden – hier ist darauf hinzuweisen, daß sich die linksradikale Variante des Antizionismus zumindest im Sprachgebrauch, der »die« Juden mit »den« Zionisten gleichsetzt, mit der rechtsradikalen Variante trifft –, versuchten, den Deutschen Schuldgefühle aufzubürden, Schuldgefühle, für die sie nun auch noch – nächste Stufe in der Argumentation – zahlen sollten. Dies war der erste offen formulierte

Einstieg in das Bild von den »Erpressungsgelüsten« der Juden, und zugleich eine Neuaufnahme des alten antijüdischen Stereotyps vom geldgierigen Juden. Auschwitz und der Holocaust: eine Erfindung der Juden, dazu bestimmt, von Deutschland Entschädigungszahlungen zu bekommen. Diese Formel findet sich, hundertfach variiert, vor allem in der »National-Zeitung« des Gerhard Frey aus München. Einer der eifrigsten Redner auf Freys Großveranstaltungen ist der britische Historiker David Irving, der über Jahre hin der These von der »Auschwitz-Lüge« wissenschaftliche Seriosität beizugeben schien.

**Historiker weisen die Rede von der »Ausschwitz-Lüge« zurück**

Mit der zunehmenden Öffentlichkeit der Leugnung fühlten sich Historiker in Deutschland und in anderen Ländern verpflichtet, die Rede von der »Auschwitz-Lüge« zurückzuweisen. Bereits 1960 war Gerald Reitlingers Buch »Die Endlösung. Hitlers Versuch der Ausrottung der Juden Europas 1939–1945« in deutscher Sprache erschienen (1953 schon in den USA), aber wenig beachtet worden. 1977 veröffentlichte Martin Broszat, der langjährige Direktor des Instituts für Zeitgeschichte, seinen Aufsatz »Hitler und die Genesis der ›Endlösung‹. Aus Anlaß der Thesen von David Irving«; im Juli 1978 erschienen in der Beilage *Aus Politik und Zeitgeschichte* zur Wochenzeitung *Das Parlament* zwei grundlegende Texte: »Der Mord an sechs Millionen Juden. Die Wahrheit ist unteilbar« von Arthur Suzman und Denis Diamond – als Antwort auf eine vor allem in England, aber auch in Deutschland verbreitete Broschüre mit dem Titel »Did Six Million Really Die? – The Truth At Last« –, und »Die Zahl der Opfer der ›Endlösung‹ und der Korherr-Bericht« von Georges Wellers.

Im gleichen Jahr 1978 trat der französische Historiker Paul Rassinier mit seinem Buch »Debunking the Genocide Myth: A Study of the Nazi Concentration Camps and the Alleged Extermination of European Jewry« auf den Plan, 1980 folgte ihm Robert Faurisson mit dem Aufsatz »The Problem of the Gas Chambers«, der im *Journal of Historical Review* erschien, aber als Sonderdruck in großen Mengen verbreitet wurde. Wieder waren die Historiker zur Reaktion und Richtigstellung gezwungen. Auf beeindruckende Weise taten dies Ino Arndt und Wolfgang Scheffler mit einem Beitrag »Organisierter Massenmord an Juden in nationalsozialistischen Vernichtungslagern«, ein Aufsatz, den sie im Untertitel ausdrücklich als »Beitrag zur Richtigstellung apologetischer [also den Nationalsozialismus und die Judenverfolgung rechtfertigender] Literatur« bezeichneten; 1983 veröffentlichte der amerikanische Historiker Raul Hilberg sein monumentales Werk »Die Vernichtung der europäischen Juden – Die Gesamtgeschichte des Holocaust«; 1985 erschien, als Ergebnis einer großen Historiker-Konferenz in Stuttgart, herausgegeben von Eberhard Jäckel und Jürgen Rohwer, der Band »Der Mord an den Juden im Zweiten Weltkrieg. Entschlußbildung und Verwirklichung«, 1991 folgte, herausgegeben von Wolfgang Benz, der Band »Dimension des Völkermords. Die Zahl der jüdischen Opfer des Nationalsozialismus«, ein Standardwerk, wie Eberhard Jäckel kommentierte, »kein Zahlenwerk allein, sondern eine der gründlichsten Untersuchungen des ganzen Vorgangs überhaupt. Es ist zudem eine glänzende Rechtfertigung für die Vorgänger wie Reitlinger und Hilberg, deren Schätzungen sich jetzt eher als zurückhaltend herausstellen, aber nie Übertreibungen waren«.[3]

Trotz all dieser überzeugenden Beweise blieb die Rede von der »Auschwitz-Lüge« resistent – es war ja dabei nie um Wahrheit gegangen, sondern um Entlastung. Die Behörden in Deutschland taten sich schwer damit, den »Auschwitz-Mythos« zu verbieten. Die Schmähschrift kam erst nach drei Jahren auf den Index der Bundesprüfstelle für jugendgefährdende Schriften. Damit durfte für das Buch nicht mehr geworben werden. Im Mai 1982 wurden alle Exemplare aufgrund eines Gerichtsurteils eingezogen. Faksimile-Nachdrucke blieben allerdings mindestens bis 1985 auf dem Markt. Auf der Titelseite prangte von 1982 an ein Klebestreifen: »Vorsicht. – Das Buch ist im freiesten Lande der Welt – verboten. Aber die Schwarzmarktpreise sind zwischen 150.– und 250.– DM. Steigende Tendenz. Kaufen Sie jetzt.«

Immer intensiver bemühen sich deutsche und internationale geschichtsrevisionistische Gruppierungen darum, die »Auschwitz-Lüge« zum Instrument für ihr Ziel zu benutzen, Deutschland und den Nazismus vom Stigma des Völkermordes zu befreien. Wäre Deutschland diese Bürde los, wäre der Nazismus entkriminalisiert, wäre Hitler kein Verbrecher gewesen; es gäbe keine Handhabe mehr, eine neue Nazipartei zu verbieten. Es gäbe grünes Licht für alte und neue Nazis, offen in die Politik zurückzukehren. Zu diesem Ziel haben die genannten neonazistischen Gruppierungen auch bisher angesehene Wissenschaftler vor ihren Karren gespannt und die Argumentation erneut auf eine andere Ebene verlagert. Das muß dargelegt werden, denn die antisemitischen Motive in solchen Unternehmungen sind nicht zu übersehen. Ernst Nolte, ein ehedem renommierter deutscher Historiker – und zudem »mehr als vielleicht irgend jemand sonst«[4] Experte in der Geschichte des Genozids – würde vermutlich gerichtlich gegen die Unterstellung vorgehen, er sei Antisemit. Dennoch leistete Nolte objektiv Schützenhilfe für die Entlastungsbestrebungen, als er während des Historikerstreits 1986 ein neues Argument in die Debatte um Auschwitz einführte. Auschwitz – das habe es zwar gegeben. Es müsse aber die Frage erlaubt sein, ob Hitler Grund gehabt habe, den Juden zu mißtrauen und sie schließlich zu bekämpfen. Zuerst in einem englischen Aufsatz von 1983, dann auch in der ZEIT vom 31.10.1986 vertrat Nolte die Auffassung, die Erklärung des Vorsitzenden der Jewish Agency (und späteren ersten Präsidenten des Staates Israel), Chaim Weizman, vom September 1939, daß die Juden in dem soeben begonnenen Kriege an Englands Seite und an der Seite der Demokratie kämpfen würden, käme »zwar nicht im völkerrechtlich-exakten Sinne, wohl aber als Vorwegnahme einer künftigen Realität, einer Kriegserklärung gleich«. Die Internierung der deutschen Juden durch die Nazis lasse sich daher »als eine Gegenmaßnahme begreifen«. In seinem berühmt gewordenen Aufsatz »Die Vergangenheit, die nicht vergehen will«

**Ernst Nolte und der Historikerstreit**

– welch sprechende Formel in unserem Zusammenhang! Mit all diesen Bemühungen will man die Vergangenheit zwingen, endlich zu vergehen, um unbelastet leben zu können ... –, der am 6. Juni 1986 in der FAZ erschien, behauptete Nolte, die nazistischen Vernichtungslager hätten lediglich die Ausrottungspraktiken in den stalinistischen Gulags nachgeahmt, könnten also als Reaktion auf die bolschewistischen Bedrohungen, ja als Versuch zur Verhinderung einer Gefahr der »asiatischen Barbarei« angesehen werden. Diese Thesen sollen, wie der Historiker Walter Grab zusammenfaßte, »Verständnis für die Motive und Aktionen der Nazis wecken«.[5] Das Fazit, zugespitzt formuliert: Schuld an Auschwitz sind die Juden. Ihre Kriegserklärung an Deutschland hat Auschwitz letzten Endes erzeugt.

Führt man diese »Argumentation« weiter, liegt in der antisemitischen Denkweise der nächste Gedanke nahe: Zuerst verschuldeten die Juden selbst ihre Ermordung – daß gleichzeitig die These vertreten wird, diese Ermordung habe es gar nicht gegeben, stört die innere Logik des Antisemitismus nicht –, dann wollten sie dafür entschädigt werden: »typisch jüdisch«, typisch »verschlagen«. Kann man sich angesichts dessen noch wundern, daß viele Leute die Juden nicht leiden können? Antisemitismus, so ist immer offener zu hören, muß sein, um sich vor den Juden zu schützen. Gäbe es keinen Antisemitismus, müßte er erfunden werden. Aber dafür, letzte Drehung der Spirale des Absurden, sorgten die Juden selbst.

Einer der Leugner von Auschwitz fällt aus dem Rahmen: Jean-Claude Pressac. Ähnlich wie der amerikanische Fachmann für den Vollzug von Todesstrafen, Fred Leuchter, hatte er stets bestritten, daß in Auschwitz und anderen Vernichtungslagern die Menschen mit Zyklon B erstickt worden sind. In Betonbrocken aus Gaskammern von Majdanek und Birkenau, so sein »Beweis«, seien keine Spuren von Zyklon B nachweisbar. Pressac hat nach dem Zusammenbruch der UdSSR auch russische Archive benutzt, um neue Belege für seine These zu finden. Statt dessen stieß er aber auf eine Fülle von Bauplänen von Auschwitz mit Einzelheiten über den Bau der Gaskammern. Danach hat Pressac seine Meinung revidiert und die Belege in einem 1994 in deutscher Übersetzung erschienenen Buch mit dem Titel »Die Krematorien von Auschwitz und die Technik des Massenmordes« sowie in einem Aufsatz »The Machinery of Mass Murder at Auschwitz« dargestellt.[6] »Man hätte den Auschwitzleugnern ihre Arbeit vielleicht erschweren können«, kommentiert Gunnar Heinsohn, »wenn das sowjetische Regime beizeiten die Akten publiziert hätte, über die es zum Betrieb der Gaskammern und Massenkrematorien von Auschwitz verfügte.«[7]

Erschweren vielleicht – aber man hätte sie auch damit nicht zum Verstummen gebracht, weil es ihnen eben nicht um die Wahrheit geht; sie haben ein Ziel vor Augen: das verbrecherische Naziregime zu entkriminalisieren, indem sie die Juden für Auschwitz verantwortlich machen. Die wohlwollende – und glücklicherweise inzwischen aufgehobene – Begründung eines Mannheimer Gerichts, das den NPD-Vorsitzenden Deckert wegen dessen Äußerungen zur Leugung des Völkermords wohl (milde) verurteilte, ihm aber zugleich ehrenhafte Motive unterstellte, nämlich eben seine Kritik an den Juden und am Staat Israel, die den Holocaust benutzten, um Deutschland Vorwürfe zu machen, diese infame Begründung mag zeigen, wie weit verbreitet die Sehnsucht nach Entlastung von der Vergangenheit ist.

Rechtlich und politisch ist die weitere Verbreitung dieser Einstellung nicht zulässig – aber sie ist auch gesellschaftlich nicht zu verantworten, und da ist das Engagement jedes Bürgers, jeder Bürgerin gefragt. Auch Gewerkschaften, Kirchen und andere gesellschaftlich relevante Gruppen müssen sich in diese Auseinandersetzung mit den Revisionisten der Geschichte viel deutlicher einmischen – denn die geben keine Ruhe, wie der katholische Theologe Basilius Streithofen, der vor einiger Zeit verkündet hat: »Die Juden und die Polen sind die größten Ausbeuter des deutschen Steuerzahlers«. Heißt das: Die Entschädigungszahlungen der Bundesrepublik werden zu Unrecht geleistet? Die Republik und ihre Bevölkerung würden vielmehr ausgebeutet, für die finanziellen Leistungen gebe es gar keinen Grund, die Massenverbrechen hat es gar nicht gegeben? Der Schritt zur »Auschwitz-Lüge« ist klein. Erst ein Gericht mußte den streitbaren Pater dazu zwingen, solche Äußerungen künftig zu unterlassen.

Es ist tatsächlich nicht einfach, diesem deutschen Volk anzugehören. Wer sich ernsthaft mit der deutschen Geschichte beschäftigt, wird sie als Belastung empfinden – wenn auch damit kein Anlaß gegeben sein soll, dieses Leiden zu überhöhen, eine neue Ideologie daraus zu machen, sich womöglich zum Opfer zu stilisieren und darüber zu vergessen, daß die Überlebenden der Shoah und ihre Kinder mit einer ganz anderen Belastung leben, neben der sich die deutsche Form des Umgangs mit der Vergangenheit gelegentlich lächerlich und obszön ausnimmt. Nein, es geht nicht um den »unverkrampften« Umgang mit der Geschichte; es gilt nur festzustellen, daß der Weg zur »Auschwitz-Lüge« als Ausflucht vor der Belastung, als Versuch, die »Hypothek« abzubauen, auch für junge Menschen, denen keine direkte Schuld an den Verbrechen zugewiesen kann, keine Alternative darstellt.

**Es gibt keine Ausflucht**

Viele junge Deutsche haben sich der Verantwortung, die die deutsche Geschichte auch ihnen zuweist, gestellt, sie haben die Gedenkstätten in Auschwitz und in anderen Orten besucht und zu ihrer Erhaltung als Stätten der Mahnung und der Information beigetragen; sie haben Überlebende der Shoah in Israel und in anderen Ländern betreut, bei Strafverfahren gegen mutmaßliche NS-Verbrecher Zeugen begleitet und ihnen dabei geholfen, die schweren Stunden im Zeugenstand auszuhalten. Diese Leute brauchen keine »Auschwitz-Lüge«, um aufrecht gehen zu können, sie sind nicht anfällig für die Zumutungen der Stäglich, Leuchter, Irving oder auch eines Ernst Nolte. Mit ihrer Arbeit können sie dazu beitragen, den Leugnern der historischen Wahrheit – die vorgeben, sie wollten die Jugend von der Belastung durch die Vergangenheit befreien und die damit gelegentlich auf ein empfangsbereites Publikum trafen – noch das letzte verführerische »Argument« zu nehmen.

## Anmerkungen

1 Kommandant in Auschwitz. Autobiographische Aufzeichnungen des Rudolf Höss. Hrsg. v. Martin Broszat. Stuttgart 1963.
2 Hermann Greive: Geschichte des modernen Antisemitismus in Deutschland. Grundzüge, Band 53. Darmstadt 1983, S. 179 f.
3 Eberhard Jäckel: Zahlen des Grauens. Ein Standardwerk zum Holocaust. In: Die Zeit, 28. 6. 1991.
4 Gunnar Heinsohn: Warum Auschwitz? Hitlers Plan und die Ratlosigkeit der Nachwelt. Reinbek bei Hamburg 1995, S. 40.
5 Walter Grab: Kritische Bemerkungen zur nationalen Apologetik Joachim Fests, Ernst Noltes und Andreas Hillgrubers. In: 1999. Zeitschrift für Sozialgeschichte des 20. und 21. Jahrhunderts. Heft 2/1987, S. 151–157; hier S. 153.
6 Jean-Claude Pressac: Die Krematorien von Auschwitz. Die Technik des Massenmordes. München und Zürich 1994; Jean-Claude Pressac, R.-J. van Pelt: The Machinery of Mass Murder at Auschwitz. In: I. Gutman, M. Berenbaum: Anatomy of the Auschwitz Death Camp. Bloomington and Indianapolis 1994 (published in association with the United States Holocaust Memorial Museum Washington DC.), S. 183–245.
7 Heinsohn 1995, S. 40.

## Literatur

Götz Aly, Susanne Heim: Vordenker der Vernichtung. Auschwitz und die deutschen Pläne für eine europäische Neuordnung. Frankfurt am Main 1991.

Wolfgang Benz (Hrsg.): Dimension des Völkermords. Die Zahl der jüdischen Opfer des Nationalsozialismus. München 1991.

Martin Broszat: Hitler und die Genesis der ›Endlösung‹. Aus Anlaß der Thesen von David Irving. In: Vierteljahreshefte für Zeitgeschichte, Bd. 25, S. 739–775.

Danuta Czech: Kalendarium der Ereignisse im Konzentrationslager Auschwitz-Birkenau. Reinbek bei Hamburg 1989.

Dan Diner (Hrsg.): Ist der Nationalsozialismus Geschichte? Zu Historisierung und Historikerstreit. Frankfurt am Main 1987.

Gunnar Heinsohn: Warum Auschwitz? Hitlers Plan und die Ratlosigkeit der Nachwelt. Reinbek bei Hamburg 1995 [darin die ausführlichste Literaturliste zum Thema].

Raul Hilberg: Die Vernichtung der europäischen Juden. 3 Bde, Frankfurt am Main 1985.

Eberhard Jäckel, Jürgen Rohwer (Hrsg.): Der Mord an den Juden im Zweiten Weltkrieg. Entschlußbildung und Verwirklichung. Stuttgart 1985.

Walter Laqueur: Was niemand wissen wollte. Die Unterdrückung der Nachrichten über Hitlers ›Endlösung‹. Berlin, Wien 1980.

Landesamt für Verfassungsschutz, Berlin: Die internationale Revisionismus-Kampagne. Durchblicke 1. Jg. (1994), Nr. 3.

Deborah E. Lippstadt: Betr.: Leugnen des Holocaust. Zürich 1994.

Gerald Reitlinger: Die Endlösung. Hitlers Versuch der Ausrottung der Juden Europas 1939–1945. Berlin 1960.

Wolfgang Scheffler: Zur Entstehungsgeschichte der ›Endlösung‹. In: Aus Politik und Zeitgeschichte, B 43/1982, S. 3–10.

# Kurzbiographien der Autoren und Autorinnen

**Avram Andrei Băleanu** Geb. 1931 in Bukarest, Dr. phil. Promotion in Philosophie mit Schwerpunkt Ästhetik. 1947–1969 Journalist und Theaterkritiker bei rumänischen Zeitungen und Zeitschriften. 1969–1985 künstlerischer Theaterleiter und Dramaturg in Bukarest. Lebt seit 1985 in der Bundesrepublik, seit 1986 freier Mitarbeiter der Rundfunkanstalten in Köln.

Veröffentlichungen im Bereich Ästhetik, Theaterwissenschaft und jüdische Geschichte, u.a.: Die Geburt des Ahasver. In: Menora, Jahrbuch für deutsch-jüdische Geschichte Band 2, München 1991; Stichwort »Ahasverus, der ewige Jude« im neuen Lexikon des Judentums, hrsg. v. Julius H. Schoeps, Gütersloh, München 1992.

**Avraham Barkai** Geb. 1921, Dr. phil. Research Fellow am Institut für deutsche Geschichte, Universität Tel-Aviv und Leo Baeck Institut Jersusalem.

Veröffentlichungen u.a.: Das Wirtschaftssystem des Nationalsozialismus. Ideologie, Theorie, Politik 1933–1945 (1977; 1988); Vom Boykott zur »Entjudung«. Der wirtschaftliche Existenzkampf der Juden im Dritten Reich 1933–1943 (1988); Branching Out: German-Jewish Immigration to the United States 1820–1914 (1994).

**Joel Berger** Geb. 1937 in Budapest, 1944 im »Internationalen Ghetto« von Raoul Wallenberg gerettet. 1956 verhaftet, Gefängnisstrafe. Studium am Rabbinerseminar in Budapest und an der Universität (Geschichte und Pädagogik). Seit 1968 in Deutschland. Rabbiner in Düsseldorf und Bremen, derzeit Landesrabbiner in Stuttgart. Lehrtätigkeit zu Themenbereichen jüdischer Volkskultur am Ludwig-Uhland-Institut für Empirische Kulturwissenschaft, Universität Tübingen.

Veröffentlichungen u.a.: »Von Hand zu Hand.« In: Übriges. Kopflose Beiträge zu einer volkskundlichen Anatomie. Tübingen 1991. Das Judentum. In: Jürgen Lott (Hrsg.): Sachkunde Religion, Band II. Stuttgart 1993; Zum Stand des christlich-jüdischen Gesprächs heute – Thesen und Klarstellungen. In: Abraham Kustermann (Hrsg.): Jüdisches Leben im Bodenseeraum. Ostfildern 1994.

**Dietz Bering** Geb. 1935, Sprachwissenschaftler. Professor für Deutsche Sprache an der Universität Köln.

Historisch, kulturwissenschaftlich interessiert, publizierte er Arbeiten auf dem Grenzgebiet von Sprache und Geschichte: Die Intellektuellen. Geschichte eines Schimpfworts, Stuttgart 1977; Der Name als Stigma. Antisemitismus im deutschen Alltag 1812–1933, Stuttgart 1987; Kampf um Namen. Bernhard Weiß gegen Joseph Goebbels, Stuttgart 1991. Zahlreiche Aufsätze zur deutschen Sprachgeschichte und zum Problem der jüdischen Minderheit in Deutschland. Kulturkritische Beiträge in Presse und Rundfunk.

**Christina von Braun** Dr. phil., Kulturtheoretikerin und Filmemacherin. Ca. fünfzig Filmdokumentationen und Fernsehspiele zu kulturgeschichtlichen Themen, zahlreiche Bücher und Aufsätze über das Wechselverhältnis von Geistesgeschichte und

Geschlechterrollen. Seit 1994 Professorin für Kulturwissenschaft an der Humboldt-Universität zu Berlin.

Veröffentlichungen u.a.: Die schamlose Schönheit des Vergangenen. Zum Verhältnis von Geschlecht und Geschichte. Frankfurt am Main 1989; Der ewige Judenhaß. Christlicher Antijudaismus, deutschnationale Judenfeindlichkeit, rassistischer Antisemitismus. Stuttgart, Bonn 1990 (zusammen mit Ludger Heid).

Filme u.a.: Die Erben des Hakenkreuzes. Zur Geschichte der Entnazifizierung in beiden deutschen Staaten (1987); Der ewige Judenhaß (Filmtrilogie, 1990); Böses Blut. Mythen und Wirkungsgeschichte der Syphilis (1994).

**Christoph Daxelmüller** Geb. 1948. Dr. phil. Studium in Würzburg, Rom und München. 1985–1990 Professor für Volkskunde in Freiburg, seit 1990 Lehrstuhlinhaber für Volkskunde, Universität Regensburg. Spezialgebiete: Frömmigkeit und Volksglaubensforschung, Magieforschung, Wissenschaftsgeschichte der Jüdischen Volkskunde Mittel- und Osteuropas, Jüdische Popularliteratur und -kultur.

Derzeit Projektleiter des von der VW-Stiftung geförderten Forschungsprojekts »Kultur in nationalsozialistischen Konzentrationslagern – Kultur als Überlebenstechnik«.

Veröffentlichungen u.a.: Jüdische Kultur in Franken. Würzburg 1988; Zauberpraktiken. Eine Ideengeschichte der Magie. Zürich 1993; Folklore vor dem Staatsanwalt. Anmerkungen zu antijüdischen Stereotypen und ihren Opfern. In: Helge Gerndt (Hrsg.): Stereotypvorstellungen im Alltagsleben. Festschrift für Georg R. Schroubek. München 1988, S. 20–32; Volkskunde – eine antisemitische Wissenschaft? In: Condition Judaica. Judentum, Antisemitismus und deutschsprachige Literatur vom Ersten Weltkrieg bis 1933/38. Dritter Teil, hrsg. v. Hans Otto Horch und Horst Denkler. Tübingen 1993, S. 190–226.

**Peter Dittmar** Soziologe und Kunsthistoriker. Veröffentlichungen u.a. zum Themenbereich Juden und Judentum in der Hoch- und Popularkunst: Die Darstellung der Juden in der populären Kunst zur Zeit der Emanzipation. München, London, New York, Paris 1992.

**Rainer Erb** Dr. rer. pol., wissenschaftlicher Mitarbeiter am Moses Mendelssohn Zentrum für europäisch-jüdische Studien, Universität Potsdam.

Veröffentlichungen zur Geschichte und Soziologie des Antisemitismus, zu Rechtsextremismus und Gewalt, u.a.: Antisemitismus in der Bundesrepubublik Deutschland. Ergebnisse der empirischen Forschung von 1946–1989, Opladen 1991 (zusammen mit Werner Bergmann); Die Legende vom Ritualmord. Zur Geschichte der Blutbeschuldigungen gegen Juden. Berlin 1993 (Hrsg.); Neonazismus und rechte Subkultur. Berlin 1994 (Hrsg., zusammen mit Werner Bergmann).

**Richard Faber** Geb. 1943, Dr. phil. Privatdozent für Soziologie an der Freien Universität Berlin. Forschungsschwerpunkte: Faschismus, Imperialismus. Konservatismus und Romantik. Veröffentlichungen u.a.: Monographien über Walter Benjamin, Hermann Broch, Novalis, Franziska zu Reventlow, Jorge Semprun und Erik Voegelin.

**Anat Feinberg-Jütte** Geb. 1951 in Tel-Aviv, Dr. phil. Studium der Anglistik und Philosophie, 1979 Promotion an der University of London über Theater im Zeitalter Shakespeares. Dozentin für Literaturwissenschaft und Theater an der Universität Tel-Aviv. Langjährige Herausgeberin der israelischen Literaturzeitschrift »Modern

Hebrew Literature«, ständige Beraterin des »Institute for the Translation of Hebrew Literature«, Tel-Aviv. Seit 1992 Lehrbeauftragte für hebräische und jüdische Literatur an der Hochschule für jüdische Studien, Heidelberg.

Veröffentlichungen: Drei Romane (1973, 1978 und 1984 im Verlag Sifriat Poalom, Tel-Aviv); Wiedergutmachung im Programm. Jüdisches Schicksal im deutschsprachigen Nachkriegsdrama. Köln 1988; Rose unter Dornen. Frauenliteratur aus Israel. Gerlingen 1993 (Hrsg.); Kultur in Israel. Gerlingen 1993 (Hrsg.)

**Sander L. Gilman** Geb. 1944 in Buffalo, New York. Promotion in German and comparative literature, Tulane University. Bis 1994 Chairman des Department of German, Cornell University, Ithaca. Seit 1994 Henry R. Luce Professor of the Liberal Arts im Human Biology, University of Chicago, Professor of Germanic Studies and Psychiatry, Mitglied des Fishbein Center for the History of Science. Präsident der Modern Language Association.

Veröffentlichungen u.a.: Jewish Self-Hatred. Ithaca 1986; Rasse, Sexualität und Seuche. Stereotype aus der Innenwelt der westlichen Kultur. Reinbek 1992; Dreyfus' Körper, Kafkas Angst. In: Vorträge der Konferenz »Dreyfus und die Folgen«, Berlin 1994 (erscheint 1995); Jews in Today's Germany. Indiana 1995.

**Karl-Erich Grözinger** Geb. 1942, Dr. phil. habil. Studium der evangelischen Theologie in Tübingen, Berlin und Heidelberg, Zweitstudium der Judaistik und Orientalistik in Jerusalem, Heidelberg und Frankfurt am Main. Promotion 1975 mit einer Arbeit zur frühen jüdischen Homilienliteratur, Habilitation 1980 mit dem Thema »Musik und Gesang in der frühen jüdischen Literatur«. Gegenwärtige Arbeiten zur jüdischen Volksreligiosität auf der Grundlage der ostjüdischen Erzählliteratur, zur Debatte um die Modernisierung des Judentums im 18./19. Jahrhundert sowie zu einer Geschichte der jüdischen Theologie- und Religionsgeschichte. Professor für Religionswissenschaft und Jüdische Studien an der Universität Potsdam.

Veröffentlichungen zu einem breiten Spektrum jüdisch-theologischer Themen, u.a. auch zu Franz Kafka.

**Ludger Heid** Geb. 1945, Dr. phil. Studium der Geschichte, Judaistik und Pädagogik in Duisburg. Habilitation 1993, Universität Potsdam. Seit 1989 stellv. Direktor des Salomon-Ludwig-Steinheim-Instituts für deutsch-jüdische Geschichte an der Gerhard-Mercator-Universitäts-GH Duisburg. Mithrsg. der Menora. Jahrbuch für deutsch-jüdische Geschichte. München 1990ff.

Veröffentlichungen u.a.: Der ewige Judenhaß. Stuttgart, Bonn 1990 (zusammen mit Christina v. Braun); Ruth Klinger: Die Frau im Kaftan. Gerlingen 1992 (Hrsg.); Deutsch-jüdische Geschichte im 19. und 20. Jahrhundert. Stuttgart, Bonn 1992 (zusammen mit J.H. Knoll); Juden und deutsche Arbeiterbewegung bis 1933; Tübingen 1992; Stille Gärten – Beredte Steine. Jüdische Friedhöfe im Rheinland. Bonn 1994 (zusammen mit Maren Heyne); Juden in Deutschland. Von der Aufklärung bis zur Gegenwart. München 1994 (zusammen mit Julius H. Schoeps; Maloche – nicht Mildtätigkeit. Ostjüdische Arbeiter in Deutschland 1914–1923; Hildesheim, Zürich, New York 1995.

**Nicoline Hortzitz** Geb. 1957. Studium der Germanistik und Kunstpädagogik, Dr. phil., Arbeitsschwerpunkt: sprachwissenschaftliche Antisemitismusforschung (Frühe Neuzeit; 19. Jahrhundert), z.Zt. Mitarbeit an einem Projekt zur Erforschung der historischen Vorurteilsbildung gegenüber dem Judentum (im Medium »Kalender«) am Lehrstuhl für Psychologie der Universität Augsburg.

**Jeanette Jakubowski** Geb. 1961. Studium der Geschichte und Germanistik an der Freien Universität Berlin. Wissenschaftliche Hilfskraft an der »Stiftung Neue Synagoge-Centrum Judaicum«, Berlin (einem Ort, an dem schon in den dreißiger Jahren zwei Großonkel von ihr arbeiteten). Magistra Artium 1993 mit einer Arbeit »Antisemitismus und Antifeminismus von Johann Andreas Eisenmenger bis Houston Stewart Chamberlain«. Zur Zeit Fortbildung zur Mediendokumentarin in Bremen.

Veröffentlichungen u.a.: Eugen Dühring – Antisemit, Antifeminist und Rassist. In: Barbara Danckworst et al.: Historische Rassismusforschung. Berlin 1995.

**Knut Kiesant** Dr. phil. Studium der Germanistik, Anglistik und Pädagogik an der Pädagogischen Hochschule Potsdam. 1966–1976 Lehrer in Hoyerswerda. Seit 1976 Literaturwissenschaftler in Potsdam. Studium zur deutschen Literaturgeschichte des Barockzeitalters und zur regionalen Literaturgeschichte Brandenburg-Preußens. Professor für Literaturwissenschaft an der Universität Potsdam.

**Heiner Lichtenstein** Geb. 1932. Abitur in Rheine, Studium in Münster, Wien und Hamburg. Publizistik, Geschichte, Anglistik u.a. Seit 1961 Redakteur beim WDR, seit Januar 1994 Chefredakteur der »Tribüne – Zeitschrift für das Verständnis des Judentums«.

Veröffentlichungen: Majdanek. Reportage eines Prozesses, 1979; Holocaust. Briefe an den WDR, 1979; Warum Auschwitz nicht bombardiert wurde, 1980; Raoul Wallenberg. Retter von hunderttausend Juden, 1982; Im Namen des Volkes. Eine persönliche Bilanz der NS-Prozesse. Köln 1984; Mit der Reichbahn in den Tod. Massentransporte in den Holocaust, 1985; Angepaßt und treu ergeben. Das Rote Kreuz im Dritten Reich, 1988; Himmlers grüne Helfer. Die Polizei im Dritten Reich, 1990.

**Peter Niedermüller** Geb. 1952. Professor an der Janus-Pannonius-Universität Pecs, Inhaber des Lehrstuhls für Kommunikationswissenschaften.

Veröffentlichungen im Bereich der Volkskunde, der Volkserzählungen und zur Geschichte des bürgerlichen Budapest.

**Ingeborg Nordmann** Wissenschaftliche Publizistin in Frankfurt am Main. Veröffentlichungen: Margarete Susman: Das Nah- und Fernsein des Fremden. Essays und Briefe. Frankfurt am Main 1992; Hannah Arendt, Reihe Campus-Einführungen. Frankfurt am Main 1994.

**Nachum Orland** Geb. 1943, Dr. phil. Privatdozent an der Freien Universität Berlin. Weitere Lehrtätigkeit an den Universitäten Hannover, Duisburg und Potsdam.

Zahlreiche Veröffentlichungen zu den deutsch-israelischen Beziehungen. Zuletzt: Cherut – Gachal – Likud 1965–1977. Begins Weg zur Macht. Frankfurt am Main 1994.

**Ernst Piper** Geb. 1952 in München, Dr. phil. Studium der Geschichte, Philosophie und Germanistik in München und Berlin. Promotion 1981. 1983 bis 1994 geschäftsführender Gesellschafter des Piper Verlages. Zur Zeit Arbeit an einem Habilitationsprojekt über den NS-Ideologen Alfred Rosenberg.

Veröffentlichungen u.a.: Der Aufstand der Ciompi, 1978; Savonarola, 1979; Der Stadtplan als Grundriß der Gesellschaft, 1983; München. Die Geschichte einer Stadt (mit Reinhard Bauer, 1993).

**Freddy Raphael** Professor für Soziologie an der Université des Sciences Humaines Strasbourg (Schwerpunkt »Sociologie de la culture européenne«) und Dekan der Fakultät für Sozialwissenschaften; Direktor der Maison des Sciences de l'Homme, Strasbourg.

Veröffentlichungen u.a.: Juifs en Alsace. Culture, société, histoire. Toulouse 1977 (zusammen mit R. Weyl); Judaïsme et capitalisme. Essai sur la controverse entre Max Weber et Werner Sombart. Istra 1983; Mémoire plurielle de l'Alsace. Strasbourg 1991 (zusammen mit G. Herberich-Marx); Les juifs de France. In: Histoire réligieuse de la France, vol. 3 et 4, sous la direction de Jacques Le Goff et R. Rémond.

**Joachim Schlör** Geb. 1960, Dr. rer. soc. Studium der Empirischen Kulturwissenschaft und Politikwissenschaft in Tübingen, Promotion 1990. Wissenschaftlicher Mitarbeiter am Moses Mendelssohn Zentrum für europäisch-jüdische Studien, Universität Potsdam. Habilitationsprojekt zum Thema »Juden sind Städter. Ein Stereotyp und seine Bedeutungen«.

Veröffentlichungen zum Thema: Von Berlin nach Tel-Aviv. In: Menora. Jahrbuch zur deutsch-jüdischen Geschichte, Band 5/1994; »... das Großstadtleben nicht entbehren. Deutsche Juden in Tel-Aviv. In: Jahrbuch für Exilforschung 1995; »Wenn ich dein vergesse, Jerusalem«. Eine Anthologie zur jüdischen Stadtgeschichte. Leipzig 1995.

**Julius H. Schoeps** Geb. 1942 in Djursholm/Schweden. Professor für Neuere Geschichte (Schwerpunkt deutsch-jüdische Geschichte) und Direktor des Moses Mendelssohn Zentrums für europäisch-jüdische Studien, Universität Potsdam. Nebenamtlich Gründungsdirektor des Jüdischen Museums der Stadt Wien.

Veröffentlichungen zuletzt: Juden in Deutschland. Von der Aufklärung bis zur Gegenwart. Ein Lesebuch. München, Zürich 1994 (Hrsg., zusammen mit Ludger Heid; Menora. Jahrbuch für deutsch-jüdische Geschichte, Bd. 5 (Hrsg. zusammen mit Karl-Erich Grözinger, Ludger Heid, Gerd Mattenklott); Theodor Herzl und die Dreyfus-Affäre. Wiener Vorlesungen, Bd. 34. Wien 1995.

**Erhard Stölting** Geb. 1942, Dr. phil. Professor für Allgemeine Soziologie an der Universität Potsdam.

Veröffentlichungen u.a.: Akademische Soziologie in der Weimarer Republik. Berlin 1986. Eine Weltmacht zerbricht. Nationen und Religionen in der Sowjetunion. Frankfurt am Main 1990. Massen, charismatische Führer und Industrialismus. Erklärungspotentiale eines Denktypus. In: W. Süß (Hrsg.): Übergänge – Zeitgeschichte zwischen Utopie und Machbarkeit. Berlin 1990; Stimmungen und Leidenschaften. Die nationale Denkform in den europäischen Umbrüchen. In: W. Müller-Funk (Hrsg.): Neue Heimaten, neue Fremden. Beiträge zur kontinentalen Spannungslage. Wien 1992.

**Volker Ullrich** Geb. 1943, Dr. phil. Studium der Geschichte, Germanistik und Philosophie. Assistent von Egmont Zechlin am Historischen Seminar der Universität Hamburg. Seit 1990 Leiter des Ressorts »Politisches Buch« bei der Wochenzeitung DIE ZEIT. Letzte Veröffentlichung: Als der Turm ins Wanken kam. Das Ende des Hohenzollernreiches 1850–1918. Bremen 1993.

**Eva-Maria Ziege** Geb. 1961. Studium der Politischen Wissenschaft, Neueren Geschichte und Anglistik in Bonn. Stipendiatin der Hans-Böckler-Stiftung mit der

Dissertation »Weiblichkeit, Männlichkeit, Antisemitismus – Eine geschlechtergeschichtliche Analyse judenfeindlicher Stereotype im völkischen Diskurs« an der Philosophischen Fakultät (Historisches Institut) der Universität Potsdam.

## Bildnachweis

*Abb. 1:* Sammlung Schlaff, Jüdisches Museum der Stadt Wien. (S. 14)
*Abb. 2:* Darstellung einer »Judensau«. Aus: Die Juden in der Karikatur. Ein Beitrag zur Kulturgeschichte von Eduard Fuchs. München 1921. (S. 22)
*Abb. 3:* »Der Stürmer« Nr. 31/1934. (S. 23)
*Abb. 4:* »Der Stürmer« Nr. 40/1934. (S. 23)
*Abb. 5:* »Die Begegnung (Unser Verkehr)«, kolorierter Kupferstich, 1819/20, 14,2 × 17,6 cm (Frankfurt, Historisches Museum, Graphische Abteilung). (S. 44)
*Abb. 6:* »Unser Verkehr nach der neuesten Darstellung I« (Johann Michael Voltz, 1816/18) 15,0 × 19,3 cm (München, Staatliche Graphische Sammlung). (S. 46)
*Abb. 7:* »Sommerabend« von Ferdinand Schröder. In: Düsseldorfer Monatshefte, 5. Bd. 1852. (S. 48)
*Abb. 8:* »Börsenspekulanten«. In: Fliegende Blätter, 15. Bd. 1851/52, Nr. 343. (S. 50)
*Abb. 9:* Meister des Hausbuchs, Ecce homo (Passionsaltar), um 1480. Tempera auf Holz, 131,5 × 76,5 cm, (Freiburg, Augustinermuseum). (S. 60)
*Abb. 10:* Foto: Reiner Löbe, Bingen. (S. 64)
*Abb. 11:* »Synagoga« am Straßburger Münster. Foto: Paul Assall. (S. 69)
*Abb. 12:* Aus: »Der Jude nach dem Talmud«, Zeichnung von Karl Rélink, 1926. (S. 70)
*Abb. 13:* Postkarte, Jüdisches Museum der Stadt Wien. (S. 71)
*Abb. 14:* Sechs angeblich von Juden in Regensburg ermordete Kinder. Bavaria Sancta von Matthaeus Rader (1615–1628). Original in der Staats- und Stadtbibliothek Augsburg. (S. 76)
*Abb. 15:* Die Beschneidung Jesu. Kloster Neustift, Neustifter Buchmalerei. Klosterschule und Schreibstube des Augustiner-Chorherrenstiftes, hrsg. v. Martin Peitner, Foto v. Hubert Walder, Bozen 1984, Abb. 51. (S. 90)
*Abb. 16:* Der »Judenspiegel«. »Der Jude nach dem Talmud«. Aus bekannten Kennern der rabbinischen Literatur (...) mit 36 Illustrationen von Karl Rélink. Leipzig u. Aussig/Elbe 1926, S. 3. (S. 92)
*Abb. 17:* Titelblatt einer Ahasverus-Erzählung. Anonym, 1822. Jüdisches Museum der Stadt Wien. (S. 99)
*Abb. 18:* Gustave Doré, Ahasver, 1856. Bildarchiv Preußischer Kulturbesitz, Berlin, Signatur B 3456/91. (S. 101)
*Abb. 19:* Der Jude mit der Geldbörse auf der St. Peter und Paul-Kirche in Rosheim (Elsaß). Foto: Paul Assall. (S. 105)
*Abb. 20:* aus: E. Schwechten: »Das Lied vom Levi«. 4. Teil, 2. Auflage, Köln 1896. (S. 114)
*Abb. 21:* Bemalter Teller aus der Sammlung Schlaff, Jüdisches Museum der Stadt Wien. (S. 120)
*Abb. 22:* Figurine mit der Aufschrift »Shylock« aus der Sammlung Schlaff, Jüdisches Museum der Stadt Wien. (S. 125)
*Abb. 23:* Zwei Juden tragen, von Hunden verfolgt, die Weltkugel. Figur aus der Sammlung Schlaff, Jüdisches Museum der Stadt Wien. (S. 129)
*Abb. 24:* »Kladderadatsch«, Nr. 50/1940. (S. 133)
*Abb. 25:* Alfred Rosenberg: An die Dunkelmänner unserer Zeit. Eine Antwort auf die Angriffe gegen den Mythus des 20. Jahrhunderts. München, 41.–60. Tausend 1935. (S. 141)
*Abb. 26:* Umschlagtitel eines »Hand- und Hilfsbuchs«, »Die geheime Geschäftssprache der Juden«, aus: Fuchs, Die Juden in der Karikatur, S. 270. (S. 147)

*Abb. 27:* »Ein Börsengeheimnis«, 2. Hälfte des 19. Jahrhundert, aus der Sammlung Schlaff, Jüdisches Museum der Stadt Wien. (S. 149)
*Abb. 28:* Wilhelm Busch, Plisch und Plum (5. Kapitel). Original im Wilhelm-Busch-Museum Hannover. (S. 156)
*Abb. 29:* Aus dem »Kohn-Lexikon«, Slg. Germania Judaica, Signatur MS/Kohn. (S. 159)
*Abb. 30:* Ebd. (S. 159)
*Abb. 31:* Zeichnung einer »Judennase«; aus: Hans F. K. Günther: Rassenkunde des jüdischen Volkes. 2. Aufl. München 1930, S. 218. (S. 167)
*Abb. 32:* »Physiognomische Studien auf dem Brühl während der Leipziger Messer«, *Fliegende Blätter* 1869. Bildarchiv Preußischer Kulturbesitz, Sign. B 3604/94. (S. 174)
*Abb. 33:* Zeichnungen von »Fips« (Philipp Rupprecht) aus dem NS-Blatt »Der Stürmer«. (S. 184)
*Abb. 34:* »Eine alte Jüdin«, satirische Illustration, Berlin 1894. Bildarchiv Preußischer Kulturbesitz, Sign. B 1171/86. (S. 198)
*Abb. 35:* Kikeriki: »Sarahs Reisebriefe aus drei Welttheilen« (Amerika, Europa und Skobolessia), Würzburg o.J. (S. 203)
*Abb. 36:* »Die sich bey Erlernung des Exercitium beklagende jüdische Rekruten«, Holzschnitt von Johann Georg Bullmann, 1788. Bildarchiv Preußischer Kulturbesitz, Sign. YB 10610. Original in der Handschriftenabteilung der Staatsbibliothek Preußischer Kulturbesitz, Berlin. (S. 210)
*Abb. 37:* Rekruten und ihr Unteroffizier. Federzeichnung, Österreich um 1920, Sammlung Schlaff im Jüdischen Museum der Stadt Wien. (S. 214)
*Abb. 38:* »Le traitre«. Musée des Horreurs, 1900. Lithographie, handgefärbt. The Jewish Museum, New York. (S. 225)
*Abb. 39:* »Fünf wandernde Touristen«, Federzeichnung von Makarovsky 1899, Sammlung Schlaff im Jüdischen Museum der Stadt Wien. (S. 233)
*Abb. 40:* Karikatur auf die Zunahme der jüdischen Bevölkerung von Berlin und Wien in den letzten hundert Jahren. Bildarchiv Preußischer Kulturbesitz, Berlin, Sign. B 0974/95. (S. 237)
*Abb. 41:* »Ein jüdischer Elegant«, Karikatur von 1804. Bildarchiv Preußischer Kulturbesitz, Sign. B 1171/86. (S. 239)
*Abb. 42:* »Der Schnorrer oder Der neueingewanderte Staatsbürger«, Postkarte. Jüdisches Museum der Stadt Wien, Signatur D-9 (3). (S. 244)
*Abb. 43:* Karl Arnold, Berliner Bilder: Grenadierstraße. Karikatur im Simplicissimus 1921. (S. 246)
*Abb. 44:* Joseph Goebbels/Mjoelnir: Das Buch Isidor. Berlin 1928. (S. 255)
*Abb. 45:* ebd. (S. 257)
*Abb. 46:* Der »Weinjude«. Kupferstich. 17. Jh. Jüdisches Museum der Stadt Wien. (S. 266)
*Abb. 47:* Kerzenleuchter mit der Aufschrift »hausse«. Sammlung Schlaff im Jüdischen Museum der Stadt Wien. (S. 270)
*Abb. 48:* »Die Kommunisten«, Fliegende Blätter, 1.–3. Jg. 1845/46., Nr. 71. (S. 274)
*Abb. 49:* »Die Fahne des zionistischen Pöbels«, aus Pravda Vostoka, Dezember 1971. (S. 285)

*Umschlag:* Graphische Sammlung Albotina, Wien; Jüdisches Museum der Stadt Wien.